どんな人ともうまくいく誕生日の法則

佐奈由紀子

青春新書
PLAYBOOKS

はじめに　統計心理学でわかった「誕生日の法則」

「あれ、もっと喜んでくれると思ったのに……」

「どうしてこんなことで、こんなに怒るんだろう？」

仕事で、友だちづきあいで、あるいは恋愛や家庭などのさまざまな場面で、このようなすれ違いを経験したことがありませんか？

私たちは普段、自分の価値観を基準に行動してしまいがちです。しかし、すれ違いをなくすには、相手の価値観を理解した上で行動することが欠かせません。

「相手の価値観を知るなんて無理」と思われるかもしれませんね。ところが、相手の心の内を知る方法があるのです。

それが、「誕生日の法則」です。

私はこれまで、誕生日（生年月日）からその人の性格や才能、人づきあいの傾向などを読み解く統計心理学「バースデイサイエンス」という手法で、企業や個人向けのコミュニケーション・アドバイスを行ってきました。その数は2000人にのぼります。

「誕生日の法則」を知れば、苦手な上司、気になる異性など、どんな人ともうまくコミュニケーションをとることができるようになります。もちろん、普段うまくいっている人でも、お願いや謝罪といったピンチの場面で、絶大な効果を発揮します。なぜなら、相手の心に響くアプローチやNGワードがわかっているからです。

「誕生日の法則」を駆使すれば、最終的には、人間関係の悩みをゼロにできるといっても過言ではありません。

また、

「私は何のために生まれてきたのかな……」

「そもそも、自分の存在価値って何だろう？」

ふとした瞬間に、そんな疑問が頭をよぎることはありませんか？

別に現状に特別な不満があるわけではない。でも、すごく満足しているわけでも、充実しているわけでもない。「このままでいいのかな」と自分の将来に不安を感じている人もいるかもしれません。

しかし、あなたには、あなたなりの役割があります。あなたがいてくれるからこそ生まれるアイディアがあり、適任とされる分野があるのです。

それも、誕生日を紐解くことで明らかになります。

この本では、あなたが生まれ持った気質からあなたの役割を知り、それを活かす方法、さらにはあなたのまわりの人の気質も知って、お互いに協力しあえるような、有意義な人間関係の築き方を明らかにしています。

昔から「3人集まれば文殊《もんじゅ》の知恵」と言われるように、1人だけで考えていては限界のあることでも、3人集まって考えればよいアイディアが生まれます。

また、色の三原色でも明らかなように、3色あればどんな色でも表現できてしまいます。

人間も同じです。

あなたが自分の得意分野に気づいて自信を持ち、まわりの人と協力しながら「文殊の知恵」を生み出し、イキイキとした日々を送るためにも、この本が一助となりましたら、著者として幸いです。

『どんな人ともうまくいく　誕生日の法則』目次

2章 6つの気質で読み解く性格と才能

活用しやすい6タイプ

3章 6タイプ別・実践アドバイス

こんな場面はこう乗り切る！

仕事編

恋愛編

ピンチ編

4章 「本当の自分」が見えてくる12の性質

より詳しい12タイプ

本書は『生年月日の真実』（２００８年刊・四六判）、『生年月日の秘密』（２０１２年刊・文庫判）として小社より刊行されたものを改題し、大幅に加筆・修正をしたものです。

本文デザイン／青木佐和子

1章

「誕生日がわかれば、どんな人ともうまくいく！」

基本の3タイプ

すれ違いは「のに！」からはじまる

「あの人は、なぜあんなにデリカシーがないんだろう？」

「こんなに頑張っているのに、どうしてわかってもらえないんだろう？」

人とのつきあいにおいて、こんな疑問を感じたことはありませんか？　程度の差こそあれ、人づきあいには、往々にしてこの手の疑問がついてまわるものです。

同じ人間で、ましてや日本人同士だというのに、どうして通じ合えない人が存在するのでしょうか？　なぜ人間関係の悩みやストレスが発生するのでしょうか？

このことを突き詰めて考えると、「のに！」という感情に行き当たります。例えば、

「あなたのためを思って言ってあげているのに！」

「友だちなら、わかってくれるはずなのに！」

こんなふうに、相手に対して「のに！」と思ってしまうことがありますね。その瞬間に悩みやストレスが発生します。つまり、「のに！」という感情が、人間関係の悩みやストレスの発生源なのです。

ではいったい、なぜ「のに！」と感じてしまうのでしょうか？

答えは価値観の違いです。

「私は正しいことを言っているのに、相手が理解してくれない」

あなたがそう感じているように、相手もまた、

「自分が正しくて、向こうが間違っている」

と考えているはずです。そう、このときすでに、価値観がすれ違っているのです。

人間は千差万別ですから、いろいろな価値観があって当然です。そんなことは誰もが頭ではわかっています。頭ではわかってはいるのですが、しかし、感情的にはなかなか受け入れることができません。そのため、意地になって「自分が正しい、あなたが間違っている」と押し通してトラブルになるか、心の中でつぶやいてストレスになってしまうのです。

こうした価値観の違いによるストレスは、解決が難しいと捉えがちですが、実は、簡単に軽減することができます。さらには、軽減どころか「違うなぁ。面白いな」というふうに違いを楽しめるようにもなります。その域に達すれば、ストレスなくいろいろな人を受け入れることができる、人としての器が大きく広がっているでしょう。

究極的には、価値観が違うからこそ刺激となり、自分の考え方の幅が広がってイノベーションが起こり、無限の可能性を追求できるようにさえなるのです。

「バースデイサイエンス」で価値観の違いが見えてくる

こうした価値観の違いによるストレスを解決し、発展的な人間観関係を築いていくには、

どうしたらいいのでしょうか。

まずは、「自分こそが正しい」という思い込みを捨てることからはじめましょう。「人の考え方や価値観には違いがある」という事実をしっかりと認識して、受け入れてください。人は「自分とは明らかに違う」と認められるものに対しては、さほどストレスを感じません。例えば性別や年代、人種といった違いです。

「男には女の気持ちがわからない」「世代が違うから」「外国人だから」というように、相手と自分との間に明らかな違いがあると、「～だから、違うのだ。価値観が違って当然だ」とスムーズに受け止めることができます。これを応用しましょう。

性別や国柄といったことだけでなく、持って生まれた考え方や価値観をタイプに分類して把握し、明らかな違いを認めれば、人間関係のストレスは大幅に軽減できます。究極的にはストレスそのものを感じなくなるどころか、違いを楽しめる域に達するでしょう。

さらに、違いを受け入れた上で、相手に歩み寄る気持ちも持ちましょう。どういう言葉を使えば、相手が誤解をせずに受け取ってくれるのか、納得しやすいのか、一呼吸おいて考える余裕を持ってください。

どんな問題でも、自分の主張を一方的に押し付けていては解決できません。相手に歩み寄りつつも、譲れない点は主張しながら、お互いに妥協できる着地点を探っていくことが、解決の方法です。また、そうした過程を経ることで、画期的なアイディアが生まれ、イノベーションが起こりますし、人間関係はより発展的なものへと進化できるのです。

こうしたことのツールとして活用していただきたいのが、これから紹介する「バースデイサイエンス」です。

バースデイサイエンスとは、人が生まれつきに持っている気質（性格）の研究です。一口に人の性格と言っても、場面や状況によってさまざまですが、おおまかに分けると、オギャーと生まれた瞬間から持つ先天的な部分と、後天的な環境や経験によって培われる部分とに分けることができます。後天的な部分はいくらでも変化していきます。親の影響、本人の努力、環境や仕事など、あらゆる影響を受けて変わります。しかし、生まれつきに持っている性格は生涯変わることがありません。バースデイサイエンスは、その生まれつきに持っている性格に焦点を当てた研究です。

例えば、1人の人間を1本の「木」とイメージしてください。生まれつきの性格は「種」に当たります。種ですから芽が出て、大きく伸びていく枝もあれば、たくさんの花を咲かせる枝もある一方、折れたり、枯れてしまう枝もあるでしょう。そうした全体像を総称して、その人の現在の性格と捉えることができます。

生まれつきの性格は種です。どのような木に成長しようとも、根本である種は変わりません。どのような言葉が栄養になるのか、どういった環境だとイキイキできるのか、そうした傾向は生まれたときから変わらないのです。

ですから、生まれつきの性格の傾向を知ると、自分を効率的かつ最大限に活かすことができるようになります。さらには、まわりの人との人間関係も円滑にしていけます。なぜなら、生まれつきの性格とは、言い換えれば、コミュニケーションの特徴や才能に当たるからです。「その傾向は誕生日で決まる」とバースデイサイエンスでは定義しています。

バースデイサイエンスは、誕生日から、その人が先天的に持つ性格の傾向をいくつかのタイプに分類し、理解していきます。

タイプの種類は、最終的には８６４０万通りにも及びます。つまり自分とまったく同じ傾向を持つ人に出会う確率は、８６４０万分の1。人にはそれほど多様性があるのです。

しかし、それではあまりにも膨大で活用するのが難しくなってしまうので、わかりやすくするために、さまざまな形で分類しています。3つに分けることもあれば、6つに分けることもありますし、もっと詳細に分けることもあります。

この本では、まずおおまかに3タイプの分類について解説し、3章でシチュエーションごとに6タイプ別のコミュニケーションのヒントを解説していきます。さらに、4章では、より詳細な〝12の性質〟を解説していきます。

誕生日を基にした統計心理学

バースデイサイエンスは、誕生日を基にした統計心理学という位置づけで、活用されています。もともとは、『性格入門』『性格の発見』など、性格学についての著者である増永篤彦先生がその研究を続ける中で発見されました。

その後、人間科学研究所の長谷川博一先生がさらなる研究を重ね、「態度類型学」として発表されました。これがきっかけとなり、誕生日の研究は、日本を代表する経営者や政治家の支持を集め、活用されるようになっていったという経緯があります。

そこからさらに、さまざまな形で統計データを取り、検証を重ね、今の時代にマッチするように修正を加えたものが、バースデイサイエンスです。

ちなみに、データ集積については、ランダムに性格診断テストをおこない、タイプによってチェックする確率が高い項目を調べたり、あるいは、ダイレクトメールを送り、反応のあったお客様の誕生日ごとに、商品や広告のどこに魅力を感じているのかなど、傾向を調べました。これらを統計データとして数値化しています。

しかし最も大切なのは、データ収集でも傾向調査でもありません。対策を練ることです。統計結果を基にして、どうすれば、その人がもっと自信を持って前向きに日々を送ることができるようになるのか？　どうすれば、不要な悩みから解放されるのか？　そのためには、どのような言葉と、環境を与えてあげるとより良いのか？

こういったことを、今現在も追跡調査を続けながら研究しています。

私の周囲には「バースデイサイエンス・ファミリー」といって、一緒に研究してくれる仲間がたくさんいるのですが、彼らの日常の実体験を通しても、いろいろな情報がもたらされます。各種案件について、どういう反応が出たかを検証し、またそのデータを蓄積していきます。つまり、既存のデータを踏まえ、日々新たなデータを更新し続けているのです。

「現代人」という言葉が常にあるように、人は変化していきますし、時代によっても変わります。コミュニケーションのとり方も、当然ながら変化するものです。既存のデータだけで見解を立てていては、現代では通用しないことも少なくありません。

そういった時代によるミスマッチも解消すべく、常に現代を見据えて、日々データを収集し、蓄積し、研鑽《けんさん》しているのがバースデイサイエンスです。

どんな人とでも相性100%になれる！

バースデイサイエンスのことを「どんな人とも相性を100%にできるツール」とおっ

しゃる方がいます。

一方で、「占いとどこが違うの?」「これ、占いですよね」とおっしゃる方もいます。

バースデイサイエンスは、タイプ別の価値観の傾向が非常によくわかるので、「当たっている!」とビックリするケースがたびたび起こります。そのため、その部分だけを見ていたら、確かにズバリ的中する占いであるかのように感じられるかもしれません。

ですが、バースデイサイエンスの目的は的中率ではなく、自分の才能を活かすことと、コミュニケーション力を磨いて人間関係をより良くすることにあります。

つまり、バースデイサイエンスを通して、「自分に自信を持ち、その上ですべての人との相性が非常に良いもの、楽しいものになった」と感じていただきたいのです。

占いは一般的に、運命論、宿命論、吉兆を論じます。しかし、バースデイサイエンスではその部分は研究していません。バースデイサイエンスの観点から言えば、宿命も運命もないのです。

確かに、バイオリズムや相手の気持ちを予測する点は、占いと連動するところもあります。ですが、いわゆる占いが重視する吉兆や宿命、相性といったことは、断定したところであまり人の役には立たないのではないでしょうか。例えば、相性が悪いと言われたら、何かのたびに「しょせん相性が悪いから……」と、常にあきらめるしかなくなってしまいます。改善するための戦略を立てる気持ちを放棄しかねません。

もしかしたら、「相性が悪い」と結論づければ、心理的に納得できるため、気休めにはなるのかもしれません。ですが、もし「親子の相性が悪い」などと、身もふたもない診断が下った場合はどうしたらいいのでしょう？

納得はできても、つらい気持ちになってしまいますよね。もう一緒にいたくないと思う人もいるかもしれません。せっかくのご縁を遠ざける、もったいない話です。

バースデイサイエンスの観点から言えば、相性はあってないようなものです。捉え方や接し方、努力次第で、ほぼ１００％の良い相性にできてしまうからです。

例えば、「あの人とは合わなくて困ったもんだ」と感じる人がいたとしましょう。相性が悪いから近づかない、と捉えるよりも、「これは何か（自分の成長や幸せにつながる）課題かもしれない！　どのように克服していこうか」と戦略的に考えるほうが、その後の人生において実りが大きくなると思いませんか。

そもそも、幸せも、涙することも、心の傷が癒されることも、ほとんどは対人関係、人によってもたらされるものだと言えます。

だからこそ、そこに何か問題があったとしたのなら、あきらめたり感情的になったりするよりも、「何か学ぶべきことがそこにはあるんだ」と捉えて対処法を考えるほうが、人間的な学びと成長につながります。

そして、その学びの心強いガイドになってくれるものこそが、本書でご紹介する「バースデイサイエンス」です。学びの先にはきっと、「最悪の相性だと思っていたら、実は最高の相性だった！　ラッキー！」という気づきがあるでしょう。

占いとバースデイサイエンスの違い

また、「バースデイサイエンスは東洋占いと同じでしょう」と言って古い文献を探す方もいます。しかしそれはムダな作業です。

確かに、誕生日を基にした統計心理学の祖である増永篤彦先生は四柱推命の研究家でいらっしゃいました。ですから、バースデイサイエンスのタイプ算出方法は、四柱推命と同じ方法を用います。しかしながら、算出した結果の分析内容は大きく異なります。例えば、四柱推命では「皇帝の器」とか、「何をやっても成功しない星」というものが存在しますが、バースデイサイエンスにはそれはありません。どんな人でも、失敗することもあれば、その人なりの特性を活かすことで大成は望めます。

なぜそのような診断結果の違いが発生するのか、というと、日本人の民族性によるのでしょう。かねてから日本は海外のものを取り入れて、日本流にアレンジするのが上手な国柄です。四柱推命も大昔に大陸から日本に渡りましたが、その後、多くの研究家が日本人に適するようにアレンジを加えて形を変え、より良いものへと発展させてきました。

そうした研究の最先端の形を示しているのが、バースデイサイエンスです。

「大昔の研究を、一部の権力者のみが独占しておいしい想いをしている」などと陰謀論めいた想像を抱く人もいて、「それならば秘密を暴いてやろう」という意欲と共に古い文献を探しはじめるのですが、それは勘違いであり、徒労に終わります。

日本は古来から「良い物は皆で分かち合い、さらに磨いていこう」という和の精神に満ちあふれています。

誕生日の研究も同じです。「自分だけが勝つための秘法」という扱いではなく、「皆で一致団結し、より良い結果を得るために誕生日をうまく活用しよう」という観点から、多くの研究家が知恵を絞り、研究を重ねて、脈々と伝え続けられているのです。

人の気質を大別した基本の3タイプ

前述したように、バースデイサイエンスは人の「生まれつきの性格」に焦点を当てて研究していて、これは、「人柄重視」「結果重視」「直感重視」と、基本的に3つのタイプに大別しています。まずは、基本となるこの3タイプについてご説明したいと思います。

【人の「和」を大切にする「人柄重視タイプ」】

「人に嫌われたくない」という想いが心の中に強くあります。

まわりの人と競争したり火花を散らしたりすることなく、みんなで仲良く和気あいあいの雰囲気でやっていきたいのです。そして、自分自身は「人柄のいい人」「人格者」といった評価を受けたいと思っています。

そのため、相手の気持ちを大切にしようと配慮しており、自分の都合だけを押しつけるようなことはしたくありません。「こうしたいけど、いい？」など、必ず相手が嫌がっていないかどうかを確かめる問いかけが多いので、自己主張は控え目に見えます。

そんなふうですから、仲間うちで「和」を乱すような人のことは許せません。せっかく皆で仲良くやっている集まりに、私利私欲を持ち込むような人間に対しては、強い態度をとって、徹底的に排除したくなります。

このように、常に人に気をつかっているため、心理的には人の好き嫌いが激しいものの、協調性が豊かなので、表面的にはにこやかで穏やかな印象を与えます。

また、「なぜそうなるんだろう？」と、すべてにおいて理由が知りたい一面があるのも特徴です。そのため「なんで？」「どうして？」とつい質問してしまうのですが、その探求心こそが、1つのことを突き詰めて深めていく才能でもあるのです。

【目標に向かって一直線の「結果重視タイプ」】

小さくてもいいので自分の自由になる城を持ち、自分のやりたいようにやって結果を出したいと願う「結果命」のタイプです。結果が出ないことには何の意味もないと考えるので、結果を求めてがむしゃらに頑張ります。そうやって真剣になっているときに、ペースを乱されると頭にきてしまいます。

物事をはじめる際には、まず目標を決めて、そこから逆算して計画を立て、効率よく進んでいこうとします。ムダを省いて計画的に生産性を追求する分野に適性があるのです。

人の話を聞く場合は、まず結果から先に話してもらって、次に必要な部分を箇条書きのようにして伝えてほしいと思っています。そのほうが効率的に頭に入りやすいからです。

そして、具体例や数字を示しつつ、目を見て真剣に、お世辞抜きの本音が聞きたいと思っています。リアクションが大げさだと、何か裏があるのでは？　と疑ってしまうからです。

このタイプはまた、周囲の役に立ちたいという気持ちを強く持っているのも特徴です。役立つ自分になるためには、まず自分がしっかりしていなければならないと考えるので、「人よりもまず自分」という発想になります。もちろん、けっしてワガママということではありません。あくまでも、まわりに迷惑をかけないように自分自身がしっかりする、自立するということに一番重きを置いているからこその発想なのです。

【ピンッ！　ときたら即行動！　の「直感重視タイプ」】

ピンッ！　ときたら即行動。ヒラメキや可能性が感じられて、展開のイメージがわくと、もうジッとしていられません。即行動に移します。そのため、いちいち「計画」や「目標」を立てたりしません。方向性さえイメージできればＯＫ。「とりあえず、こんな感じ」と、大まかなイメージで大胆に行動していきます。

目安程度に計画を立てることはあるものの、そもそも、「計画は計画通りにいくほうが少ない」と考えるので、「予定は未定」を地でいきます。計画通りに事を運ぶよりも、その場その場の状況に合わせて、臨機応変な対応をしながら、変更を重ねてより良いものにしていくことのほうが重要と考えます。

コロコロ意見の変わる一貫性のない人のように映ることもありますが、この臨機応変さこそが、直感重視タイプの特徴であり、才能なのです。スタートしたときには想像すらできなかった大きな成果をつかむことも少なくありません。

このタイプはまた、面倒くさいことが嫌いです。人間関係においても、しがらみなどに縛られて面倒くさいと思いながらつきあうくらいなら、ひとりのほうがラクと割り切ることに抵抗がありません。自分をわかってくれる人だけいてくれればいいのです。

3タイプがストレスフリーでうまくいく「じゃんけんの法則」

人は必ず、人柄重視、結果重視、直感重視の各タイプのどれかに当てはまります。どれが一番優れているとか、勝っているということはありません。それぞれに得意分野があり、強みが違っているのです。

人柄重視タイプの人は、1つのことを突き詰めて研究し、新たな方向性をつくることに長けています。

結果重視タイプは、ムダを省いて形にしたり、生産性や効率性を重視しながら収益を上げて結果を出すことに長けています。

直感重視タイプは、可能性を追求して展開していくこと、さらなる拡大化、ブランディング化することに長けています。

意図しなくても、人は誰もがこの役割を担って生きているのです。

そして、ビジネスシーンにおいては、次ページの図のように、人柄重視タイプ↓結果重視タイプ↓直感重視タイプの方向で物事を進めていくと、「人・物・金」の流れがスムーズになります。

人柄重視タイプの方向づけを受けて結果重視タイプが形にし、それを直感重視タイプが展開して世に広め、やがてそれが飽和期を迎えると、再び人柄重視タイプが情報を取りま

人間関係がスムーズになる「じゃんけんの法則」

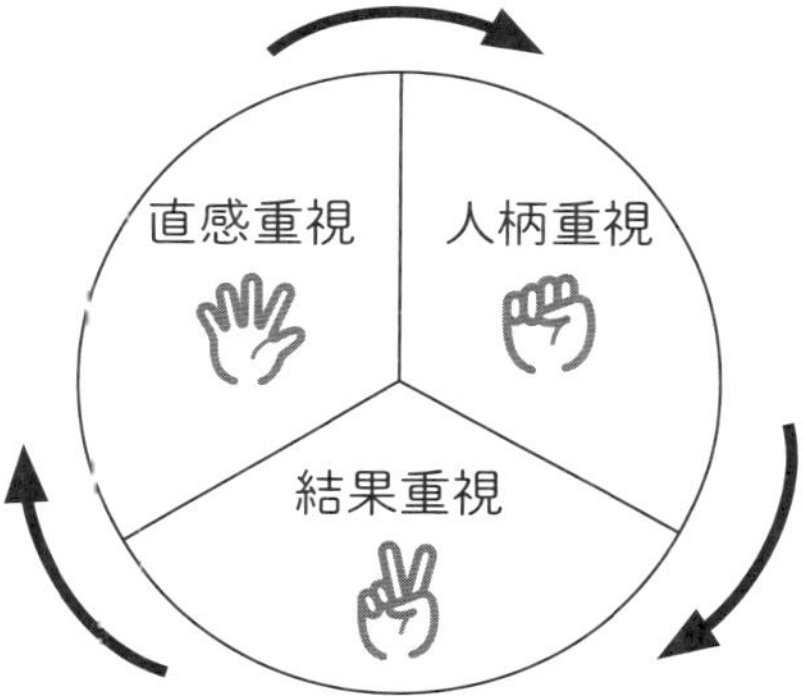

じゃんけんで勝っている側の相手に、負けている側が譲るとスムーズになる

とめて研究をして……というふうに、スムーズに回っていくわけです。

　実は、この流れの通りに人を配置すると、会社や組織は放っておいてもうまく機能します。つまり、人柄重視の上司の下には結果重視タイプの人間、結果重視タイプの上司の下には直感重視タイプの人間、直感重視タイプの上司の下には人柄重視タイプの人間、という配置にするだけで、成果が上がるのです。

　たったこれだけのことで？　と不思議に思うかもしれませんが、これまでに、企業の人事部門からご依頼を受けるなどして、いろいろな組織を見てきた経験上、うまくいっている会社というのは、例外なくこの法則通りに人が配置されています。おそらく、自然の法則にのっとっているからなのでしょう。

反対に、何か問題が起こって相談を受けると、この配置が逆になっているケースが多く見られます。

この法則性を、私は「じゃんけんの法則」と名づけました。もちろんビジネスのみならず、プライベートシーンにも当てはまります。

実際には、じゃんけんに勝つ側は、相手を処しやすいとか、あるいは子どもっぽいと感じるものです。反対に、負ける側は相手に頭が上がらないとか、自分にはないものを持っている人だと尊敬の念を感じやすいのです。

何だか勝ち負けのイメージになってしまうので、不快に思うかもしれませんが、その実、この法則を知った上でつきあっていけば、スムーズでラクなコミュニケーションがはかりやすくなります。

2章

「6つの気質で読み解く性格と才能」

活用しやすい6タイプ

性格や才能がわかる！　バースデイサイエンスの6タイプ

前章で述べた3タイプの違いを理解するだけでも、人間関係で感じるストレスは大幅に改善できますが、さらに活用していくにはもう少し詳細に見る必要があるでしょう。仕事や人づきあいのなかで使いやすいのは、6タイプの分類です。

○レベルアップタイプ
○セーフティタイプ ］人柄重視タイプ
○ドリームタイプ
○オウンマインドタイプ ］結果重視タイプ
○パワフルタイプ
○ステータスタイプ ］直感重視タイプ

この6つの分類を把握し、それぞれの価値観を尊重した上で、相手に歩み寄るコミュニケーションをとるように意識すれば、人間関係は劇的に向上しますし、あなた自身の器も大幅に広がります。

さらなる人間的な成長を望む方は、この6つのタイプの価値観を徹底的に身につけるよ

バースデイサイエンスのタイプ分類

3タイプ	6タイプ	12タイプ
人柄重視	レベルアップ	スタートダッシュ
		リアリスト
	セーフティ	ナチュラル
		クール
結果重視	ドリーム	フロンティア
		ロマン
	オウンマインド	オリジナリティ
		オールマイティ
直感重視	パワフル	チャレンジ
		プロフェッショナル
	ステータス	キャリア
		フリーダム

うにぜひとも努力してみてください。

本書では、3タイプを上記のように細分化した6タイプで展開しています。

なお、それぞれのタイプを知るには、214ページ～の「誕生日タイプ早見表」をご覧になってください。

ちなみに、より深く性格や才能を知りたい場合は、情報量の多い12タイプがおすすめです（12タイプについては、4章で解説します）。

レベルアップタイプ……ひと言で言って「フレンドリー」な人

昨日よりも今日、今日よりも明日、日々新たなりと成長を実感して生きたいタイプです。日常のささいなことでも、知識や経験を積み重ねていって、レベルアップできていると感じると充実感を覚えるのです。成長とは具体的には、考え方や器が広がるといった人間性の向上、知識・技術を身につけること、雑学的な情報を知ること、人脈が広がることなどです。

そのため、知識欲が旺盛なことはもちろん、最新情報をキャッチする感度も抜群です。同時に、その情報や豊富な知識をまわりの人に説明することが上手です。

一から順を追って丁寧に説明するので、お年寄りから子どもまで、誰にでもわかりやすく説明できる才能があります。自分の話に熱心にうなずきながら耳を傾け、最後に「勉強になった」「わかりやすかった」などと感心してもらえると、心の底から満足感を覚えます。

このように、わかりやすい説明ができる能力は素晴らしい才能ではあるのですが、半面、話が長くなりがちで、相手によってはクドいと思われてしまうこともあります。

このタイプはまた、「人に嫌われたくない」という想いが強くあり、人間関係をとても大切にします。

できるだけ相手のニーズを尊重しながら、譲り合って関係を育んでいこうとするので、協調性に富んでいます。自覚はさほどないものの、必然的に自分を抑えて周囲に合わせようとする言動が多くなります。また、ひとりぼっちでいる人を見ると、放っておけずに優しく声をかけて仲間に入れてあげようとしたりもします。

こういった、フレンドリーで、他者に対して行き届いた気づかいができるというのは、レベルアップタイプの非常に優れた才能の1つだと言えます。

人に気をつかう自分を「情けない」とか「そんな才能いらない」などと思わずに、人間関係の潤滑油的な役割を担うつもりで、まわりの人たちに優しさをふりまいていってください。その努力は必ず、自分の存在価値を実感することにつながる結果をもたらすでしょう。

また、人の気持ちを大切にするタイプであるがゆえに、大衆心理をベースにして、これからの時代の先を読むセンスがあります。今の時代、みんながどんなふうに感じていて、どんなサービスがあったら便利なのか、ということを肌で感じ取ることができるのです。これは、他のタイプがどんなに真似をしてもかなわない、もはや特殊能力といって良いほどの優れた才能だと言えます。

この天賦《てんぷ》の才をサビつかせることなく、より一層充実させるためにも、常にアンテナを張り巡らせておきましょう。ネットや本からの情報収集を怠らずに。

さらに、いろいろな人と出会い、話をするといったコミュニケーションをとっていくことも大切です。

こうした特性を踏まえた上で、このタイプが迷いなく、軸がブレずに進んでいくポイントは、何と言っても、「どんなときでも受け止めてくれる友だちをつくっておく」に限ります。

このタイプは、人としてまわりから後ろ指をさされずに生きていきたいと思うため、自然と日頃からまわりに気づかいをしています。

そのため、どうしても対人的なストレスがたまりがちなのですが、ストレスがたまっているという自覚症状が、あまりないのです。

究極までストレスがたまって体調に変化が出て、はじめて自分がストレスをため込んでいたと気づくので、日頃から意識してガス抜きをしましょう。そのためには、グチを聞いてくれる友だちが必須です。そして、その友だちには、同じレベルアップタイプの人がおすすめです。

イヤなことがあったときには、いつでも話を聞いてくれて、共感してくれる友だちがいると、ストレスを感じることはあっても、それが蓄積して体調まで崩してしまうようなことにはなりません。

また、何かを決断しなければならないような場面では、どうしても迷いやすくなる傾向もあります。そんなときに一緒になって考え、決めてくれ、共に喜び、共に悔しがってくれる友だちがいると、安心して迷いなく進んでいけるようになります。

つまり、「人との和を大切にする」という本来の才能に磨きをかけることこそが、レベルアップタイプの人にとっては、幸せに生きていくための正攻法であり、〝成幸法〟でもあるのです。

セーフティタイプ……ひと言で言って「無邪気」な人

このタイプが何よりも大切にするのは、「安心していられる環境」です。

安心できる人に囲まれて、何も不安を感じることなく自然体にふるまって、心穏やかに過ごしたいという気持ちを強く持っているのです。そのため、注意深く物事を見る、実にきめ細やかな観察眼と、繊細な感性を持っています。

そんなふうですから、人と接するときも、実に注意深く相手の人となりを見極めようとします。

温和でやわらかな態度が好感を持たれますし、無邪気な面があるので、かわいがられキャラとして、まわりの人からかわいがられるのですが、だからといって、そう簡単に相手に心を開くことはありません。

人に対する好奇心は旺盛なものの、本当に心を開いて接しても大丈夫な相手だと信用するまでには時間がかかります。

ひとたび安心すると、ワガママを言ったり、言葉づかいがぞんざいになったり、ダラ～ンとした自分の姿を見せるようになります。また、スキンシップも増えるようになります。

しかし、慣れていない相手には、そのような姿は見せません。慣れていない人と接するときは緊張しがちで、精神的に疲れやすい傾向があります。

対人面に限らず、基本的に、慣れていないことになじむのには時間がかかります。行動の際も、きめ細やかさを発揮して、念には念を入れて準備をしていきます。ちょっとした不注意で失敗することを恐れるので、できる限り安心安全ネットを張り巡らせておきたいのです。

そのため、計画は何度でも検討し直します。不安材料はすべて取っ払いたいのです。

こうした慎重さは仕事の場でも発揮されます。1つのことを粘り強くじっくりと探究していくことができるので、必然的に経験を通してスキルが養われます。コツコツと何かに専念していく過程で、経験が積み重なっていくので、そうしたプロセスを経て自分のものにしたスキルや技能は、相当に高いレベルにまで達します。

そうなったときには、「あなたでなければ」と、まわりから信用される存在となっているでしょう。

慣れていることには自信を持って取り組むことができますし、丁寧な仕事ぶりが信用されますから、他の追随を許さないほどにまで自分自身の技能やスキルを磨いていくことが、このタイプの正攻法であり、〝成幸法〟と言えます。

また、このタイプは本質を見抜く審美眼《しんびがん》が備わっているので、実際、一流品を見抜く力、良質の素材を選び抜く力、本物の味わいを追求する力等々、そういった審美眼、慧眼《けいがん》ぶりには目を見張るものがあります。

私の友人に、着物を扱う仕事をしている女性がいるのですが、アンティーク着物なども扱っていて、「これは良いもの」「これはただ古いだけ」といったことが、感覚でわかると言います。

品物ばかりではなく、このタイプは、人の心の嘘を見抜く力にもするどいものがあります。

ただ、こうした優れた審美眼や慧眼を備え、警戒心が人一倍強い割には、人にだまされやすいところがあります。

原因は、人の好き嫌いや、好悪の感情、欲によって、せっかくのそうした本物を見抜く目を曇らせてしまうことにあります。「自分に対して優しい」という情緒的な理由だけで論理的な判断が鈍ってしまい、感情に惑わされてしまうのです。

元々持っている繊細で冷静な判断で進めばよいところを、こうした自分の感情だけで判断してしまうと、「誰が見たってあの人にはついていかないでしょう」といった不審な人、訳アリな人、腹に一物ありそうな人と仲良くなったりしてしまいます。この点は十分に自覚し、注意すべき部分です。

基本的には自然体でムリをせず、また、熱心で誠実な面もあるため、まわりからは好感を持たれやすいタイプです。そのため、このタイプのまわりには、自然とまろやかな人間関係が育まれていく傾向があるのも特徴です。

おかしな人に惑わされないようにするためにも、本来備わっている慧眼や審美眼に一層の磨きをかけ、自信の根拠となる経験を積み重ねる努力を重ねるに越したことはありません。

そのためにも、日頃から、なるべく上質な物に触れる機会を持ちましょう。例えば、美術品を見に行くなどというのもおすすめです。

ドリームタイプ……ひと言で言って「勝負師」タイプ

瞬発力があり、チャンスを見極めるのがうまく、タイミングを見計らって全力投球でき、自分の時間と体をフル活用していきます。

その姿はまさに百戦錬磨の勝負師！

面白いもの、楽しいこと、ワクワクが大好きなタイプであり、夢や目標のない人生などは到底考えられません。当然、夢や目標の実現に向かってがむしゃらに頑張ります。気分がどうあれ、状況がどうあれ、何が何でもやり遂げようとするエネルギーが半端ではないのです。

こうした特徴こそ、ドリームタイプの素晴らしい才能だと言えるでしょう。

才能と言えば、運動神経がバツグンだとか、ピアノが上手に弾けるとか、すごい絵が描けるとか、そういった具体的な事例ばかりをイメージし、「頑張れることが才能？」「それって才能でも何でもないでしょ」とガッカリするかもしれませんが、違います。

世の中には、「気分がのらないから今日はやらない」とか「そこまで気力が続かない」などと言って、頑張り続けることができない人がとても多いのです。

ドリームタイプの人からしたら逆に、「え？　何でそこで頑張れないの？」と驚いてしまうかもしれませんが、それはやはり、ドリームタイプの人が他のタイプに比べて、頑張る力が強いからでしょう。

ドリームタイプの場合は、とにかくがむしゃらに一直線に夢や目標達成に向かって頑張ることができるので、結果的に、仕事でも何でも、大概のことはこなしてしまいます。これを才能と呼ばずして何と呼ぶのでしょうか。

この才能を十二分に発揮させるためには、達成可能な手堅い目標設定をし、そこに必ず、日付・時間・金額の数字設定をするのが鉄則です。

ただ、こうして夢や目標を設定できているうちは良いのですが、理想と現実にギャップが出すぎるなど、結果がなかなか出ないと感じると、元気がなくなってしまいます。

本来は、計画性を持って自分のペースで進んでいけるタイプにもかかわらず、スケジュールや生活のリズムがぐちゃぐちゃになり、「もう何をしたらいいのかわからない」「何にもやりたくない」とばかりに落ち込み、自堕落な生活に陥りがちになるのです。

このような場合は、何かで頑張っている人の応援をすることをおすすめします。他の誰かを応援しているうちに、「よし、自分も頑張ろう！」と思えるようになってくるからです。

身近な人を応援するのはもちろん、例えば、サッカー観戦で声援を送るといったことでもかまいません。

それでもダメな場合は、プロのカウンセラーやコーチ、あるいは本当に信頼できる人の力を借りると効果的です。

ゆっくりと自分のことを話す機会を設けましょう。その際は、「どうしたらいいですか？」とアドバイスを求めるのではなく、自分自身と向き合い、本心を整理するのを手伝ってもらう感じです。

自分は本当は何が好きなのか？　何がしたいのか？　といった自分の中にある答えを会話の中から引き出してくれる、質問上手な相手を選びましょう。

頭と心の中が整理されたのなら、あとは「やるしかない」という状態になってきます。

このタイプはまた、効率の良さを追求し、時間・労力・お金といったものをムダなく使うことを考えます。そのため、物事を比較して検討することが得意です。

行動を起こす際も、「目的」「テーマ」を決めて、それに対する「結果」を求めようとします。ムダなく効率よく動けるよう、事前に計画を立てることはもちろん、目標達成をするために必要な人材集めなどにも長けています。

そして、行動をしたことによって何を得たか、どんなメリットがあったか、学んだものは何かと、行動した結果の「価値」をはかります。行動に対して、必ず自分なりに価値評価を下すという点において、損得勘定には敏感だと言えるでしょう。

また、「人の役に立ちたい」「人の喜ぶ顔が見たい」という気持ちも強く、自分の行動が人の役に立ったり、よい影響を与えたとわかると、心から嬉しくなり、エネルギーに満たされます。

人を楽しませることも大好きなので、時には、笑いをとるために毒舌ぶりを発揮したり、体を張って芸をしたりするなど、サービス精神を発揮します。

オウンマインドタイプ……ひと言で言って「天下取り」タイプ

このタイプのキーワードは、「納得」と「マイペース」。

人の意見に耳を傾ける柔軟さはあるものの、それに左右されることはありません。良い意味での自分主義であり、どんなことでも自分なりにじっくり考えて納得した上で進めていくことをモットーとしています。

そんなふうですから、まずは自分が自立したしっかりした人間になることに主眼を置いています。そのため人に頼ろうという意思はさほど強くありません。

一度、自分で納得して決めたことは、たとえうまくいかなくても他人のせいにはしません。自分の至らない点を見つけ出し、克服する努力をしていきます。

そうやって自己研鑽しながら、自分なりのペースで着実に進めていって、最終的には成し遂げる粘り強さを持っています。

これこそが、オウンマインドタイプが持つ類《たぐ》い稀《まれ》なる才能です。

オウンマインドタイプが「やりたい」と思って決意をしたことは、誰に何を言われようとも揺らぐことはありません。まわりに左右されることなくマイペースで進んでいきます。

タイミングを見計らったり、あれこれ方法や計画を考えるため、スタートするまでには多少時間がかかりがちではあるものの、時期がきたら確実に進めていきます。

「何だかほめられている気がしない」と思うかもしれませんが、この特性があるからこそ、オウンマインドタイプは誰もがムリだと思っていたことを実現させるなどして、人に夢を与えることもできるのです。その姿は、さながら天下人のようです。

対人面においては、基本的には無邪気で素直なタイプです。人を疑うことがあまりありません。対人的な警戒心は薄いほうです。誰とでも分け隔てなくつき合う陽気さと率直さがあります。

また、相手の機嫌をとる、おべっかをつかう、気兼ねするといったことが少ないので、初対面ではぶっきらぼうな印象を与えがちです。

自分が正直なタイプなので、他人も同じだと思って疑いません。そのため、人の心理に対して楽観的なほうです。

相手の態度、表情といったものをあまり深く気にとめず、「その人らしさ」と受け止めます。そのため、あれこれ詮索したり干渉したりしません。自分自身も、人から干渉されることは苦手です。

ですが、決して親切心に欠けるわけではありません。とてもお人好しで義理堅い一面もあり、とくに、はっきり言葉で頼まれたことについては、親身になって面倒を見ようとする親切心を持っています。誰に対しても正直で、裏表のない性分であるため、思ったことは素直にそのまま口にします。

他の人も自分と同じように思っていると疑わないので、言葉を文字通りストレートに受け止め、そこに含みがあることに気づきません。何事も真に受けがちです。あからさまなお世辞や胡散臭《うさんくさ》い話にはのりませんが、冗談が通じなかったり、社交辞令を鵜呑《うの》みにして喜ぶという、かわいらしい一面があります。

このタイプは、自分のペースが守れない環境にいると、ストレスを感じて、本来の力が発揮されにくくなります。また、何事も自分で考えて納得してから進めたいので、瞬時の変化に対応するのは得意ではありません。はた目には「臨機応変さに欠ける」と思われてしまうこともあります。

しかし、仕事上など、いったん基本がつかめると、全体像を把握し、バランスをとりながら、自分のペースで最後までやり遂げる器用さを持っています。

このタイプの中には、やりたいこと、なりたい自分はイメージできているものの、なかなか思うように事が運ばずに結果が伴わないと、ジプシーのようにさまよってしまう人がいます。

結果が伴わないことに悩んで、自分の克服すべき点を探し求め、いろいろと勉強をはじめるのです。そして、学んでいるうちに、さまざまな知識が増える分、可能性が広がるのは良いのですが、結果として「学びオタクで実行力に欠ける人」といったマイナスの印象を周囲に与えてしまいます。これでは信用を失いかねません。

学ぶことで知識自体は身につきますし、自分の過ちにも気づけますが、しかし、「知っている」ことと「できる」ことは違います。行動に移さないまま理屈ばかりこねまわしていては、結局は何も成さないまま、一生が終わってしまいます。自己研鑽する努力は素晴らしいですが、ある程度の学びを得たら、必ず実行していきましょう。

やりたいこと、なりたい自分をリストアップして、いつまでにそうなると期日を設けて紙に書き出しましょう。壁に張って、常に目に入るようにするのもおすすめです。

パワフルタイプ……ひと言で言って「行動派」の人

ピンッ！　ときたら即行動。「やってみなければ良いも悪いもわからない」という発想で、「思い立ったが吉日」の行動力にあふれているのが特徴です。それこそが、このタイプの最大の強みであり、突出して恵まれた才能だと言えるでしょう。

七転び八起きで可能性に向けてひた走れる純粋さは、誰もが真似できることではありません。

なかには、「軽はずみ」だとか「もっとよく考えろ！」などと言う人もいるかもしれませんが、気にする必要はありません。ピンッ！　とくる直感や、心に響く感性がおもむくままに、フットワーク軽く臨機応変に動きまわっているほうが、このタイプはより才能を発揮できて、イキイキとするのです。

いろいろなことに興味が惹かれるので、思いつくままにいろいろなことに手を出していきます。ピンッ！　ときて1つのことをはじめても、やっているうちに他のことに可能性を感じると、居ても立ってもいられません。すぐに方向転換して行動に移します。

この臨機応変さは抜群なのですが、つい複数のことを同時進行するため、ともすれば1

つの物事が完結しにくい、といったところがウィークポイントと指摘されがちな点は、自覚も必要でしょう。

ですから、いろいろな可能性を追求してみるのは良いことですが、ある程度のところにきたら、何か1つのことに絞って集中するようにおすすめします。

それは、できればプロフェッショナルと呼ばれるような領域のもの、例えば、弁護士、会計士といった「士業」をはじめ、ピアニスト、ライター、あるいは手先が器用なので、ジュエリーデザイナーなど精密な作業を行う技術者などです。もちろん、会社にお勤めするのも良いですが、どのような仕事をするにせよ、やるからには「この道のプロ」という感覚を持つのがポイントです。

システムエンジニアでもセールスマンでも、一般のサラリーマンであっても、常にプロ意識を持って、「この仕事は自分に任せとけ」といった気持ちで取り組みましょう。

このように、このタイプはプロフェッショナル感覚を持つことこそが、才能を開花させるために最も重要なポイントなのです。

プロフェッショナルという意識を持たず、ただピンッ！　とくる直感のみで方向をコロコロ変えてばかりいては、結局は何1つものにならなず、単なる飽きっぽくて気まぐれな人になってしまいます。ですから、プロ意識を持って取り組み、何か1つでも極めていく努力が、このタイプにとってはとても重要です。

このタイプはまた、何事も白黒ハッキリつけるので、好きなものは好き、嫌いなものは嫌い、と竹を割ったようにハッキリしています。

人間関係においても、敵と味方の区別をハッキリつけるほうです。

自分の味方をしてくれる相手にはとても従順で、素直な態度で接し、屈託のない笑顔を見せます。

半面、敵と見なした相手には容赦しません。露骨に厳しい態度をとることもあります。

また、このタイプは、頭の回転が速く、いくつかのヒントからあっという間に答えを導き出すキレ者です。何事も手早く、瞬時にパパッと対応ができるのです。それゆえ、待たされることや白黒ハッキリしないことが苦手です。

そんなふうですから、長い話は聞いていられません。手短にポイントだけを説明してほしいのです。長話をされると、聞いていられなくなって途中で話の腰を折ったり、早とちりしてしまいます。

また、聞きながらも他のことを考えてしまうので、細部を聞き逃して、つい勘違いしてカッとなることもあります。そんなときは、感情に任せてキツイ言葉を言い放つような直情的な面もありますが、自分の勘違いに気づいて、気分が変わればケロッとしています。

気分の浮き沈みが激しいところもありますが、本質的には素直で一本気。他人をどうこうしようと策略を練るようなことはしません。おだやかな人柄です。

しかし、感情表現はストレートで、面白いことにはゲラゲラと腹を抱えて笑いますし、情にもろい面もあるので、ときには大粒の涙をボロボロこぼしたりもします。

また、ちょっとしたことでムッとしやすい面もあり、それが表情に出ます。

とくに、自分のやるべきことをやらない人に対しては、容赦なく雷を落とします。しかし、やるべきことさえやれば、あと腐れなくサッパリとしています。

ステータスタイプ……ひと言で言って「天才肌」の人

自由な感性と、抜群の展開力、そして察しの良さが特徴です。

なにしろ察しが良いため、人の話は一を聞けば十わかるかのごとく、表情とか、言い方とか、雰囲気で、言いたいことのだいたいはイメージすることができるのです。そのため、いちいち指図されなくても自分から率先して気を利かせた行動をとることができます。

そんな姿を、「さすがだねぇ」と感嘆しながらほめてもらえると、嬉しくてたまりません。

また、ピーン……と心にくるヒラメキで自由にやっていきたいので、あれこれ指図されたり、枠にはめられるのが大嫌い。自分の感性に任せてほしいと思っています。ですから、誰がやっても同じ結果が出るようなものには興味を示しません。

そんなふうですから、そのときの気分で、自由に動きまわります。何かをはじめるときには、一応、計画を立てることもありますが、あくまでも計画は目安であって、計画通りに進めることにはさほど重きを置きません。そのときの状況に合わせて、随時変更を加えて、より良くしていくことのほうが大切だと思っています。

また、気分のムラも激しいほうです。今イエスと言っても次の瞬間にはノーと言うことも少なくありません。

例えば、毎日お昼にオレンジジュースを飲んでいる人に、「はい、オレンジジュース」と先回りして渡すと、「いらない」などと、つれなく言うことがあります。「毎日飲んでいるから好きなんでしょう?」と聞いても、「別に好きじゃない」と言ったりするので、親しい人から見れば、一貫性がなく、つかみどころのない人物に見えてしまいます。

しかし、このタイプの本人にしてみれば、そのときの気分で飲んでいるだけで、昨日まで毎日飲んでいたからといって、今日も飲みたい気分とは限らない、という考えで違和感がないのです。

こう書くと、まるで礼儀に欠ける破天荒な人物を想像するかもしれませんが、このタイプはそうではありません。むしろ、まったくの逆で、実にソフトできちんとした印象の人が多いのです。

なぜなら、世間から後ろ指をさされるようなだらしない人間には絶対になりたくないと思っているからです。そのため人前、とくに目上の人の前では、実に品行方正にふるまいます。

そのようにして、「あの人は、いろいろなことを知っているし、きちんとしている人だ」

と、人から一目置かれたいという願望を持っています。

いつかはステータスの高い自分になって、周囲から尊敬の眼差しで見られたり、担ぎ出される存在になりたいと願うこのタイプは、実際、普通の人とは違うオーラを醸し出しています。

人当たりはソフトでも、「気安くは近寄りがたい」といった別格的な雰囲気があり、また、そのように思われるくらいが、このタイプには心地良いことでもあるのです。

ですから、身なりでもマナーでも、きちんとした人間であるよう常に心がけています。自分がそうだからこそ、礼儀に欠ける人やだらしない人は苦手です。しかし、それをハッキリと言葉で伝えたりはしません。相手が察するように、態度や雰囲気で伝えます。

地位や立場という力量を重んじるタイプなので、必然的にそうした事情にはとても敏感です。人間の権威のみならず、「今の世の中で何が力を持っているのか」「これから力を持ってくるのはどういう分野か」というふうに、世の中における、力量を見抜く感覚が冴えているのです。

例えば、「これからの時代は裁判が増えるだろうから、弁護士が力を持ってくる」「とくに、この分野の弁護士に光が当たる」というふうに見通して、「だから自分もその関係に携わっておこう」と考えて、うまく立ち回ることができます。

仕事を進めていく上では、人とコラボレーションするのが上手で、手っ取り早く結果を出そうとしていきます。

こういった、力量に敏感なところが、このタイプが神様から賜った特別な能力、つまり、才能です。

自分も力量のある人物になりたいと考えるため、人に弱みは見せたくありません。人前では気を張っているほうです。しかし、ほめ言葉には弱くデレデレになってしまいます。「スゴイですね！」などと言われると「それほどでもありません」と謙遜しつつも、心の中では「もっとほめて！」と思っているのです。

誕生日を知らない人のタイプを見抜くヒント

「相手の誕生日がわからないので、バースデイサイエンスが活用できないのですが……」という相談をよくお受けします。

出会って間もない相手の場合はとくに、誕生日を知っているほうが不思議なくらいでしょう。

だからと言って、いきなり誕生日を聞くのも、とくに女性には年齢を気にする人が多いので、はばかられるものです。

このような場合は、相手の口ぐせに着目してみてください。そのタイプの特徴が、口ぐせには如実にあらわれます。

次にあげるタイプ別の口ぐせを頭に入れて、相手の言葉に耳を傾けてみましょう。

【レベルアップタイプの口ぐせ】

・自分がとくに悪くなくても、謝る必要がない場合でも、**「すみません」「ごめんなさい」**をよく使います。

・すべてにおいて**「理由が知りたい」**という特徴があるので、**「なぜ?」「何?」「どうして?」**が多くなります。

【セーフティタイプのログセ】

・うっかり人を信用してあとで傷つくのが怖いので、「**ホントに？**」が多くなりがちです。

・本質を追求したり、細かな修正点に目が向きやすいので、「**大丈夫？**」をよく使います。

【ドリームタイプのログセ】

・直球ストレートに本音で話がしたいため、「**ぶっちゃけ**」「**本音**」という言葉をよく使います。必然的に、ぶっちゃけトークが多くなりがちです。

・裏表のあることが嫌いなので、「**あやしい**」「**マジ**」「**実際は**」といった表現が多くなります。

【オウンマインドタイプのログセ】

・自分なりに納得して物事を進めたいと思うので「**納得**」「**事実**」「**自分は（自分的には）**」といった言葉をよく使います。また、自分の話が多いのが特徴です。

・意見が食い違うと、「**好きにすれば**」と言って、話を終わらせてしまう傾向があります。

【パワフルタイプのログセ】

・「**スゴイ！**」「**ビックリした！**」といった、感嘆する言語がよく出ます。

・「やってみなければ良いも悪いもわからない」という考えなので、やる前からリスク面ばかり指摘する人には「いいからやれ！」といった発言が出ます。
・窮地《きゅうち》に陥るとオロオロして「どうしよう」「もうダメだ」「死ぬ」という言葉が増えてきます。

【ステータスタイプの口ぐせ】

・ほめられると、「そんなことないよ」「大したことないよ」と、謙遜して返します。
・自分の話に確信を持ち、相手に聞いてほしいときは、「絶対に」という言葉をよく使います。
・「絶対」などということは世の中にないとわかっていても、自信があるときには「絶対だ」と言ってしまいます。

なお、初対面の相手なら、「こんにちは」と声をかけたときの反応と、笑顔の特徴を見てみましょう。1章で説明した基本の3タイプくらいなら、すぐにわかるものです。

○レベルアップタイプ・セーフティタイプ（人柄重視タイプ）

チラっとこちらを見て、「こんにちは」と微笑みながら返してくれるものの、そのまま下を向いたり、視線をそらします。

はにかんだような笑顔が特徴です。

○ドリームタイプ・オウンマインドタイプ（結果重視タイプ）

「こんにちは」「はい？」と、ハッキリ返事をします。そして、次の言葉を待つかのように、**「何の用かしら？」**といった感じでこちらの目をジッと見ます。

笑顔の特徴は、口角は上がっているのに、目は笑っていないことです。

○パワフルタイプ・ステータスタイプ（直感重視タイプ）

やわらかい雰囲気、あるいは満面の笑顔で、**「こんにちは！」**と気さくに返事をします。

笑う瞬間、過度なリアクションを示したり、ピカッと目が見開いたりするのが特徴です。

3章

「6タイプ別・実践アドバイス」

こんな場面はこう乗り切る！

好感度の高い身だしなみ

人は、「格好いい」「動きやすい」といったプラスの要素を満たすために身だしなみやファッションに気をつかいます。

ですが、本人はそのつもりでも、他の人から見たらまるで逆、むしろ引いてしまう格好をしていることも!?

その結果、信用が失墜したり、人格まで疑われかねません。

ファッションくらい自分の好きにしたい！　という気持ちはわかりますが、相手に不快感を与えて損をしないように、タイプ別の身だしなみのポイントをおさえ、外さないファッションでのぞみましょう。

レベルアップタイプ

このタイプの前ではＴＰＯをわきまえた格好を心がけましょう。会食の席で生足にミュールは禁物です。ビジネスシーンではとくに、ラフすぎる格好は避けましょう。男性は半袖、女性はノースリーブも、避けたほうが無難です。

あまり肌を露出させず、奇抜な色合いや派手な柄物も控えましょう。とはいえ、スタイルに自信のある方は、ボディラインが協調されるピタッとした服装は好感を得られやすい傾向にあります。

セーフティタイプ

自分に似合っている格好を心がけましょう。ただ、それがヤボったい格好であってはＮＧ。おすすめは洗練されたコンサバ系です。「これからみんなで○○へ行こう！」といった場面で、よく、「えー、こんな格好で来ちゃったし、どうしよう！」と言う人がいますが、このタイプには、こうした発言はタブーです。せっかくのチャンスや雰囲気を壊されてしまうように感じるからです。身だしなみ以上にご注意を！

ドリームタイプ

ファッションはその人の個性として捉えるので、身だしなみに関してはそれほどうるさくありません。このタイプの上司が身だしなみで評価を下げることはほぼありません。相手がどんな格好でも「今日のテーマはそれなのね」というくらいにしか思いません。ただ、「オシャレで、人に好印象を抱かせる使える人間だな。仲良くしておけばメリットがある」と受け止める場合があるので、手を抜かないに越したことはありません。

オウンマインドタイプ

相手がどんな格好をしていようとあまり気にしません。ですが、オシャレに無関心なわけではありません。そのため、例えば、流行色を取り入れたり、個性的なアクセサリーをつけたりなど、ちょっとしたポイントをアピールすると、無頓着なこの相手でも、ファッションに関してひと言言いやすくなるので親切です。「それどうしたの？」「この前インドに行って買ってきたんです」「ほー」などと、個性を表現できるので好感度アップにつながることでしょう。

パワフルタイプ

女性の場合、きちっとした格好より、ふわっとした格好が好印象を与えます。ふんわりしたブラウスやシフォンドレスがＧＯＯＤ。夏に黒タイツ、冬にキャミソールといった季節感が逆転したファッションは「コッチまで暑く（寒く）なるじゃん」と思われるので避けましょう。男性はＴシャツやニット、スニーカーなどラフなファッションでＯＫ。暑苦しいのを嫌うので夏は堂々とクールビズでノーネクタイのほうが好印象です。

ステータスタイプ

しわくちゃの服、襟元や袖元の黒ずみ、かかとのつぶれた靴、持ち手がボロボロのバッグ等々、それが高価な品でも、だらしない格好の人はその時点でアウトです。きちんと手入れもできない人間がブランド物を着るのは器に見合っていなくて「みっともない」と感じてしまいます。それなら、ノーブランドでも、きちんとアイロンがけされたもの、シミや毛玉、ホコリがついていない手入れされたものを着ている人に好感を持つのです。

相手の印象に残る自己紹介

ビジネスシーンでもプライベートでも、最初に相手に与える印象はとても重要です。

このとき、自己紹介は外せないアクションなのですが、意外にも多くの人が、その重要性を認識しながらも、実際にはあやふやなアクションをとっていることに気づいていません。

好感度がアップする自己紹介の仕方を知って、与えられた大切なご縁をしっかり紡いでいってください。

レベルアップタイプ

自己紹介以前に、「○○さんからあなたのことを聞いて興味を持ちました」などと、この相手を知ったプロセスを伝えましょう。共通の知人がいたらぜひ伝えてください。「SNSに投稿された文章を見て興味を持った」といった場合は、事前にメールで伝え、会った際にもそこをまずは伝えましょう。知り合った相手を後日誘う場合は、「あなたの人柄がとても良さそうで、またお話ししたいと思いました」と伝えると印象を悪くしません。

セーフティタイプ

共通の知人がいればその人の名前をあげ、どのような経緯でこの相手を知ったかを伝えましょう。そして、自己紹介というより、「お互いに知り合いたい」という、あくまでも「あなたに興味があります」という雰囲気で接することが大切です。そのためには、事前リサーチもよいでしょう。

話す際は、ズケズケとした印象を持たれないように、極力、ソフトなアプローチを心がけてください。相手の話にも、しっかり耳を傾けましょう。

ドリームタイプ

慇懃《いんぎん》な雰囲気が苦手なので、基本的なマナーは踏まえつつも、あまりかしこまらずに、ざっくばらんにいきましょう。そして、「これだけ人脈があります」「こんな情報を持っています」などと、自分の持っているメリットをさりげなく伝えてください。「あの店主と知り合いなので、私の名前を言ったらオマケしてもらえますよ」といった、この相手が興味を持っていることに対してのおいしい情報なら、好感度アップ間違いなしです。

オウンマインドタイプ

売り込みにならない程度に自分の得意分野を伝えましょう。頑張っている人に弱いので、「私はこういうのが得意分野で、こういうことを頑張っています」という感じで、努力していることを中心に話してみましょう。さらに、「今、○○の業界はこうした問題点があるんです。そこを改善できるような○○を目指して頑張っています」と話せば、「応援してあげたい！」と見込まれるほど、好感度はアップするでしょう。

パワフルタイプ

元気に、目をキラキラさせながら笑顔で挨拶しましょう。プライベートでもビジネスでも、最初はとにかく元気でハキハキ明るく接してください。相手が20代であろうと80代であろうと、同様です。「はじめまして！　○○です、よろしくお願いします！」と、イキイキとした雰囲気で挨拶をしてください。暗い雰囲気はいけません。返事をする際も「はいっ！」「承知しました！」と、張り気味の声で元気にいきましょう。

ステータスタイプ

余裕がポイントです。「はじめまして。よろしくお願いします」と、ソフトで丁寧ではあっても、決して緊張はしていないという感じでいきましょう。自己アピールをする際は、努めてさりげなく伝えてください。言葉で「自分はこんなにすごいんです」などと言うのはもってのほか。相手に察してもらえるように、例えば、さりげなく懇意にしている著名人の話題に持っていき、「実は懇意にしていただいています」と打ち明けると一目置いてくれます。

信頼されるコツ

「信頼を得るために、時間や約束を守る」といったことは、誰もが知っていることだし、実践していることでもあります。

確かに、こうした基本的な部分をおさえているのなら、信頼を「失う」ことはないでしょう。ただ、「得る」となると、これだけでは不十分です。

信頼を得るには、もう一歩相手の懐に踏み込んで好印象を与えることが必要です。

レベルアップタイプ

信頼関係を誰よりも大切にするタイプです。

このタイプから信頼を得るには、何かの折に悩み事を相談してみましょう。親身になって聞いてくれますから、長年の友のような感覚で、話してしまってかまいません。すると、このタイプもグチをこぼしたりするようになるので共感しながら聞き、「私はあなたの味方ですよ」などと言ってください。以降は何かと懇意にしてくれるでしょう。

セーフティタイプ

時間をかけて築き上げていくイメージです。出会って間もない場合は、グループ交際のような感じから徐々に距離を縮めていきましょう。偶然に会うタイミングをつくるというのも手です。決して焦らず、丁寧な対応を心がけて、徐々に関係性を深めていくようにしましょう。具体的には、メールには即レスながらもきちんとした文章を書く、「ご自愛ください」など気づかいの言葉を入れる、といったことです。交流会やイベントなどに誘ってみるのもよいでしょう。

ドリームタイプ

役に立ってあげることが一番です。また、約束を守ることも大切です。単なる口約束や社交辞令で言ったことであっても、このタイプはそれを忘れずにいるし、期待して待ってもいます。なので、社交辞令程度の忘れてしまいそうな約束なら逆に言わないほうが無難ですし、言ったからには必ず実行して守りましょう。

時間的ロスにも配慮してください。待ち合わせ時刻に遅刻しそうなときは、それがほんの5分程度だったとしてもメール等で連絡を入れましょう。

オウンマインドタイプ

「私はこう思います」「こんなふうにしていきたいです」などと、自分の考えをはっきり述べる人を信頼します。ただし、言行不一致な人が苦手なので、「言っていることとやっていることが違う！」と思われないよう、言ったことは責任を持ってきっちりこなしましょう。このタイプはまた、自分の知恵を借りにくる人を、友好的に思う傾向があります。「アドバイスをいただいた件、私なりにやって、今こうなっています」と経過報告すると、「見どころのある人」と思われて信頼が得られます。

パワフルタイプ

何事においてもきちんとしていることが大切です。だらしないところがなく、例えば、ロスになりそうな部分をしっかりおさえた見積書を作成した上で、なおかつ、臨機応変にこのタイプの意見に合わせていけると最高です。きちんと仕事をこなすこともそうですが、例えば、お店で発行しているスタンプやポイントを集め、それできっちりお得をゲットしている人にも「キチンとしているなぁ」と好印象を持ちます。また、細かいことを気にしないサッパリした態度でいることも、信頼を得るためには極めて有効です。

ステータスタイプ

礼儀をわきまえていて、自分を立ててくれる人に好感を抱きます。日々の頑張りやちょっとした心配りに気づいてくれて、「ありがとうございます」「さすがですね」といった言葉があると、謙遜しながらも、「あ、この人わかっているな！」と感じてもらえます。自分に対してもそうですが、周囲や全体に対し、そうした配慮のある人だと最高です。また、自分の黒歴史は臭い物にフタをするごとく封印したいので、まったく覚えていない体でいると、安心感を抱かれやすく、信頼が得られます。

相手が気にするポイント

相手の視点がわからないと、人とのコミュニケーションはどうしても困難なものになりがちです。

出会って間もない関係性においては、とくに重視したい部分です。

実際、少なからぬ人たちが、今からお伝えする事実を知らないばかりに、人とのコミュニケーションをストレスに感じたり、ひどい場合は、最初からあきらめてしまっています。ぜひこの項の内容は忘れずにいてほしいと思います。

レベルアップタイプ

「みんなからどれだけ好かれているか」という点を見ています。例えば、ＳＮＳに毎日投稿しているのに、「いいね」のカウントもコメントも何もつかないような人、あるいは「いいね」は沢山つくけれども、明らかにＳＮＳ上だけと思われるような不特定多数と交流している人には、微妙な警戒心を抱きます。

逆に、投稿についたコメント一つひとつに返信するなど、丁寧な対応をしていると、好印象を覚えます。

セーフティタイプ

「細かいところにまで気をつかっているか」という点を見ています。自分以外の人への対応もしっかりチェックしていて、例えば、一緒に行ったプレゼン先で、自分には親切でも、取引先には横柄な態度をとったり、自分の前では頼もしい感じなのに、上司など立場が上の人に会ったとたんゴマすりモードになるような人には、「相手を見て態度を変える人だ」と、とたんにマイナス評価を下し、信用する気持ちを失ってしまいます。

ドリームタイプ

「面白いかどうか」という部分を見ています。このタイプは、価値観の頂点に「面白さ、楽しさ」があると言っても過言ではなく、「面白い人＝イイ人」だと思っている節があります。そのため、話していてつまらない人には、あまり魅力やメリットを感じません。ですが、たとえ話し下手だったり無口だったとしても、顔芸やしぐさなど、何かユニークな部分を持っている人には「面白い」と関心を寄せ、好感を抱くことがよくあります。

オウンマインドタイプ

「一途に頑張っているかどうか、義理堅いかどうか」という部分を見ています。この相手にアドバイスをもらったら、結果報告は必須です。さらに、「いただいたアドバイスを、私なりにこんな方法で試してみたら、このくらいの結果が出ました。ありがとうございました」といったお礼があると、さらに好感度がアップします。逆に、知恵だけ借りにきて、何ら事後報告のない人は「義理を欠いている」と感じて評価できません。

パワフルタイプ

「いつまでも凹まないか、いじけないかどうか」といった部分を見ています。例えば、何かで失敗をした際、「もうダメだ～」などと一時的に弱音を吐く分にはかまいませんが、いつまでも、クヨクヨ、ウジウジしている人は、マイナス評価どころか、「情けない！」と切り捨てられてしまいます。また、人の悪口を言う人は、一緒にいると気分が悪くなりますし、話が長い人は、飽きて退屈するので避けたくなります。

ステータスタイプ

「察しが良いかどうか」という点を見ています。このタイプは、話や説明をする際に、あえて起承転結の「結」を言わずに終了することがよくあります。結論を言ってくれないので、思わず、「え、それでどうなったの？」と聞きたくなるのですが、そこは「察してね（言わなくてもわかるでしょ？）」というわけです。いちいち言葉で説明しなくてもニュアンスや言い方で、言いたいことを察するのがコミュニケーションの基本と心得る人に好感を抱くのです。

仕事がスムーズになる話し方

話し方はコミュニケーションの大切な要素です。

基本的なルールやマナーをおさえた話し方であれば、とくに問題は起きないでしょう。

ですが、日常会話などでは、ついつい自分ルールで話をしていることがあります。

そこに多少気になる部分があったとしても、逐一指摘してくる人はそうはいません。だからこそ、タイプ別の話し方のツボは心得ておきたいものです。

レベルアップタイプ

基本的に、「です・ます」の丁寧口調で話すように心がけましょう。仲良くなるまでは、タメ口は避けたほうが無難です。「佐藤さん」とか「ミッキーさん」というふうに、「さんづけ」で呼んであげてください。男の人なら「君づけ」もいいでしょう。

また、基本的に、「～って思いません？」など疑問形を用いて、同意を得ながら会話や物事を進めると、スムーズです。「こうすべき」といったアドバイス口調は避けましょう。上から目線の人、というマイナスの印象を与えてしまいます。

セーフティタイプ

まるで赤ちゃんに接するかのような気持ちになって、柔らかに、にこやかに、穏やかに話しかけましょう。

だらしない話し方でなければ、フレンドリーな口調でもかまいません。イメージするなら、「○○君はこうなのかなぁ？」というような、大人が子どもに話しかけるときの言い方です。このタイプには、「ちゃんづけ」が喜ばれたりします。

相手が話しているときは、ほほ笑みながら、「うん、うん」とうなずいて、受け止めていることを表現しながら聞きましょう。

ドリームタイプ

あまりにも上から目線といったことでもない限り、人の話し方だとか、言葉づかいには頓着しないタイプです。目下の人がタメ口をきいてきても、「すごいな、何か面白いヤツだな」と、むしろ肯定的な見方をする場合もあるので、下手に気をつかわないで自然体で話しかけてOKです。慇懃すぎると逆に気をつかわせることになります。窮屈《きゅうくつ》な人、などと敬遠されかねないので、適度にざっくばらんな感じでいきましょう。基本的には、目をしっかりと合わせて会話してください。

オウンマインドタイプ

人の話し方や言葉づかいはあまり気にしないタイプです。ただ、まくしたてるような話し方は避けてください。会話の際は、ゆっくりと、時には間をとりながら話すように心がけましょう。途切れることなく矢継ぎ早に話されると、わけがわからなくなってしまうのです。早口な人は、なるべくゆっくり、そして、話が飛んだり横にそれたりしないよう、順を追って話すように意識しましょう。可能ならば、話す内容を箇条書きにしたレジュメを用意しておくとよいでしょう。

パワフルタイプ

明るく元気にノリよく話してください。ニックネームがあればそれで呼んでかまいません。もちろん、相手が目上の場合は敬語を使うに越したことはないのですが、最初はちょっと甘えた口調で話しかけるのもよいでしょう。機嫌を見て、「部長〜、こうなんですよ」という感じでいくと、「かわいいヤツ」と好感を抱かれる確率が高めです。何だか図々しく感じられるかもしれませんが、これくらいオーバーに明るくいきましょう。

ステータスタイプ

物腰柔らかく、穏やかな感じで話しましょう。関係が浅いうちは敬語で対応してください。仕事上など、相手が肩書きのある人なら、その名称をつけて名前を呼んでください。このタイプの上司は、部下からは心を開いて何でも話してもらいたいと思っているので、「何でも言ってごらん」と話しかけてくることがあるのですが、無礼講になってはいけません。心は全開でも、礼儀はしっかりとわきまえてください。長い話は聞いていられないので、要点を絞って手短に伝えるように心がけましょう。

意見・提案を聞いてもらうには

相手のためを思い、意を決し、一所懸命になって意見を伝えたにもかかわらず、素直に聞き入れてもらえないばかりか、かえってマイナスに捉えられてしまうということがあります。

「言わなければならない」と決心するのは勇気が必要なことですから、聞いてもらえないのは本当に残念だし、もったいないことです。相手に響きやすいように伝えるコツをぜひ身につけましょう。

レベルアップタイプ

「○○さんが真剣にこのことを考えて、こういう発想をされたということは、理解しています。それはとても素晴らしいと思います。ただ現状を考えると……」という感じで、最初に相手を認める言葉を言いましょう。

“真剣に考えて頑張っているからこそ、そういう判断なのですよね”と、最初にそこを認めて共感した上で話をすれば、その後は、わりとどんな意見でも聞いてもらえます。

セーフティタイプ

先に「ありがとう」と微笑みながら言うのがコツです。例えば、同僚に意見があるときは、「いつもありがとう。キミのそういうところ、いつも本当に感謝しているよ。今日は１つだけお願いしたいことがあるんだ……」といった切り出し方です。

話すときは優しく穏やかに。そして、内容を整理して、理路整然と説明しましょう。途中で口を挟まれるかもしれませんが、できるかぎり聞く耳を持ってあげてください。

ドリームタイプ

何か意見があるときは、そのままストレートに伝えてかまいません。このタイプに意見を言うのはけっしてタブーなことではありません。むしろ「意見歓迎！」と思っているほどです。とくに、「こうしたら“すごいうまくいく”と思うよ」といった、良くなるための意見は大歓迎です。ただし、「それじゃダメだよ」で終わってしまう意見は、単なるダメ出しと一緒です。その場合は、ダメな理由とともに、改善策を伝えてあげてください。

オウンマインドタイプ

意見はもちろん「進言歓迎！」と思うタイプです。自分が気づいていないことを教えてもらえるのはありがたいと心底感じるので、部下であっても、「こうですからお気をつけになったほうがいいですよ」などと、上下関係を気にしないで、気づいたことがあったら言ってあげてください。気づかってオブラートに包んだ物言いをするのではなく、ストレートに伝えましょう。単なるダメ出しはＮＧですが、改善策まで伝えてあげれば問題ありません。

パワフルタイプ

決して説教に受け取られないように、語気に気をつけましょう。「こうしてもらえる（語尾が上がる）？」「こうしたほうがいいんじゃなぁい？」と優しく明るく言いましょう。同じ言葉でもキツいトーンで言うとムッとされてしまいます。いくら言っても聞き流されて無視の場合は放っておきましょう。自分でもわかっていることなので「しつこく言わないでよ！」と頭にきてしまうのです。自分で必要だと思ったらスイッチが入るので、それまでは放置しかありません。

ステータスタイプ

意見やお願いをする際は、言葉でハッキリ伝えるよりも察してもらうように、遠回しな言い方を心がけましょう。

例えば電球を取り換えてもらいたい場合、「あれ、あそこ暗いかな？」と言えば、これだけで「ああ、やるよ」と察してくれます。

その空気をつくるだけでピンと察してくれるのですから、あれこれ台本を考えずに済む分、ラクと言えばラクかもしれません。

理不尽な相手を論破する最終手段

明らかに自分が悪いのに、絶対にそれを認めない人というのはいるものです。そんな人を相手にしていても虚しくなるだけなのでスルーするのが得策ですが、どうにも腹に据えかねたり、あるいは物事を進めるときに支障をきたすこともあるでしょう。

人間関係はできるだけ円満が望ましいですが、どうにもやっかいな相手は、論破して撃退することが必要なときもあります。理不尽な主張を引っ込めざるを得なくなる、最終手段とも言えるポイントをおさえておきましょう。

レベルアップタイプ

このタイプは、嘘をついていたり、ズルしているときに攻撃的になって理不尽な主張をします。それがバレたら人間的な信用を失うと自覚しているからです。

そんなときは「それ、嘘ですよね？　なぜ認めないんですか？　こっちは別に怒っていませんよ。ただあなたが嘘をつく理由がわからなくて質問しているんです」「それ、ズルくないですか？　人としてどうなんでしょう？」など、質問系で問い詰めると効果的です。

セーフティタイプ

このタイプは、まわりを巻き込んでトラブルを大きくする傾向があります。第三者に告げ口をするなどして、味方を増やし、対立をあおろうとするのです。そんなときは、「感情論ばかり主張していますが、事実はこうですよ。証拠はこれですよ。現実を見てください」「まわりを巻き込んで、みんな内心では迷惑していますよ。あなたのような人をトラブルメーカーと言うのです。このままでは信用を失って孤立するのは、あなたですよ」と毅然とした態度で言いましょう。

ドリームタイプ

このタイプは、自分が劣勢だと判断すると、いちいち相手の揚げ足をとって話の腰を折ろうとします。勝ち負けにこだわる面があるため、素直に自分の非を認められない一面があるのです。

そんなときは「いったい何がしたいのか言ってください。話の腰ばかり折って、これでは時間のムダです」「問題の改善、解決をしたくないんですね？　それ損しますよ。迷惑な人です」といった言葉が効果的です。

オウンマインドタイプ

このタイプは、自分の考えに凝り固まって、他人の意見に耳を傾けなくなることがあります。そんなときは正論ばかり主張するので、「あなたは人の気持ちってものがわからないんですか？」「頭が固すぎますね。世の中にはいろんな人がいるんですよ。もう少し、譲歩するとか、損して得取るとか、負けるが勝ちといった発想を養ってはいかがですか？」などと、感情論を向けると反論できなくなります。

パワフルタイプ

このタイプは興奮すると、まくしたてるようにしゃべり、自分でもワケがわからなくなることがあります。とくに自分の非を認めたくないときはこの傾向が強く出るので、一通りしゃべらせたあと、冷静な態度で「ちょっと言っている意味がわかりません。私の理解力が不足しているせいかもしれませんが、もう一度、順を追ってわかるように説明してもらえませんか？」と言うと、すでに自分でも何をしゃべったか忘れているので、答えることができず、黙ります。

ステータスタイプ

このタイプは、理路整然と論理的に話しているように見えて、ところどころ矛盾した話をしてしまいます。注意深く話を聞いて、矛盾点を責めましょう。「さっきはこう言いましたね。しかし、今はこのようにおっしゃる。ロジックがつながりませんね」「一つひとつは正論に聞こえますが、全体を見ると筋が通りません。屁理屈を並べているようにしか聞こえません」などと冷静に分析すると、ぐうの音も出なくなります。

相手が喜ぶほめ方

人はほめられることが大好きです。「自分はほめられて伸びるタイプ」だと自称する人が多いのも当然と言えるでしょう。

「ほめる」という行為は、人に大きな力や幸せを与えるものに違いありませんが、一歩間違えると「ごますり」「おだて」とマイナスに捉えられ、「自分を操ろうとしているのかも……」と不信感をあおる場合もあります。

相手のタイプに合ったほめ方を心がけて、相手の才能をより伸ばしてあげられるテクニックを身につけましょう!

レベルアップタイプ

「君っていいヤツだね」「いい人だね」「いい子だね」等々、笑顔で「人柄をほめる」ことがポイントです。目上に対しては「いい方ですね」と言えば大丈夫です。人柄をほめることは、この相手に対して好感を抱いているという表現になるので、ほめ言葉として響きます。

もし、「え、何で？　別に私いい人じゃないよ？」と返されたら、「いや、いい人ですよ。私はそう感じます」と答えましょう。これでＯＫ。具体的なことを言う必要はありません。

セーフティタイプ

「細かいところにまで気づいてくれて、ホントに優しいね」などと、「細やかな気づかいをほめる」ことがポイントです。年上の人になら、「本当に言葉の一つひとつに優しさがにじみ出ています」などです。すると、「いろいろキツイこと言ってるよ？」と返してくることがありますが、そんなときには、「いえいえ、そこに愛がありますよ」というように、あくまでも相手の細やかな気づかいをほめる方向に持っていってください。

ドリームタイプ

「できるじゃん」「やるじゃん」などと、能力をほめましょう。また、「あごのラインが好き！」といった具合に、体のパーツをほめるのもＧＯＯＤ。相手が女性なら「ほっぺの丸いラインが超ツボ！　それを見ているだけで幸せになれる」などと言うと、「これに価値を感じる人もいるのね」と思って喜びます。ただし、お世辞はＮＧ。いつもと同じ、とくに気合を入れていないような格好をしている人に「今日もオシャレだね」では、逆効果になってしまいます。

オウンマインドタイプ

具体的にほめましょう。「○○ちゃん、いいねぇ！」だけだと「え？何が？」になるので、「今日のシャツ、いい色だね。似合ってるし、いいセンスだね」といった感じで、言葉で具体的に伝えてください。

どんなにほめてもかまわないし、何をほめてもいいのですが、お世辞でも何でも、その言葉通りにすべてをまともに受け止めるタイプなので、嘘やノリでほめ言葉を連発してはいけません。言葉には自己責任が発生することを心得ておきましょう。

パワフルタイプ

ほめられることが大好きなこのタイプ。お世辞でも社交辞令でもかまいません。具体的なことをいちいち言わなくてもいいので、とにかくノリよく明るくほめてあげるのがポイントです。その際は、仕事で手柄を立てたときはもちろん、取り組む前からほめてあげましょう。「大丈夫！　君ならできる！　だって何でもできるんだもん！」と持ち上げてあげると、「ほめられて伸びる」のごとく、さらに上に向かって天井知らずに走り出します。

ステータスタイプ

謙遜しつつも、ほめ言葉には弱いタイプです。軽いノリではなく、感嘆してほめるのがポイント。「いや～、スゴイ……」「さすが……」といった調子です。このタイプは「お互いを立て合うのがコミュニケーションの基本」と考えるので、例えば相手が変なことを言った場合は、気がつかないフリをして流すのがベストです。そうもいかないときは、「あなたが言うと深みがありますね」などと立ててあげましょう。こうしたわきまえがあることが大切です。キラーワードは、「やっぱり、他の人とは違うね」です。

心に響くなぐさめ方

落ち込んでいるときは、他者の言動に左右されやすいものです。場合によっては絶望の淵に追いやられることも……。

その一方で、心に響く励ましの言葉をかけられたり、対応をしてもらえたら、心に光が差して希望を見出すことができるでしょう。

もし、落ち込むようなことがあった際には、基本的には自分と同じタイプの人に相談するのがおすすめです。

誰かをなぐさめる際には、早く元気を取り戻してもらえるように、相手の心に響くポイントをしっかり心得ておきましょう。

レベルアップタイプ

「人に誤解された」「自分の誠意がわかってもらえない」といった事柄に落ち込む傾向があるため、共感がポイントです。話を聞いてあげて、味方になりましょう。落ち込んでいることに対し、「ひどいこと言うよね、その人！」「私だったらキレてるかも〜」といったフレーズがＧＯＯＤです。そして「こんなに一所懸命頑張ったんだからいいことあるよ」「神様は見ているよ！」などと言ってください。アドバイスは、相手から求められない限り、必要ありません。

セーフティタイプ

想い通りに物事が運ばないと、とても不安で精神的にうつな気持ちになるため、寄り添う感じで接するのがポイントです。時間を気にせず一緒にいてあげる覚悟で「話したくなったら、いつでも連絡してね」と受け止める姿勢を示しましょう。

また、様子が明らかに落ち込んでいる雰囲気だったら、優しく「どうしたの？」「何か私にしてあげられることはある？」などと、相手が話しやすい雰囲気をつくってあげてください。

ドリームタイプ

何かで詰まったときは、「どうやったらいいか教えて」などと明確に言ってくるので、知恵を貸してあげてください。一所懸命やってみたものの結果が出ないとか、やりたいことがわからないといった、暗中模索状態に陥っているときがこのタイプには一番こたえるのですが、この場合は、アドバイスではなく、コーチングの手法で、「どうやったらハッピーなんだろうね？」といった具合に上手に引き出し、心の中を整理してあげましょう。

オウンマインドタイプ

何かで失敗して落ち込んでいるときに、「気分転換しよう」「気にしなくていいよ」と言うのはＮＧです。うやむやにしておくのがイヤなのです。このタイプはとくに、自分が活かせていない、理想の自分にほど遠いと感じたときに悩むので、現実としっかり向き合い、「参考になるかわからないけど、過去にこういうことがあったんだ。あのときは悩んだけど、こうやって乗り越えて、それで今はラクになった」などと、打開策のヒントになるような具体的な事例を話してあげると親切です。

パワフルタイプ

考える前に行動して、「やらかしたー！」というときに、わかりやすく落ち込みます。なぐさめるよりも、気分転換作戦でいきましょう。「やっちゃったことは、仕方ないじゃん！」と言って、「よし、じゃあ、カレー食べに行こう！」などと、連れ出しましょう。「そんな気分じゃない」と拒否されても、「じゃあ、いつも食べているあそこにしよう！」と無難な場所をチョイスして連れ出すと、いつの間にか笑っていたりします。なかなか元気になれないようなら、お節介せずに放置するしかありません。

ステータスタイプ

人に弱みを見せたくないので、落ち込んでいても人前では元気にふるまうこのタイプが、「ちょっと聞いて」と言ってきた場合は、話すことで安心したい心理によります。相槌を打って聞いてあげれば大丈夫です。ただ、仕事上でSOSを出してきたときは、「あなたの裁量で、この件を何とか解決してもらえないだろうか？」という陳情であると同時に、それは自らの手には負えない深刻な状態でもあるので、励ますとかなぐさめるのではなく、必ず実際に人脈を駆使するなどして助けてあげる必要があります。

部下を成長させる叱り方

相手の成長を願い、また、今後も一緒にうまくやっていこうと思えばこそ、あえて「相手の誤りを指摘する」ことが必要なときもあります。もちろん、感情をぶつけてはいけません。あくまでも愛情を持って接することが鉄則でしょう。何だかとっても大変なことのように感じられるかもしれませんが、相手のツボを心得て対処したのなら、意外にもすんなり問題は円満解決してしまうものです。

レベルアップタイプ

こっそり２人きりになった上で、「どうしたの？　今日のミス」とか「こういうミスになっちゃったけど、何があったの？」というふうに、目を見て質問をしてあげてください。最初に質問をするという手法でいくと、わりと素直にミスも認めるし、反省の度合いも深くなります。相手が答えてきたら、途中でさえぎらずに一通り話をさせましょう。きちんと聞いた上で、最後に「今度から気をつけようね」と、ひと言かけてあげれば、二度と同じ過ちを繰り返さないという危機意識を持ちます。

セーフティタイプ

人前ではなく、２人きりになった上で、「こんなミスを犯すとは思えないけど。君ならこれくらいできたよね？」などと言いましょう。言い訳のようなことをブツブツ言ってきますが、聞いてほしくて言っているわけではないので、聞き流す程度でいましょう。最後に、「今度からはやらないようにね。気をつけてね」と言うと、ブツクサ言いつつも「すみません……」という感じで反省します。ふてくされているように見えますが、そこで深追いすると逆効果になるので、ブツクサ言う程度の逃げ場は与えてあげてください。

ドリームタイプ

ミスをした際、「ごめんなさい」が言えた場合はいいのですが、問題は、自分の負けを認めたくないばかりに、ごまかそうとしたときです。その場合は、「この損をどうやって穴埋めするの？」と、損得勘定に訴えましょう。「ここはこうやったほうがリスクは少なくてすむから、君にとってもよっぽど良かったのに、こんなことしちゃうから、すごい君損したよ」といった言い方をされると、後悔とともに大いに反省を促されます。その上で、「挽回、待ってるからね」と良い意味でのプレッシャーを与えましょう。

オウンマインドタイプ

「自分で考えた末にやったことだから、自分は間違っていない」といった考え方をします。注意するときは、「君なりに考えてやったことだろうけれど、そのやり方でやってこういう事態が起こったのだから、そこは君に反省してもらわなければいけないよ。さてこれからどうしますか？」という感じで、自分で考える方向へ持っていってください。その上で、期日を決めて改善策を提出するように約束させ、「君が自分で決めたことなんだから必ず結果につなげてね」と念押ししましょう。

パワフルタイプ

明らかなミスの場合は、「何やってんの！　すぐやり直して！」と、雷を落とす勢いで言いましょう。「はい！」と素直に返ってくることもあれば、多少ムッとした態度でいるかもしれません。いずれも、すぐにやり直しをさせることが大切です。NGなのは、ネチネチと小言を言い続けること。態度はどうあれ、一度叱られたらそれでわかっています。「ここがダメ、そこもダメ」とクドクドと説教を続けようものなら、反省どころか大いに反感を買い、根にもって恨まれることになります。

ステータスタイプ

ミスをしたことをまわりに知られる前に、自分の力で解決しようとするので、結果的に事態が発覚したときにはかなりの大ごとに……ということがあります。普段から逐一報告や相談のできる人間関係をつくっておくことが大切です。そうした関係がない状況でミスがあった際は、「包み隠さず全部正直に言いなさい」と厳しく言いましょう。観念してミスを認めたら「仕事で挽回しなさい」と諭し、次からきちんと報告させるルールをお互いに決めておくべきでしょう。

合コンでこれはNG！

初対面でのタブーは致命傷……。

ある程度関係性ができてしまった相手であれば、多少は大目に見てくれることでも、初対面ではそうはいきません。

とはいえ、慎重になりすぎても、最初の一歩は踏み出せません。せっかくの出会いを良い方向に発展させていくためにも、初対面でのタブーをしっかりおさえて、良い関係を育みましょう。

レベルアップタイプ

初対面では基本的に、控え目にしつつも、ニコヤカで感じの良い態度をとりましょう。決して、「おまえ」とか「おねえさん」「おっさん」といった呼び方はしないように。雑な人づきあいをする人だと思われてしまいます。どんなに盛り上がっている席でもＮＧ。「君」「あなた」という呼び方なら好印象になります。また、ついノリで人をいじったり、はたいたり、「いい年なんだから、そんな服はやめたほうがいいよ」などと言う人がいますが、このタイプの逆鱗《げきりん》に触れるので、決して言わないように。

セーフティタイプ

お互いをまだよくわからない段階から「これどこで買ったの？」「こういうの好きなの？」などと、根掘り葉掘り質問攻めにするのはタブーです。本来は自分のことを知ってほしいと思うタイプなのですが、初対面でいきなり根掘り葉堀り質問されると、戸惑ってしまい、警戒心を抱きかねません。

故意に大きな声を出したり、脅かし口調で話すのもやめましょう。ベタベタと体を近づけたり、ボディタッチも慎んでください。「生理的にムリ」と思われかねません。

ドリームタイプ

上から目線、堅苦しい感じ、威張った態度等々、ざっくばらんなムードを壊すような言動はタブーです。堅苦しいギスギスした雰囲気の中では、本来の自分を発揮できないと感じ、萎縮気味になってしまうからです。楽しいこと、面白いことが大好きなタイプなので、それを否定されるかのような言動、例えば、露骨にノリの悪い態度というのもＮＧです。

時間を大切にしているので、初対面ではとくに時間厳守でのぞみましょう。

オウンマインドタイプ

人にはそれぞれ個性があり、それは「みんな違ってみんな良い」と考えるので、タブーはほとんどありません。あえて言うなら、やたらと自慢話をされることと、ものすごく早口で話されることです。

ただし、自分のことを好きでいてくれる相手の言動ならば、とくに気にはならないし、それも個性と受け止めるので、結局このタイプには、タブーはあってないようなものだというのが、本当のところです。とはいえ「ニヤニヤ」している人は不信感を抱かれるでしょう。口元は引き締めるように意識してください。

パワフルタイプ

ノリが悪い、場をしらけさせる、いじけている、かまってオーラ満載など、雰囲気が明るくないことがタブーになります。初対面では明るい笑顔が基本のこのタイプ。話しかけて笑顔がない相手だと、一瞬でテンションが下がり、パッと去ってしまいます。さらに、このタイプがノリよくかまってきたときに、「うざいな」といった対応をするのは絶対にＮＧです。初対面であっても、いきなり激高される可能性さえあるので、いきなり会話に割り込んできたりしたときは「びっくりした！」というリアクションで対応すると無難です。

ステータスタイプ

身だしなみがだらしないのは絶対にタブー。ビシッと決めたスーツでも、肩にフケがついていたら即アウト、プラス鼻毛が伸びていようものなら完全シャットアウトでしょう。とにかく雰囲気が大切で、逆に言えば、オシャレではなくても、似合ったファッションで雰囲気が良ければＯＫ。会話では、初対面からダメ出しをするなど、相手の立場を軽んじる言動は絶対にＮＧ。またこのタイプには機嫌が悪いときがあるので、そんな雰囲気を感じたら察して近寄らないであげるほうが無難です。

必ずOKしてもらえる誘い方

初対面でいきなり誘っても大丈夫なタイプ、ドン引きするタイプ、むしろ早めに誘ったほうがいいタイプ――実は、親しくなり方、デートの誘い方ひとつにもツボの違いがあります。

何とも悩ましい問題に違いありません。ですが、そのツボがわかっていたなら心強いですよね。

今、どうもうまくいかないと焦っている人、悩んでいる人も、パーッと視界が開けてくることでしょう！

レベルアップタイプ

出会ったその日の別れ際に直接、「今度お食事でも」と声をかけておきましょう。その上で、後日メールで改めて誘ってください。その場合は、なれなれしくならないように丁寧な文章と言葉づかいを心がけましょう。「お忙しいかもしれませんが」などと、気づかう言葉を入れると好印象です。「時間をつくってもらえませんか」と、お伺い調で伝えると押しつけがましい印象を持たれないので、「まあご飯ぐらいなら」と思ってもらいやすいでしょう。

セーフティタイプ

いきなり誘うと、ほぼ引かれてしまいます。ちょこちょこメールを入れるなど、コミュニケーションを積み重ねる過程を経るのがとても大切です。例えば、SNSをしている相手なら、「いいね」ボタンだけではなく、マメにコメントを入れてあげるといった感じです。その上で、「そういうのに興味があるんだったら、今度一緒に行かない？」という流れに持っていくとよいでしょう。徐々に距離を縮めていきましょう。

ドリームタイプ

単刀直入にすぐに誘ってしまいましょう。用事があるわけでもないのに、たびたびメールを送ってこられると「意味がわからない」と感じるし、あまり時間を置かれると、知り合ったときのテンションも冷めてしまっているので「なんで今頃？」と思います。

行きたいけれど紹介などのコネがないとなかなか行けないような場所に誘うと、メリットを感じてもらえるので成功率が高まるでしょう。「平日夜に２時間くらい時間ないですか？」などと、スケジュールへの配慮もお忘れなく。

オウンマインドタイプ

敷居はさほど高くないので、あまり回りくどいことをしないで、気軽に誘ってみましょう。「和食好き？」「だったらおいしい店があるから食べに行こうよ」という感じで、相手の好みを聞いた上で誘えば、よほどのことがない限り応じてくれます。

ただし、段取り命の人なので、当日いきなり誘うのはＮＧ。必ず相手のスケジュールを聞いて、事前にアポイントを取って誘ってください。

パワフルタイプ

メールでかまいません。気軽に誘いましょう。例えば、「○○ちゃんに会うと元気が出ます！　ご飯行かない？」といった感じです。あるいは、「すっごくおいしいエビフライ食べられるよ、行ってみない？」などと興味を抱かせる誘い方も手です。「何？　どんなエビフライ？」と食いついてきたら「とにかく巨大なんだよ！」などと、簡単に具体的な説明をしてあげると、好奇心が刺激されてＯＫしてもらいやすくなります。

ステータスタイプ

メールでのやりとりを面倒に感じることがあるタイプなので、忙しかったりすると、気がないわけでも嫌いなわけでもないのに、返信をしてこないことがあります。

電話のほうが「話が早い」と感じるこのタイプには、言葉を尽くしたメールより、電話での誘いが親切でしょう。「仕事の件で相談したいことがあるのですが……」などと言ってみると、「じゃあ、食事でもしながら」という流れになりやすいでしょう。ただし、夜中の着信は嫌うので、常識的な時間帯を選んでください。

相手が想い描く理想のデート

理想のデートとは?「海や山でのんびりしたい」という人もいれば、「話題の映画やグルメコースが鉄板」と信じて疑わない人もいるかもしれません。

デートは本来ドキドキ・ワクワクするものに違いないのですが、ツボを外すと、退屈だったり、しんどい思いのする、もはやデートという名の〝修業〟になりかねません。

そんなふうにはならないよう、しっかり相手のツボをおさえてのぞみましょう。

レベルアップタイプ

おうちデートもグループデートも含め、一緒にいられればどこでも楽しいと思えるタイプです。ただ、あまり高級なレストランなどは苦手です。何かと気づかって疲れるので、居心地が良いと思えないのです。その人の質や生活レベルに合ったお店で十分。基本は「一緒ならどこでも楽しい」という部分だということを覚えておいてください。あまりにもにぎやかで、会話がよく聞き取れないようなお店は、避けたほうが無難でしょう。

セーフティタイプ

デートでは、手をつないでみましょう。

デートコースとしては、景色のよい場所、雰囲気の良いところがおすすめです。遠出する必要はありません。近場で十分です。理想は、夜の海で、波の音を聞きながら、2人で並んで座っている、というイメージです。

レストラン等に行くなら、気取ったところではなく、穴場的なお店や隠れ家的なお店を選びましょう。行きつけのお店に通うのも好きなタイプです。

ドリームタイプ

面白いところで、かつ、一石三鳥ぐらいに楽しめたりする場所であれば最高です。例えば、牧場に行って動物と戯れ、濃厚ソフトとジンギスカンに舌鼓を打ち、帰りはお土産屋さんで買い物もできて、といったものです。遊園地などもよいでしょう。その場合は、「バカップル最高！」といった感じで、思いきりはじけていきましょう。また、バーベキューなど、グループデートでみんなしてワイワイガヤガヤ楽しむのも大好きです。マンネリを嫌うので、定期的にイベントデートを企画しましょう。

オウンマインドタイプ

2人きりで公園や庭園散歩というのがおすすめです。基本的に、時間に追われたりすることのないデートにしましょう。とはいえ、おうちデートだとつまらないと思われてしまいます。グループデートも控えたほうがよいでしょう。食事に行くならば、味、量、質、値段のバランスが良い、コストパフォーマンス重視でチョイスしましょう。おいしいラーメンをがっつり食べたあとに少し散歩してから、落ち着いたカフェでスイーツと会話を楽しむといった具合です。2人でゆったりできるというところがポイントです。

パワフルタイプ

ある程度は計画を立てておいたとしても「そのときの気分によって、自由に変更して楽しめるデート」というのが理想です。つまり、どこで何をするかより、ノープランでその日の気分で、出たとこ勝負のほうが気楽でよいのです。

突如、「今日の気分はこっち！」などと言って、当初の目的地とは逆方向へ向かったりすることもあるのですが、それはデートをより良くしよう、楽しくしようと思ってのことなので、臨機応変に対応してあげてください。

ステータスタイプ

「2人きりのロマンチックなデート」というのが理想です。

相手が女性なら、お店の予約や送迎等々、スマートにエスコートしてあげてください。相手が年下の男性なら、女性からの逆エスコートもアリです。関係が深まるまでは、このように緻密にデートコースのプランを練ることが、誠意のあらわれになるのです。おもてなしの心を重視するこのタイプが、デート中に、相手のそういった点に気づいて「ステキ」などという感嘆の言葉をもらしたら、感性の優れた人という好印象を抱いた証左になります。

気があるかを読み解くポイント

人の心の内というのは、そうそう簡単に読み解けるものではありません。

とくに最近は、好意があっても「傷つくのが怖い」という理由で、気のあるそぶりを見せまいとする〝絶食系〟も多く、そのへんの心理を読み解く難易度が上がっています。

しかし、バースデイサイエンスを知れば、本人すら気づいていないシグナルもしっかりとキャッチできてしまいます！　よい関係づくりにぜひ活かしてください。

レベルアップタイプ

とくに気のない相手からであっても、メールをもらえば返信をするし、電話がきたらちゃんと対応しますから、それだけで有頂天になってはいけません。本当に気がある場合は、確実に友だちに会わせて紹介してくれます。ですから、自分から「今度友だちも誘って飲みに行かない？」と誘ってみるといいでしょう。

誘いに応じ、自分の友だちを連れてきてくれたら、何らかの気がある証拠です。少なくとも邪険にはしないはずです。

セーフティタイプ

自分からは積極的に話しかけたりしないこのタイプと、なぜかやたら目が合うなと感じたら、それは気がある証拠です。ちなみに、メールや電話にはそれなりに対応してくれますが、これは誰に対しても同じ態度なので、判定基準にはなりません。

気のない相手から寄ってこられると、居心地が悪く感じられるので、そっけない態度をとります。メールも呆れるほど短文です。そこはわかりやすいと思います。

ドリームタイプ

こちらからあれこれするまでもなく、気がある相手には、ドリームタイプのほうから攻めてきます。

時折、「攻めたければ攻めてきてもいいよ。どんな策でくるのか様子を見てあげるから」とばかりに、お試しモードで相手の出方を見ていることもありますが、いずれの場合も、気のない相手と過ごすのは時間のムダだと考えるので、誘って断られなかったのであれば、多少なりとも脈アリと見てよいでしょう。

オウンマインドタイプ

敷居の低いタイプなので、気があるかないかは見分けにくいほうです。最初の誘いには比較的簡単に応じてくれるのですが、次もそうかというと話は別です。この相手を3回デートに誘って、3回とも断らずにのってきたら確実に脈アリと見てよいでしょう。

このタイプが手料理をふるまってくれたり、自分の行きつけの店に連れて行ってくれたとしたら、とても好意的に思ってくれている証左です。

パワフルタイプ

このタイプは、基本的に内容は短めですが、気がある相手にはメールを送ってきます。それなりに関係性が落ち着いてくるとあまりこなくなったりしますが、最初はちょこちょこ送ってきます。逆に言えば、こちらからアプローチしても、あまりメールをくれないようであれば、さほど興味を持っていないのかもしれません。

このタイプはまた、離れた場所に住んでいたとしても、気がある相手であれば、フットワーク軽く会いに行ったりもします。

ステータスタイプ

気のある人には、ちょっとしたものをプレゼントしてきます。例えば、男性が女性に贈る場合なら花、女性が男性に贈る場合は癒し系のアロマグッズなどです。そうした気づかいを見せてくれるのであれば気があると考えて良いでしょう。

また、器の大きいところを見せようとして、「その関係の仕事なら、いい人を知っているから紹介してあげるよ」といった心配りを見せます。

外さないプレゼントの選び方

相手の笑顔を思い浮かべながらのプレゼント選びは楽しいものですが、あれこれ迷って決められなくなってしまうこともあります。

実際、プレゼントされて嬉しいものも、タイプによって本当にバラエティに富んでいます。「え？　何でそれが嬉しいの？」と、不思議に思うこともあるかもしれませんが、これこそ、価値観の押しつけにならないよう、相手のツボをしっかり把握しておくべきでしょう。

レベルアップタイプ

長くなくてもいいので、手書きの手紙かメッセージカードを添えましょう。ＰＣで作成してもＯＫですが、手書きのほうがややポイント高めです。

何を贈っても大丈夫ですが、これから流行りそうな目新しいものだとハズレがありません。あまり高価なものだと恐縮されてしまいます。いわゆる相場程度のものが一番。よく、今どきのプレゼントやお祝い金の平均予算額の記事がありますので、そこを目安にするとよいでしょう。

セーフティタイプ

出会って間もない段階では、プレゼントはナシでもかまいません。かえって恐縮に思われてしまいます。また、自分の持ち物にこだわりを持つ人が多いので、一緒に行って選ぶということでもない限り、下手に小物等をあげても外す可能性が高めです。単に、距離を縮めるためにプレゼントを贈りたいという場合は、気軽に受けとれる、例えば、季節のお菓子などにしましょう。その際は、素材にこだわったちょっと高価なものを小量が良いでしょう。

ドリームタイプ

好みを外した余計なものをもらうと、イラっとされてしまうことがあります。それが高価なものであればあるほど、「お金の使い方が間違っている！」とばかりに、腹立たしくなってしまうのです。逆に、欲しいものを欲しいタイミングでプレゼントされると、最高に喜びます。一番良いのは、直接でも間接でも、何が欲しいのかを本人に聞いてしまうことです。わからない場合は、商品券やカタログギフト券等にすると無難です。

オウンマインドタイプ

基本的に、欲しいと思っていないものをもらうとガッカリしてしまいます。そこを踏まえ、趣味の延長線上で使える個性的なものを選ぶようにしましょう。例えば、手紙を書くのが好きな人だとしたら、珍しいインク。釣りの好きな人なら、街着もできるオシャレなライフジャケットなどです。どこにでも売っている品はつまらないと感じるので、ちょっと珍しいもので、どちらかというと高価な品という視点で選ぶとよいでしょう。

パワフルタイプ

あまり安すぎるものはＮＧですが、基本的には何を贈っても大丈夫です。ただ、宅配便で送るなど、ストーカーのような雰囲気を感じると、ドン引きしてしまいます。

ちなみに、このタイプの女性は、「（男性からのプレゼントなら）なんでもいいけど、指輪とか……」と言う人が多いのが特徴です。女性同士ならアクセサリー系がよいでしょう。男性へのプレゼントには、ブランドのネクタイや、キーホルダーなどがおすすめです。

ステータスタイプ

プレゼントとは、「先日お店を見ていて、あなたに合うなと思って……」というように「いつも気持ちがあなたに向いていることを表現する」という感覚で捉えるとよいでしょう。とはいえ、安っぽいものはＮＧ。必ずしも高価である必要はありませんが、洗練されたものをチョイスしましょう。誕生日や記念日等はサプライズを用意しましょう。プレゼントに加えて高級レストランに誘い、従業員と共に祝ってもらうなど、エグゼクティブな気分を味わってもらう演出をすると、感激してもらえます。

真心のこもった祝い方

一般的なお祝いマナーは、基本的な部分で万人に共通するとしても、やはりそれだけでは「相手の心をわしづかみ」とまではいかないのが現実です。

相手に心から喜んでもらい、かつ、距離を縮めたいと願うのであれば、ハートのツボをくすぐる何かが必要ですし、NG行為をおさえることも必須です。

ここではそんな、相手にピンポイントで喜ばれるお祝いの方法をご紹介していきます。

レベルアップタイプ

あくまでも気持ちが大切です。親しい仲間内で、あまり気をつかわない感じのさりげないお祝いにしましょう。演出としてある程度のサプライズはアリですが、自分の知らないところで計画が進んでいるのは居心地の良いことではないので、どんなメンバーで打ち合わせをしているのかは教えてあげてください。ただし、約束の場所に行ったら大勢の仲間が待ちかまえていた、というような、いろいろな友だちを巻き込んでの仰々しいサプライズは苦手です。

セーフティタイプ

なじみのお店で心温まるメンバーと、安心できる状況下、しみじみ過ごすというのが理想です。例えば、誕生日のお祝いなら、「○年前の誕生日はこうだったよね」と投げかけるなどして、この相手に昔話を語らせてあげてください。

自分からサプライズをしかけることは滅多にありませんが、ド派手なサプライズをしかけられるのは嫌いではありません。ここ一番という場面では、伝説になるようなレベルのサプライズを企画するとよいでしょう。

ドリームタイプ

楽しくにぎやかな雰囲気が好きなので、おめでたい祝いの席なら、胴上げをするくらいの勢いで盛り上げていきましょう。サプライズはするのもされるのもワクワクしてしまいます。くれぐれもネタバレしないように気をつけください。ただし、そこだけに予算を注ぎ込みましたと言わんばかりのあまりにも仰々しい企画はＮＧです。何かプレゼントをする場合は、例えば、指輪を贈るとしたら、花束にそっとセットしておき、相手が気づいた瞬間に、「イエーイ」と盛り上げてシャンパンを開ける、といった感じです。

オウンマインドタイプ

祝ってほしいようなおめでたいことがあると、自分で正式に宴席を設けるタイプです。事前に招待状を送ってきますので、早めに返事を返しましょう。宴席にスタンド花を贈るなど豪華な演出を手伝うと、より喜ばれます。宴席では、形式にのっとって祝いつつも、最後はもうもみくちゃにしてあげる勢いで盛り上げましょう。写真や動画もたくさん撮影して、許可を取った上でSNS等で発信すると、気が利いていると喜ばれます。宴席の催しがない場合は、ご祝儀に縁起の良い小物を添えて贈るとよいでしょう。

パワフルタイプ

サプライズは大好きなものの、驚きすぎてうまくリアクションできないことが多いタイプ。あらかじめ「この日はお姫様気分にしてあげるから、楽しみにしておいて！」などと伝え、豪華なクルージングに招待する、といったもののほうが無難でしょう。もし、遠距離でなかなか会えない２人なら、相手の誕生日に内緒で駆けつけ、携帯電話で「おめでとう」と言いながら、目の前にあらわれるというのもよいでしょう。

ステータスタイプ

ホスピタリティあふれる接し方で、基本的にゴージャス路線でいきましょう。

お店を選ぶなら、（実際に高級であるかどうかは別として）高級感漂う、雰囲気の良いところにしてください。サプライズも好きなタイプです。ただしそれは、ワクワクというより、豪華な雰囲気であることが大切。予算が厳しい場合は、見た目が華やかになるよう、演出や飾りを工夫して、あくまでも高級かつ洗練されたな方向を目指しましょう。

YESと言わせる告白、プロポーズ

男女問わず、タイプによっては、いくら愛していても、あるいは、結婚の意思があっても、それをハッキリと言わない人がいます。

そこを知らずにいつまでも延々待っていたら、時間ばかりかかりすぎて、気がついたときには冷めてしまっていたなんてことも……（！）。

そのような悲劇に見舞われないよう、ツボを外すことなく、思い描いたハッピーな未来をぜひ現実のものにしてください。

レベルアップタイプ

自分の友だちのいる場に連れて行って、「オレの彼女(私の彼)」などと紹介してしまいましょう。外堀から埋めるというか、公認カップルとしての既成事実をつくってしまうわけです。

このタイプの男性は、「つきあおう」という恋人の告白はしても、プロポーズとなるとなかなか切り出してきません。放っておくとなあなあの関係になりがちです。女性側からときどき詰め寄ってみましょう。

セーフティタイプ

まずは一緒にいる時間を積み重ねていくことを大切にしてください。言葉にはそれほど深い意味はないと感じているので、告白は、雰囲気のいい夜の海で、目と目で見つめ合って「イエス」というようなアイコンタクトの状況に持っていきましょう。あえて言葉で伝えるとしたら「一緒にいたい」です。プロポーズは、お互いに一緒にいることが当たり前のような関係になってきたときに、「このまま結婚しない？」とさりげなく伝えてみてください。

ドリームタイプ

早い段階に、「つきあって」と、ハッキリ言葉で伝えましょう。時間を置くと「友だちでいいや」と思われてしまいます。断られたら、「じゃあ、つきあってもらうには、どこをどう改善したらいいの？」と聞いてみてかまいません。「案外面白いヤツ」と感じ、関心を寄せてくるかもしれません。プロポーズも、「結婚しよ！」とストレートにいきましょう。「今結婚したら税金が得なんだよ」などと、お得感をチラつかせるのも手です。

オウンマインドタイプ

告白は、早い段階ではなく、デートの３回目ぐらいにしましょう。まずは「好きです」という一途さを見せ、言葉で伝えてください。ただし、「好きです」だけでは「で、どうしたいの？」となってしまうので、「つきあってほしい」ということも、できるなら伝えましょう。その上で、考える時間を与えましょう。決して即断即決は求めないでください。結婚は、お互いの人生計画を語り合い、「何歳までに子どもがほしいから、このタイミングで入籍しよう」など、２人にとってベストなタイミングをすり合わせると決断しやすくなります。

パワフルタイプ

普段から「大好き！」というラブラブビームを出しておいてください。イメージするなら、大好きなアイドルに一途な思いを寄せる中学生です。ただし、どんなにビームを飛ばして告白しても、「１回目は断られるもの」と心得て、３回はチャレンジしましょう。真剣に受け止めてくれない場合は、少し悲しそうな顔で「本当に好きなんだよ」と言ってみてください。プロポーズも、断られたらいったん引き下がって、再チャレンジです。「あきらめません！」と根性を見せることが大切です。

ステータスタイプ

意外にあっさり落とせたと思いきや、そのときの気分でつきあっているだけだったりします。ステディになりたいならば「言質を取るのが鉄則」。それには、ある程度仲良くなった状態で、かつ、タイミングを見て、さりげなく「私（オレ）たち、つきあっていると思っていていいの？」と聞きましょう。プロポーズの際は、「結婚すると思っていていいの？」です。ドライブ中や街を歩いているときなど、機嫌を見計らってさり気なく聞いてください。「いいんじゃない？」と答えたら、イエスという意味です。

ちょっと気になる相手の浮気度

有史、浮気が根絶したことはありません。神の前でどんなに永遠の愛を誓ったところで、これればかりはどうにもならないことのようです。だからこそ、「浮気は甲斐性」とあきらめるのではなく、「浮気問題すら余裕」とばかりに、人としての器を広げられるようになりたいものです。

とはいえ、実際に浮気問題が起こったなら……！

下手な妄想より、まずは浮気の傾向とその対処法を心得ましょう。

レベルアップタイプ

浮気度は高めです。優しいのでどうしてもモテてしまうのです。詮索したり問い詰めたりしないで、自由にさせてあげているほうが、かえって大切にしてもらえるし、円満で長続きします。既婚者など、どうしても「それはイヤ」という人は、相手の仲間内の飲み会等に連れて行ってもらい「公認」ポジションをとってしまいましょう。浮気度が下がることはありませんが、捨てられるようなことにはならないはずです。

セーフティタイプ

人に対する興味が強く、マメで優しい人なので、“複数の港”をつくる可能性があります。ですが、本当に信用して安心できる関係を築くには時間がかかるため、パートナーがいて、その人と安心できる環境さえあれば、決して去っていくことはありません。あちこちで人気者になっていても、束縛せずに自由にしてあげて、かつ「自分の港が一番居心地いいよ」という努力をしていれば、まず問題ありません。

ドリームタイプ

浮気をしている時間がもったいないと考えるタイプなので、本命がいたら浮気度は低めです。ただ、ゲーム感覚で浮気を楽しむことがあります。それは遊びといった感じなので、本気になることはまずありません。自分以外にも誰か他の異性の話が聞こえてきたら、もしかしたら、親密交際というのは勘違いで、単なる遊び友だちの一人に過ぎなかったということもなきにしもあらず!?　浮気対策というより、勘違い厳禁です。

オウンマインドタイプ

そうそう簡単にハートのスイッチに火はともらないので、浮気度は低めです。ただし、ハートに火がついたが最後、浮気ではなく本気になってしまいます。つまり、浮気度は低いのですが、本気になる度合が高いタイプなのです。さらに、「お前がこうだからオレは浮気したんだ」などと、浮気した自分を正当化することもあるので、ちょっと厄介です。その場合は、浮気を一方的に攻めるのではなく、自分にも落ち度があったと反省の姿勢を見せることが大切です。

パワフルタイプ

根本的に「浮気はしてはいけないもの」という価値観を持っているので、浮気度は低いのですが、何かのはずみで「浮気はしてもいいもの」に価値観が切り替わると、歯止めが利かなくなってしまいます。「今回だけよ」と見逃してあげたりすると、繰り返す可能性があります。本当に浮気が発覚した際はキツくお灸をすえてかまいません。とはいえ、異性の友だちと飲みに行く程度なら、神経質に咎《とが》めたり、不機嫌な顔をせずに、好きにさせてあげましょう。

ステータスタイプ

おだてに弱いタイプなので、持ち上げられて気分を良くされると、「相手は自分に気がある」と思い込み、浮気心が芽生えてしまいます。また、甘えさせてくれる人に弱いので、下心のある相手に乗せられてしまうこともあります。そうした場合は、一時的なものだと割り切って見て見ぬフリをしていれば、器の大きさに感服するので、プチ浮気を繰り返すことはあっても、本格的に別れるところまでは発展しないでしょう。

別れのサインを見抜くには

今の時代、「傷つくのが怖い」「傷つきたくない」という人がとても多いので、別れたいと思ったら、フェイドアウトするなど、うまく逃げようとする傾向が強く見られます。

そのため、気づいたときには、どんなに手を尽くしたところで、手遅れということにも……。

相手の発する別れのサインをいち早くキャッチし、冷静な対処ができれば、そうした悲劇も事前に防ぐことができるでしょう。

レベルアップタイプ

自分の話をしなくなります。聞けば答えてくれますが、自らすすんでは話してきません。電話やメールも徐々に減りがちになります。

これまでと変わらず優しい人ではあるのですが、今日の出来事や、今やっていることなど、あれこれ話してくれていたものが極端に減った場合は、かなり雲行きの怪しい状況です。「最近どうなの？」などと投げかけ、会話を増やす努力をしてみてください。

セーフティタイプ

一緒に過ごす時間やスキンシップが減ってきます。一緒にいるのに浮かない顔をしているというのは、心の中で居心地の悪さを感じているときなので、別れを検討している可能性があります。たっぷり時間のとれる状況を確保し、「何か不安になっていることがある？」「話してくれない？」と、優しく声をかけましょう。そして、その話がどんなに長かったとしても、きちんと最後まで聞いてあげてください。

ドリームタイプ

電話に出ない、メール返信がない、一緒にいても他のことをしている等々、露骨に興味を示さなくなってきます。「使える」とか「面白い」といった何らかのメリットが感じられると興味が持てるので、別れの予感は薄まります。努力している姿勢そのものにも好感を抱くので、趣味の世界を広げる、オシャレに磨きをかける等々、あらゆる角度から興味を惹くための努力をしてみましょう。女子力・男子力を磨くこともオススメです。

オウンマインドタイプ

時間をつくらなくなります。定期便的に連絡をくれたり、一緒に出かけたりしていたものが、ペースをまったく合わせなくなるのです。そうなったら、「最近ちょっとお互いの呼吸が合っていない気がするので、それについて話し合いたいんだけど時間をつくってくれない？」というふうに伝え、腹を割って話をする機会を設けましょう。自分の思いや願望、将来への計画なども、正直にハッキリ伝えましょう。

パワフルタイプ

露骨に面倒くさそうな態度をとってきます。まったく電話に出ないなど逃げの姿勢も見られます。そのまま逃げ出す可能性もありますが、別れ自体がそのときの気分だったりするので、そこで慌ててあれこれするのは逆効果に。1カ月くらい放っておきましょう。

ただ、週に1度くらいメールだけは送っておきましょう。細々とでもつながってさえいたのなら、気分が変わればまた何事もなかったかのように戻ってくる可能性があります。

ステータスタイプ

電話に出ない、メール返信がないといったことに加え、顔を会わせたときの態度がそっけなかったりした場合は、気持ちが冷めている可能性大です。あれこれ詮索するのは禁物。誕生日やクリスマス、あるいは、相手が何かで賞をとったとか、昇進したというタイミングでメールを送る程度にし、あとは放置しておきましょう。メンタルが弱っているときに甘えて連絡してきたりするので、そのときこそハートのつかみどきです。

スッキリ別れる方法

別れるときというのは、往々にして雑な別れ方をしがちです。一番上等な別れ方は、「イヤだ、別れたくない」と相手に言いながら別れることだと、かつて人生の大先輩に聞いたことがあります。

そこまではできないとしても、相手に対して嫌悪感満載なときだからこそ、「いい想い出をありがとう」と言えるだけの心の余裕と器を持てる人間力を養い、挑んでほしいと思います。

レベルアップタイプ

「すごく良くしてもらった君の人柄には感謝しています。ただ他に好きな人ができました」というふうに伝え、「今までありがとう」と言いましょう。ここで相手が傷ついたり、怒り出したりしたときに男性が言いがちなのが、「別れたあとも普通に友だちでいられたら嬉しい」という不用意なひと言です。「何を都合のいいこと言ってるの！」と、逆鱗に触れる可能性があるので、「困ったときはいつでも力になるから」と、決して嫌いになったわけではないことを伝えた上で距離を置くと、徐々に別れを受け入れます。

セーフティタイプ

フェイドアウトの雰囲気を漂わせつつ、少しずつ距離をとっていきましょう。その上で、「もう２人で一緒にやっていけない」を落としどころに、丸１日くらいかけてきちんと話し合いましょう。それでもすがってきた場合は、「もう気持ちを切り替えたから」と終わりをハッキリ告げてください。「あなたのこういうところが耐えられないって、何度も伝えたよね。もうムリだから」などと言ってしまってかまいません。

ドリームタイプ

フェイドアウトは避けましょう。うやむやにしていると、可能性を感じてしまい、さながら成仏できない浮遊霊のように、あきらめきれない状況に陥ってしまいます。メールでも電話でもいいので、白黒ハッキリさせてください。

最後に、「ご縁があって一緒にいた君だから、幸せを願っているよ。本当に今までありがとう。頑張ってね！」というふうに伝えれば、美しい想い出として、心の中の宝箱にそっとしまい込もうとするでしょう。

オウンマインドタイプ

まずは「別れる」ということをハッキリ伝えてください。その上で、相手が納得できる理由を、できれば口頭で述べましょう。その際、「やりたいことができた」と言うと、比較的すんなり納得してもらえるでしょう。

最後は想い出に感謝しましょう。「あのことには感謝しているよ、このことにも感謝しているよ、君は素晴らしい人だったね」と、想い出を振り返って語ってあげれば、感動のうちに幕を閉じることができるでしょう。

パワフルタイプ

「別れよう」とハッキリ伝えるのはタブーです。ふられるなんてプライドが許さないのです。別れの際は、フェイドアウトを匂わせ、相手から言ってくるのを待ちましょう。「最近電話も出ないし、メールも全然返信ないよね。いいよもう、別れよ」などと言ってきたら、「ごめんね。お世話になりました」と、相手のプライドを立てつつ別れに同意してしまいましょう。敵に回すと厄介な相手なので、くれぐれもご注意を。

ステータスタイプ

ふられると大いに傷つく自分を知っているので、普段からふられることを怖れています。間違っても相手のプライドを踏みにじることのないように注意しましょう。そのためには、あくまでも相手から「もう終わりだね」と言わせるように持っていくのがベストです。

できれば、相手に別に好きな人ができて、別れても他にいるから大丈夫、という状況まで待てれば、相手を傷つけることなくやんわり別れられるでしょう。

夫婦円満のヒント

某大手ブライダル会社の調査によれば、夫婦生活にとても満足と答えた夫婦が週に1回以上一緒におこなっている行動のトップ3は、「同じ部屋で寝る」「仕事後や休日に遊んだり、趣味を楽しむ」「買物に出かける」とのこと。

「どうしてそんなに仲良くいられるの?」と、ため息まじりの声があちこちから聞こえてきそうですが、そのような方はぜひ、この項をじっくりとお読みになってください。

レベルアップタイプ

友人知人、親戚はもちろん、家族間においても、仲間外れにしないことが鉄則。相手がどんなに忙しそうにしていたとしても、「誘ったら迷惑かな？」と考える必要はありません。その気づかいはかえって仲間外れのように思われてしまいます。必ず誘ってあげてください。

もしそこに、この相手が苦手とする人がいた際は、「あなた、よく頑張って愛想良くしたね」などと、あとで声をかけるなどして、味方でいてあげてください。

セーフティタイプ

話をよく聞いてあげるなど、心に寄り添い合うというイメージで一緒の時間を大切にしましょう。縁側で２人でお茶を飲んで……というのを毎日でもかまいません。定期的に夫婦ミーティングを開き、将来のことなどをあれこれ語り合うのもよいでしょう。

逆に、例えば、この相手が夜遅く帰ってきて、会社であったイヤなことを話しているときに、早く寝たいという言動を（目線を時計に向けるなど）するのはＮＧです。かなり傷つきます。

ドリームタイプ

２人でゴルフの腕を競い合うなど、何か一緒に切磋琢磨できるものがあるとよいでしょう。何もない場合は、互いを束縛しないで、自由に趣味の世界等を楽しみながらも、時には一緒に出かけるというスタンスでいるのが円満のコツです。このタイプの女性は、あげまん願望というか、「ちゃんとした嫁」に見られたいという思いが強いので、来客や親戚の前だと頑張りすぎて消耗してしまいます。大いにねぎらってあげてください。

オウンマインドタイプ

「１年のうちのこの時期は一緒に旅行に出かけよう」などと、あらかじめスケジュールを立てておきましょう。その上で、普段はお互いに干渉し合わないというのが円満の秘訣です。

なお、このタイプの男性には、できる限り手料理を出してあげてください。できあいの総菜でもかまいませんが、ご飯とお味噌汁は良い素材のものを、毎日用意してあげましょう。

パワフルタイプ

「夫婦元気で別々がいい」と心得ましょう。束縛しようとしても、それができる相手ではないからです。感性のおもむくままに行動第一で走りたい人なので、好きに走らせてあげましょう。

あれこれ気づかって世話を焼く必要もありません。必要最低限のことをしてあげていればそれで十分です。それよりも、いつも明るく元気でいて、常に信じて応援してあげるというスタンスでいましょう。また、気分でいきなり「花火見に行こう！」などと言うので、臨機応変に動いてあげてください。

ステータスタイプ

ファンであり続け、立ててあげるのが好感を与えるコツなのですが、ただ、夫婦円満のためには、ある程度は手綱を締めることも必要になります。立ててばかりいると、すっかり調子に乗ってしまい、例えば、仕事の手を抜いたり、浮気に走ったり、金づかいが荒くなったりすることがあるからです。その際は、「家族ってこういうものでしょ？　そんなんでどうするの！」と、ビシッと手綱を締め直しましょう。

絶対断られない頼み方

無理なお願いをするのはなんとも悩ましい問題です。でも、バースデイサイエンスを活用したら、あっさりと可能になってしまいます。

それゆえ、ここで誓ってほしいのです。「悪用は絶対にしない！」と。お願いを聞き入れてもらうというのは、相手に負担を強いることです。「本当に困ったときしか無理なお願いはしない」ということを大前提にした上でお読みになってください。

レベルアップタイプ

人に嫌われたくないという思いが強いので、お願いされたらなるべく引き受けようとして、時には自己犠牲的な行動に出ることもあります。お願いは本当に困ったときだけにしましょう。

その際は、「あなたしか、頼める人がいないの」という言葉を使ってみましょう。まず間違いなく引き受けてくれます。ただし、効果テキメンですから、相手に対する感謝や尊敬の気持ちを持って、本当に困ったときにだけ使うようにしてください。

セーフティタイプ

好きな人から言われたことには、基本的に応じてあげようとします。それ以外の人からのお願いはちょっと厳しいかもしれません。が、とにかく、「こういう事情で本当に困っていて、あなたに手伝ってもらいたいんだけど、お願いできる？」というふうに、なぜそれをお願いしたいのかということも含め、腹を割って、全部正直に事情を説明しましょう。それで納得できれば、聞き入れてくれる可能性はなきにしもあらずです。

ドリームタイプ

「これくらいの報酬を出します」とか「こういうポジションにしてあげます」など、何らかのメリットを提供してお願いをするというのが、手っ取り早くて効果テキメンです。お願い事は、お互い様というか「貸し借り」のように思っているので、以前にお世話になった相手からのお願いなら、そのときの分を返そうとしたり、もしくは、「今回は貸しにしておこう」と、あたかも貸借対照表に記帳するかのような感覚で引き受けたりします。

オウンマインドタイプ

納得できればすぐに聞き入れますが、納得できないことにはテコでも動きません。ですので、断られた際は、まずその理由を聞いてみましょう。その上で「じゃ、私もこれだけ譲歩するからやってもらえない？」とか「これをやると、あなたにもこれだけの実績になるでしょ？　そもそもこの仕事は、○○さんからの仕事だよ」などと、いろいろな角度から攻め込みましょう。最終的に相手が自分なりの納得をすることができれば、可能性が出てきます。

パワフルタイプ

もともと「お願い！」というひと言に弱いタイプですから、必死の形相で頼まれようものなら、シブシブではあっても、引き受ける可能性は十分にあります。「本当に悪いんだけど、私クビ飛んじゃうの、助けて！　お願いっ！」などと、表情でも、声のトーンでも、ゼスチャーでも、とにかく全身全霊で訴えてみましょう。「しょうがないなぁ」などと言いながらも、やってくれるでしょう。しかし、これを繰り返すと面倒くさがられて、距離を置かれてしまうので注意しましょう。

ステータスタイプ

このタイプは、自分のスゴさを示すチャンスだとさえ思ってもらえれば、どんな相手からのお願い事であろうと、引き受けてしまいます。その際は「他にできる人がいないんです」「あなたなら、そういう人を知っているかと思って」といった言葉を添えるのが効果的です。ですから、普段からこのタイプと接するときは、相手を立てるように気をつけて、関係を良くしておくことが大切です。頼みを聞いてくれたあとは、数年間は、お中元やお歳暮を贈るなどして、気持ちをあらわしましょう。

角が立たない断り方

誘いに対して断りを入れる際、先約があるなど、いくら正当な理由があったとしても、相手に悪印象を残すのは避けたいものです。ビジネスなら将来的なチャンスを失ってしまいかねません。

そうしたことを回避し、「次回はぜひ」と、常套句《じょうとうく》ではなく、しっかり約束してもらえるよう、ここでは、相手の価値観のツボを知り、断りつつも好印象を残す方法をご紹介したいと思います。

レベルアップタイプ

断りを入れるときには、必ず「あなたが嫌いだから断るのではない」ということが伝わるように努めましょう。例えば、仕事を断るときは、「あなたと一緒に仕事をしたかったのだけど……」といった言葉を添えると大丈夫です。

「一緒に」というキーワードがあると、「自分のことを好意的に見てくれている」「自分の味方である」と感じるので、「この人になら安心して次の仕事も頼める」と思ってもらえること間違いありません。

セーフティタイプ

基本、このタイプからの依頼は断らないようにしたいものです。が、そうはいかないこともあるでしょう。その場合は、「他ならぬ」という言葉を入れた上で、断りましょう。

「他ならぬあなたからの誘いなのでぜひ行きたいのですが、今スケジュール的に厳しいのです。来月になれば大丈夫なのですが、いかがでしょうか？」と言ってください。心証を悪くすることはありません。

ドリームタイプ

プライベートタイムをとても大切に思うこのタイプは、相手のプライベートタイムも尊重してあげたいと考えるので、自発的にはあまり人を誘ったりしません。このタイプから誘ってきたら、よほどのことだと考えてください。

断る場合は、きちんとした理由を明確に述べましょう。その上で、「ぜひまた機会があったらよろしくお願いします」と添えればＯＫ。ただし、計画性を重視する人なので、なるべく早く返答しましょう。

オウンマインドタイプ

「スケジュールが合わないので」の他、「興味がないので」という理由で明確に断ってかまいません。その際は、メールで連絡を入れるとよいでしょう。

取引先からの依頼を断る場合なら、「私はその分野が不得意なので、ご満足いただけるものをつくれそうにありません。もし必要であれば、代わりの人間をご紹介しますが、いかがですか？」などと代替案を入れると、親切に思われ好印象につながります。

パワフルタイプ

誘いをＯＫしたい気持ちはヤマヤマなんだけど、どうしてもムリなんだ、という困った雰囲気を漂わせて、「ごめん、ちょっとムリなんだ」と言いましょう。とくに、仕事の依頼なら、「今、スケジュールがいっぱいで、どうしてもムリなんです。ごめんなさい」などと言いましょう。中途半端で白黒ハッキリしない返事はＮＧ。頭の回転が速い臨機応変タイプなので、できるかできないかの返事は即答を心がけましょう。

ステータスタイプ

お誘いは親切心からくるものだったりするので、その思いを踏みにじることのないよう、できるだけやり繰りして誘いに乗るようにしてください。

ただし、一度ＯＫすると、次々と誘ってくるようにもなるので、大変だと思ったら、「すみません、そこはちょっと仕事があって」と、ライトな口調で返しましょう。３回ほど断り続けていると、それとなく察し、以降は心得てくれます。

誠意が伝わる謝罪

迷惑をかけたら「誠意ある謝罪が大切だ」とは異口同音に言われていますが、そのやり方や受け止め方というのは千差万別です。

言うまでもなく、すでにミスを犯している立場上、あるいは、相手に迷惑をかけてしまっているわけですから、これ以上の失態は許されない崖っぷちの状況です。踏み外したらまさに奈落の底。

ここが最後の砦《とりで》と心得て、相手のハートにしっかり届く謝罪の方法を覚えましょう。

レベルアップタイプ

謝罪に行く際は、基本的にひとりで行きましょう。そして、「本当にごめんなさい」と、平謝りに謝りましょう。男性であっても、目に涙を浮かべて謝ると、本当に反省していると思ってくれます。会社の方針で上司を伴わなくてはならないこともあるかもしれませんが、そうでない限りは、上司を頼って、上司から謝ってもらうというのはやめ、言い訳も控えましょう。ミスした理由や経緯については、相手から聞かれてから話しましょう。

セーフティタイプ

謝罪にはひとりで行きましょう。このタイプから一度失った信用を回復するのは大変なことです。「もう一度信用しても大丈夫かどうか？」というのを時間をかけて見てくるので、１回謝ったからそれでよしとは思わずに、折に触れ、菓子折りを持って行ってみるとか、何かを贈るとか、相手のメリットになるような仕事をふってみるとか、そうやって時間をかけ、本当に申し訳ないと思っているという気持ちを表現することを積み重ねていってください。

ドリームタイプ

ミスで迷惑をかけられたイコール「損害を被った」と考えるので、謝罪の際は付け届けを持参しましょう。当然謝罪の言葉は必要ですが、大切なのはその損失の穴埋めです。「今度ご馳走するというのはどうでしょうか？　ダメですか？」などと、相手のニーズに応えられるような何かを提案しましょう。「あとで思いついたら言う」と言われた場合は、問題解決とは思わずに、貸札を渡されたと捉え、絶対にその借りを忘れてはいけません。

オウンマインドタイプ

本来、あまり怒るタイプではありません。ミスをした場合、謝罪の言葉は大切ですが、平謝りにペコペコ謝るのは考えものです。「あれ、ここは怒ったほうがお得なのかな？」などと考え出すことがあるので、かえって余計な弱みをつかまれることになりかねません。ミスは、客観的な事実として捉え、「ミスがありました、申し訳ありません、こういう代替案でいかがでしょうか？」と、謝罪の言葉を述べてから、代替案を提案するのがコツです。

パワフルタイプ

ただちに「ごめんなさい」と謝罪しましょう。遠方にいる相手であっても、すぐに駆けつけて謝ってください。そうやってフットワーク軽く行動で反省の意を示すことが大切です。

社外なら、上司を連れて行って、上司から謝罪してもらうのもよいでしょう。しかし、上司のスケジュールの都合がつかなくて時間がかかる場合は、まずは自分ひとりでもダッシュで謝罪に駆けつけてください。このタイプにとっては、そのスピード感こそが誠意です。

ステータスタイプ

謝罪はもちろんのこと、トラブル終息後の態度がそれ以上に大切です。以降は感謝と尊敬の念を持った態度で接し続けましょう。「見どころのあるヤツだ」と逆に好感を持ってもらえることでしょう。

社外への謝罪の際は、上司を連れて行くのが必須です。立場が上の人間であればあるほどよいでしょう。早く駆けつけるに越したことはないのですが、上司を伴っていなければ無意味です。必ず上司を伴って謝罪に向かってください。社長を伴えればベストです。

言ってはいけないNGワード

誰にでも、言われてカチンとくることはあるものです。

往々にして言ってしまった側は、「悪いこと言ったな」とは思うものの、「でも、何でこんなことぐらいで?」と、理解に苦しんだりもするのです。そこから、「あの人はすぐ怒る」とか、ひどい場合は、「メンタルが破綻している」とさえ感じるようにも。

そんな誤解を避けるために、NGワードを心得ておきましょう。

レベルアップタイプ

このタイプは、自分の友だちの悪口を言われることを、とても嫌います。たとえそれが真実であったとしても、「どうせ低所得でしょ」などと、見下すような言葉は絶対にＮＧ。人を肩書きや育ってきた環境等で判断せず、あくまでも人間性そのものを見てつきあうタイプなので、表面的な判断だけで悪く言われることには、とても耐えられないのです。

また、「友だちいないでしょ」とか「友だち少ないよね」という言葉は、人柄重視のこのタイプにとってはかなり最悪です。

セーフティタイプ

あまり目立たず控え目にはしているのですが、存在感だけはしっかりと失わずにおきたいので、「あらいたの？」といった、存在をないがしろにするかのような、軽んじた発言は絶対にＮＧです。同じ理由で、「来なくていいよ」とか、「あなたには関係ないでしょ」と言うのもご法度です。

また、「きらい」という単語を使われると、不安に感じてしまいます。「あの芸人きらい」といった世間話であっても、相手が何か自分のことを怒っているのでは？　と気になってしまうのです。

ドリームタイプ

楽しいこと、面白いことに価値を感じるタイプなので、「つまんないヤツ」と言わると結構凹みます。究極の地雷フレーズは「空気読めよ」です。うすうす空気が読めないところがあると自覚しているので、自分なりに気づかいをしている部分であるだけに、そこを突かれるとかなり堪えます。「あぁ、やっちゃったよ。オレって本当ダメなヤツだな……」などと、どんどん自分にダメ出しをしていって、自己嫌悪に陥ってしまいます。

オウンマインドタイプ

かなりキツ目の言葉であっても、相手が自分のためを思って言ってくれていることなら受け入れることができるのですが、一転、どんなに頑張ったところで改善のできない問題について指摘をされることには耐えられません。「背が低い」「足が短い」といった、身体的な特徴にケチをつけられることなどです。とくに、生まれつきの特徴には絶対に触れないようにしましょう。ほんのからかいのつもりでも絶対にやめてください。あまり怒らないこのタイプを激怒させてしまいます！

パワフルタイプ

プライベートでジョークとして言われる分にはかまわないのですが、いくら親しい間柄だったとしても、見下すような調子で「こんなこともできないの……？」と言われると、かなりムッときます。無能扱いされることはプライドが許さないのです。怒り心頭に発して、顔色が変わり、ワナワナと震え出してしまうでしょう。思わず、「あなたにそんなこと言われたくありません！」などと、毅然と返してくるかもしれません。その後はいつまでも根に持ち、決して忘れることはありません。

ステータスタイプ

相手との関係性や状況によりますが、「なんだ、知らないんだ」「大したことないね」といった、凡人扱いをした言葉はかなり最悪です。言葉のみならず、態度や雰囲気でそういった表現をするのもやめましょう。地雷フレーズは「サイテー」です。尊敬される自分でありたいと思って頑張っているので、この言葉にはかなり傷つきます。つきあいを絶ってもいいと思っているのなら話は別ですが、「サイテー」とか「クズ」は絶対に禁句です。

知っておきたい怒りのツボ

ケンカを回避しようにも、怒りのツボも怒っているときの特徴もタイプによりさまざまなので、つい見過ごしてしまいがちです。

身に覚えがないのに「最近何だか冷たい」とか「急に連絡をくれなくなった」という人がいたら、相手の怒りのツボに触れてしまっていることも十分考えられます。

よい人間関係の構築には、好感度アップのみならず、「ケンカの傾向」を知る必要も大いにあるのです。

レベルアップタイプ

できるなら、誰ともケンカをしたくないと願っています。ただし、自分が親しくしている友だちの悪口を言われることには耐えられません。「よく知りもしないのに表面的なことで判断して！」と感じ、頭にきてしまうのです。怒っているときは、まったく共感しなくなります。今までなら「そういうこともあるんだね！」と言っていたものが、「そうなんだ、ふーん」と、あくまでも客観的事実として聞いている、という感じになります。

セーフティタイプ

無理強いされると頭にきてしまいます。「私にはできません」という雰囲気を漂わせているにもかかわらず、「いいじゃん、やってよー」などと迫られると、嫌悪感に満ち満ちた空気を露骨に醸し出します。そこでなおも強引に押しまくられようものなら、「なんなの！」と、明らかに怒り心頭といった状態になります。まさに、堪忍袋の緒が切れて、癇癪《かんしゃく》を起こしたような状態に見えます。

一度怒らせるとまわりを巻き込んで問題がややこしくなるので、ピリピリした空気を出した時点で引くようにしましょう。

ドリームタイプ

恩着せがましい態度をとられるとカチンときます。恩着せがましいことに加えて、感謝が足りない相手には、かなり頭にきてしまいます。口には出さないまでも、心の中では「相当イヤなヤツだな」と感じ、辟易《へきえき》していることでしょう。このタイプは、怒ると貝のように口を閉ざしてしまいます。うんともすんとも言わない無口な状態です。話しかけられると口を開かなければならないので、その場からパッと立ち去ることもあります。

オウンマインドタイプ

自分がやっていることにケチをつけられると頭にきます。「ここが問題だからこう改善したらいいよ」といった問題点の指摘であれば、多少手厳しい言葉であってもＯＫなのですが、「お前のやってること、意味あんの？」といった批判、バッシングには耐えられません。

このタイプは、怒ると露骨にムッとした空気を出します。何を聞いても「別に」などと言ってそっぽを向いたりします。

パワフルタイプ

勘違いで怒り出すタイプです。とくに、自分の機嫌が悪いとあからさまに不機嫌でキレやすくなります。また、プライドが高いので、冗談や、からかいのつもりで言ったことであっても、「バカにしているー!!」とばかりに、激高することがよくあります。

しかも、瞬間湯沸かし器のように、瞬時に頭から湯気を立てているかのように不機嫌さを露《あらわ》にします。言うまでもなく、このタイプの怒りのサインは誰が見ても明白です。

ステータスタイプ

尊敬がないとか、自分に対して一目置いてくれていないといった、扱いの悪さにイラ立ちを感じてしまいます。怒っているときは、皮肉っぽいことをポンポン言ってきます。

表面的には、機嫌が悪いというより、とても冷静沈着に見えるかもしれません。しかしそれは、一所懸命に怒りをおさえ、飲み込みつつ、「この私が怒っている……もう非常に不愉快な気持ちになっている……。察しなさいよ!!」というサインなのです。

関係を修復する仲直りのヒント

どんなに仲の良い相手であっても、時として仲違いをしてしまうことがあります。その際、仲直りをしようとしてとった言動で、「ケンカを水に流す」つもりが、かえって「火に油を注ぐ」大惨事を招いてしまうことも……。ある意味、人災です。

仲直りの場面こそ、自分の価値の押し付けにならないよう、相手の価値観を知り、尊重した上で歩み寄る必要があります。

レベルアップタイプ

手書きで謝罪の手紙を出しましょう。「元気ですか？　○○さんとケンカになったこと、すごくつらく思っていて、どうしてもお話をしたいと思ったのですが、メールだと無理やり読ませる感じになるし、電話だと出てもらえないかもしれないから、迷惑かなとは思ったのですが、お手紙を書いています」といった感じで、思いを切々と綴り、最後に「また会いたいです」「連絡もらえたら嬉しいです」といった旨を入れましょう。

セーフティタイプ

一度、信用を失った相手とあえて親しくする必要はないと考えるので、仲直りのハードルはかなり高めです。とはいえ、同級生とか、長年のつきあいなど、ある程度関係ができている相手ならば、ちょっとした感情のぶつかり合いでケンカになっても、それほど引きずることはありません。後日「あのときは悪かったね」ときちんと謝って、お互いにどう感じていたのかを正直に話し合う時間を持てば、「雨降って地固まる」のごとく、以降はさらに仲良くなれるでしょう。

ドリームタイプ

怒りがおさまっていないうちにあれこれしてしまうと、かえって反感を買う恐れがあるので、日を置いてから謝罪しましょう。3日後くらいに、スケジュールを邪魔しないようタイミングを見計らいつつ、相手の好きそうなお菓子を、例えば、チョコ好きだったとしたら超高級チョコを持参してのぞみましょう。不機嫌な顔はされるかもしれませんが、大好物のお菓子をムシャムシャ食べたら、あとは水に流してくれる可能性があります。

オウンマインドタイプ

めったに怒らないタイプなので、怒ったが最後、「怒り心頭」状態に。当然気持ちがおさまるまでには時間がかかるので、謝罪は１カ月後、場合によっては半年くらい置いてからにしましょう。偶然会えるタイミングを装ってもいいし、メールでもかまいません。いずれも、先に自分の非を認めて謝りましょう。メールなら、自分の悪かった点を箇条書きのようにするとよいでしょう。ケンカ両成敗とばかりに、自分にも悪いところがあったと態度を軟化させてきます。

パワフルタイプ

その場で、「ごめん！」と、１回でシンプルに終わらせるのがコツです。もし、その日は気まずい感じのままで終わってしまったとしたなら、翌日か翌々日に、「時間ある？」と、何事もなかったかのように連絡して、会ったときに、「この間はごめんね、私が悪かった」と手短に言いましょう。グジグジと謝り続けられると気分が悪くなってくるので、謝ったあとは少し反省している雰囲気を見せつつも、普段通りに接しましょう。

ステータスタイプ

機嫌が悪いときに、ささいなことでケンカになる場合があります。そんなときは、あれこれ謝罪の言葉を並べずに、「臭い物にはフタをする」というイメージで、触れないでいましょう。数日に渡って連絡が取れない場合は、お灸をすえようと考えている可能性が高いので、反省していることをメールで伝えてください。そして、何かの折で会えたときにはしょんぼりしている姿を見せましょう。少しやせていると効果的です。反省していると察すれば、ある程度のところで水に流して器の大きさを見せてくれます。

下がった評価を上げる秘策

子どもの頃は、印象を悪くして評価を落としても自然に相手と仲直りもできたし、それでますます仲良くもなれることもありました。

しかし、大人になるにつれ、その部分のハードルは高くなるばかりですよね。

子ども時代のようにはいかない分、やはり私たちは、そうしたことへの対処法を心得ているに越したことはありません。より相手への理解が深まることはあっても、今以上に評価を下げることはないはずです。

レベルアップタイプ

「イヤなヤツ」と思っていても、自分と仲の良い人が、そのイヤな相手と仲良くしていると「じゃ、ちょっと見直してみようかな」という気持ちになります。暴落した評価を上げるには、相手に対して直接働きかけるのではなく、いわば、外堀から埋めていくイメージでいきましょう。それには、相手の親しい人間関係の中において高評価され、その評判が相手の耳に自然と入るように、時間をかけて人間関係を育んでいくことが第一です。

セーフティタイプ

大暴落した評価を上げるのはかなり厳しいことを覚悟してのぞんでください。その上で、この相手が絶大な信用を寄せている人に、「まったく悪気はなかったのに、誤解をさせてしまったみたいで、とても悲しいと思っている」などと事情を話し、「○○さん、すごく悲しんでいるよ」「とっても反省しているよ」といったことが伝わるよう、申し送りをお願いしてみましょう。１度くらいなら食い止められるかもしれません。

ドリームタイプ

直接でも間接でも、何かを言われれば言われるほど「言い訳がましい」と感じます。十分反省したら、あとは良い結果を出せるよう、仕事でも自分磨きでも頑張るのみ。敗者復活戦といった感じで、何らかの場面でチャンスを与えてくれたりするので、努力の成果をあらわしましょう。相手の知らないところで良い結果を出した場合は、直接伝えてかまいません。「あのことがあったから、お陰様で……」と添えると、一転、評価は急上昇です。

オウンマインドタイプ

何かの折に、あなたのことを他言される可能性があります。それは決して相手の評判を落としてやろう、などという悪意ではなく、客観的な事実として自分が被った損なので、同じような損をまわりがすることのないように、といったアドバイス的な意味合いなのですが、言われるほうはたまったものではありません。滅多なことでは怒ったりしないタイプなので、大いに反省して、とにかくがむしゃらに頑張って、大急ぎで結果を出して挽回するしかありません。

パワフルタイプ

サッパリしているので、仮に怒ったとしても、少々のことならば水に流してあと腐れのないタイプですが、大暴落するほど怒らせてしまった場合は、どんなに反省の意を伝えようと、挽回は難しいでしょう。表面的にはケロッとしてくれることもありますが、実際はかなり根に持っています。それを、忘れたかのようにふるまって調子に乗った物言いをすると逆鱗にふれてしまいます。同じことを繰り返さないように、以降は細心の注意が必要になります。

ステータスタイプ

自分が世間から高い評価を受けるとか、あるいは相手が尊敬している人と仲良くなるなど、社会的な評価をバックボーンにする手法が有効です。世間から高い評価を受けているとなると、周囲が噂を伝えずにはいられないし、何より、そうした事情には敏感なタイプなので、すぐに耳に入るはずです。すると、「その後努力したんだな」などと見方を変え、「今度コンタクトがあったら応じてもいいかな」と思うようになります。

4章

「本当の自分」が見えてくる12の性質

より詳しい12タイプ

〝12の性質〟が示す、性格・生き方・コミュニケーションの傾向

前章では、バースデイサイエンスの6タイプ別に、シチュエーションに応じたコミュニケーションのヒントを解説してきました。

この章では上級編として、さらに細かく分類した〝12の性質〟についてご紹介します。これは、前述の長谷川博一先生が20年かけて行った5000人の深層面接を通して一致する傾向を探り、実証に至ったものです。1つの性質あたりのサンプルは400人以上です。

バースデイサイエンスでは、さらに検証を重ねて現代風にアレンジしました。

バースデイサイエンスの〝12の性質〟は、次ページにある人間のライフサイクルに合わせて展開しています。人間のライフサイクルでは、それぞれのステージにおいて、さまざまな精神的な特徴があります。〝12の性質〟を理解するのに、このステージに合わせて捉えていくと、理解しやすいのです。

バースデイサイエンスの〝12の性質〟は次の通りです。

A　胎児……オリジナリティタイプ
B　赤ちゃん……ナチュラルタイプ
C　子ども……フロンティアタイプ

ライフサイクルと“12の性質”の関係

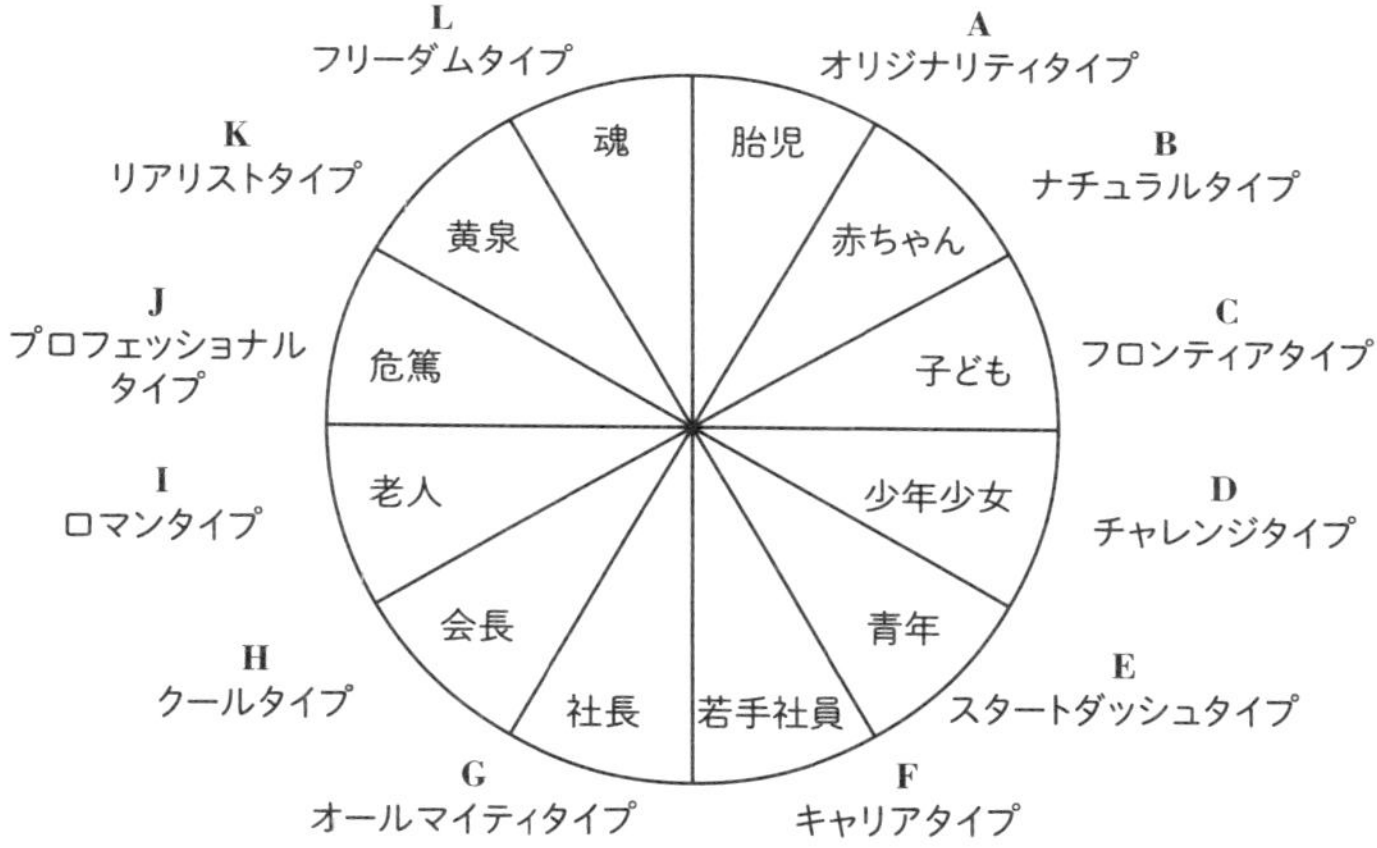

D　少年少女……チャレンジタイプ
E　青年……スタートダッシュタイプ
F　若手社員……キャリアタイプ
G　社長……オールマイティタイプ
H　会長……クールタイプ
I　老人……ロマンタイプ
J　危篤《きとく》……プロフェッショナルタイプ
K　黄泉《よみ》……リアリストタイプ
L　魂……フリーダムタイプ

「胎児」や「赤ちゃん」だから人として未熟だとか、「社長」や「会長」だから独立・起業に向いているといった意味ではありません。なかには「危篤」「黄泉」といったネガティブな印象を受ける言葉もありますが、決してそれにとらわれないでください。

あくまでも〝精神性〟を理解するためのカテゴリーとしてライフサイクルに照らし合わせているだけであり、運やツキ、あるいは向き不向きは関係ありません。

まず、巻末の年表（214ページ〜）を使って、自分のタイプを調べてみましょう。そして、自分のタイプの説明を読む際には、できるだけ「素の自分」をイメージしてみてください。

ここに書かれているのは、誕生日から導き出される傾向を基にした人間像です。長谷川博一先生は、この〝12の性質〟について「持って生まれた心のあり方」と表現しています。つまり、あくまでも生まれつきのものですから、現在の自分とは違っている部分があるかもしれません。

今現在の自分にその傾向が見られないのであれば、埋もれてしまったのか、あるいは一度も表出したことがないまま生きてきたのでしょう。その場合は、無理に自分をタイプに当てはめる必要はありません。今のありのままの自分を受け入れ、違っている部分についてはあまり気にしないようにしましょう。

と同時に、他の人のことも、タイプに当てはめて決めつけるようなことは絶対にしないでください。「あなたって、○○タイプだからこうだよね」などと決めつける発言は、誰も幸せにしません。

バースデイサイエンスは、お互いの価値観を尊重し合うためのツールです。相手の価値観を尊重した上で、相手がどうしてほしいと願っているのか、どうしてあげれば嬉しいと思うのか、どのようにすればより才能を伸ばす手伝いができるのか、といった対応策を練るための方法論です。誕生日だけで人を決めつけて、短絡的に理解するようなことは絶対にやめましょう。

ではこれから〝12の性質〟について、ご説明していきましょう。

A オリジナリティタイプ（胎児）……自分らしく生きる未来志向

オリジナリティタイプの人の精神性を人間のライフサイクルでたとえると、「胎児」に当たります。お母さんのおなかの中で、近い将来、生まれ出る瞬間を待ちわびながら、「これからはじまる自分の人生、どう生きようかな……」と未来を見通して、思考をめぐらせている状態です。

せっかくはじまる人生は、他の誰のものでもない自分の人生なのだから、自分の持ち味を活かして、自分らしく悔いなく生き抜きたい。そのためにどうすればいいのかを一所懸命に考えている胎児のような状態が、オリジナリティタイプの根本的な精神性です。

胎内にいる人間はひとりきりで、時間の制約もありません。できることと言えば考えることだけですから、何事も深く考える習慣が身についていきます。

さらに、胎内では他の人の声を耳にすることもありませんから、常に自分だけで自分なりに考えることとなり、他人の意見に左右されることがありません。必然的に自主性が養われていきます。

その裏返しとも言えるのですが、まわりのことを考えるような器用さは期待できません。

胎内では他の人と接触する機会がなく、自分のことだけを考えていればいいからです。胎児に向かって「人に気をつかえ」と言ってみたところで、戸惑わせるだけでしょう。

生まれる日を待ちわびながら人生の設計図を描いている状態であるだけに、考える対象が自分のことだけになりがちなのは、当然のことなのです。

特徴 良い意味での自分主義

自分なりにじっくりと考えて決断することが基本なので、他人の意見に左右されません。そのため、人から干渉されることを嫌います。

自分がそうであるからこそ、他人にも干渉せず、指図めいたことも言いたがりません。人はそれぞれみんな違うのだから、その人なりの特徴を活かして生きていくのがよい、誰でも自分が「正しい」と信じることをやり遂げていけばよい、そう考えるのです。

その半面、自分がうっかり見逃していることを注意してくれた人の意見は、素直によく聞きます。胎児であるだけに、まわりの状況に気がつかないような無頓着な面があるのですが、本人もそのことを自覚しているため、教えてもらうとありがたいと思います。

だからと言って、私生活にまで干渉されるのは大嫌いです。私生活も自分なりに大切にしたいので、他人から見るといつもベールに包まれているような、謎めいた感じがします。

胎内での胎児の生活を推測することはできても、実際に見ることはできないのと同じです。

人生観　自分の持ち味を活かして生きる

常に自分らしさを活かしたいと思っているので、他の人と同じものには、興味がわきません。たとえ既存のものを引き継いだとしても、それをそのままやるのではなく、自分なりのアイディアをひとひねり加えます。

そのため、協調性に欠けるとか、常識から外れていると思われることもありますが、実際には実直で正直な人柄です。義理を大切にして、親切心も旺盛です。

また、未来志向で楽天的なところも特徴です。冷静沈着に熟慮するタイプであるものの、未来へ過大な期待を寄せるので、頭の中は自然とバラ色になります。

難しく見られがちなわりには、脳天気で根アカなところが魅力です。

人づきあいの傾向　まわりのことに頓着しない

胎児であるだけに、人づきあいが上手とは言えません。初対面ではあまり愛想の良いほうではないため、とっつきにくい人と思われがちです。でも決して悪気があるわけではなく、ただ自分から相手にどう接していけばいいのか、その切り出し方に戸惑ってしまうので、愛想良くできにくいところがあるのです。初対面でニコニコしているオリジナリティタイプもたまにはいますが、その場合も心は同じで、相手がどういう人かわからないので、ただ精一杯の好意だけは示そうと笑顔をつくっているのです。この場合はつきあいが深くなるにつれて、笑顔が減っていく傾向にあります。

また、根本的に人のことに干渉しないので、友人や身内が何かで困っていても、気がつかないことが多いのも特徴です。そのため、察しが悪いとか、冷たい人だと誤解されることも少なくありません。

また、人の世話になっても、どのぐらいお礼をするのかといった面で、あまり気が利くほうではありません。しかし、ハッキリと言葉で求められたことに対しては、一所懸命に知恵を貸す親切な人柄です。そのため、親しい人からは頼りになる存在として、高い信頼を寄せられます。

ただし、ひとたび自分の知恵を貸すと、その結果がどうなっているのかが知りたくてたまらないので、自分の知恵を借りっぱなしにして経過報告をしない人を嫌います。

得意分野・向いている職種　思考力を活かせる分野

まもなく訪れる人生のスタートを待ちわびる胎児ですから、思考は常に未来へ向けられています。「近い将来、こうなる」というように3～5年先の時代を読み、そのために今からどうしていけばいいかということを段階的に考えて、布石を打つ方策を考えるのが得意です。ですから、思考力を活かして企画立案から携わっていけるような仕事が向いていると言えるでしょう。

とにかくオリジナリティを追求するため、人と同じことを嫌い、非凡を好みます。自分にしかできない仕事を創り出せるといいでしょう。組織に属していたとしても、独立的な立場に立てる職種がおすすめです。

じっくりと考えながら、自分のペースで仕事を進めていける環境であればベストです。ゴーイング・マイウェイのやり方を徹底して、初志貫徹していけるところが強みだと言えます。

苦手分野　瞬発力を要求される分野

とっさに状況を判断することや、出たとこ勝負で駆け引きをするなど、じっくり考える時間が取れないことは苦手です。また、スケジュールをコロコロ変えられるなど、自分のペースを乱される環境では力を発揮できません。

Bナチュラルタイプ（赤ちゃん）……ちょっと人見知りの〝かわいがられ〟キャラ

ナチュラルタイプの精神性を、人間のライフサイクルにたとえると、「生まれたばかりの赤ちゃん」。赤ちゃんですから、いつ、いかなるときも自然体であり、自分を取り繕って良く見せるような立ち回りはできません。おなかがすいたり不安になったりすれば泣きますし、満足すれば眠ります。本能のままに、安心できる人の腕の中で、常にあやされながら心地良くスヤスヤと眠っていたいのです。

また、自分に鞭《むち》を打つような努力はできませんし、駆け引きをするような要領も持ち合わせていません。無理強いをされたからといって、なかなかその通りにできないのも当然です。ですからイヤなことを強要されて困ってしまうと、癇癪を起こして泣き叫びます。

しかし、そうした姿も純真な赤ちゃんであるだけにかわいらしく見え、まわりの人は、たとえ疲れていようとも、何かしてあげようという気持ちに突き動かされます。つまり、人が本能的に持っている奉仕の心が自然と引き出されてしまうという、誰も太刀打ちできない魅力が、このタイプには備わっているのです。

はじめてのことや、はじめての場所にも、なかなかなじめません。激しく人見知りをします。人に対する興味は旺盛なものの、自分をかわいがってくれる人かどうかがわからないうちは、不安で心を開くことができません。

しかし、ひとたび安心すると、今度はとことん信用してなつきます。その結果、大人の都合に振り回されてクタクタに疲れてしまうようなことがなきにしもあらず、です。

特徴 自然の流れに身を任せる

努力や根性で自分の人生をどうにかしようとは、あまり考えません。自然の流れに身をまかせ、無理をすることなく、ゆったりと生きるタイプです。こう書くと、おだやかな人を連想しがちですが、実際のところ、ナチュラルタイプには一見豪快に見える人が少なくないのです。しかし、表面とは裏腹に、その心は繊細で、細かいことを気に病んでいます。

何かで失敗したりもめたりして頭を痛めると、必要以上にクヨクヨと気に病みます。「何もそんなに思い詰めなくても」とまわりが言いたくなるほど、何もかも悪いほうに考えて、マイナス思考になってしまうのです。時にはあまりにも落ち込みすぎて、どうしていいのかわからなくなり、癇癪を起こすことさえあります。

常に自然体でいることが基本なので、表裏のあることを言ったり、嘘をついたりはできません。赤ちゃんのような純真な心の持ち主だからこそ、正直に思ったままを口にしますし、気になることがあると、腹にしまっておくことができずに、すぐに口に出してしまいます。元来、人の問題点が目につくため、親切心からアドバイスをするのですが、いったん口に出してしまったら、相手が聞いていようがいまいが、最後まで言わなければ気がすみません。そうした態度が、時として「自分のことを棚に上げて、人のことを言う」と思われてしまうケースもあります。

細やかな神経を持っているため、きめ細かく人に気をつかうことができます。それが目上の人からかわいがられる人徳につながるのですが、あまりにも気をつかいすぎて、神経が疲労しがちです。他の人の言動が無神経に感じられることが、少なくありません。その結果、必然的に、人に対する好き嫌いが激しくなります。

好きな人のことは純真な気持ちでとことん信じるので、全面的に信用します。一方で、嫌いな人のことは何もかも気に食わないということになりがちなので、時として客観性に欠ける解釈をすることがあります。

嫌いな人や自分に歯向かう人に対する敵対心には、相当なものがあるのも特徴です。嫌いである気持ちを隠せないので、時として過激な態度や発言をすることもありますが、その一方で自分が人から嫌われることには耐えられません。自分は万人から愛されたいという願望を強く持っているのです。

人生観　リラックスできる環境で安心して生きたい

いつも安心してリラックスしていたいので、少しでも安心できないことや心地良くない点があると、気になって仕方がありません。そのため、きめ細かい着眼点から、「ここを正せば良くなる」というような修正点を発見するのが上手です。

環境に左右されるため、心地良い環境づくりに余念がありません。安心できる住環境や人間関係など、自分にとって居心地の良い空間にいられることにこだわりを持つので、そのためにはせっせとマメに動きます。自然志向なのもそのためで、人工的なものよりも自然のもの、近代的な場所よりも大自然、機械生産のものよりも手づくり品など、品質や素材が良いものを好みます。

人づきあいの傾向　〝かわいがられたい気持ち〟が強い

人に対する好奇心は旺盛なものの、自分から積極的に人に近づいていくことは、得意ではありません。慣れない人には警戒心が働き、人見知りをしてしまいます。はじめての人に会うときは、できればまわりが上手にお膳立てしてくれることを望むような、依存心の強い傾向もあります。

面白いことに、ひとたび信用してしまうととことん信じるため、初対面での警戒心が強い割にはだまされやすいという一面があります。そして、心を許した相手にはとことんリラックスするので、気をつかわなくなります。そのため言葉づかいが荒くなり、時には食ってかかったり、感謝の言葉が不足したりもします。安心しているからこそなのですが、まわりの人につらい思いをさせてしまわないよう、注意が必要です。

得意分野・向いている職種　**きめ細かい着眼力を活かせる分野**

人間関係がおだやかな環境であれば、存分な力を発揮します。また、安定した組織のほうが安心できるので、多少封建的ではあっても、しっかりと秩序の保たれた組織のほうがなじみやすいでしょう。細かいところにまでよく気がつくので、その着眼点を活かして、秘書など世話を焼く職種は向いています。人の心を育てるような、教育に関わる仕事も適職でしょう。大人よりも、小さな子どもやペットを相手にするほうがいいでしょう。

苦手分野　**即結果を求められる分野**

即断即決を迫られる、責任を背負わされる、テキパキ動くことを要求されるなど、プレッシャーの強い環境では力を発揮できません。また、同僚と競争させられたり、数字のみで判断されたりするような環境でも心が休まらないため、力を発揮できません。

C フロンティアタイプ（小学生の子ども）……〝今〟を楽しむ短期集中型

フロンティアタイプの精神性を、人間のライフサイクルの中でたとえると、小学校に通う子ども。利発で機転の利く、やんちゃざかりの小学生をイメージしてください。

子どもは面白いこと、ワクワクすることが大好きです。

興味の惹かれることにはすぐに飛びつきたくなり、「欲しい」と思ったら絶対に欲しい。いざとなったら、おもちゃ屋さんの床にはいつくばって駄々をこねてでも、欲しいものを絶対に手に入れていくような、駆け引きと勝負強さを持っています。

その半面、興味のないこと、興味のない相手には無反応。他の人からどんなにすすめられようと、まったく眼中にないのです。

また、子どもはお母さんに喜んでもらうことが大好きです。実に健気《けなげ》に「何をすればほめてもらえるか」を考えるので、大人の顔色を見ながらサッと気持ちをつかみとり、先手を打って動きます。そして役に立ったことをほめてもらえると、嬉しくてたまりません。

もっともっと喜んでもらおう、感心してもらおうと、夢中になって目の前のことに取り組んでいくのです。

一方で、叱られることは大嫌いです。「叱られる」と察知すると、先手を打ってついその場しのぎでごまかしたり、とっさに嘘を言ってしまうのも仕方のないことなのです。

毎日、楽しいことを求めてワクワクソワソワしている子どもに、「物事を深く考えなさい」「将来のことを考えて行動しなさい」と言っても、無理な相談です。子どもにとっては、今この瞬間が楽しいかどうかが大切なのです。

特徴　盛り上げ上手なムードメーカー

面白いこと、ワクワクすることが大好きで、興味が惹かれたことにはゲーム感覚で挑んでいきます。まるで、開拓時代のアメリカ人のようなフロンティア精神にあふれており、問題があっても、それを突き破っていくことに生きがいを覚えるのです。明確な目標をもって進んでいるときは、誰にも負けません。極めてシャープな頭の切れ味を見せます。

また、子どもの精神性であるだけに、皆に注目され、期待されているようなムードが高まると、がぜん張り切ります。

チャンスには敏感で、ここぞという勝機を逃しません。チャンスをとらえて打って出るすばやさがあり、自ら勝機をつくり出すのも上手です。時にはガツンとハッタリをかませて相手を動揺させ、その隙に自分のペースに持ち込んでしまうような鋭さがあります。

また、計画を遂行するために、必要となる能力を持つ人を集めてくるのが上手です。チームをつくってコラボレーションをしながら、短期で結果を出していくことにかけては、〝12の性質〟中ピカイチ。短期決戦の達人なのです。

主婦であれば、例えば家事をするのでも、「30分1本勝負！」とばかりに、洗濯機を回しながら掃除機をかけ……というように、時間のムダがないように効率よく、短期間で済ませるように知恵を使います。

組織においては、短期間で結果を出す即戦力のリーダーとして、頼りになる存在です。

人生観　時間を有効に使って生きる

子どもの精神性であるだけに、物事を深く考えたり、情に流されるようなことは好きではありません。情緒や人情といったことにおぼれたり、特定の人物に惚れ込んだりすることを嫌う、サラッとした性格です。

即物的なところがあり、実際に使えるかどうか、役に立つかどうか、得か損かを重視するため、どちらかと言えば「花より団子」のタイプです。けれども即物的であると、どうしても潤いに欠けてしまいます。その反動か、哲学めいたことに興味を持つのも特徴です。

最も嫌うのは、時間をムダに費やすことです。限りある人生の時間は、1分1秒たりともムダにしたくないのです。睡眠時間を削ってでも、趣味や遊びに没頭します。短期的な集中力は抜群ですが、長続きはしません。そのため、物事は短期間で効率よく達成したいと考えます。

行動を起こすときは、時間のムダがないように、最短でできるよう事前にスケジュールを立てて、それに従って行動します。1日のスケジュールがビッシリ埋まっており、狂うことなくこなすことができると、達成感と充実感に満たされます。

人づきあいの傾向　「ギブアンドテイク」精神でつきあう

明るくハキハキしており、社交的です。自分にとって必要だと思う相手には、初対面から、まるで長年の友であったかのように、ざっくばらんに話をします。その際は、顔色を見ながら楽しませるポイントを押さえていきますので、相手に窮屈な思いをさせません。

しかし興味のない相手には無反応。バリアを張って近寄らせません。

人間関係においては、お互いに役に立つ関係でありたいという「ギブアンドテイク」の精神なので、相手の役に立つ自分であることを意識し、サービス精神旺盛にふるまいます。

得意分野・向いている職種 短期完結で結果を求められる分野

子どもの精神性であるだけに、堅苦しい雰囲気は苦手ですし、体のコンディションが悪いと何もできません。肩肘はらずにリラックスしていられるような、ざっくばらんでフランクな環境に身を置くことが必要です。そうした場であればテキパキと動くことができ、充実感を持って仕事を進めていくことができます。

また、「負けたくない」という気持ちが強いので、短期間に集中して結果が出るような勝負の世界や、ライバルと競い合えるような環境も適しているでしょう。

サービス精神が旺盛なので、人の役に立つようなアドバイスをしたり、癒しの時間を提供するような仕事にも向いています。

苦手分野 クレーム処理などの後フォロー業務

短期計画は得意ですが、長期計画では集中力が長続きしないため、とたんにダレてしまいます。フロンティア精神にあふれているため、前に向かう仕事が得意であり、クレーム処理など何かの後フォローするような業務には向きません。

根が勝負師なだけに、クレームを言われるとつい言い返したくなってしまうので、ストレスもたまってしまいます。

Dチャレンジタイプ（中学生～10代半ばの少年少女）……好奇心旺盛な行動派

チャレンジタイプの精神性を、人間のライフサイクルの中でたとえると、10代半ばの少年少女期。輝かしい未来を信じて、夢と希望でいっぱいの年頃です。

とにかく好奇心が旺盛で、チャレンジ精神に満ちあふれています。「あれもやりたい」「これもやりたい」「こんなことにも挑戦してみたい」というふうに、次から次へといろいろなことに興味がわいてきて、際限がありません。いつも何かに打ち込みたい情熱を胸に、ウズウズしているような状態であり、可能性を感じられることであれば、即実践してチャレンジしたい気持ちでいっぱいです。

とくに、これまで誰もやったことがないような、未知の領域に挑むようなことには、何においてもトライしたいと思い、もうじっとしていられません。冒険心がくすぐられて、速攻で行動に移します。「少年よ、大志を抱け」を地でいくのです。

10代半ばの少年少女期であるだけに、実に生一本《きいっぽん》な性格です。時には無鉄砲と思われるほどの大胆な行動をとるので、危なっかしいこともありますが、その大胆さがあるからこそ未開のジャングルに飛び込んで新天地を切り拓いていくような、スケールの大きさにもつながるのです。

また、少年少女の精神性なので、自分の気持ちに正直で、遠慮がありません。「好きなものは好き。イヤなものは絶対イヤ！」と、すがすがしいほどはっきりしています。

特徴 頭の回転が速い行動派

頭の回転が速く、推理力に長けているため、いくつかのヒントからあっという間に答えをはじき出すキレ者です。その頭脳明晰さは、まるでコンピュータのよう。あいまいなことや理屈に合わないことをスパッと消去していくので、極めて合理的です。

とはいえ、決してロボットのように無表情な人物ではありません。どちらかというと直情径行で、感情の起伏が激しいほうです。何しろ頭の回転が速いので、「面白い！」と感じた瞬間にゲラゲラ笑いますし、気に入らないことがあると、わかりやすいほど速攻でムッとします。そんなふうですから、思いついたことはサッと行動に移す実践派です。「やってみないことには良いか悪いかわからない」という考えなので、論を述べてばかりで行動しない人は、時間をムダに費やしているのだと思うほどです。

また、実益を伴わないような活動には、興味を持てません。そのため、例えばひとりで散歩などはしないのです。

人生観　ビッグな人生を目指す

上昇志向が極めて強いため、可能性のあることであれば、挑戦せずにはいられません。「恥を恐れていては何もできない」という精神で、興味を惹かれることには、ブルドーザーのような勢いで体当たりをしていくチャレンジャー。「猪突猛進《ちょとつもうしん》」という言葉がぴったりです。

可能性を感じているうちは、逆境を逆境とも思わない強さがあります。可能性を感じているというのは、それをどう展開させるかというイメージがわいている状態です。頭の中でイメージがどんどん膨らみ、広がっていっているうちは、ワクワク感に満たされて、居ても立ってもいられません。ちょっとやそっとのことがあっても、ものともせずに突き破っていきます。

ところが思ってもみなかった事態や想定外の障害にぶつかったりすると、展開してきたイメージが遮断され、パタッと行動が止まります。一瞬にして冷めてしまうのです。

そのため、「熱しやすく冷めやすく、あれこれ手をつけてもみんな中途半端に終わっている」と思われがちですが、本人は気にも留めません。純粋な気持ちで、まっしぐらに突っ走っていただけなのですから。「そんなものは失敗でも何でもなく、次にまた可能性のあるものを見つけて走ればいいだけ」というように、極めてプラス思考なのです。

人づきあいの傾向　人間関係においても合理的

10代半ばの精神性であるだけに、純粋な心の持ち主です。人の言うことを疑いもなくスッと心に入れてしまう素直な一面があるのです。そのため、人の悪口など、ネガティブな話を聞かされることを、とても嫌がります。ネチネチグチグチとした話をされると、自分のピュアな心まで毒々しく染まるようで、不愉快極まりないのです。

そんなふうですから、ネガティブな話をする人とはつきあいたくありません。明るく発展的な話をしてくれるような、性格のいい人とだけつきあっていきたいのです。

また、何事にも白黒をはっきりさせたい性分なので、人間関係においても極めて合理的です。「イヤな人とはつきあわなければいいじゃないか」と割り切ることに抵抗がないので、我慢しながら人づきあいをするようなことはしません。スパッと関係を断ち切って、引きずらないのです。

極端に言うと、「人間関係は敵か味方かそれ以外」という分け方をします。味方とみなした人に対しては、親分肌を発揮して、過保護なほどに面倒を見ていきます。自分がリーダーでいられる環境では、イキイキして迫力満点。まわりをぐいぐいと引っ張っていきます。

一方、敵とみなした人には過激な対応を取ることも。やられたらすぐにやり返さなければばイヤなので、闘争心を燃やして、徹底的にやり込めなければ気がすまないのです。

得意分野・向いている職種　計算力、推理力を活かせる分野

計算力と積算力に長けているので、数字を扱う仕事に向いています。

また、推理力を活かし、可能性を追求するような、発展的な仕事にも向いているので、新規ビジネスの企画立案といった、立ち上げ期にはなくてはならない存在です。

ダメだと思ったものを深追いしないので、思考が次へ次へ、先へ先へとどんどん展開していきます。次々に新規顧客を追い求め、開拓していく分野も向いているでしょう。

速攻で押しまくれるような、攻めの営業にも向いています。

苦手分野　変化の少ないルーティンワーク

同じことを単調に繰り返すような仕事には向きません。途中で飽きてしまい、いつの間にか上の空になってミスを連発してしまいます。

また、チマチマと手入れをしたり、手直しするような仕事にも、向いているとは言えません。例えばパソコンで文書を修正するような仕事だと、保存し忘れたり、どこに保存したのかわからなくなったりというように、つまらないミスをしてしまいます。

E スタートダッシュタイプ（20歳前後の青年）……フレッシュな日々成長型

スタートダッシュタイプの精神性を、人間のライフサイクルの中でたとえると、20歳前後の青年期。まさに青春時代の真っ只中で人生を謳歌しているような状態です。大人になるかならないかの年頃であるだけに、若々しい感性にあふれており、新しいこと、新鮮なことが大好きです。これから流行しそうなこと、時代を先取りするようなことを肌で敏感に察知しながら、まわりに先駆けてスマートに時代をリードしていきます。

いつも仲間とワイワイ楽しく過ごしていたい年頃でもあるので、陽気で、明るく楽しい雰囲気を好みます。合コンやパーティといった社交の場に出かけて、新しい人と出会うのが面白くてたまらないため、自然と交友関係も広くなります。いろいろな人と知り合って人脈を広げつつ、仲間内では注目されていたいという願望を持っているのです。

次の時代を担っていく若者であるだけに、古臭いしきたりや、時代遅れの形式ばった説を振り回されるのは大嫌いです。公正でないことや、頭の固いことを言って押さえつけようとする目上は許せません。青春時代特有の青臭さと泥臭さがあるので、仲間と徒党を組み、正義を楯にして反発していきます。ケンカは大の苦手であるものの、自己主張は強いので、背伸びしてでも議論してみたいという尖った一面もあります。議論の場で自分の意見をバシッと述べて、それにみんなが賛同してくれたりすると、嬉しくてたまりません。まさに天にも昇る心地です。

逆に、反論されたり、まわりの賛同が得られないと、途端にうろたえてしまいます。ピンチには弱いので、切羽詰って自滅してしまいます。また、場違いな行いやマナーに反することをしてしまい、恥をかいたり格好悪いところを見られるのは耐えられません。まるで湖水に張った薄氷のように、ちょっとしたことで傷つくような、もろさがあるのです。

特徴 新鮮な感覚を好む

新しいもの、これから流行りそうなものへのアンテナが高いので、仕事でも私生活でも趣味でも、まだ周囲の誰も知らないような最新情報を入手し、誰よりも早くスタートを切る〝先行逃げ切り型〟の方法が得意です。自分がまずスタートダッシュをかけて、スムーズに周囲をリードしていきたいのです。その代わり、先取りした情報をみんなが知ってしまうと、とたんに冷めてしまう飽きっぽさもあります。また、スムーズにリードしていても、あとから追いまくられて焦ったり緊張したりすると、途端に無理な手を打って自滅することがあります。緊張感を持続しなければならないような局面には、極めてもろいのです。

仕事でも私生活でも、仲間との一体感を感じていられるような、サークル的な人間関係を理想としています。嬉しいことは一緒に喜んでほしいと仲間にアピールするので、例えばゴルフでナイスショットをすると、ワイワイ言ってみんなでほめてくれ、という態度を示します。

物事を強引に進めるのが嫌いなため、何事も全員の意見を聞き、話し合いを通して合意ができてから進めようとします。その際は、みんなの気持ちをひとつにまとめようと一所懸命に説明しますが、スムーズにいかないとなると、つい話しすぎてブレーキが利かなくなってしまいます。もともと隠し事をしない開放的な性格なので、余計なことまでしゃべったりしてしまうのです。

また、反対意見を言われることには極めてもろいため、自分の意見をスムーズに通すのに失敗すると、すっかりあきらめてしまいます。

人生観 いくつになっても若々しく生きる

毎日、新鮮な気持ちに浸りながら生きていくことを望んでいます。「日々に新たなり」の精神で、いろいろなことを学び、成長を実感していきたいのです。そのため、知識欲は旺盛で、情報収集には余念がありません。最新情報は誰よりも早く知っていたいほうです。

青春時代の精神性であるだけに、楽観的な人生観を持っています。基本的に「自分は運がいい」と信じて疑いません。「明日にはすごくいいことが起こって、人生がいっぺんに好転する」というように希望を失わないのです。

また、人からどう思われるかを気にするほうで、とくに「格好悪い人」とか「無知である」と思われることには耐えられません。たとえ気さくにふるまっていようとも、内心ではまわりから知的な人物と思われたい欲求が強いので、発言や立ち居ふるまいには常に神経をつかっています。知的に見せるために会話の中で横文字を多く使う面もあります。

金銭にはあまり執着しません。買い物をしたり、人におごったりしているときが一番機嫌が良く、おごったからといって、それを恩に着せることもありません。

人づきあいの傾向　協調路線で円満な人間関係を望む

人には気をつかうほうです。できるだけ協調路線を選びます。多少不愉快なことがあってもできるだけ我慢し、譲ることで人間関係を円満に保とうと心がけ、孤立せずにみんなと和気あいあいとしていたいと思っているのです。しかしメンツを傷つけられたり、人前で恥をかかされたりすると、途端にパチッとスイッチが切り替わり、烈火のごとく怒ります。

いろいろなコミュニティーに出入りをするのが好きなほうですが、新しい場所では、自分がなじめるかどうかを見極めるためにも、最初のうちは極めておとなしく、張りつめた空気をみなぎらせています。親しくなるまでは、メールなどの文章も過剰なほどに丁寧にしたためますが、慣れてくると途端にくだけて、なれなれしくなりすぎるほどです。しかし、そうした面が、かえってつきあいやすく、人気者となる傾向があります。

得意分野・向いている職種　チームワークが要求される分野

メディアや、IT関連など、最新の情報を扱うような職種であれば、持ち前のシャープな感覚を活かすことができます。人当たりがいいので接客業にも向いており、みんなをまとめていくリーダー的な役割も適任です。プレッシャーには極めて弱いため、締切りのある仕事では、期限ばかりが気になって緊張してしまいます。時間などの制約がゆるやかな環境のほうがリラックスできるので、かえって仕事が早くできます。

苦手分野　緊張を強いられる仕事

激しいやりとりを必要とするような、トラブル処理などの仕事には向きません。また、堅苦しい挨拶をしなければならないような、緊張感を強いられる職種も苦手です。詰めの甘い傾向があるので、営業でもクロージングまで行うのは得意ではありません。

F キャリアタイプ（若手社員）……出世街道まっしぐらの知性派

キャリアタイプの精神性を、人間のライフサイクルの中でたとえると、壮年期でバリバリ仕事をこなしているビジネスパーソン。それも出世街道をまっしぐらに進んでいるような、キャリア組の若手社員です。何事も妥協を許さずに、完璧を目指します。常にミスのない自分であろうとしており、凛とした姿勢を崩すことがありません。人に対してもくだけた態度で接することがなく、どこか堅苦しい雰囲気が漂います。

「早く地位を得たい」「役職につきたい」「立派な人間になりたい」という想いから、人につけ入らせる隙は絶対に見せません。中途半端なことをせずに、やるべきことをキッチリこなすことで、高い評価と信用を得ようとしていきます。そうやって確実に努力を重ねて、いつかはスポットライトの当たるステージに立ちたいと願っているのです。

キャリア街道を進んでいるだけあって、如才のない人づきあいができます。人前では謙虚にふるまい、むやみに威張ることはしませんが、それでいて態度は堂々としており、華のある存在です。

特徴 知性が豊かで気位が高い

折り目正しく、きちんとした人物です。穏和でありながら、知性と厳しさを感じさせるような煌《きら》めきがあり、存在そのものが華やかです。集団の中では、パッと目立つ存在と言えるでしょう。

「キャリア」であるだけに、気位が高く、人からナメられるような屈辱には耐えられません。絶対に弱みや隙を見せないように、人前では細心の注意を払っています。そのため、どんなにつらい状況にあっても、ひと言もグチをこぼさず、歯を食いしばって耐え抜きます。

また、つまらないところで突っ込まれないように、日頃から知識の習得にも余念がありません。とくに権威のある人の言葉や本を参考にしています。教育訓練にも進んで参加するほうです。ただし、弱みを見せたくないあまり、万一ミスを犯してしまうと、それを隠して自分で処理しようとし、かえって事態を悪化させたり、失敗を素直に認めないといった一面もあります。

このように、人前ではいつも気を張っているため、対人面での緊張度は高めです。しかし、プライベートまでその緊張は続きません。安心できる人の前では、すっかり緊張を解きほぐして、甘やかしてほしいと思う、かわいらしい面があります。

人生観　檜舞台に立って、尊敬されることが目標

まわりから一目置かれ、尊敬されるような、立派な人間になりたいと思っています。いつかはスポットライトの当たる檜舞台《ひのきぶたい》に立つことをイメージしながら、地道な努力を重ね、たとえつらい状況にあってもへこたれません。強靭《きょうじん》な忍耐力を発揮して、乗り越えていきます。

また、「キャリア」であるだけに、上下関係や秩序といったことを厳しく重んじ、頑固なほどケジメにはうるさいほうです。偉い人やステータスのある人の意見には、極めて従順に服従する忠誠心があります。そのため、会話の中でも、「この道の大家の○○さんがこう言っているから」とか、「今評判の□□さんの本にこう書いてあるから」といった表現が多くなりがちです。

自分に任された仕事に関しては几帳面なので、決まったことは決められた通りにきちんとやり遂げますし、気に入らなければ最初からやり直すほどの完璧主義者です。

その半面、応用力には乏しく、途中で処理できない問題が起こったときに、適当に対処するような柔軟さは少ないほうです。

自他共に厳しい人柄であるものの、ほめ言葉には極めて弱く、メロメロになってしまいます。

人からほめられると「それほどでもありません」と謙遜しますが、内心では嬉しくてたまりません。たとえおだてているのだとわかっていても、つい口許がほころんでしまうのです。

人づきあいの傾向　お互いの力関係を意識する

人間関係においては、お互いの力関係によってつきあい方を決めるところがあります。力関係とは、年齢・社会的立場・交友関係・知識や知恵の程度などを総合して、自分なりに判断した上での上下関係です。

下手に出ておいたほうがよいか、面倒見てあげる姿勢で接していくかなど、相手によってつきあい方を変えていきます。自分より力量がある人のことは素直に尊敬しますので、道を極めた人や、自分にはない専門的な知識や技術を持っている人には素直に従います。反対に、たとえ目上の相手でも、自分より知識や技術、実績がないと思うと、力不足だと思い、はっきりと見下す態度をとることがあります。

プライドが高いため、自分が希望することでも、それを人に頼むような態度はなかなかとれません。なぜなら、万が一断られるようなことがあったら、プライドが許さないからです。

そのため、相談を持ちかける形で話を持っていき、相手が「それならやってあげますよ。いえ、ぜひやらせてください」と自発的に言ってくれるように運ぶコミュニケーションが大変巧みです。

得意分野・向いている職種　「先生」と呼ばれる職種

「キャリア」であるだけに、知名度や、社会的権威に価値基準を置いています。自分も権威ある存在として仰がれる立場になりたいので、それを可能にする組織に属するといいでしょう。キャリアタイプにとって「肩書き」は重要ですから、先生やコンサルタントなど、若い頃から尊敬される立場に置かれる職種が向いています。

また、外で気を張るキャリアであるだけに、対人的な緊張から解きほぐされるような、癒し系の分野、美や芸術を追究する分野も適しています。

苦手分野　低姿勢でお願いしなければならない仕事

気位が高いため、人に頭を下げるような仕事には向きません。

腰を低くしてお願いしてまで制約を取りつけなければならないような仕事は精神的な苦痛が大きくて、続けられません。

G オールマイティタイプ（社長）……自信と包容力を兼ね備えた楽天派

オールマイティタイプの精神性を人間のライフサイクルの中でたとえると、「創業社長」にあたります。ゼロから事業をスタートさせ、安定するところまで成し遂げてきただけに、何があっても動じないような自信を漂わせており、包容力も感じさせます。いかにも万事を飲み込んで余裕しゃくしゃくといった状態なのです。

ここまで頑張って登り詰めてきただけに、これ以上急いで上昇する必要はありません。そのため、何があっても動じません。切羽詰まったり焦ったりすることなく、実にゆったりと構えています。「人間、やれば何とかできる」という考えが価値観の根底にあるので、人の意見に左右されずに、いつもマイペースに生きているのです。

そんなふうですから、他人から指図されても、自分の気が向かなければ一切動きません。実に腰が重くて、なかなか持ち上がらないのです。

そうかと思えば、突然立ち上がって、1つのことに際限なくのめり込むこともあります。凝りはじめたら徹底してとことんまでやってしまうものの、社長の気まぐれでプイッと飽きて、見向きもしなくなることもあります。

このように、どんなことでも自分の思い通りにやるので、自由奔放でワガママに見えますが、一度世話になった人に対しては、義理堅く接する誠実な面も持ち合わせています。

また、社長であるからこそ、肩書きにとらわれることはせず、誰にでも平等に接します。役員であろうが平社員であろうが、差別しません。自分の会社で働いてくれている人間なのだから、誰にでも博愛精神で接していくのです。

特徴 自信を持って正論を述べる

どんな場面でも動じることがなく、人怖じもしません。同年代の仲間からは度胸が据わった人物として頼られる存在です。しかし、目上の人からは図太いと思われてしまうこともあります。

また、社長の精神性であるだけに、みんなが納得できるような、不平等にならない考え方をします。そのため、誰にでも通じるような正論が多くなりがちです。

自分の考えには自信を持っており、ハッキリと断定的に言い切る物言いをするので、時には自分の考えに固執して融通が利かないように見えたり、頭が固い人物と思われることもありますが、実際には極めて柔軟な思考回路の持ち主です。あれもわかる、これもわかるというように、何でも受け入れる理解力があります。

そして、頑張っている人のことはかわいくてたまりません。もっと良くなるように、結果が出るようにと、克服すべき点を指摘して伸ばしていこうとします。人の長所を捉えるのがうまく、それを活かしていくように指導するのです。

人生観 「何とかなるさ、人生は」と考える楽天派

人にはあれこれ注意するのですが、自分に関しては実に楽天的で、どうにかなると思っています。世界のあちこちで偉業を成し遂げている人を見ても、「自分だって同じ人間なのだから、やり方ひとつでどうにかなる」という確固たる自信を持っているのです。

それは、根本的に人はみんな同じだと考えているからです。

社長だけに、お客様の満足が第一と言わんばかりに、「もし自分が相手だったらこうしてほしいだろう」と、相手の立場に立った考え方をしますが、このとき相手の立場に立つと言っても、「もし自分だったら」が基準ですから、本当の意味で相手のニーズをつかみきれていないところがあります。けれども本人はなかなかそれに気づくことができません。

これも、「人間はそれぞれいろいろな立場や考え方があるけれども、突き詰めれば誰だって自分と同じ答えにたどりつくはずだ」と確信しているためなのです。

また、「この会社で働けてよかった」と言ってもらいたがる社長心理のようなもので、

自分と関係のある人には、「自分と関わってよかった」「プラスになった」と思ってもらえるような影響を、何かしら与えたいという欲求を強く持っています。

そのためか、弱きを捨て置けない一面があり、困っている人、助けを必要としている人には、惜しみなく知恵を授けて、なんとか一人前にしてやろうとする面倒見の良さがあります。

このような博愛の精神で生きているので、自分が力でねじ伏せられるようなことには耐えられません。もともと攻めるよりは、守るのが得意なタイプですから、受けて立ったときの強さは相当なものです。権威におもねることなく、あくまでも正統派の姿勢を貫いて、正々堂々と正論を述べていく誠実さが強みです。

人づきあいの傾向　常に平等な態度で、義理堅い

誰にでも平等に、偏りのない態度で接することができます。

義理堅いため、一度世話になった人に対する恩義は忘れません。だからこそ、自分が面倒を見た相手が義理を忘れていたり、調子に乗った態度をとったりすると、腹が立ってしまいます。そのようなときには、容赦なく厳しいことを言う場合もあります。

そして、人の心の内を察するのは得意なほうではありません。人の言った言葉をそのま

ま疑うことなく聞くので、調子のいいことを言われたり、ハッタリをかまされたりしても気がつかないところがあるのです。

得意分野・向いている職種 自分で納得して物事を進められる分野

順応性が高いので、どんな仕事でも人並み以上にはこなすことができます。1つのことをやりはじめると、それに関連する他のことにも手をつけて、あらゆる分野に膨張していく特徴があります。人に関わって良い影響を与えたいという気持ちが強いので、奉仕的な仕事や、人を楽しませるような芸の分野も適職です。

また、弁護士など困った人を助ける仕事や、のめり込む性質を活かした技術者にも向いています。どんな仕事をするにせよ、自分で仕事の意義や目的をしっかりと納得しておくことが重要です。

苦手分野 自分のペースを守れない仕事

順応性は高いものの、時間に追われてテキパキ動くようなことを要求される分野では、疲労感ばかりがつのってしまいます。また、即断即決を迫られたり、状況に応じて瞬時に対応していくような、めまぐるしい環境でも持ち味を発揮できません。

Hクールタイプ（会長）……謙虚で控えめな陰の実力者

クールタイプの精神性を、人間のライフサイクルの中でたとえると、会社の第一線を退いた会長。創業した会社の経営が成功したあと、後継者に会社を託して、一歩引いたところから見守っているような状態です。普段は表舞台に出てくることはないものの、いざというときには体を張って守ろうと控えている、陰の実力者なのです。

「会長」ですから、表面的には温和でも、内心はとても頑固です。それもそのはず、今の地位に到達するまでには、相当いろいろな経験を積んできているのです。世の中の裏も表も知っていますから、たとえ向こう見ずな若輩者が突進してこようとも、下心を持って近づいてこようとも、簡単に御されるはずがありません。現役を退いてはいるものの、社長も頭が上がらない存在であり、強い影響力を持ったまま君臨しているのです。

社長の座を譲ったとはいえ、自分で苦労して育て上げた会社だけに、まだまだ若い連中には任せられません。経験が足りない人間は信用しきれないのです。そのため、「会長」になったとは言っても、1日たりとも現場から離れられずにいます。

陣頭指揮をとる立場にはないものの、どうにも見ていられなくなれば出て行って、現場の若い人間と団子になって働いてしまいます。そうして結局のところ、誰も口をはさめなくなって、自分がいなければ会社が立ち行かないようにしてしまうのです。

そのようにして頑張っていると、どうしても体を酷使しがちになります。自分に鞭打ちながらも、「気持ちの上ではまだまだ若い連中に負けない」という底意地をエネルギーにしてやり遂げる、粘り腰が備わっています。

特徴 受け身で守りのスタンスをとる

「会長」であるだけに、自分から出しゃばって前に出て行くことはしません。自分の出番が回ってくるまでじっとしているように「待ち」の姿勢をとってしまうところが特徴です。

その代わり、いざ出番が回ってくれば、ここぞとばかりに自分の実力を示し、存在感をアピールする術を心得ています。

いざというときに頼ってもらえるような存在になろうと、普段から経験を積み重ねてコツコツ努力をしていくタイプです。そうした地道な努力と経験を通して、物や人を見る目が養われていきます。とくに、人の技術的な才能を見抜く能力は抜群です。

半面、自分で経験して確かめたことでないと、なかなか信用できません。そのため、目新しいことをなかなか受け入れない頑固なところがあります。それだからこそ、伝統ある老舗のもの、社会的に認められた一流のものに惹かれる傾向があります。また、「会長」だけに古風なところがあり、日本人的な〝わび〟〝さび〟といった風流を好みます。

基本的には柔和で敵をつくらず、対立を避けるタイプです。内心では、決してまわりに妥協をしない頑《かたく》なさがあるものの、人前で強気に自己主張することはありません。しかし心の奥底では、シビアで批判的な視点を持っており、好き嫌いが激しいのです。

時にはクールな皮肉屋として攻撃されることもありますが、自分から先手攻撃をしかけることはありません。受け身で守りの姿勢を保ちながらじっと耐え抜き、事態が過ぎ去るのを待ちます。

人生観　影の実力者を目指す

自分の存在感を大切にしています。一線を退いた「会長」の精神性であるだけに、自己アピールしながら前面に出て行くことができません。人前では常に謙虚で控え目な態度をとっています。しかし、表面的な態度とは裏腹に、元来は目立ちたい願望が強いほうです。どことなく人目を惹きつけるような存在感を漂わせて、注目されたいと心ひそかに思っているのです。

いつかは、自分から出しゃばらなくても前面に引っ張り出されるような影の実力者になることを願い、若いうちから技術や技能の習得に熱心に取り組んでいきます。何か1つは他の人が真似できない技能を持ち、いざというときには頼られる存在でありたいのです。

また、相手の出方を見てから自分の姿勢を決める守りのタイプなので、自分の防御力が強まることには積極的です。自分のことを頼りにしてくれる人が増えると、その分だけ味方が増え、防御の態勢が堅固になると考えるので、人の面倒をよく見ます。「あなたでなければ」と頼られると嬉しくてたまりません。

人づきあいの傾向 容易に人を信用しない慎重派

つきあいの浅いうちは、なかなか本心を語りません。基本的に受け身なので、相手が自分をどう思っているのかがわからないと、どうふるまっていいのかわからないのです。

また、慎重なので、人の言うことを簡単に鵜呑みにしません。表面的にはにこやかに話を聞いて相づちを打っていても、内心では「まさか」と思っていることが少なくないのです。控えめで自分の意思を明かさないため、画策家に見られがちですが、本心では長くつきあえる信頼関係をつくっていきたいと願っています。

ひとたび仲良くなって心を開くと、ベッタリになります。相手の喜びが自分の喜びとばかりに、あれこれとマメに尽くします。いったん面倒を見はじめると、金銭的な見境もつかなくなって浪費してしまうほどです。

大切な存在のためならば体を張って守ることを厭《いと》わないので、まるで弁慶のような守護神として大いに重宝がられます。

得意分野・向いている職種　積み重ねた経験と技能で勝負できる分野

やればやっただけ実績を積み重ねることができる分野が向いています。

才能のある人を見抜く目を持っているので、人をプロデュースをするような職種も適しているでしょう。

特殊なデザインセンスを持っているので、芸術やアート方面もいいでしょう。

苦手分野　積極性・主体性を求められる分野

強く自己主張できないタイプです。人と争ったり競ったりして結果を出すことを求められる分野では、まったく自分を活かすことができません。

「待ち」の姿勢が基本であるため、積極的かつ主体的に動くことを求められる環境では、評価が低くなってしまいます。

Ｉ ロマンタイプ（老人）……夢を大切にするロマンチスト

ロマンタイプの精神性を、人間のライフサイクルの中でたとえると、空想にふけるロマンチックな「老人」。長い人生を生きてきて、このところは体調がすぐれず、伏せていることが多くなってしまった、というような状態です。

横になりながら思い起こすのは、元気に飛び回っていた若い頃のこと。もう体は思うように動いてくれないけれど、頭は冴えています。「あんなこともしたかったな」「こんなことにも挑戦してみればよかった」とあれこれ考えながら、空想の世界でロマンを楽しんでいるのです。

しかし、ただ空想の中で遊んでいるだけではありません。体が重くなってしまったとはいえ、まだまだあきらめてはいないのです。きっとまた元気になれる。そのときには、あれもしよう、これもしよう、というように、実現すると信じて夢を膨らませています。

空想の世界では、自分はヒーロー、ヒロインです。そんな空想を楽しんでいる最中に突然起こされると、極めて不愉快になります。感情的になって、烈火のごとく怒り出すほどです。

それでなくても病の床に伏せているだけに、どうしても神経質になってしまいます。そのため、体調管理には神経を行き届かせていますし、食べるものにも当然気をつかいます。衛生的でないものは、見るのもイヤなほどです。

その日の天気さえも体調に影響するので、スカッと晴れた天気のいい日は機嫌がいいのですが、雨の日はそれだけで憂うつになってしまいます。ちょっとしたことでも神経にさわって、イラ立ってしまうのも、体のことを考えれば仕方がないでしょう。

特徴 常に物事の〝裏〟を読む

感受性が強くて、感激屋でありながら、極めて現実的な視点を持っているところが特徴です。病に伏せる老人であるだけに、下心を持って寄ってくるような人間は許せません。そのため、対人的にはついつい疑い深くなってしまうところがあります。

また、長く生きてきただけに、世の中には〝表〟と〝裏〟があることを知っており、おいしい話を持ってこられても、まず信じません。絶対に〝裏〟があるはずだと思うので、本当のところはどうなのかという裏情報を知りたがります。それが事実かどうかを確かめるために、情報を集めるのも上手です。

人生観　自分を大切に生きる

夢を持つことを大切にするタイプです。描いた夢を、夢で終わらせることがないように、5〜10年の長期スパンで計画を立てて、理想へと向かっていきます。

「今すぐ結論が出なくてもいい」と考えるので、長期的なペース配分は上手なほうです。最終的に勝てばいいという考えなので、ついのんびりしてしまい、期限ギリギリになって「まずい」と焦ることがあります。ですがそうなったときの集中力は抜群で、傍目には自虐的なほどに自分を追い込んでいきます。そしてピタッと期限にお尻を合わせてしまうのです。作業だけでなく、言ったこととやっていることの辻褄《つじつま》を合わせるのもうまく、何事においても帳尻合わせの達人と言えるでしょう。

しかし、さすがに自分を追い込んでいるときには相当なストレスを抱えているので、終わったあとは温泉や南の島など、のんびりしたところでボーッとした自分の時間をとりたいと考えます。このようにして、自分にごほうびを与えたり、自分の体をいたわったりと、自分を大切にしながら生きていきます。

ただ、理想主義者であるだけに、「もっともっと頑張らなければ」「まだまだやる、もっとやる」という精神があります。いつも向上心を抱いているので、「これでいい」と満足するようなことは、なかなかないのです。

人づきあいの傾向　本音で語り合える関係を望む

裏表のある態度で接せられることを嫌います。

親しい人とは気兼ねなく、本心をさらしてズバズバ言い合えるのが本当の社交態度だと考えています。

そのため、親しくなると毒舌になる傾向があります。

自分が大切に思う相手には尽くすタイプですが、普段はあまり人の世話になったり、世話をしたりといった行動をとりたがりません。

人から恩を受けると、それをすぐに返さないと気持ちが悪いので、必要がないのに世話をされたり、恩を着せられるようなことは大嫌いなのです。

また、ロマンタイプの人の表情から受ける印象は、とても極端です。

つい疑ってかかるので、慎重になっているときは「だまされないぞ」と言わんばかりに極めて冷徹な顔になります。その一方で、お互いに腹を割って素直に話そうと思っているときは、実に魅力的ないい笑顔になります。

冷徹な顔から一転して笑ったときの顔が実に魅力的なところが、人から愛されるのです。

得意分野・向いている職種　**自分を表現できる分野**

感受性が豊かなので、芸術的な分野など、何かしら自分を表現できるような仕事に向いています。

また、人の役に立ちたいというサービス精神も旺盛な上、人の感情といったものにも機敏に反応できるため、コーチングなど人の良いところを引き出すような分野、あるいは健康管理を助けたり、癒してあげたりするセラピスト、栄養士なども適職です。

苦手分野　**なかなか結果が見えない仕事**

中途半端な態度がとれないところがあるので、すっぱりと片づくことのない仕事や、結論が出ないような仕事では、わずらわしくなってしまいます。

譲ったり譲られたりを繰り返す長期的な駆け引きが必要な交渉事や、なかなか結果の出ない人を応援し続けることなどは、得意ではありません。

J プロフェッショナルタイプ（危篤）
……崖っぷちの精神で挑むプロ志向

プロフェッショナルタイプの精神性を、人間のライフサイクルの中でたとえると、病に伏せていた老人がついに「危篤」に陥った状態です。「明日はないかもしれない」という危機感に襲われているだけに、不安でたまりません。まさに崖っぷちの精神性です。

もう時間がないのですから、四の五の言っている暇はありません。やりたいこと、やるべきことは、今日中に片づけておきたいと考えます。「さっさと動いてどんどんやらないと、時間がなくなってしまう」という危機感や不安から、一瞬たりとも止まっていることができません。「まだ死ねない、頑張れ、やり残すな」と、迫り来る不安を押しのけながら、なりふりかまわず一心不乱に没頭している状態ですから、人に対して面倒くさいことを説明する余裕などなく、長々と人の話を聞くような余裕もないのは無理もないのです。

自分のことで精一杯なので、人のことに踏み込んでかまってなどいられませんし、自分のこともかまわれたくありません。何しろ時間がないのですから。努力と根性で必死に踏みとどまっているときに、落ち着いて先のことを考えろと言われても無理な相談なのです。

一刻もムダにできないと焦っていますから、「行動するべきかどうか」「やろうかどうしようか」と考えあぐねることもありません。いいと思ったものは手当たり次第に試します。

そして切羽詰まった人間なだけに、驚異的な記憶力を発揮します。目で見たこと、耳で聞いたことは、そのまま脳にコピーされますし、体験したことは体で覚えて忘れません。

特徴 不言実行、口下手な実践派

「口先であれこれ言うよりも行動するほうが早い」と考えるのが特徴で、いいと思ったことはさっと行動に移す実践派です。自分のことは自分でやる、といった自立心があり、依存心は少ないほうです。

そのため、他人からお節介を焼かれるのは好みません。自分でできることに手出しをされるのは、大嫌いなのです。人に注意をするときも、「これはダメだ」「こうしてはいけない」とは言いますが、「こうしていきなさい」といったアドバイスはあまりしません。これは「自分のことは自分で考えてやりなさい」という主義からきています。

その一方で、自分を頼ってくる人の面倒はよく見る、温かみがあります。口では「何でこんなことができないの」とブツブツ文句を言いながらも、内心では悪い気がしていません。むしろ、頼られて嬉しいのです。ただ、テレ屋で口下手なため、その気持ちを上手に表現できないのです。口下手といっても、人前で話せないというのではなく、駆け引きのできる口達者なタイプではないということです。

口であれこれ言うよりも、黙々とやるべきことをこなしていくことが大切だと考えている、不言実行な人なのです。そのため、自分の仕事はきっちりこなし、いい加減なことはしません。そのまじめさが信頼されています。しかし本人は、心に思うことをなめらかに言い切れない自分にいつもイライラしているところがあります。一方で、自分の口下手を気にせず話し相手になってくれる人の前では、とてもおしゃべりになるのが特徴です。

人生観 勤勉・努力で人生を生きる

努力、努力の人です。「口先で余計な理屈をグダグダと並べている暇があるのなら、やるべきことをしっかりやりなさい」と考えます。

不安感が強いので、常に何かを心配しているようなところがあります。良くないことが起こりそうだと感じると急に不安になり、心臓がドキドキして、焦りだします。

そうなるとセカセカした動きになり、口調も早口になってきます。どうしていいかわからないうちは、「どうしよう」を連発することしかできなくなり、極端になると「もう死ぬ」などと言い出したりします。

しかし喉もと過ぎてしまえば熱さを忘れるごとく、ケロッと元に戻ります。「危篤」状態であるだけに、先を見通すことは得意ではありません。今日やるべきことをきっちり努力していれば、明日も良い日が訪れると信じているところがあります。

先見力が不足している代わりに、良いと思ったものはすぐに取り入れる、柔軟性と吸収力があります。まず何でもやってみることで、道を開いていきます。そうやって黙々と努力して取り組んでいくので、仕事にはプロ意識を持っています。

人づきあいの傾向　他人には深入りしない

「自分は自分、人は人」といった考えで、対人的な依存心は少ないほうです。

好意を持つ相手には良くしてあげたい気持ちが旺盛なので、あれこれと気がつき、気をまわします。例えば、1つの皿をみんなでつまむような食事の席になると、まわりの人がちゃんと食べているかどうかが気になって、あれこれ取り分けるなどの世話を焼かずにはいられません。

そうした世話好きな面があるものの、根本的には人間心理を深入りして考えることはしないほうです。どちらかと言えば一元的な理解をするので、自分のしたいことは人もしたいこと、自分のイヤなことは人もイヤなこと、と解釈をし、「こうしてあげれば相手は喜ぶに違いない！」という思い込みで行動し、誤解を招くことがなきにしもあらず、です。

得意分野・向いている職種　プロ意識を活かせる分野

実に気軽に体を動かします。「働かざる者食うべからず」という考え方をするため、職業を選り好みをするほうではありません。まじめな努力家ですから、与えられた仕事が天職というように、素直に働きます。

口八丁に立ち回れるほうではありませんので、新規開拓の営業や、カウンセリングなど人の相談に乗るような職業よりは、専門的な技術者のほうが向いています。

手先が器用なので、見よう見まねでやっても、それなりのものにしてしまいます。しかも、そのまま物まねで終わることはありません。改善していくセンスがあるため、自分なりに工夫を加えていき、いつの間にか自分のものにしてしまいます。

そうやって自分のものにした技術を持つと、プロ意識に磨きがかかり、いつしか誰にも追随を許さないプロフェッショナルとしての立場を確立していきます。

苦手分野　任せてもらえる余地がない仕事

プロ意識を持って取り組みたい性分であるだけに、任せてもらえず、工夫の余地のない仕事では、もくもくと働くことはできても、自分の持ち味を活かしきれません。

K リアリストタイプ（黄泉）……一歩引いて物事を見る客観派

リアリストタイプの精神性を人間のライフサイクルの中でたとえると、たった今息を引き取って、「黄泉」の世界へ向かう前。肉体から離れたところから、生前に親しかった人たちのことを慈しんで眺めているような状態です。

目の前にいるのに、誰に話しかけても聞こえません。それもそのはず、もう肉体がないのですから。仕方がないと割り切りたいものの、心は寂しくてたまりません。

仲間に入りたいのに入れない物悲しさを抱えて、生きている人たちを天井からうらやましく眺めているような感じです。

肉体から離れたところで見てみると、生きているときには見えなかったことが、実によく見えます。３６０度見渡せるだけに、先のこともわかるのです。

「生きている連中はなんて無防備なんだろう。このまま行けば危ないことが待ち受けているのも見えている。なのに、なぜそれに気がつかないのか。このままでは危ない・危険が潜んでいることを、何とか生きている連中に知らせたい。力になってあげたい。どうにかして自分の声を聞かせたい……」

そう切望しながらも、見守ることしかできません。

心優しいだけに、何とかしてあげたい気持ちを抱えつつも、何もできずにひとりでハラハラしているのです。

特徴 常に客観的に物事を捉える

客観的な視点を持っているところが特徴です。肉体から離れたところから世の中を観察しているので、自分自身のことも含めて、何事も客観的な視点から見ているのです。

そのため、３６０度の気配りができます。集団の中で仲間外れになっているような人がいると、気になって仕方がなく、どうにか仲間に入れてあげようと気を配ります。このように仲間意識が強いため、仲間内での信用を大切にしています。誰からも人柄のいい人と思ってもらえるように、努めて誠実であろうとしています。約束したことは必ず守り、できないことは最初から約束しません。

また、自分が助けてもらったら、その恩をずっと忘れません。お互いに助け合いの精神で接していきたいのです。それだけに、人格的に好ましくない人とはつきあいません。いくら有能だとしても、人の和を乱すような人は敬遠します。

また、客観的であるだけに、極めて現実的でもあります。気の利いた会話のできる楽しい人ですが、仕事や計画については飛躍的なことを好みません。

一歩上ればそこで立ち止まって周囲を見渡し、そこからさらに一歩上って……というように、現実的な路線を貫いて、着実な歩みで計画を進めていくほうです。ですから、進展には時間がかかるものの、後退することはありません。地道に計画を遂行していきます。

また、情報通で、自分の中にたくさんの引き出しを持っているのも特徴です。自分とは関係のないような情報まで、よく知っています。それは、いろいろなことを知っているほうが、たくさんの人と話を合わせられると考えているからです。

常に客観的な視点から世の中を観察しているだけに、世情に通じており、常識も豊かで、判断にも主観が混じりません。客観的な視点から批評的な持論を展開していきます。

人生観 「世の中、持ちつ持たれつ」と考える

親しい友人とお茶を飲みながら世間話をしているようなときに、幸福感を味わうタイプです。友人に限らず、会社の仲間との雑談や、親類の集まりも楽しみの1つです。

そうした場においては、自分の話ばかりをするのではなく、きちんと相手の話にも耳を傾け、時には相手を話題の中心にするなどして、いい雰囲気でコミュニケーションすることが大好きです。

友人づきあいを大切にするため、仲間扱いをしてもらえると、とても嬉しくなります。それだけに、ふとしたことで仲間外れになると、深く傷いてしまいます。自分だけが知らなかった、自分は誘われなかったという状況には耐えられません。ショックが大きくて、動揺してしまうのです。

「世の中は持ちつ持たれつ」だと信じているので、物事がうまくいくと、それは自分だけの力ではなく、友人知人などまわりの協力があったおかげだと考えます。友人知人が財産だと考えるので、友のためには利害を超越するような義理堅い一面があります。

人づきあいの傾向　相手に合わせたコミュニケーションが巧み

人間的な信用を得ることを、とても大切に考えています。友人知人から信用されることが、何よりも嬉しいのです。友だちをたくさんつくっていきたいと思っているため、幅広い社交性を発揮します。友人から誘われると嬉しいので、できるだけ断らずに出かけていきます。

また、相手の気持ちを思いやる配慮が行き届いているため、優しい人だという印象を与えます。誰に対しても気さくで親しみやすく、それでいて相手の年齢や立場に応じて態度を変えられるので、相手に合わせたコミュニケーションをはかるのが得意です。

半面、気を許した相手には、ついついグチをこぼす傾向があります。それはいつも周囲に気をつかって自分をおさえているため、対人面でのストレスがたまりやすいからです。そうしたグチを深刻がらずに聞いてくれる友人のことは、何をおいても大切にします。

得意分野・向いている職種　情報収集力を活かせる分野

「人類愛の持ち主」だと言えるような面があります。そのため、世のため人のためになるような活動を通して、結果的に自分にもプラスになるような仕事をしたいと思っています。あまりにも気をつかって疲れるので、ひとりで仕事をやりたくなることもありますが、お互いに応援しあえる仲間がいる環境のほうが能率が上がります。

人当たりがいいので、接客業も向いています。

情報を集めたり、取りまとめるのもうまいので、情報を扱う分野にも適性があります。

苦手分野　ひとりで背負わなければならない仕事

自分ひとりだけですべてをやらなければならない環境や、すべての責任を負わなければならない環境では、プレッシャーが強すぎるだけではなく、何より寂しいので、持ち前の能力を発揮できません。

L フリーダムタイプ（魂）……何にも縛られない自由人

　フリーダムタイプの精神性を、人間のライフサイクルの中でたとえると、肉体が滅んで「魂」となった状態です。生身の体に縛られない「魂」は、自由なことこの上ありません。感性のおもむくまま、気の向くままに、好きなときに好きなところへ行き、好きなだけ好きなようにしていられます。

　また、「魂」であるだけに、変幻自在です。あらわれたと思ったら消え、消えたと思ったらと姿をあらわすというように、神出鬼没なので、捕まえるのは容易ではありません。たとえ捕まえることができたとしても、その場に縛りつけておくことなどできません。目を離した隙にいつの間にかフッと消えてしまいます。そもそも、実体のない魂を拘束しようと試みても、ムダというものでしょう。

　また、「魂」が次にどんなふうに変わるのか、どこへ向かおうとしているのかなど、他から推測できるはずもありません。なにしろ魂自身が、そのとき次第で次にどこへ行くのやら、自分でも予測できないのですから。

　このように、何にも束縛されない自由を楽しんでいる「魂」ですが、しばらくすると、地に足をつけていないことへの不安がだんだんと頭をもたげてきます。放っておくとどこかへ漂っていってしまうことを自覚しているので、不安になると、急に物事に集中して取り組みます。そういう状態のときに、輝きを見せるのです。

特徴 研ぎ澄まされた感性の持ち主

研ぎ澄まされた感性と、鋭い直感が強みです。ピーン！ とくるひらめきを大切に、「思い立ったが吉日」で即行動に移します。抜群のフットワークを持っているのです。じっとしていることは、性に合いません。例えば会社でデスクワークをしていても、フッと席を立ってどこかに消えたかと思うと、しばらくするとまたフッと戻ってきて仕事をする、というようなことを繰り返します。

また、あまのじゃくなところがあって、人の想像の裏を行くようなところがあります。普段は感覚的な判断をしているのに、突然極めて論理的な視点から意見を述べ、それでは次も論理的な観点で動くのかと思いきや、感覚的なことを言い出すといったように、まったくもってつかみどころがありません。枠にはめられるのが大嫌いな性分も手伝って、「あなたって○○でしょ」と言われると、反射的に「そんなことないよ」と言ってしまいます。

他人から、自分のことをわかっているかのような言われ方をするのがとにかくイヤなので、さっきまでイエスと言っていたことでも、人から「こうでしょ」と言われた瞬間に気が変わることも少なくありません。「それは全然違う」と180度意見が変わることもままあります。周囲の人には、舌の根も乾かないうちに、なぜこうも言うことが変わったのかさっぱりわからないと思われがちですが、本人の中ではきちんと論理的につながっており、矛盾を感じていないのです。

人生観　自由奔放に生きる

自由奔放に生きることを望んでいます。枠にはめられるような、窮屈な生活には耐えられません。毎日を気分次第で、思うがままに過ごしていきたいのです。

ですから、決まりきったことには退屈を覚えます。マニュアル通りの型にはまった対応をするよりも、状況に合わせてフレキシブルな対応をとるほうが得意です。

めまぐるしいほどクルクルと状況が変わっていくような環境の中で、その場に応じて的確な判断を下していくときに、頭脳が冴え渡り、充実感を覚えるタイプです。

状況さえきちんと把握できていれば何でもすぐに判断できる半面、状況を把握していないと何も決められません。

自由奔放ではありますが、決してワガママというわけではありません。「筋を通す」ことを大切にします。物事はしかるべき礼儀に乗っ取って、筋を通していくものだと考えているので、こういう点でだらしない人のことは信用しません。

人づきあいの傾向 〝あ・うんの呼吸〟のコミュニケーションが上手

人とのコミュニケーションにおいては、言葉を尽くして説明するよりも、察することが大切だと思っています。その場の空気や行間を読んでほしいのです。そのため、察しの悪い人を敬遠しがちです。筋を通すことや、礼儀をわきまえることを大切にしているだけに、目上に対しては折り目正しくきちんと接します。

反対に、自分のほうが立場が上だと思っている目下の人に対しては、実にざっくばらんにくだけた態度で接します。相手にも、口では「気楽にしていいよ」と言いますが、それを真に受けた相手が調子に乗ってだらしない態度をとったり、言葉づかいやメールの文章がなれなれしくなったりすると、途端に不愉快になります。上下関係や立場の違いといったことに厳しいのです。

また、相手の目の動きや、ちょっとした身振りから、心の中を敏感に察知することに長けています。相手の気に入るように先手を打って気を利かせていきますので、相手が不快に感じていると思えば、サッと話題を変えるなどして、上手に気分を変えさせてあげられるのです。

得意分野・向いている職種　**自分の裁量で自由にやれる職種**

自由でいたいと思う一方で、社会的な地位や背景を気にします。

そのため、人の認めるステータスをバックに、自分の感覚と裁量で自由にやっていけるような仕事であれば、どんな職種にも向いているでしょう。

気分にムラがあるので、乗っているときは抜群の集中力を発揮しますが、不快なときは完全に投げやりになってしまいます。1日に数回こうした波が訪れるので、スケジュールをある程度自分で自由に組める職種を選ぶ必要があります。

稼ぐよりも儲ける主義なので、新規ビジネスの立案にも向いています。

苦手分野　**細かい事務作業は不向き**

ルーティンワークや事務作業には向きません。帳簿付けのように、じっと机に張り付いていなければならないような仕事では、針の筵《むしろ》のように感じてしまうでしょう。

定期的に顧客をフォローして回るようなルートセールスも、不向きです。

おわりに

本書を担当してくださった青春出版社・プライム涌光の編集者、深沢美恵子さんから装丁のデザイン案が届いたとき、心底驚いた。なぜなら、今からおよそ60年前に発刊された、増永篤彦氏の『性格入門』の装丁とそっくりだったからである。

誕生日を研究している人間で、増永篤彦氏の存在を知らない人はいないだろう。誕生日と性格学を融合させた第一人者である。氏の著書は、現在でも大いに参考にされており、オークションに出品されれば、必ず当時の100倍以上の価格で落札される秀逸な内容だ。

もちろん、この装丁デザインの類似は偶然の産物である。デザイナーが意図的に増永氏の本に似せたわけでは絶対にない。だからこそ私は、恐れ多いような、それでいて身の引き締まるような、不思議な感覚に包まれた。

私のような一介の凡人が願うには、あまりにも大それていることは重々承知しているが、願わくば、この本が60年後の日本においても役立つ一冊となってほしい。

今の日本は平和である。戦後70年以上が経過して、もはや平和は当たり前のものとなった。それでも人は悩み、妬み、劣等感に苛《さいな》まれている。何かいいことないかな〜、どうやったら幸せになれるかな〜、と棚ぼたを模索しながら生きる人も多い。

かくいう私自身はというと、自分への悩みはほとんどなくなった。もう子どもも成人した。優秀とまではいかないが、感情的に他人に悪意を向けるようなことは決してしない、物事を論理的に考えて行動する常識人に育ったと思う。もはや私が明日この世を去ろうとも生きていけるだろう。しかして、自分自身への悩みや不安はさほどないが、願いはある。

もし生まれ変わりがあるのだとすれば、私はまた日本人に生まれたい。平和な日本が続いてほしい。だからこそ、日本人同士であまりいがみ合わないでほしい。勝ち組、負け組などと互いをディスり合う風潮は終わりにして、心を一つに一致団結していける世の中を望む。残念ながら現状は、私のような凡人がこうした些細な願いを持つだけでディスられてしまう。「お前のような誕生日なんかを振り回す怪しいヤツが世の中のことを考えて高尚ぶるな」という具合である。私の不徳の致すところとはいえ、実に嘆かわしい。

どうか人間理解が深まってほしい。自分を理解することは他人を理解することにつながり、そこに優しさが生まれて愛が育まれる。次に地球に生まれる頃には、優しさと愛にあふれた世界が実現していてほしい。この本がその一助となれば幸いである。

２０１７年12月　　佐奈由紀子

巻末付録

誕生日タイプ早見表
（3・6・12分類）

（1928年～2030年生まれ）

生年月日で3分類、6分類、12分類したときのタイプがわかる年表です。
それぞれのタイプは、以下の記号で表しています。

年表の表記	3タイプ	6タイプ	12タイプ
結オウA	結果重視	オウンマインド	オリジナリティ（A）
人セフB	人柄重視	セーフティ	ナチュラル（B）
結ドリC	結果重視	ドリーム	フロンティア（C）
直パワD	直感重視	パワフル	チャレンジ（D）
人レベE	人柄重視	レベルアップ	スタートダッシュ（E）
直ステF	直感重視	ステータス	キャリア（F）
結オウG	結果重視	オウンマインド	オールマイティ（G）
人セフH	人柄重視	セーフティ	クール（H）
結ドリI	結果重視	ドリーム	ロマン（I）
直パワJ	直感重視	パワフル	プロフェッショナル（J）
人レベK	人柄重視	レベルアップ	リアリスト（K）
直ステL	直感重視	ステータス	フリーダム（L）

＊生まれた時間が23時～24時の方は、翌日の日付のタイプとなります。

1928年 【昭和3年】

	1月	2月	3月	4月	5月	6月	7月	8月	9月	10月	11月	12月
1	直パワJ	人セフH	直パワJ	人セフH	人セフB	結ドリC	結ドリI	結ドリI	人セフH	人セフB	直パワD	直パワJ
2	人セフB	結ドリC	人セフB	結ドリC	結ドリI	結ドリI	結ドリC	人セフB	直パワD	直パワJ	結オウG	結オウA
3	結ドリI	結ドリI	結ドリI	結ドリI	結ドリC	人セフB	人セフH	直パワJ	結オウG	結オウA	人レベE	人レベK
4	結ドリC	人セフB	結ドリC	人セフB	人セフH	直パワJ	直パワD	結オウA	人レベE	人レベK	結ドリI	結ドリC
5	人セフH	直パワJ	人セフH	直パワJ	直パワD	結オウA	結オウG	人レベK	結ドリI	結ドリC	結ドリC	結ドリI
6	直パワD	結オウA	直パワD	結オウA	結オウG	人レベK	人レベE	結ドリC	結ドリC	結ドリI	人セフH	人セフB
7	結オウG	人レベK	結オウG	人レベK	人レベE	結ドリC	結ドリI	結ドリI	人セフH	人セフB	直パワD	直パワJ
8	人レベE	結ドリC	人レベE	結ドリC	結ドリI	結ドリI	結ドリC	人セフB	直パワD	直パワJ	結オウG	結オウA
9	結ドリI	結ドリI	結ドリI	結ドリI	結ドリC	人セフB	人セフH	直パワJ	結オウG	結オウA	人レベE	人レベK
10	結ドリC	人セフB	結ドリC	人セフB	人セフH	直パワJ	直パワD	結オウA	人レベE	人レベK	直ステF	直ステL
11	人セフH	直パワJ	人セフH	直パワJ	直パワD	結オウA	結オウG	人レベK	直ステF	直ステL	直ステF	直ステL
12	直パワD	結オウA	直パワD	結オウA	結オウG	人レベK	人レベE	直ステL	直ステF	直ステL	人レベE	人レベK
13	結オウG	人レベK	結オウG	人レベK	人レベE	直ステL	直ステF	直ステL	人レベE	人レベK	結オウG	結オウA
14	人レベE	直ステL	人レベE	直ステL	直ステF	直ステL	直ステF	人レベK	結オウG	結オウA	結オウG	結オウA
15	直ステF	直ステL	直ステF	直ステL	直ステF	人レベK	人レベE	結オウA	結オウG	結オウA	人レベE	人レベK
16	直ステF	人レベK	直ステF	人レベK	人レベE	結オウA	結オウG	結オウA	人レベE	人レベK	直ステF	直ステL
17	人レベE	結オウA	人レベE	結オウA	結オウG	結オウA	結オウG	人レベK	直ステF	直ステL	直ステF	直ステL
18	結オウG	結オウA	結オウG	結オウA	結オウG	人レベK	人レベE	直ステL	直ステF	直ステL	人レベE	人レベK
19	結オウG	人レベK	結オウG	人レベK	人レベE	直ステL	直ステF	直ステL	人レベE	人レベK	結オウG	結オウA
20	人レベE	直ステL	人レベE	直ステL	直ステF	直ステL	直ステF	人レベK	結オウG	結オウA	直パワD	直パワJ
21	直ステF	直ステL	直ステF	直ステL	直ステF	人レベK	人レベE	結オウA	直パワD	直パワJ	人セフH	人セフB
22	直ステF	人レベK	直ステF	人レベK	人レベE	結オウA	結オウG	直パワJ	人セフH	人セフB	結ドリC	結ドリI
23	人レベE	結オウA	人レベE	結オウA	結オウG	直パワJ	直パワD	人セフB	結ドリC	結ドリI	結ドリI	結ドリC
24	結オウG	直パワJ	結オウG	直パワJ	直パワD	人セフB	人セフH	結ドリI	結ドリI	結ドリC	人レベE	人レベK
25	直パワD	人セフB	直パワD	人セフB	人セフH	結ドリI	結ドリC	結ドリC	人レベE	人レベK	結オウG	結オウA
26	人セフH	結ドリI	人セフH	結ドリI	結ドリC	結ドリC	結ドリI	人レベK	結オウG	結オウA	直パワD	直パワJ
27	結ドリC	結ドリC	結ドリC	結ドリC	結ドリI	人レベK	人レベE	結オウA	直パワD	直パワJ	人セフH	人セフB
28	結ドリI	人レベK	結ドリI	人レベK	人レベE	結オウA	結オウG	直パワJ	人セフH	人セフB	結ドリC	結ドリI
29	人レベE	結オウA	人レベE	結オウA	結オウG	直パワJ	直パワD	人セフB	結ドリC	結ドリI	結ドリI	結ドリC
30	結オウG		結オウG	直パワJ	直パワD	人セフB	人セフH	結ドリI	結ドリI	結ドリC	人セフB	人セフH
31	直パワD		直パワD		人セフH		結ドリC	結ドリC		人セフH		直パワD

1929年 【昭和4年】

	1月	2月	3月	4月	5月	6月	7月	8月	9月	10月	11月	12月
1	結オウG	人レベK	直パワD	結オウA	結オウG	人レベK	人レベE	結ドリC	結ドリC	結ドリI	人セフH	人セフB
2	人レベE	結ドリC	結オウG	人レベK	人レベE	結ドリC	結ドリI	結ドリI	人セフH	人セフB	直パワD	直パワJ
3	結ドリI	結ドリI	人レベE	結ドリC	結ドリI	結ドリI	結ドリC	人セフB	直パワD	直パワJ	結オウG	結オウA
4	結ドリC	人セフB	結ドリI	結ドリI	結ドリC	人セフB	人セフH	直パワJ	結オウG	結オウA	人レベE	人レベK
5	人セフH	直パワJ	結ドリC	人セフB	人セフH	直パワJ	直パワD	結オウA	人レベE	人レベK	直ステF	直ステL
6	直パワD	結オウA	人セフH	直パワJ	直パワD	結オウA	結オウG	人レベK	直ステF	直ステL	直ステF	直ステL
7	結オウG	人レベK	直パワD	結オウA	結オウG	人レベK	人レベE	直ステL	直ステF	直ステL	人レベE	人レベK
8	人レベE	直ステL	結オウG	人レベK	人レベE	直ステL	直ステF	直ステL	人レベE	人レベK	結オウG	結オウA
9	直ステF	直ステL	人レベE	直ステL	直ステF	直ステL	直ステF	人レベK	結オウG	結オウA	結オウG	結オウA
10	直ステF	人レベK	直ステF	直ステL	直ステF	人レベK	人レベE	結オウA	結オウG	結オウA	人レベE	人レベK
11	人レベE	結オウA	直ステF	人レベK	人レベE	結オウA	結オウG	結オウA	人レベE	人レベK	直ステF	直ステL
12	結オウG	結オウA	人レベE	結オウA	結オウG	結オウA	結オウG	人レベK	直ステF	直ステL	直ステF	直ステL
13	結オウG	人レベK	結オウG	結オウA	結オウG	人レベK	人レベE	直ステL	直ステF	直ステL	人レベE	人レベK
14	人レベE	直ステL	結オウG	人レベK	人レベE	直ステL	直ステF	直ステL	人レベE	人レベK	結オウG	結オウA
15	直ステF	直ステL	人レベE	直ステL	直ステF	直ステL	直ステF	人レベK	結オウG	結オウA	直パワD	直パワJ
16	直ステF	人レベK	直ステF	直ステL	直ステF	人レベK	人レベE	結オウA	直パワD	直パワJ	人セフH	人セフB
17	人レベE	結オウA	直ステF	人レベK	人レベE	結オウA	結オウG	直パワJ	人セフH	人セフB	結ドリC	結ドリI
18	結オウG	直パワJ	人レベE	結オウA	結オウG	直パワJ	直パワD	人セフB	結ドリC	結ドリI	結ドリI	結ドリC
19	直パワD	人セフB	結オウG	直パワJ	直パワD	人セフB	人セフH	結ドリI	結ドリI	結ドリC	人レベE	人レベK
20	人セフH	結ドリI	直パワD	人セフB	人セフH	結ドリI	結ドリC	結ドリC	人レベE	人レベK	結オウG	結オウA
21	結ドリC	結ドリC	人セフH	結ドリI	結ドリC	結ドリC	結ドリI	人レベK	結オウG	結オウA	直パワD	直パワJ
22	結ドリI	人レベK	結ドリC	結ドリC	結ドリI	人レベK	人レベE	結オウA	直パワD	直パワJ	人セフH	人セフB
23	人レベE	結オウA	結ドリI	人レベK	人レベE	結オウA	結オウG	直パワJ	人セフH	人セフB	結ドリC	結ドリI
24	結オウG	直パワJ	人レベE	結オウA	結オウG	直パワJ	直パワD	人セフB	結ドリC	結ドリI	結ドリI	結ドリC
25	直パワD	人セフB	結オウG	直パワJ	直パワD	人セフB	人セフH	結ドリI	結ドリI	結ドリC	人セフB	人セフH
26	人セフH	結ドリI	直パワD	人セフB	人セフH	結ドリI	結ドリC	結ドリC	人セフB	人セフH	直パワJ	直パワD
27	結ドリC	結ドリC	人セフH	結ドリI	結ドリC	結ドリC	結ドリI	人セフH	直パワJ	直パワD	結オウA	結オウG
28	結ドリI	人セフH	結ドリC	結ドリC	結ドリI	人セフH	人セフB	直パワD	結オウA	結オウG	人レベK	人レベE
29	人セフB		結ドリI	人セフH	人セフB	直パワD	直パワJ	結オウG	人レベK	人レベE	結ドリC	結ドリI
30	直パワJ		人セフB	直パワD	直パワJ	結オウG	結オウA	人レベE	結ドリC	結ドリI	結ドリI	結ドリC
31	結オウA		直パワJ		結オウA		人レベK	結ドリI		結ドリC		人セフH

1930年 【昭和5年】

	1月	2月	3月	4月	5月	6月	7月	8月	9月	10月	11月	12月
1	直パワD	結オウA	人セフH	直パワJ	直パワD	結オウA	結オウG	人レベK	直ステF	直ステL	直ステF	直ステL
2	結オウG	人レベK	直パワD	結オウA	結オウG	人レベK	人レベE	直ステL	直ステF	直ステL	人レベE	人レベK
3	人レベE	直ステL	結オウG	人レベK	人レベE	直ステL	直ステF	直ステL	人レベE	人レベK	結オウG	結オウA
4	直ステF	直ステL	人レベE	直ステL	直ステF	直ステL	直ステF	人レベK	結オウG	結オウA	結オウG	結オウA
5	直ステF	人レベK	直ステF	直ステL	直ステF	人レベK	人レベE	結オウA	結オウG	結オウA	人レベE	人レベK
6	人レベE	結オウA	直ステF	人レベK	人レベE	結オウA	結オウG	結オウA	人レベE	人レベK	直ステF	直ステL
7	結オウG	結オウA	人レベE	結オウA	結オウG	結オウA	結オウG	人レベK	直ステF	直ステL	直ステF	直ステL
8	結オウG	人レベK	結オウG	結オウA	結オウG	人レベK	人レベE	直ステL	直ステF	直ステL	人レベE	人レベK
9	人レベE	直ステL	結オウG	人レベK	人レベE	直ステL	直ステF	直ステL	人レベE	人レベK	結オウG	結オウA
10	直ステF	直ステL	人レベE	直ステL	直ステF	直ステL	直ステF	人レベK	結オウG	結オウA	直パワD	直パワJ
11	直ステF	人レベK	直ステF	直ステL	直ステF	人レベK	人レベE	結オウA	直パワD	直パワJ	人セフH	人セフB
12	人レベE	結オウA	直ステF	人レベK	人レベE	結オウA	結オウG	直パワJ	人セフH	人セフB	結ドリC	結ドリI
13	結オウG	直パワJ	人レベE	結オウA	結オウG	直パワJ	直パワD	人セフB	結ドリC	結ドリI	結ドリI	結ドリC
14	直パワD	人セフB	結オウG	直パワJ	直パワD	人セフB	人セフH	結ドリI	結ドリI	結ドリC	人レベE	人レベK
15	人セフH	結ドリI	直パワD	人セフB	人セフH	結ドリI	結ドリC	結ドリC	人レベE	人レベK	結オウG	結オウA
16	結ドリC	結ドリC	人セフH	結ドリI	結ドリC	結ドリC	結ドリI	人レベK	結オウG	結オウA	直パワD	直パワJ
17	結ドリI	人レベK	結ドリC	結ドリC	結ドリI	人レベK	人レベE	結オウA	直パワD	直パワJ	人セフH	人セフB
18	人レベE	結オウA	結ドリI	人レベK	人レベE	結オウA	結オウG	直パワJ	人セフH	人セフB	結ドリC	結ドリI
19	結オウG	直パワJ	人レベE	結オウA	結オウG	直パワJ	直パワD	人セフB	結ドリC	結ドリI	結ドリI	結ドリC
20	直パワD	人セフB	結オウG	直パワJ	直パワD	人セフB	人セフH	結ドリI	結ドリI	結ドリC	人セフB	人セフH
21	人セフH	結ドリI	直パワD	人セフB	人セフH	結ドリI	結ドリC	結ドリC	人セフB	人セフH	直パワJ	直パワD
22	結ドリC	結ドリC	人セフH	結ドリI	結ドリC	結ドリC	結ドリI	人セフH	直パワJ	直パワD	結オウA	結オウG
23	結ドリI	人セフH	結ドリC	結ドリC	結ドリI	人セフH	人セフB	直パワD	結オウA	結オウG	人レベK	人レベE
24	人セフB	直パワD	結ドリI	人セフH	人セフB	直パワD	直パワJ	結オウG	人レベK	人レベE	結ドリC	結ドリI
25	直パワJ	結オウG	人セフB	直パワD	直パワJ	結オウG	結オウA	人レベE	結ドリC	結ドリI	結ドリI	結ドリC
26	結オウA	人レベE	直パワJ	結オウG	結オウA	人レベE	人レベK	結ドリI	結ドリI	結ドリC	人セフB	人セフH
27	人レベK	結ドリI	結オウA	人レベE	人レベK	結ドリI	結ドリC	結ドリC	人セフB	人セフH	直パワJ	直パワD
28	結ドリC	結ドリC	人レベK	結ドリI	結ドリC	結ドリC	結ドリI	人セフH	直パワJ	直パワD	結オウA	結オウG
29	結ドリI		結ドリC	結ドリC	結ドリI	人セフH	人セフB	直パワD	結オウA	結オウG	人レベK	人レベE
30	人セフB		結ドリI	人セフH	人セフB	直パワD	直パワJ	結オウG	人レベK	人レベE	直ステL	直ステF
31	直パワJ		人セフB		直パワJ		結オウA	人レベE		直ステF		直ステF

1931年 【昭和6年】

	1月	2月	3月	4月	5月	6月	7月	8月	9月	10月	11月	12月
1	人レベE	結オウA	直ステF	人レベK	人レベE	結オウA	結オウG	結オウA	人レベE	人レベK	直ステF	直ステL
2	結オウG	結オウA	人レベE	結オウA	結オツG	結イウA	結オウG	人レベK	直ステF	直ステL	直ステF	直ステL
3	結オウG	人レベK	結オウG	結オウA	結オウG	人レベK	人レベE	直ステL	直ステF	直ステL	人レベE	人レベK
4	人レベE	直ステL	結オウG	人レベK	人レベE	直ステL	直ステF	直ステL	人レベE	人レベK	結オウG	結オウA
5	直ステF	直ステL	人レベE	直ステL	直ステF	直ステL	直ステF	人レベK	結オウG	結オウA	直パワD	直パワJ
6	直ステF	人レベK	直ステF	直ステL	直ステF	人レベK	人レベE	結オウA	直パワD	直パワJ	人セフH	人セフB
7	人レベE	結オウA	直ステF	人レベK	人レベE	結オウA	結オウG	直パワJ	人セフH	人セフB	結ドリC	結ドリI
8	結オウG	直パワJ	人レベE	結オウA	結オウG	直パワJ	直パワD	人セフB	結ドリC	結ドリI	結ドリI	結ドリC
9	直パワD	人セフB	結オウG	直パワJ	直パワD	人セフB	人セフH	結ドリI	結ドリI	結ドリC	人レベE	人レベK
10	人セフH	結ドリI	直パワD	人セフB	人セフH	結ドリI	結ドリC	結ドリC	人レベE	人レベK	結オウG	結オウA
11	結ドリC	結ドリC	人セフH	結ドリI	結ドリC	結ドリC	結ドリI	人レベK	結オウG	結オウA	直パワD	直パワJ
12	結ドリI	人レベK	結ドリC	結ドリC	結ドリI	人レベK	人レベE	結オウA	直パワD	直パワJ	人セフH	人セフB
13	人レベE	結オウA	結ドリI	人レベK	人レベE	結オウA	結オウG	直パワJ	人セフH	人セフB	結ドリC	結ドリI
14	結オウG	直パワJ	人レベE	結オウA	結オウG	直パワJ	直パワD	人セフB	結ドリC	結ドリI	結ドリI	結ドリC
15	直パワD	人セフB	結オウG	直パワJ	直パワD	人セフB	人セフH	結ドリI	結ドリI	結ドリC	人セフB	人セフH
16	人セフH	結ドリI	直パワD	人セフB	人セフH	結ドリI	結ドリC	結ドリC	人セフB	人セフH	直パワJ	直パワD
17	結ドリC	結ドリC	人セフH	結ドリI	結ドリC	結ドリC	結ドリI	人セフH	直パワJ	直パワD	結オウA	結オウG
18	結ドリI	人セフH	結ドリC	結ドリC	結ドリI	人セフH	人セフB	直パワD	結オウA	結オウG	人レベK	人レベE
19	人セフB	直パワD	結ドリI	人セフH	人セフB	直パワD	直パワJ	結オウG	人レベK	人レベE	結ドリC	結ドリI
20	直パワJ	結オウG	人セフB	直パワD	直パワJ	結オウG	結オウA	人レベE	結ドリC	結ドリI	結ドリI	結ドリC
21	結オウA	人レベE	直パワJ	結オウG	結オウA	人レベE	人レベK	結ドリI	結ドリI	結ドリC	人セフB	人セフH
22	人レベK	結ドリI	結オウA	人レベE	人レベK	結ドリI	結ドリC	結ドリC	人セフB	人セフH	直パワJ	直パワD
23	結ドリC	結ドリC	人レベK	結ドリI	結ドリC	結ドリC	結ドリI	人セフH	直パワJ	直パワD	結オウA	結オウG
24	結ドリI	人セフH	結ドリC	結ドリC	結ドリI	人セフH	人セフB	直パワD	結オウA	結オウG	人レベK	人レベE
25	人セフB	直パワD	結ドリI	人セフH	人セフB	直パワD	直パワJ	結オウG	人レベK	人レベE	直ステL	直ステF
26	直パワJ	結オウG	人セフB	直パワD	直パワJ	結オウG	結オウA	人レベE	直ステL	直ステF	直ステL	直ステF
27	結オウA	人レベE	直パワJ	結オウG	結オウA	人レベE	人レベK	直ステF	直ステL	直ステF	人レベK	人レベE
28	人レベK	直ステF	結オウA	人レベE	人レベK	直ステF	直ステL	直ステF	人レベK	人レベE	結オウA	結オウG
29	直ステL		人レベK	直ステF	直ステL	直ステF	直ステL	人レベE	結オウA	結オウG	結オウA	結オウG
30	直ステL		直ステL	直ステF	直ステL	人レベE	人レベK	結オウG	結オウA	結オウG	人レベK	人レベE
31	人レベK		直ステL		人レベK		結オウA	結オウG		人レベE		直ステF

1932年　【昭和7年】

	1月	2月	3月	4月	5月	6月	7月	8月	9月	10月	11月	12月
1	直ステF	人レベK	直ステF	人レベK	人レベE	結オウA	結オウG	直パワJ	人セフH	人セフB	結ドリC	結ドリI
2	人レベE	結オウA	人レベE	結オウA	結オウG	直パワJ	直パワD	人セフB	結ドリC	結ドリI	結ドリI	結ドリC
3	結オウG	直パワJ	結オウG	直パワJ	直パワD	人セフB	人セフH	結ドリI	結ドリI	結ドリC	人レベE	人レベK
4	直パワD	人セフB	直パワD	人セフB	人セフH	結ドリI	結ドリC	結ドリC	人レベE	人レベK	結オウG	結オウA
5	人セフH	結ドリI	人セフH	結ドリI	結ドリC	結ドリC	結ドリI	人レベK	結オウG	結オウA	直パワD	直パワJ
6	結ドリC	結ドリC	結ドリC	結ドリC	結ドリI	人レベK	人レベE	結オウA	直パワD	直パワJ	人セフH	人セフB
7	結ドリI	人レベK	結ドリI	人レベK	人レベE	結オウA	結オウG	直パワJ	人セフH	人セフB	結ドリC	結ドリI
8	人レベE	結オウA	人レベE	結オウA	結オウG	直パワJ	直パワD	人セフB	結ドリC	結ドリI	結ドリI	結ドリC
9	結オウG	直パワJ	結オウG	直パワJ	直パワD	人セフB	人セフH	結ドリI	結ドリI	結ドリC	人セフB	人セフH
10	直パワD	人セフB	直パワD	人セフB	人セフH	結ドリI	結ドリC	結ドリC	人セフB	人セフH	直パワJ	直パワD
11	人セフH	結ドリI	人セフH	結ドリI	結ドリC	結ドリC	結ドリI	人セフH	直パワJ	直パワD	結オウA	結オウG
12	結ドリC	結ドリC	結ドリC	結ドリC	結ドリI	人セフH	人セフB	直パワD	結オウA	結オウG	人レベK	人レベE
13	結ドリI	人セフH	結ドリI	人セフH	人セフB	直パワD	直パワJ	結オウG	人レベK	人レベE	結ドリC	結ドリI
14	人セフB	直パワD	人セフB	直パワD	直パワJ	結オウG	結オウA	人レベE	結ドリC	結ドリI	結ドリI	結ドリC
15	直パワJ	結オウG	直パワJ	結オウG	結オウA	人レベE	人レベK	結ドリI	結ドリI	結ドリC	人セフB	人セフH
16	結オウA	人レベE	結オウA	人レベE	人レベK	結ドリI	結ドリC	結ドリC	人セフB	人セフH	直パワJ	直パワD
17	人レベK	結ドリI	人レベK	結ドリI	結ドリC	結ドリC	結ドリI	人セフH	直パワJ	直パワD	結オウA	結オウG
18	結ドリC	結ドリC	結ドリC	結ドリC	結ドリI	人セフH	人セフB	直パワD	結オウA	結オウG	人レベK	人レベE
19	結ドリI	人セフH	結ドリI	人セフH	人セフB	直パワD	直パワJ	結オウG	人レベK	人レベE	直ステL	直ステF
20	人セフB	直パワD	人セフB	直パワD	直パワJ	結オウG	結オウA	人レベE	直ステL	直ステF	直ステL	直ステF
21	直パワJ	結オウG	直パワJ	結オウG	結オウA	人レベE	人レベK	直ステF	直ステL	直ステF	人レベK	人レベE
22	結オウA	人レベE	結オウA	人レベE	人レベK	直ステF	直ステL	直ステF	人レベK	人レベE	結オウA	結オウG
23	人レベK	直ステF	人レベK	直ステF	直ステL	直ステF	直ステL	人レベE	結オウA	結オウG	結オウA	結オウG
24	直ステL	直ステF	直ステL	直ステF	直ステL	人レベE	人レベK	結オウG	結オウA	結オウG	人レベK	人レベE
25	直ステL	人レベE	直ステL	人レベE	人レベK	結オウG	結オウA	結オウG	人レベK	人レベE	直ステL	直ステF
26	人レベK	結オウG	人レベK	結オウG	結オウA	結オウG	結オウA	人レベE	直ステL	直ステF	直ステL	直ステF
27	結オウA	結オウG	結オウA	結オウG	結オウA	人レベE	人レベK	直ステF	直ステL	直ステF	人レベK	人レベE
28	結オウA	人レベE	結オウA	人レベE	人レベK	直ステF	直ステL	直ステF	人レベK	人レベE	結オウA	結オウG
29	人レベK	直ステF	人レベK	直ステF	直ステL	直ステF	直ステL	人レベE	結オウA	結オウG	直パワJ	直パワD
30	直ステL		直ステL	直ステF	直ステL	人レベE	人レベK	結オウG	直パワJ	直パワD	人セフB	人セフH
31	直ステL		直ステL		人レベK		結オウA	直パワD		人セフH		結ドリC

1933年 【昭和8年】

	1月	2月	3月	4月	5月	6月	7月	8月	9月	10月	11月	12月
1	結ドリI	人レベK	結ドリC	結ドリC	結ドリI	人レベK	人レベE	結オウA	直パワD	直パワJ	人セフH	人セフB
2	人レベE	結オウA	結ドリI	人レベK	人レベE	結オウA	結オウG	直パワJ	人セフH	人セフB	結ドリC	結ドリI
3	結オウG	直パワJ	人レベE	結オウA	結オウG	直パワJ	直パワD	人セフB	結ドリC	結ドリI	結ドリI	結ドリC
4	直パワD	人セフB	結オウG	直パワJ	直パワD	人セフB	人セフH	結ドリI	結ドリI	結ドリC	人セフB	人セフH
5	人セフH	結ドリI	直パワD	人セフB	人セフH	結ドリI	結ドリC	結ドリC	人セフB	人セフH	直パワJ	直パワD
6	結ドリC	結ドリC	人セフH	結ドリI	結ドリC	結ドリC	結ドリI	人セフH	直パワJ	直パワD	結オウA	結オウG
7	結ドリI	人セフH	結ドリC	結ドリC	結ドリI	人セフH	人セフB	直パワD	結オウA	結オウG	人レベK	人レベE
8	人セフB	直パワD	結ドリI	人セフH	人セフB	直パワD	直パワJ	結オウG	人レベK	人レベE	結ドリC	結ドリI
9	直パワJ	結オウG	人セフB	直パワD	直パワJ	結オウG	結オウA	人レベE	結ドリC	結ドリI	結ドリI	結ドリC
10	結オウA	人レベE	直パワJ	結オウG	結オウA	人レベE	人レベK	結ドリI	結ドリI	結ドリC	人セフB	人セフH
11	人レベK	結ドリI	結オウA	人レベE	人レベK	結ドリI	結ドリC	結ドリC	人セフB	人セフH	直パワJ	直パワD
12	結ドリC	結ドリC	人レベK	結ドリI	結ドリC	結ドリC	結ドリI	人セフH	直パワJ	直パワD	結オウA	結オウG
13	結ドリI	人セフH	結ドリC	結ドリC	結ドリI	人セフH	人セフB	直パワD	結オウA	結オウG	人レベK	人レベE
14	人セフB	直パワD	結ドリI	人セフH	人セフB	直パワD	直パワJ	結オウG	人レベK	人レベE	直ステL	直ステF
15	直パワJ	結オウG	人セフB	直パワD	直パワJ	結オウG	結オウA	人レベE	直ステL	直ステF	直ステL	直ステF
16	結オウA	人レベE	直パワJ	結オウG	結オウA	人レベE	人レベK	直ステF	直ステL	直ステF	人レベK	人レベE
17	人レベK	直ステF	結オウA	人レベE	人レベK	直ステF	直ステL	直ステF	人レベK	人レベE	結オウA	結オウG
18	直ステL	直ステF	人レベK	直ステF	直ステL	直ステF	直ステL	人レベE	結オウA	結オウG	結オウA	結オウG
19	直ステL	人レベE	直ステL	直ステF	直ステL	人レベE	人レベK	結オウG	結オウA	結オウG	人レベK	人レベE
20	人レベK	結オウG	直ステL	人レベE	人レベK	結オウG	結オウA	結オウG	人レベK	人レベE	直ステL	直ステF
21	結オウA	結オウG	人レベK	結オウG	結オウA	結オウG	結オウA	人レベE	直ステL	直ステF	直ステL	直ステF
22	結オウA	人レベE	結オウA	結オウG	結オウA	人レベE	人レベK	直ステF	直ステL	直ステF	人レベK	人レベE
23	人レベK	直ステF	結オウA	人レベE	人レベK	直ステF	直ステL	直ステF	人レベK	人レベE	結オウA	結オウG
24	直ステL	直ステF	人レベK	直ステF	直ステL	直ステF	直ステL	人レベE	結オウA	結オウG	直パワJ	直パワD
25	直ステL	人レベE	直ステL	直ステF	直ステL	人レベE	人レベK	結オウG	直パワJ	直パワD	人セフB	人セフH
26	人レベK	結オウG	直ステL	人レベE	人レベK	結オウG	結オウA	直パワD	人セフB	人セフH	結ドリI	結ドリC
27	結オウA	直パワD	人レベK	結オウG	結オウA	直パワD	直パワJ	人セフH	結ドリI	結ドリC	結ドリC	結ドリI
28	直パワJ	人セフH	結オウA	直パワD	直パワJ	人セフH	人セフB	結ドリC	結ドリC	結ドリI	人レベK	人レベE
29	人セフB		直パワJ	人セフH	人セフB	結ドリC	結ドリI	結ドリI	人レベK	人レベE	結オウA	結オウG
30	結ドリI		人セフB	結ドリC	結ドリI	結ドリI	結ドリC	人レベE	結オウA	結オウG	直パワJ	直パワD
31	結ドリC		結ドリI		結ドリC		人レベK	結オウG		直パワD		人セフH

1934年 【昭和9年】

	1月	2月	3月	4月	5月	6月	7月	8月	9月	10月	11月	12月
1	結ドリ C	結ドリ C	人セフ H	結ドリ I	結ドリ C	結ドリ C	結ドリ I	人セフ H	直パワ J	直パワ D	結オウ A	結オウ G
2	結ドリ I	人セフ H	結ドリ C	結ドリ C	結ドリ I	人セフ H	人セフ B	直パワ D	結オウ A	結オウ G	人レベ K	人レベ E
3	人セフ B	直パワ D	結ドリ I	人セフ H	人セフ B	直パワ D	直パワ J	結オウ G	人レベ K	人レベ E	結ドリ C	結ドリ I
4	直パワ J	結オウ G	人セフ B	直パワ D	直パワ J	結オウ G	結オウ A	人レベ E	結ドリ C	結ドリ I	結ドリ I	結ドリ C
5	結オウ A	人レベ E	直パワ J	結オウ G	結オウ A	人レベ E	人レベ K	結ドリ I	結ドリ I	結ドリ C	人セフ B	人セフ H
6	人レベ K	結ドリ I	結オウ A	人レベ E	人レベ K	結ドリ I	結ドリ C	結ドリ C	人セフ B	人セフ H	直パワ J	直パワ D
7	結ドリ C	結ドリ C	人レベ K	結ドリ I	結ドリ C	結ドリ C	結ドリ I	人セフ H	直パワ J	直パワ D	結オウ A	結オウ G
8	結ドリ I	人セフ H	結ドリ C	結ドリ C	結ドリ I	人セフ H	人セフ B	直パワ D	結オウ A	結オウ G	人レベ K	人レベ E
9	人セフ B	直パワ D	結ドリ I	人セフ H	人セフ B	直パワ D	直パワ J	結オウ G	人レベ K	人レベ E	直ステ L	直ステ F
10	直パワ J	結オウ G	人セフ B	直パワ D	直パワ J	結オウ G	結オウ A	人レベ E	直ステ L	直ステ F	直ステ L	直ステ F
11	結オウ A	人レベ E	直パワ J	結オウ G	結オウ A	人レベ E	人レベ K	直ステ F	直ステ L	直ステ F	人レベ K	人レベ E
12	人レベ K	直ステ F	結オウ A	人レベ E	人レベ K	直ステ F	直ステ L	直ステ F	人レベ K	人レベ E	結オウ A	結オウ G
13	直ステ L	直ステ F	人レベ K	直ステ F	直ステ L	直ステ F	直ステ L	人レベ E	結オウ A	結オウ G	結オウ A	結オウ G
14	直ステ L	人レベ E	直ステ L	直ステ F	直ステ L	人レベ E	人レベ K	結オウ G	結オウ A	結オウ G	人レベ K	人レベ E
15	人レベ K	結オウ G	直ステ L	人レベ E	人レベ K	結オウ G	結オウ A	結オウ G	人レベ K	人レベ E	直ステ L	直ステ F
16	結オウ A	結オウ G	人レベ K	結オウ G	結オウ A	結オウ G	結オウ A	人レベ E	直ステ L	直ステ F	直ステ L	直ステ F
17	結オウ A	人レベ E	結オウ A	結オウ G	結オウ A	人レベ E	人レベ K	直ステ F	直ステ L	直ステ F	人レベ K	人レベ E
18	人レベ K	直ステ F	結オウ A	人レベ E	人レベ K	直ステ F	直ステ L	直ステ F	人レベ K	人レベ E	結オウ A	結オウ G
19	直ステ L	直ステ F	人レベ K	直ステ F	直ステ L	直ステ F	直ステ L	人レベ E	結オウ A	結オウ G	直パワ J	直パワ D
20	直ステ L	人レベ E	直ステ L	直ステ F	直ステ L	人レベ E	人レベ K	結オウ G	直パワ J	直パワ D	人セフ B	人セフ H
21	人レベ K	結オウ G	直ステ L	人レベ E	人レベ K	結オウ G	結オウ A	直パワ D	人セフ B	人セフ H	結ドリ I	結ドリ C
22	結オウ A	直パワ D	人レベ K	結オウ G	結オウ A	直パワ D	直パワ J	人セフ H	結ドリ I	結ドリ C	結ドリ C	結ドリ I
23	直パワ J	人セフ H	結オウ A	直パワ D	直パワ J	人セフ H	人セフ B	結ドリ C	結ドリ C	結ドリ I	人レベ K	人レベ E
24	人セフ B	結ドリ C	直パワ J	人セフ H	人セフ B	結ドリ C	結ドリ I	結ドリ I	人レベ K	人レベ E	結オウ A	結オウ G
25	結ドリ I	結ドリ I	人セフ B	結ドリ C	結ドリ I	結ドリ I	結ドリ C	人レベ E	結オウ A	結オウ G	直パワ J	直パワ D
26	結ドリ C	人レベ E	結ドリ I	結ドリ I	結ドリ C	人レベ E	人レベ K	結オウ G	直パワ J	直パワ D	人セフ B	人セフ H
27	人レベ K	結オウ G	結ドリ C	人レベ E	人レベ K	結オウ G	結オウ A	直パワ D	人セフ B	人セフ H	結ドリ I	結ドリ C
28	結オウ A	直パワ D	人レベ K	結オウ G	結オウ A	直パワ D	直パワ J	人セフ H	結ドリ I	結ドリ C	結ドリ C	結ドリ I
29	直パワ J		結オウ A	直パワ D	直パワ J	人セフ H	人セフ B	結ドリ C	結ドリ C	結ドリ I	人セフ H	人セフ B
30	人セフ B		直パワ J	人セフ H	人セフ B	結ドリ C	結ドリ I	結ドリ I	人セフ H	人セフ B	直パワ D	直パワ J
31	結ドリ I		人セフ B		結ドリ I		結ドリ C	人セフ B		直パワ J		結オウ A

1935年 【昭和10年】

	1月	2月	3月	4月	5月	6月	7月	8月	9月	10月	11月	12月
1	人レベK	結ドリI	結オウA	人レベC	人レベK	結ドリI	結ドリC	結ドリC	人セフB	人セフH	直パワJ	直パワD
2	結ドリC	結ドリC	人レベK	結ドリI	結ドリC	結ドリC	結ドリI	人セフH	直パワJ	直パワD	結オウA	結オウG
3	結ドリI	人セフH	結ドリC	結ドリC	結ドリI	人セフH	人セフB	直パワD	結オウA	結オウG	人レベK	人レベE
4	人セフB	直パワD	結ドリI	人セフH	人セフB	直パワD	直パワJ	結オウG	人レベK	人レベE	直ステL	直ステF
5	直パワJ	結オウG	人セフB	直パワD	直パワJ	結オウG	結オウA	人レベE	直ステL	直ステF	直ステL	直ステF
6	結オウA	人レベE	直パワJ	結オウG	結オウA	人レベE	人レベK	直ステF	直ステL	直ステF	人レベK	人レベE
7	人レベK	直ステF	結オウA	人レベE	人レベK	直ステF	直ステL	直ステF	人レベK	人レベE	結オウA	結オウG
8	直ステL	直ステF	人レベK	直ステF	直ステL	直ステF	直ステL	人レベE	結オウA	結オウG	結オウA	結オウG
9	直ステL	人レベE	直ステL	直ステF	直ステL	人レベE	人レベK	結オウG	結オウA	結オウG	人レベK	人レベE
10	人レベK	結オウG	直ステL	人レベE	人レベK	結オウG	結オウA	結オウG	人レベK	人レベE	直ステL	直ステF
11	結オウA	結オウG	人レベK	結オウG	結オウA	結オウG	結オウA	人レベE	直ステL	直ステF	直ステL	直ステF
12	結オウA	人レベE	結オウA	結オウG	結オウA	人レベE	人レベK	直ステF	直ステL	直ステF	人レベK	人レベE
13	人レベK	直ステF	結オウA	人レベE	人レベK	直ステF	直ステL	直ステF	人レベK	人レベE	結オウA	結オウG
14	直ステL	直ステF	人レベK	直ステF	直ステL	直ステF	直ステL	人レベE	結オウA	結オウG	直パワJ	直パワD
15	直ステL	人レベE	直ステL	直ステF	直ステL	人レベE	人レベK	結オウG	直パワJ	直パワD	人セフB	人セフH
16	人レベK	結オウG	直ステL	人レベE	人レベK	結オウG	結オウA	直パワD	人セフB	人セフH	結ドリI	結ドリC
17	結オウA	直パワD	人レベK	結オウG	結オウA	直パワD	直パワJ	人セフH	結ドリI	結ドリC	結ドリC	結ドリI
18	直パワJ	人セフH	結オウA	直パワD	直パワJ	人セフH	人セフB	結ドリC	結ドリC	結ドリI	人レベK	人レベE
19	人セフB	結ドリC	直パワJ	人セフH	人セフB	結ドリC	結ドリI	結ドリI	人レベK	人レベE	結オウA	結オウG
20	結ドリI	結ドリI	人セフB	結ドリC	結ドリI	結ドリI	結ドリC	人レベE	結オウA	結オウG	直パワJ	直パワD
21	結ドリC	人レベE	結ドリI	結ドリI	結ドリC	人レベE	人レベK	結オウG	直パワJ	直パワD	人セフB	人セフH
22	人レベK	結オウG	結ドリC	人レベE	人レベK	結オウG	結オウA	直パワD	人セフB	人セフH	結ドリI	結ドリC
23	結オウA	直パワD	人レベK	結オウG	結オウA	直パワD	直パワJ	人セフH	結ドリI	結ドリC	結ドリC	結ドリI
24	直パワJ	人セフH	結オウA	直パワD	直パワJ	人セフH	人セフB	結ドリC	結ドリC	結ドリI	人セフH	人セフB
25	人セフB	結ドリC	直パワJ	人セフH	人セフB	結ドリC	結ドリI	結ドリI	人セフH	人セフB	直パワD	直パワJ
26	結ドリI	結ドリI	人セフB	結ドリC	結ドリI	結ドリI	結ドリC	人セフB	直パワD	直パワJ	結オウG	結オウA
27	結ドリC	人セフB	結ドリI	結ドリI	結ドリC	人セフB	人セフH	直パワJ	結オウG	結オウA	人レベE	人レベK
28	人セフH	直パワJ	結ドリC	人セフB	人セフH	直パワJ	直パワD	結オウA	人レベE	人レベK	結ドリI	結ドリC
29	直パワD		人セフH	直パワJ	直パワD	結オウA	結オウG	人レベK	結ドリI	結ドリC	結ドリC	結ドリI
30	結オウG		直パワD	結オウA	結オウG	人レベK	人レベE	結ドリC	結ドリC	結ドリI	人セフH	人セフB
31	人レベE		結オウG		人レベE		結ドリI	結ドリI		人セフB		直パワJ

1936年　【昭和11年】

	1月	2月	3月	4月	5月	6月	7月	8月	9月	10月	11月	12月
1	結オウA	人レベE	結オウA	人レベE	人レベK	直ステF	直ステL	直ステF	人レベK	人レベE	結オウA	結オウG
2	人レベK	直ステF	人レベK	直ステF	直ステL	直ステF	直ステL	人レベE	結オウA	結オウG	結オウA	結オウG
3	直ステL	直ステF	直ステL	直ステF	直ステL	人レベE	人レベK	結オウG	結オウA	結オウG	人レベK	人レベE
4	直ステL	人レベE	直ステL	人レベE	人レベK	結オウG	結オウA	結オウG	人レベK	人レベE	直ステL	直ステF
5	人レベK	結オウG	人レベK	結オウG	結オウA	結オウG	結オウA	人レベE	直ステL	直ステF	直ステL	直ステF
6	結オウA	結オウG	結オウA	結オウG	結オウA	人レベE	人レベK	直ステF	直ステL	直ステF	人レベK	人レベE
7	結オウA	人レベE	結オウA	人レベE	人レベK	直ステF	直ステL	直ステF	人レベK	人レベE	結オウA	結オウG
8	人レベK	直ステF	人レベK	直ステF	直ステL	直ステF	直ステL	人レベE	結オウA	結オウG	直パワJ	直パワD
9	直ステL	直ステF	直ステL	直ステF	直ステL	人レベE	人レベK	結オウG	直パワJ	直パワD	人セフB	人セフH
10	直ステL	人レベE	直ステL	人レベE	人レベK	結オウG	結オウA	直パワD	人セフB	人セフH	結ドリI	結ドリC
11	人レベK	結オウG	人レベK	結オウG	結オウA	直パワD	直パワJ	人セフH	結ドリI	結ドリC	結ドリC	結ドリI
12	結オウA	直パワD	結オウA	直パワD	直パワJ	人セフH	人セフB	結ドリC	結ドリC	結ドリI	人レベK	人レベE
13	直パワJ	人セフH	直パワJ	人セフH	人セフB	結ドリC	結ドリI	結ドリI	人レベK	人レベE	結オウA	結オウG
14	人セフB	結ドリC	人セフB	結ドリC	結ドリI	結ドリI	結ドリC	人レベE	結オウA	結オウG	直パワJ	直パワD
15	結ドリI	結ドリI	結ドリI	結ドリI	結ドリC	人レベE	人レベK	結オウG	直パワJ	直パワD	人セフB	人セフH
16	結ドリC	人レベE	結ドリC	人レベE	人レベK	結オウG	結オウA	直パワD	人セフB	人セフH	結ドリI	結ドリC
17	人レベK	結オウG	人レベK	結オウG	結オウA	直パワD	直パワJ	人セフH	結ドリI	結ドリC	結ドリC	結ドリI
18	結オウA	直パワD	結オウA	直パワD	直パワJ	人セフH	人セフB	結ドリC	結ドリC	結ドリI	人セフH	人セフB
19	直パワJ	人セフH	直パワJ	人セフH	人セフB	結ドリC	結ドリI	結ドリI	人セフH	人セフB	直パワD	直パワJ
20	人セフB	結ドリC	人セフB	結ドリC	結ドリI	結ドリI	結ドリC	人セフB	直パワD	直パワJ	結オウG	結オウA
21	結ドリI	結ドリI	結ドリI	結ドリI	結ドリC	人セフB	人セフH	直パワJ	結オウG	結オウA	人レベE	人レベK
22	結ドリC	人セフB	結ドリC	人セフB	人セフH	直パワJ	直パワD	結オウA	人レベE	人レベK	結ドリI	結ドリC
23	人セフH	直パワJ	人セフH	直パワJ	直パワD	結オウA	結オウG	人レベK	結ドリI	結ドリC	結ドリC	結ドリI
24	直パワD	結オウA	直パワD	結オウA	結オウG	人レベK	人レベE	結ドリC	結ドリC	結ドリI	人セフH	人セフB
25	結オウG	人レベK	結オウG	人レベK	人レベE	結ドリC	結ドリI	結ドリI	人セフH	人セフB	直パワD	直パワJ
26	人レベE	結ドリC	人レベE	結ドリC	結ドリI	結ドリI	結ドリC	人セフB	直パワD	直パワJ	結オウG	結オウA
27	結ドリI	結ドリI	結ドリI	結ドリI	結ドリC	人セフB	人セフH	直パワJ	結オウG	結オウA	人レベE	人レベK
28	結ドリC	人セフB	結ドリC	人セフB	人セフH	直パワJ	直パワD	結オウA	人レベE	人レベK	直ステF	直ステL
29	人セフH	直パワJ	人セフH	直パワJ	直パワD	結オウA	結オウG	人レベK	直ステF	直ステL	直ステF	直ステL
30	直パワD		直パワD	結オウA	結オウG	人レベK	人レベE	直ステL	直ステF	直ステL	人レベE	人レベK
31	結オウG		結オウG		人レベE		直ステF	直ステL		人レベK		結オウA

1937年 【昭和12年】

	1月	2月	3月	4月	5月	6月	7月	8月	9月	10月	11月	12月
1	結オウA	人レベF	結オウA	結オウG	結オウA	人レベE	人レベK	直ステF	直ステL	直ステF	人レベK	人レベE
2	人レベK	直ステF	結オウA	人レベE	人レベK	直ステF	直ステL	直ステF	人レベK	人レベE	結オウA	結オウG
3	直ステL	直ステF	人レベK	直ステF	直ステL	直ステF	直ステL	人レベE	結オウA	結オウG	直パワJ	直パワD
4	直ステL	人レベE	直ステL	直ステF	直ステL	人レベE	人レベK	結オウG	直パワJ	直パワD	人セフB	人セフH
5	人レベK	結オウG	直ステL	人レベE	人レベK	結オウG	結オウA	直パワD	人セフB	人セフH	結ドリI	結ドリC
6	結オウA	直パワD	人レベK	結オウG	結オウA	直パワD	直パワJ	人セフH	結ドリI	結ドリC	結ドリC	結ドリI
7	直パワJ	人セフH	結オウA	直パワD	直パワJ	人セフH	人セフB	結ドリC	結ドリC	結ドリI	人レベK	人レベE
8	人セフB	結ドリC	直パワJ	人セフH	人セフB	結ドリC	結ドリI	結ドリI	人レベK	人レベE	結オウA	結オウG
9	結ドリI	結ドリI	人セフB	結ドリC	結ドリI	結ドリI	結ドリC	人レベE	結オウA	結オウG	直パワJ	直パワD
10	結ドリC	人レベE	結ドリI	結ドリI	結ドリC	人レベE	人レベK	結オウG	直パワJ	直パワD	人セフB	人セフH
11	人レベK	結オウG	結ドリC	人レベE	人レベK	結オウG	結オウA	直パワD	人セフB	人セフH	結ドリI	結ドリC
12	結オウA	直パワD	人レベK	結オウG	結オウA	直パワD	直パワJ	人セフH	結ドリI	結ドリC	結ドリC	結ドリI
13	直パワJ	人セフH	結オウA	直パワD	直パワJ	人セフH	人セフB	結ドリC	結ドリC	結ドリI	人セフH	人セフB
14	人セフB	結ドリC	直パワJ	人セフH	人セフB	結ドリC	結ドリI	結ドリI	人セフH	人セフB	直パワD	直パワJ
15	結ドリI	結ドリI	人セフB	結ドリC	結ドリI	結ドリI	結ドリC	人セフB	直パワD	直パワJ	結オウG	結オウA
16	結ドリC	人セフB	結ドリI	結ドリI	結ドリC	人セフB	人セフH	直パワJ	結オウG	結オウA	人レベE	人レベK
17	人セフH	直パワJ	結ドリC	人セフB	人セフH	直パワJ	直パワD	結オウA	人レベE	人レベK	結ドリI	結ドリC
18	直パワD	結オウA	人セフH	直パワJ	直パワD	結オウA	結オウG	人レベK	結ドリI	結ドリC	結ドリC	結ドリI
19	結オウG	人レベK	直パワD	結オウA	結オウG	人レベK	人レベE	結ドリC	結ドリC	結ドリI	人セフH	人セフB
20	人レベE	結ドリC	結オウG	人レベK	人レベE	結ドリC	結ドリI	結ドリI	人セフH	人セフB	直パワD	直パワJ
21	結ドリI	結ドリI	人レベE	結ドリC	結ドリI	結ドリI	結ドリC	人セフB	直パワD	直パワJ	結オウG	結オウA
22	結ドリC	人セフB	結ドリI	結ドリI	結ドリC	人セフB	人セフH	直パワJ	結オウG	結オウA	人レベE	人レベK
23	人セフH	直パワJ	結ドリC	人セフB	人セフH	直パワJ	直パワD	結オウA	人レベE	人レベK	直ステF	直ステL
24	直パワD	結オウA	人セフH	直パワJ	直パワD	結オウA	結オウG	人レベK	直ステF	直ステL	直ステF	直ステL
25	結オウG	人レベK	直パワD	結オウA	結オウG	人レベK	人レベE	直ステL	直ステF	直ステL	人レベE	人レベK
26	人レベE	直ステL	結オウG	人レベK	人レベE	直ステL	直ステF	直ステL	人レベE	人レベK	結オウG	結オウA
27	直ステF	直ステL	人レベE	直ステL	直ステF	直ステL	直ステF	人レベK	結オウG	結オウA	結オウG	結オウA
28	直ステF	人レベK	直ステF	直ステL	直ステF	人レベK	人レベE	結オウA	結オウG	結オウA	人レベE	人レベK
29	人レベE		直ステF	人レベK	人レベE	結オウA	結オウG	結オウA	人レベE	人レベK	直ステF	直ステL
30	結オウG		人レベE	結オウA	結オウG	結オウA	結オウG	人レベK	直ステF	直ステL	直ステF	直ステL
31	結オウG		結オウG		結オウG		人レベE	直ステL		直ステL		人レベK

1938年 【昭和13年】

	1月	2月	3月	4月	5月	6月	7月	8月	9月	10月	11月	12月
1	結オウA	直パワD	人レベK	結オウG	結オウA	直パワD	直パワJ	人セフH	結ドリI	結ドリC	結ドリC	結ドリI
2	直パワJ	人セフH	結オウA	直パワD	直パワJ	人セフH	人セフB	結ドリC	結ドリC	結ドリI	人レベK	人レベE
3	人セフB	結ドリC	直パワJ	人セフH	人セフB	結ドリC	結ドリI	結ドリI	人レベK	人レベE	結オウA	結オウG
4	結ドリI	結ドリI	人セフB	結ドリC	結ドリI	結ドリI	結ドリC	人レベE	結オウA	結オウG	直パワJ	直パワD
5	結ドリC	人レベE	結ドリI	結ドリI	結ドリC	人レベE	人レベK	結オウG	直パワJ	直パワD	人セフB	人セフH
6	人レベK	結オウG	結ドリC	人レベE	人レベK	結オウG	結オウA	直パワD	人セフB	人セフH	結ドリI	結ドリC
7	結オウA	直パワD	人レベK	結オウG	結オウA	直パワD	直パワJ	人セフH	結ドリI	結ドリC	結ドリC	結ドリI
8	直パワJ	人セフH	結オウA	直パワD	直パワJ	人セフH	人セフB	結ドリC	結ドリC	結ドリI	人セフH	人セフB
9	人セフB	結ドリC	直パワJ	人セフH	人セフB	結ドリC	結ドリI	結ドリI	人セフH	人セフB	直パワD	直パワJ
10	結ドリI	結ドリI	人セフB	結ドリC	結ドリI	結ドリI	結ドリC	人セフB	直パワD	直パワJ	結オウG	結オウA
11	結ドリC	人セフB	結ドリI	結ドリI	結ドリC	人セフB	人セフH	直パワJ	結オウG	結オウA	人レベE	人レベK
12	人セフH	直パワJ	結ドリC	人セフB	人セフH	直パワJ	直パワD	結オウA	人レベE	人レベK	結ドリI	結ドリC
13	直パワD	結オウA	人セフH	直パワJ	直パワD	結オウA	結オウG	人レベK	結ドリI	結ドリC	結ドリC	結ドリI
14	結オウG	人レベK	直パワD	結オウA	結オウG	人レベK	人レベE	結ドリC	結ドリC	結ドリI	人セフH	人セフB
15	人レベE	結ドリC	結オウG	人レベK	人レベE	結ドリC	結ドリI	結ドリI	人セフH	人セフB	直パワD	直パワJ
16	結ドリI	結ドリI	人レベE	結ドリC	結ドリI	結ドリI	結ドリC	人セフB	直パワD	直パワJ	結オウG	結オウA
17	結ドリC	人セフB	結ドリI	結ドリI	結ドリC	人セフB	人セフH	直パワJ	結オウG	結オウA	人レベE	人レベK
18	人セフH	直パワJ	結ドリC	人セフB	人セフH	直パワJ	直パワD	結オウA	人レベE	人レベK	直ステF	直ステL
19	直パワD	結オウA	人セフH	直パワJ	直パワD	結オウA	結オウG	人レベK	直ステF	直ステL	直ステF	直ステL
20	結オウG	人レベK	直パワD	結オウA	結オウG	人レベK	人レベE	直ステL	直ステF	直ステL	人レベE	人レベK
21	人レベE	直ステL	結オウG	人レベK	人レベE	直ステL	直ステF	直ステL	人レベE	人レベK	結オウG	結オウA
22	直ステF	直ステL	人レベE	直ステL	直ステF	直ステL	直ステF	人レベK	結オウG	結オウA	結オウG	結オウA
23	直ステF	人レベK	直ステF	直ステL	直ステF	人レベK	人レベE	結オウA	結オウG	結オウA	人レベE	人レベK
24	人レベE	結オウA	直ステF	人レベK	人レベE	結オウA	結オウG	結オウA	人レベE	人レベK	直ステF	直ステL
25	結オウG	結オウA	人レベE	結オウA	結オウG	結オウA	結オウG	人レベK	直ステF	直ステL	直ステF	直ステL
26	結オウG	人レベK	結オウG	結オウA	結オウG	人レベK	人レベE	直ステL	直ステF	直ステL	人レベE	人レベK
27	人レベE	直ステL	結オウG	人レベK	人レベE	直ステL	直ステF	直ステL	人レベE	人レベK	結オウG	結オウA
28	直ステF	直ステL	人レベE	直ステL	直ステF	直ステL	直ステF	人レベK	結オウG	結オウA	直パワD	直パワJ
29	直ステF		直ステF	直ステL	直ステF	人レベK	人レベE	結オウA	直パワD	直パワJ	人セフH	人セフB
30	人レベE		直ステF	人レベK	人レベE	結オウA	結オウG	直パワJ	人セフH	人セフB	結ドリC	結ドリI
31	結オウG		人レベE		結オウG		直パワD	人セフB		結ドリI		結ドリC

1939年 【昭和14年】

	1月	2月	3月	4月	5月	6月	7月	8月	9月	10月	11月	12月
1	人レベK	結オウG	結ドリC	人レベE	人レベK	結オウG	結オウA	直パワD	人セフB	人セフH	結ドリI	結ドリC
2	結オウA	直パワD	人レベK	結オウG	結オウA	直パワD	直パワJ	人セフH	結ドリI	結ドリC	結ドリC	結ドリI
3	直パワJ	人セフH	結オウA	直パワD	直パワJ	人セフH	人セフB	結ドリC	結ドリC	結ドリI	人セフH	人セフB
4	人セフB	結ドリC	直パワJ	人セフH	人セフB	結ドリC	結ドリI	結ドリI	人セフH	人セフB	直パワD	直パワJ
5	結ドリI	結ドリI	人セフB	結ドリC	結ドリI	結ドリI	結ドリC	人セフB	直パワD	直パワJ	結オウG	結オウA
6	結ドリC	人セフB	結ドリI	結ドリI	結ドリC	人セフB	人セフH	直パワJ	結オウG	結オウA	人レベE	人レベK
7	人セフH	直パワJ	結ドリC	人セフB	人セフH	直パワJ	直パワD	結オウA	人レベE	人レベK	結ドリI	結ドリC
8	直パワD	結オウA	人セフH	直パワJ	直パワD	結オウA	結オウG	人レベK	結ドリI	結ドリC	結ドリC	結ドリI
9	結オウG	人レベK	直パワD	結オウA	結オウG	人レベK	人レベE	結ドリC	結ドリC	結ドリI	人セフH	人セフB
10	人レベE	結ドリC	結オウG	人レベK	人レベE	結ドリC	結ドリI	結ドリI	人セフH	人セフB	直パワD	直パワJ
11	結ドリI	結ドリI	人レベE	結ドリC	結ドリI	結ドリI	結ドリC	人セフB	直パワD	直パワJ	結オウG	結オウA
12	結ドリC	人セフB	結ドリI	結ドリI	結ドリC	人セフB	人セフH	直パワJ	結オウG	結オウA	人レベE	人レベK
13	人セフH	直パワJ	結ドリC	人セフB	人セフH	直パワJ	直パワD	結オウA	人レベE	人レベK	直ステF	直ステL
14	直パワD	結オウA	人セフH	直パワJ	直パワD	結オウA	結オウG	人レベK	直ステF	直ステL	直ステF	直ステL
15	結オウG	人レベK	直パワD	結オウA	結オウG	人レベK	人レベE	直ステL	直ステF	直ステL	人レベE	人レベK
16	人レベE	直ステL	結オウG	人レベK	人レベE	直ステL	直ステF	直ステL	人レベE	人レベK	結オウG	結オウA
17	直ステF	直ステL	人レベE	直ステL	直ステF	直ステL	直ステF	人レベK	結オウG	結オウA	結オウG	結オウA
18	直ステF	人レベK	直ステF	直ステL	直ステF	人レベK	人レベE	結オウA	結オウG	結オウA	人レベE	人レベK
19	人レベE	結オウA	直ステF	人レベK	人レベE	結オウA	結オウG	結オウA	人レベE	人レベK	直ステF	直ステL
20	結オウG	結オウA	人レベE	結オウA	結オウG	結オウA	結オウG	人レベK	直ステF	直ステL	直ステF	直ステL
21	結オウG	人レベK	結オウG	結オウA	結オウG	人レベK	人レベE	直ステL	直ステF	直ステL	人レベE	人レベK
22	人レベE	直ステL	結オウG	人レベK	人レベE	直ステL	直ステF	直ステL	人レベE	人レベK	結オウG	結オウA
23	直ステF	直ステL	人レベE	直ステL	直ステF	直ステL	直ステF	人レベK	結オウG	結オウA	直パワD	直パワJ
24	直ステF	人レベK	直ステF	直ステL	直ステF	人レベK	人レベE	結オウA	直パワD	直パワJ	人セフH	人セフB
25	人レベE	結オウA	直ステF	人レベK	人レベE	結オウA	結オウG	直パワJ	人セフH	人セフB	結ドリC	結ドリI
26	結オウG	直パワJ	人レベE	結オウA	結オウG	直パワJ	直パワD	人セフB	結ドリC	結ドリI	結ドリI	結ドリC
27	直パワD	人セフB	結オウG	直パワJ	直パワD	人セフB	人セフH	結ドリI	結ドリI	結ドリC	人レベE	人レベK
28	人セフH	結ドリI	直パワD	人セフB	人セフH	結ドリI	結ドリC	結ドリC	人レベE	人レベK	結オウG	結オウA
29	結ドリC		人セフH	結ドリI	結ドリC	結ドリC	結ドリI	人レベK	結オウG	結オウA	直パワD	直パワJ
30	結ドリI		結ドリC	結ドリC	結ドリI	人レベK	人レベE	結オウA	直パワD	直パワJ	人セフH	人セフB
31	人レベE		結ドリI		人レベE		結オウG	直パワJ		人セフB		結ドリI

1940年 【昭和15年】

	1月	2月	3月	4月	5月	6月	7月	8月	9月	10月	11月	12月
1	結ドリC	人セフB	結ドリC	人セフB	人セフH	直パワJ	直パワD	結オウA	人レベE	人レベK	結ドリI	結ドリC
2	人セフH	直パワJ	人セフH	直パワJ	直パワD	結オウA	結オウG	人レベK	結ドリI	結ドリC	結ドリC	結ドリI
3	直パワD	結オウA	直パワD	結オウA	結オウG	人レベK	人レベE	結ドリC	結ドリC	結ドリI	人セフH	人セフB
4	結オウG	人レベK	結オウG	人レベK	人レベE	結ドリC	結ドリI	結ドリI	人セフH	人セフB	直パワD	直パワJ
5	人レベE	結ドリC	人レベE	結ドリC	結ドリI	結ドリI	結ドリC	人セフB	直パワD	直パワJ	結オウG	結オウA
6	結ドリI	結ドリI	結ドリI	結ドリI	結ドリC	人セフB	人セフH	直パワJ	結オウG	結オウA	人レベE	人レベK
7	結ドリC	人セフB	結ドリC	人セフB	人セフH	直パワJ	直パワD	結オウA	人レベE	人レベK	直ステF	直ステL
8	人セフH	直パワJ	人セフH	直パワJ	直パワD	結オウA	結オウG	人レベK	直ステF	直ステL	直ステF	直ステL
9	直パワD	結オウA	直パワD	結オウA	結オウG	人レベK	人レベE	直ステL	直ステF	直ステL	人レベE	人レベK
10	結オウG	人レベK	結オウG	人レベK	人レベE	直ステL	直ステF	直ステL	人レベE	人レベK	結オウG	結オウA
11	人レベE	直ステL	人レベE	直ステL	直ステF	直ステL	直ステF	人レベK	結オウG	結オウA	結オウG	結オウA
12	直ステF	直ステL	直ステF	直ステL	直ステF	人レベK	人レベE	結オウA	結オウG	結オウA	人レベE	人レベK
13	直ステF	人レベK	直ステF	人レベK	人レベE	結オウA	結オウG	結オウA	人レベE	人レベK	直ステF	直ステL
14	人レベE	結オウA	人レベE	結オウA	結オウG	結オウA	結オウG	人レベK	直ステF	直ステL	直ステF	直ステL
15	結オウG	結オウA	結オウG	結オウA	結オウG	人レベK	人レベE	直ステL	直ステF	直ステL	人レベE	人レベK
16	結オウG	人レベK	結オウG	人レベK	人レベE	直ステL	直ステF	直ステL	人レベE	人レベK	結オウG	結オウA
17	人レベE	直ステL	人レベE	直ステL	直ステF	直ステL	直ステF	人レベK	結オウG	結オウA	直パワD	直パワJ
18	直ステF	直ステL	直ステF	直ステL	直ステF	人レベK	人レベE	結オウA	直パワD	直パワJ	人セフH	人セフB
19	直ステF	人レベK	直ステF	人レベK	人レベE	結オウA	結オウG	直パワJ	人セフH	人セフB	結ドリC	結ドリI
20	人レベE	結オウA	人レベE	結オウA	結オウG	直パワJ	直パワD	人セフB	結ドリC	結ドリI	結ドリI	結ドリC
21	結オウG	直パワJ	結オウG	直パワJ	直パワD	人セフB	人セフH	結ドリI	結ドリI	結ドリC	人レベE	人レベK
22	直パワD	人セフB	直パワD	人セフB	人セフH	結ドリI	結ドリC	結ドリC	人レベE	人レベK	結オウG	結オウA
23	人セフH	結ドリI	人セフH	結ドリI	結ドリC	結ドリC	結ドリI	人レベK	結オウG	結オウA	直パワD	直パワJ
24	結ドリC	結ドリC	結ドリC	結ドリC	結ドリI	人レベK	人レベE	結オウA	直パワD	直パワJ	人セフH	人セフB
25	結ドリI	人レベK	結ドリI	人レベK	人レベE	結オウA	結オウG	直パワJ	人セフH	人セフB	結ドリC	結ドリI
26	人レベE	結オウA	人レベE	結オウA	結オウG	直パワJ	直パワD	人セフB	結ドリC	結ドリI	結ドリI	結ドリC
27	結オウG	直パワJ	結オウG	直パワJ	直パワD	人セフB	人セフH	結ドリI	結ドリI	結ドリC	人セフB	人セフH
28	直パワD	人セフB	直パワD	人セフB	人セフH	結ドリI	結ドリC	結ドリC	人セフB	人セフH	直パワJ	直パワD
29	人セフH	結ドリI	人セフH	結ドリI	結ドリC	結ドリC	結ドリI	人セフH	直パワJ	直パワD	結オウA	結オウG
30	結ドリC		結ドリC	結ドリC	結ドリI	人セフH	人セフB	直パワD	結オウA	結オウG	人レベK	人レベE
31	結ドリI		結ドリI		人セフB		直パワJ	結オウG		人レベE		結ドリI

1941 年 【昭和 16 年】

	1月	2月	3月	4月	5月	6月	7月	8月	9月	10月	11月	12月
1	結ドリ C	人セフ B	結ドリ I	結ドリ I	結ドリ C	人セフ B	人セフ H	直パワ J	結オウ G	結オウ A	人レベ E	人レベ K
2	人セフ H	直パワ J	結ドリ C	人セフ D	人セフ H	直パワ J	直パワ D	結オウ A	人レベ E	人レベ K	直ステ F	直ステ L
3	直パワ D	結オウ A	人セフ H	直パワ J	直パワ D	結オウ A	結オウ G	人レベ K	直ステ F	直ステ L	直ステ F	直ステ L
4	結オウ G	人レベ K	直パワ D	結オウ A	結オウ G	人レベ K	人レベ E	直ステ L	直ステ F	直ステ L	人レベ E	人レベ K
5	人レベ E	直ステ L	結オウ G	人レベ K	人レベ E	直ステ L	直ステ F	直ステ L	人レベ E	人レベ K	結オウ G	結オウ A
6	直ステ F	直ステ L	人レベ E	直ステ L	直ステ F	直ステ L	直ステ F	人レベ K	結オウ G	結オウ A	結オウ G	結オウ A
7	直ステ F	人レベ K	直ステ F	直ステ L	直ステ F	人レベ K	人レベ E	結オウ A	結オウ G	結オウ A	人レベ E	人レベ K
8	人レベ E	結オウ A	直ステ F	人レベ K	人レベ E	結オウ A	結オウ G	結オウ A	人レベ E	人レベ K	直ステ F	直ステ L
9	結オウ G	結オウ A	人レベ E	結オウ A	結オウ G	結オウ A	結オウ G	人レベ K	直ステ F	直ステ L	直ステ F	直ステ L
10	結オウ G	人レベ K	結オウ G	結オウ A	結オウ G	人レベ K	人レベ E	直ステ L	直ステ F	直ステ L	人レベ E	人レベ K
11	人レベ E	直ステ L	結オウ G	人レベ K	人レベ E	直ステ L	直ステ F	直ステ L	人レベ E	人レベ K	結オウ G	結オウ A
12	直ステ F	直ステ L	人レベ E	直ステ L	直ステ F	直ステ L	直ステ F	人レベ K	結オウ G	結オウ A	直パワ D	直パワ J
13	直ステ F	人レベ K	直ステ F	直ステ L	直ステ F	人レベ K	人レベ E	結オウ A	直パワ D	直パワ J	人セフ H	人セフ B
14	人レベ E	結オウ A	直ステ F	人レベ K	人レベ E	結オウ A	結オウ G	直パワ J	人セフ H	人セフ B	結ドリ C	結ドリ I
15	結オウ G	直パワ J	人レベ E	結オウ A	結オウ G	直パワ J	直パワ D	人セフ B	結ドリ C	結ドリ I	結ドリ I	結ドリ C
16	直パワ D	人セフ B	結オウ G	直パワ J	直パワ D	人セフ B	人セフ H	結ドリ I	結ドリ I	結ドリ C	人レベ E	人レベ K
17	人セフ H	結ドリ I	直パワ D	人セフ B	人セフ H	結ドリ I	結ドリ C	結ドリ C	人レベ E	人レベ K	結オウ G	結オウ A
18	結ドリ C	結ドリ C	人セフ H	結ドリ I	結ドリ C	結ドリ C	結ドリ I	人レベ K	結オウ G	結オウ A	直パワ D	直パワ J
19	結ドリ I	人レベ K	結ドリ C	結ドリ C	結ドリ I	人レベ K	人レベ E	結オウ A	直パワ D	直パワ J	人セフ H	人セフ B
20	人レベ E	結オウ A	結ドリ I	人レベ K	人レベ E	結オウ A	結オウ G	直パワ J	人セフ H	人セフ B	結ドリ C	結ドリ I
21	結オウ G	直パワ J	人レベ E	結オウ A	結オウ G	直パワ J	直パワ D	人セフ B	結ドリ C	結ドリ I	結ドリ I	結ドリ C
22	直パワ D	人セフ B	結オウ G	直パワ J	直パワ D	人セフ B	人セフ H	結ドリ I	結ドリ I	結ドリ C	人セフ B	人セフ H
23	人セフ H	結ドリ I	直パワ D	人セフ B	人セフ H	結ドリ I	結ドリ C	結ドリ C	人セフ B	人セフ H	直パワ J	直パワ D
24	結ドリ C	結ドリ C	人セフ H	結ドリ I	結ドリ C	結ドリ C	結ドリ I	人セフ H	直パワ J	直パワ D	結オウ A	結オウ G
25	結ドリ I	人セフ H	結ドリ C	結ドリ C	結ドリ I	人セフ H	人セフ B	直パワ D	結オウ A	結オウ G	人レベ K	人レベ E
26	人セフ B	直パワ D	結ドリ I	人セフ H	人セフ B	直パワ D	直パワ J	結オウ G	人レベ K	人レベ E	結ドリ C	結ドリ I
27	直パワ J	結オウ G	人セフ B	直パワ D	直パワ J	結オウ G	結オウ A	人レベ E	結ドリ C	結ドリ I	結ドリ I	結ドリ C
28	結オウ A	人レベ E	直パワ J	結オウ G	結オウ A	人レベ E	人レベ K	結ドリ I	結ドリ I	結ドリ C	人セフ B	人セフ H
29	人レベ K		結オウ A	人レベ E	人レベ K	結ドリ I	結ドリ C	結ドリ C	人セフ B	人セフ H	直パワ J	直パワ D
30	結ドリ C		人レベ K	結ドリ I	結ドリ C	結ドリ C	結ドリ I	人セフ H	直パワ J	直パワ D	結オウ A	結オウ G
31	結ドリ I		結ドリ C		結ドリ I		人セフ B	直パワ D		結オウ G		人レベ E

1942年 【昭和17年】

	1月	2月	3月	4月	5月	6月	7月	8月	9月	10月	11月	12月
1	直ステF	直ステL	人レベE	直ステL	直ステF	直ステL	直ステF	人レベK	結オウG	結オウA	結オウG	結オウA
2	直ステF	人レベK	直ステF	直ステL	直ステF	人レベK	人レベE	結オウA	結オウG	結オウA	人レベE	人レベK
3	人レベE	結オウA	直ステF	人レベK	人レベE	結オウA	結オウG	結オウA	人レベE	人レベK	直ステF	直ステL
4	結オウG	結オウA	人レベE	結オウA	結オウG	結オウA	結オウG	人レベK	直ステF	直ステL	直ステF	直ステL
5	結オウG	人レベK	結オウG	結オウA	結オウG	人レベK	人レベE	直ステL	直ステF	直ステL	人レベE	人レベK
6	人レベE	直ステL	結オウG	人レベK	人レベE	直ステL	直ステF	直ステL	人レベE	人レベK	結オウG	結オウA
7	直ステF	直ステL	人レベE	直ステL	直ステF	直ステL	直ステF	人レベK	結オウG	結オウA	直パワD	直パワJ
8	直ステF	人レベK	直ステF	直ステL	直ステF	人レベK	人レベE	結オウA	直パワD	直パワJ	人セフH	人セフB
9	人レベE	結オウA	直ステF	人レベK	人レベE	結オウA	結オウG	直パワJ	人セフH	人セフB	結ドリC	結ドリI
10	結オウG	直パワJ	人レベE	結オウA	結オウG	直パワJ	直パワD	人セフB	結ドリC	結ドリI	結ドリI	結ドリC
11	直パワD	人セフB	結オウG	直パワJ	直パワD	人セフB	人セフH	結ドリI	結ドリI	結ドリC	人レベE	人レベK
12	人セフH	結ドリI	直パワD	人セフB	人セフH	結ドリI	結ドリC	結ドリC	人レベE	人レベK	結オウG	結オウA
13	結ドリC	結ドリC	人セフH	結ドリI	結ドリC	結ドリC	結ドリI	人レベK	結オウG	結オウA	直パワD	直パワJ
14	結ドリI	人レベK	結ドリC	結ドリC	結ドリI	人レベK	人レベE	結オウA	直パワD	直パワJ	人セフH	人セフB
15	人レベE	結オウA	結ドリI	人レベK	人レベE	結オウA	結オウG	直パワJ	人セフH	人セフB	結ドリC	結ドリI
16	結オウG	直パワJ	人レベE	結オウA	結オウG	直パワJ	直パワD	人セフB	結ドリC	結ドリI	結ドリI	結ドリC
17	直パワD	人セフB	結オウG	直パワJ	直パワD	人セフB	人セフH	結ドリI	結ドリI	結ドリC	人セフB	人セフH
18	人セフH	結ドリI	直パワD	人セフB	人セフH	結ドリI	結ドリC	結ドリC	人セフB	人セフH	直パワJ	直パワD
19	結ドリC	結ドリC	人セフH	結ドリI	結ドリC	結ドリC	結ドリI	人セフH	直パワJ	直パワD	結オウA	結オウG
20	結ドリI	人セフH	結ドリC	結ドリC	結ドリI	人セフH	人セフB	直パワD	結オウA	結オウG	人レベK	人レベE
21	人セフB	直パワD	結ドリI	人セフH	人セフB	直パワD	直パワJ	結オウG	人レベK	人レベE	結ドリC	結ドリI
22	直パワJ	結オウG	人セフB	直パワD	直パワJ	結オウG	結オウA	人レベE	結ドリC	結ドリI	結ドリI	結ドリC
23	結オウA	人レベE	直パワJ	結オウG	結オウA	人レベE	人レベK	結ドリI	結ドリI	結ドリC	人セフB	人セフH
24	人レベK	結ドリI	結オウA	人レベE	人レベK	結ドリI	結ドリC	結ドリC	人セフB	人セフH	直パワJ	直パワD
25	結ドリC	結ドリC	人レベK	結ドリI	結ドリC	結ドリC	結ドリI	人セフH	直パワJ	直パワD	結オウA	結オウG
26	結ドリI	人セフH	結ドリC	結ドリC	結ドリI	人セフH	人セフB	直パワD	結オウA	結オウG	人レベK	人レベE
27	人セフB	直パワD	結ドリI	人セフH	人セフB	直パワD	直パワJ	結オウG	人レベK	人レベE	直ステL	直ステF
28	直パワJ	結オウG	人セフB	直パワD	直パワJ	結オウG	結オウA	人レベE	直ステL	直ステF	直ステL	直ステF
29	結オウA		直パワJ	結オウG	結オウA	人レベE	人レベK	直ステF	直ステL	直ステF	人レベK	人レベE
30	人レベK		結オウA	人レベE	人レベK	直ステF	直ステL	直ステF	人レベK	人レベE	結オウA	結オウG
31	直ステL		人レベK		直ステL		直ステL	人レベE		結オウG		結オウG

1943年 【昭和18年】

	1月	2月	3月	4月	5月	6月	7月	8月	9月	10月	11月	12月
1	人レベE	直ステL	結オウG	人レベK	人レベE	直ステL	直ステF	直ステL	人レベE	人レベK	結オウG	結オウA
2	直ステF	直ステL	人レベE	直ステL	直ステF	直ステL	直ステF	人レベK	結オウG	結オウA	直パワD	直パワJ
3	直ステF	人レベK	直ステF	直ステL	直ステF	人レベK	人レベE	結オウA	直パワD	直パワJ	人セフH	人セフB
4	人レベE	結オウA	直ステF	人レベK	人レベE	結オウA	結オウG	直パワJ	人セフH	人セフB	結ドリC	結ドリI
5	結オウG	直パワJ	人レベE	結オウA	結オウG	直パワJ	直パワD	人セフB	結ドリC	結ドリI	結ドリI	結ドリC
6	直パワD	人セフB	結オウG	直パワJ	直パワD	人セフB	人セフH	結ドリI	結ドリI	結ドリC	人レベE	人レベK
7	人セフH	結ドリI	直パワD	人セフB	人セフH	結ドリI	結ドリC	結ドリC	人レベE	人レベK	結オウG	結オウA
8	結ドリC	結ドリC	人セフH	結ドリI	結ドリC	結ドリC	結ドリI	人レベK	結オウG	結オウA	直パワD	直パワJ
9	結ドリI	人レベK	結ドリC	結ドリC	結ドリI	人レベK	人レベE	結オウA	直パワD	直パワJ	人セフH	人セフB
10	人レベE	結オウA	結ドリI	人レベK	人レベE	結オウA	結オウG	直パワJ	人セフH	人セフB	結ドリC	結ドリI
11	結オウG	直パワJ	人レベE	結オウA	結オウG	直パワJ	直パワD	人セフB	結ドリC	結ドリI	結ドリI	結ドリC
12	直パワD	人セフB	結オウG	直パワJ	直パワD	人セフB	人セフH	結ドリI	結ドリI	結ドリC	人セフB	人セフH
13	人セフH	結ドリI	直パワD	人セフB	人セフH	結ドリI	結ドリC	結ドリC	人セフB	人セフH	直パワJ	直パワD
14	結ドリC	結ドリC	人セフH	結ドリI	結ドリC	結ドリC	結ドリI	人セフH	直パワJ	直パワD	結オウA	結オウG
15	結ドリI	人セフH	結ドリC	結ドリC	結ドリI	人セフH	人セフB	直パワD	結オウA	結オウG	人レベK	人レベE
16	人セフB	直パワD	結ドリI	人セフH	人セフB	直パワD	直パワJ	結オウG	人レベK	人レベE	結ドリC	結ドリI
17	直パワJ	結オウG	人セフB	直パワD	直パワJ	結オウG	結オウA	人レベE	結ドリC	結ドリI	結ドリI	結ドリC
18	結オウA	人レベE	直パワJ	結オウG	結オウA	人レベE	人レベK	結ドリI	結ドリI	結ドリC	人セフB	人セフH
19	人レベK	結ドリI	結オウA	人レベE	人レベK	結ドリI	結ドリC	結ドリC	人セフB	人セフH	直パワJ	直パワD
20	結ドリC	結ドリC	人レベK	結ドリI	結ドリC	結ドリC	結ドリI	人セフH	直パワJ	直パワD	結オウA	結オウG
21	結ドリI	人セフH	結ドリC	結ドリC	結ドリI	人セフH	人セフB	直パワD	結オウA	結オウG	人レベK	人レベE
22	人セフB	直パワD	結ドリI	人セフH	人セフB	直パワD	直パワJ	結オウG	人レベK	人レベE	直ステL	直ステF
23	直パワJ	結オウG	人セフB	直パワD	直パワJ	結オウG	結オウA	人レベE	直ステL	直ステF	直ステL	直ステF
24	結オウA	人レベE	直パワJ	結オウG	結オウA	人レベE	人レベK	直ステF	直ステL	直ステF	人レベK	人レベE
25	人レベK	直ステF	結オウA	人レベE	人レベK	直ステF	直ステL	直ステF	人レベK	人レベE	結オウA	結オウG
26	直ステL	直ステF	人レベK	直ステF	直ステL	直ステF	直ステL	人レベE	結オウA	結オウG	結オウA	結オウG
27	直ステL	人レベE	直ステL	直ステF	直ステL	人レベE	人レベK	結オウG	結オウA	結オウG	人レベK	人レベE
28	人レベK	結オウG	直ステL	人レベE	人レベK	結オウG	結オウA	結オウG	人レベK	人レベE	直ステL	直ステF
29	結オウA		人レベK	結オウG	結オウA	結オウG	結オウA	人レベE	直ステL	直ステF	直ステL	直ステF
30	結オウA		結オウA	結オウG	結オウA	人レベE	人レベK	直ステF	直ステL	直ステF	人レベK	人レベE
31	人レベK		結オウA		人レベK		直ステL	直ステF		人レベE		結オウG

1944年　【昭和19年】

	1月	2月	3月	4月	5月	6月	7月	8月	9月	10月	11月	12月
1	直パワD	人セフB	直パワD	人セフB	人セフH	結ドリI	結ドリC	結ドリC	人レベE	人レベK	結オウG	結オウA
2	人セフH	結ドリI	人セフH	結ドリI	結ドリC	結ドリC	結ドリI	人レベK	結オウG	結オウA	直パワD	直パワJ
3	結ドリC	結ドリC	結ドリC	結ドリC	結ドリI	人レベK	人レベE	結オウA	直パワD	直パワJ	人セフH	人セフB
4	結ドリI	人レベK	結ドリI	人レベK	人レベE	結オウA	結オウG	直パワJ	人セフH	人セフB	結ドリC	結ドリI
5	人レベE	結オウA	人レベE	結オウA	結オウG	直パワJ	直パワD	人セフB	結ドリC	結ドリI	結ドリI	結ドリC
6	結オウG	直パワJ	結オウG	直パワJ	直パワD	人セフB	人セフH	結ドリI	結ドリI	結ドリC	人セフB	人セフH
7	直パワD	人セフB	直パワD	人セフB	人セフH	結ドリI	結ドリC	結ドリC	人セフB	人セフH	直パワJ	直パワD
8	人セフH	結ドリI	人セフH	結ドリI	結ドリC	結ドリC	結ドリI	人セフH	直パワJ	直パワD	結オウA	結オウG
9	結ドリC	結ドリC	結ドリC	結ドリC	結ドリI	人セフH	人セフB	直パワD	結オウA	結オウG	人レベK	人レベE
10	結ドリI	人セフH	結ドリI	人セフH	人セフB	直パワD	直パワJ	結オウG	人レベK	人レベE	結ドリC	結ドリI
11	人セフB	直パワD	人セフB	直パワD	直パワJ	結オウG	結オウA	人レベE	結ドリC	結ドリI	結ドリI	結ドリC
12	直パワJ	結オウG	直パワJ	結オウG	結オウA	人レベE	人レベK	結ドリI	結ドリI	結ドリC	人セフB	人セフH
13	結オウA	人レベE	結オウA	人レベE	人レベK	結ドリI	結ドリC	結ドリC	人セフB	人セフH	直パワJ	直パワD
14	人レベK	結ドリI	人レベK	結ドリI	結ドリC	結ドリC	結ドリI	人セフH	直パワJ	直パワD	結オウA	結オウG
15	結ドリC	結ドリC	結ドリC	結ドリC	結ドリI	人セフH	人セフB	直パワD	結オウA	結オウG	人レベK	人レベE
16	結ドリI	人セフH	結ドリI	人セフH	人セフB	直パワD	直パワJ	結オウG	人レベK	人レベE	直ステL	直ステF
17	人セフB	直パワD	人セフB	直パワD	直パワJ	結オウG	結オウA	人レベE	直ステL	直ステF	直ステL	直ステF
18	直パワJ	結オウG	直パワJ	結オウG	結オウA	人レベE	人レベK	直ステF	直ステL	直ステF	人レベK	人レベE
19	結オウA	人レベE	結オウA	人レベE	人レベK	直ステF	直ステL	直ステF	人レベK	人レベE	結オウA	結オウG
20	人レベK	直ステF	人レベK	直ステF	直ステL	直ステF	直ステL	人レベE	結オウA	結オウG	結オウA	結オウG
21	直ステL	直ステF	直ステL	直ステF	直ステL	人レベE	人レベK	結オウG	結オウA	結オウG	人レベK	人レベE
22	直ステL	人レベE	直ステL	人レベE	人レベK	結オウG	結オウA	結オウG	人レベK	人レベE	直ステL	直ステF
23	人レベK	結オウG	人レベK	結オウG	結オウA	結オウG	結オウA	人レベE	直ステL	直ステF	直ステL	直ステF
24	結オウA	結オウG	結オウA	結オウG	結オウA	人レベE	人レベK	直ステF	直ステL	直ステF	人レベK	人レベE
25	結オウA	人レベE	結オウA	人レベE	人レベK	直ステF	直ステL	直ステF	人レベK	人レベE	結オウA	結オウG
26	人レベK	直ステF	人レベK	直ステF	直ステL	直ステF	直ステL	人レベE	結オウA	結オウG	直パワJ	直パワD
27	直ステL	直ステF	直ステL	直ステF	直ステL	人レベE	人レベK	結オウG	直パワJ	直パワD	人セフB	人セフH
28	直ステL	人レベE	直ステL	人レベE	人レベK	結オウG	結オウA	直パワD	人セフB	人セフH	結ドリI	結ドリC
29	人レベK	結オウG	人レベK	結オウG	結オウA	直パワD	直パワJ	人セフH	結ドリI	結ドリC	結ドリC	結ドリI
30	結オウA		結オウA	直パワD	直パワJ	人セフH	人セフB	結ドリC	結ドリC	結ドリI	人レベK	人レベE
31	直パワJ		直パワJ		人セフB		結ドリI	結ドリI		人レベE		結オウG

1945年 【昭和20年】

	1月	2月	3月	4月	5月	6月	7月	8月	9月	10月	11月	12月
1	直パワD	人セフB	結オウG	直パワJ	直パワD	人セフB	人セフH	結ドリI	結ドリI	結ドリC	人セフB	人セフH
2	人セフH	結ドリI	直パワD	人セフB	人セフH	結ドリI	結ドリC	結ドリC	人セフB	人セフH	直パワJ	直パワD
3	結ドリC	結ドリC	人セフH	結ドリI	結ドリC	結ドリC	結ドリI	人セフH	直パワJ	直パワD	結オウA	結オウG
4	結ドリI	人セフH	結ドリC	結ドリC	結ドリI	人セフH	人セフB	直パワD	結オウA	結オウG	人レベK	人レベE
5	人セフB	直パワD	結ドリI	人セフH	人セフB	直パワD	直パワJ	結オウG	人レベK	人レベE	結ドリC	結ドリI
6	直パワJ	結オウG	人セフB	直パワD	直パワJ	結オウG	結オウA	人レベE	結ドリC	結ドリI	結ドリI	結ドリC
7	結オウA	人レベE	直パワJ	結オウG	結オウA	人レベE	人レベK	結ドリI	結ドリI	結ドリC	人セフB	人セフH
8	人レベK	結ドリI	結オウA	人レベE	人レベK	結ドリI	結ドリC	結ドリC	人セフB	人セフH	直パワJ	直パワD
9	結ドリC	結ドリC	人レベK	結ドリI	結ドリC	結ドリC	結ドリI	人セフH	直パワJ	直パワD	結オウA	結オウG
10	結ドリI	人セフH	結ドリC	結ドリC	結ドリI	人セフH	人セフB	直パワD	結オウA	結オウG	人レベK	人レベE
11	人セフB	直パワD	結ドリI	人セフH	人セフB	直パワD	直パワJ	結オウG	人レベK	人レベE	直ステL	直ステF
12	直パワJ	結オウG	人セフB	直パワD	直パワJ	結オウG	結オウA	人レベE	直ステL	直ステF	直ステL	直ステF
13	結オウA	人レベE	直パワJ	結オウG	結オウA	人レベE	人レベK	直ステF	直ステL	直ステF	人レベK	人レベE
14	人レベK	直ステF	結オウA	人レベE	人レベK	直ステF	直ステL	直ステF	人レベK	人レベE	結オウA	結オウG
15	直ステL	直ステF	人レベK	直ステF	直ステL	直ステF	直ステL	人レベE	結オウA	結オウG	結オウA	結オウG
16	直ステL	人レベE	直ステL	直ステF	直ステL	人レベE	人レベK	結オウG	結オウA	結オウG	人レベK	人レベE
17	人レベK	結オウG	直ステL	人レベE	人レベK	結オウG	結オウA	結オウG	人レベK	人レベE	直ステL	直ステF
18	結オウA	結オウG	人レベK	結オウG	結オウA	結オウG	結オウA	人レベE	直ステL	直ステF	直ステL	直ステF
19	結オウA	人レベE	結オウA	結オウG	結オウA	人レベE	人レベK	直ステF	直ステL	直ステF	人レベK	人レベE
20	人レベK	直ステF	結オウA	人レベE	人レベK	直ステF	直ステL	直ステF	人レベK	人レベE	結オウA	結オウG
21	直ステL	直ステF	人レベK	直ステF	直ステL	直ステF	直ステL	人レベE	結オウA	結オウG	直パワJ	直パワD
22	直ステL	人レベE	直ステL	直ステF	直ステL	人レベE	人レベK	結オウG	直パワJ	直パワD	人セフB	人セフH
23	人レベK	結オウG	直ステL	人レベE	人レベK	結オウG	結オウA	直パワD	人セフB	人セフH	結ドリI	結ドリC
24	結オウA	直パワD	人レベK	結オウG	結オウA	直パワD	直パワJ	人セフH	結ドリI	結ドリC	結ドリC	結ドリI
25	直パワJ	人セフH	結オウA	直パワD	直パワJ	人セフH	人セフB	結ドリC	結ドリC	結ドリI	人レベK	人レベE
26	人セフB	結ドリC	直パワJ	人セフH	人セフB	結ドリC	結ドリI	結ドリI	人レベK	人レベE	結オウA	結オウG
27	結ドリI	結ドリI	人セフB	結ドリC	結ドリI	結ドリI	結ドリC	人レベE	結オウA	結オウG	直パワJ	直パワD
28	結ドリC	人レベE	結ドリI	結ドリI	結ドリC	人レベE	人レベK	結オウG	直パワJ	直パワD	人セフB	人セフH
29	人レベK		結ドリC	人レベE	人レベK	結オウG	結オウA	直パワD	人セフB	人セフH	結ドリI	結ドリC
30	結オウA		人レベK	結オウG	結オウA	直パワD	直パワJ	人セフH	結ドリI	結ドリC	結ドリC	結ドリI
31	直パワJ		結オウA		直パワJ		人セフB	結ドリC		結ドリI		人セフB

1946年 【昭和21年】

	1月	2月	3月	4月	5月	6月	7月	8月	9月	10月	11月	12月
1	直パワJ	結オウG	人セフB	直パワD	直パワJ	結オウG	結オウA	人レベE	結ドリC	結ドリI	結ドリI	結ドリC
2	結オウA	人レベE	直パワJ	結オウG	結オウA	人レベE	人レベK	結ドリI	結ドリI	結ドリC	人セフB	人セフH
3	人レベK	結ドリI	結オウA	人レベE	人レベK	結ドリI	結ドリC	結ドリC	人セフB	人セフH	直パワJ	直パワD
4	結ドリC	結ドリC	人レベK	結ドリI	結ドリC	結ドリC	結ドリI	人セフH	直パワJ	直パワD	結オウA	結オウG
5	結ドリI	人セフH	結ドリC	結ドリC	結ドリI	人セフH	人セフB	直パワD	結オウA	結オウG	人レベK	人レベE
6	人セフB	直パワD	結ドリI	人セフH	人セフB	直パワD	直パワJ	結オウG	人レベK	人レベE	直ステL	直ステF
7	直パワJ	結オウG	人セフB	直パワD	直パワJ	結オウG	結オウA	人レベE	直ステL	直ステF	直ステL	直ステF
8	結オウA	人レベE	直パワJ	結オウG	結オウA	人レベE	人レベK	直ステF	直ステL	直ステF	人レベK	人レベE
9	人レベK	直ステF	結オウA	人レベE	人レベK	直ステF	直ステL	直ステF	人レベK	人レベE	結オウA	結オウG
10	直ステL	直ステF	人レベK	直ステF	直ステL	直ステF	直ステL	人レベE	結オウA	結オウG	結オウA	結オウG
11	直ステL	人レベE	直ステL	直ステF	直ステL	人レベE	人レベK	結オウG	結オウA	結オウG	人レベK	人レベE
12	人レベK	結オウG	直ステL	人レベE	人レベK	結オウG	結オウA	結オウG	人レベK	人レベE	直ステL	直ステF
13	結オウA	結オウG	人レベK	結オウG	結オウA	結オウG	結オウA	人レベE	直ステL	直ステF	直ステL	直ステF
14	結オウA	人レベE	結オウA	結オウG	結オウA	人レベE	人レベK	直ステF	直ステL	直ステF	人レベK	人レベE
15	人レベK	直ステF	結オウA	人レベE	人レベK	直ステF	直ステL	直ステF	人レベK	人レベE	結オウA	結オウG
16	直ステL	直ステF	人レベK	直ステF	直ステL	直ステF	直ステL	人レベE	結オウA	結オウG	直パワJ	直パワD
17	直ステL	人レベE	直ステL	直ステF	直ステL	人レベE	人レベK	結オウG	直パワJ	直パワD	人セフB	人セフH
18	人レベK	結オウG	直ステL	人レベE	人レベK	結オウG	結オウA	直パワD	人セフB	人セフH	結ドリI	結ドリC
19	結オウA	直パワD	人レベK	結オウG	結オウA	直パワD	直パワJ	人セフH	結ドリI	結ドリC	結ドリC	結ドリI
20	直パワJ	人セフH	結オウA	直パワD	直パワJ	人セフH	人セフB	結ドリC	結ドリC	結ドリI	人レベK	人レベE
21	人セフB	結ドリC	直パワJ	人セフH	人セフB	結ドリC	結ドリI	結ドリI	人レベK	人レベE	結オウA	結オウG
22	結ドリI	結ドリI	人セフB	結ドリC	結ドリI	結ドリI	結ドリC	人レベE	結オウA	結オウG	直パワJ	直パワD
23	結ドリC	人レベE	結ドリI	結ドリI	結ドリC	人レベE	人レベK	結オウG	直パワJ	直パワD	人セフB	人セフH
24	人レベK	結オウG	結ドリC	人レベE	人レベK	結オウG	結オウA	直パワD	人セフB	人セフH	結ドリI	結ドリC
25	結オウA	直パワD	人レベK	結オウG	結オウA	直パワD	直パワJ	人セフH	結ドリI	結ドリC	結ドリC	結ドリI
26	直パワJ	人セフH	結オウA	直パワD	直パワJ	人セフH	人セフB	結ドリC	結ドリC	結ドリI	人セフH	人セフB
27	人セフB	結ドリC	直パワJ	人セフH	人セフB	結ドリC	結ドリI	結ドリI	人セフH	人セフB	直パワD	直パワJ
28	結ドリI	結ドリI	人セフB	結ドリC	結ドリI	結ドリI	結ドリC	人セフB	直パワD	直パワJ	結オウG	結オウA
29	結ドリC		結ドリI	結ドリI	結ドリC	人セフB	人セフH	直パワJ	結オウG	結オウA	人レベE	人レベK
30	人セフH		結ドリC	人セフB	人セフH	直パワJ	直パワD	結オウA	人レベE	人レベK	結ドリI	結ドリC
31	直パワD		人セフH		直パワD		結オウG	人レベK		結ドリC		結ドリI

1947年 【昭和22年】

	1月	2月	3月	4月	5月	6月	7月	8月	9月	10月	11月	12月
1	人セフB	直パワD	結ドリI	人セフH	人セフB	直パワD	直パワJ	結オウG	人レベK	人レベE	直ステL	直ステF
2	直パワJ	結オウG	人セフB	直パワD	直パワJ	結オウG	結オウA	人レベE	直ステL	直ステF	直ステL	直ステF
3	結オウA	人レベE	直パワJ	結オウG	結オウA	人レベE	人レベK	直ステF	直ステL	直ステF	人レベK	人レベE
4	人レベK	直ステF	結オウA	人レベE	人レベK	直ステF	直ステL	直ステF	人レベK	人レベE	結オウA	結オウG
5	直ステL	直ステF	人レベK	直ステF	直ステL	直ステF	直ステL	人レベE	結オウA	結オウG	結オウA	結オウG
6	直ステL	人レベE	直ステL	直ステF	直ステL	人レベE	人レベK	結オウG	結オウA	結オウG	人レベK	人レベE
7	人レベK	結オウG	直ステL	人レベE	人レベK	結オウG	結オウA	結オウG	人レベK	人レベE	直ステL	直ステF
8	結オウA	結オウG	人レベK	結オウG	結オウA	結オウG	結オウA	人レベE	直ステL	直ステF	直ステL	直ステF
9	結オウA	人レベE	結オウA	結オウG	結オウA	人レベE	人レベK	直ステF	直ステL	直ステF	人レベK	人レベE
10	人レベK	直ステF	結オウA	人レベE	人レベK	直ステF	直ステL	直ステF	人レベK	人レベE	結オウA	結オウG
11	直ステL	直ステF	人レベK	直ステF	直ステL	直ステF	直ステL	人レベE	結オウA	結オウG	直パワJ	直パワD
12	直ステL	人レベE	直ステL	直ステF	直ステL	人レベE	人レベK	結オウG	直パワJ	直パワD	人セフB	人セフH
13	人レベK	結オウG	直ステL	人レベE	人レベK	結オウG	結オウA	直パワD	人セフB	人セフH	結ドリI	結ドリC
14	結オウA	直パワD	人レベK	結オウG	結オウA	直パワD	直パワJ	人セフH	結ドリI	結ドリC	結ドリC	結ドリI
15	直パワJ	人セフH	結オウA	直パワD	直パワJ	人セフH	人セフB	結ドリC	結ドリC	結ドリI	人レベK	人レベE
16	人セフB	結ドリC	直パワJ	人セフH	人セフB	結ドリC	結ドリI	結ドリI	人レベK	人レベE	結オウA	結オウG
17	結ドリI	結ドリI	人セフB	結ドリC	結ドリI	結ドリI	結ドリC	人レベE	結オウA	結オウG	直パワJ	直パワD
18	結ドリC	人レベE	結ドリI	結ドリI	結ドリC	人レベE	人レベK	結オウG	直パワJ	直パワD	人セフB	人セフH
19	人レベK	結オウG	結ドリC	人レベE	人レベK	結オウG	結オウA	直パワD	人セフB	人セフH	結ドリI	結ドリC
20	結オウA	直パワD	人レベK	結オウG	結オウA	直パワD	直パワJ	人セフH	結ドリI	結ドリC	結ドリC	結ドリI
21	直パワJ	人セフH	結オウA	直パワD	直パワJ	人セフH	人セフB	結ドリC	結ドリC	結ドリI	人セフH	人セフB
22	人セフB	結ドリC	直パワJ	人セフH	人セフB	結ドリC	結ドリI	結ドリI	人セフH	人セフB	直パワD	直パワJ
23	結ドリI	結ドリI	人セフB	結ドリC	結ドリI	結ドリI	結ドリC	人セフB	直パワD	直パワJ	結オウG	結オウA
24	結ドリC	人セフB	結ドリI	結ドリI	結ドリC	人セフB	人セフH	直パワJ	結オウG	結オウA	人レベE	人レベK
25	人セフH	直パワJ	結ドリC	人セフB	人セフH	直パワJ	直パワD	結オウA	人レベE	人レベK	結ドリI	結ドリC
26	直パワD	結オウA	人セフH	直パワJ	直パワD	結オウA	結オウG	人レベK	結ドリI	結ドリC	結ドリC	結ドリI
27	結オウG	人レベK	直パワD	結オウA	結オウG	人レベK	人レベE	結ドリC	結ドリC	結ドリI	人セフH	人セフB
28	人レベE	結ドリC	結オウG	人レベK	人レベE	結ドリC	結ドリI	結ドリI	人セフH	人セフB	直パワD	直パワJ
29	結ドリI		人レベE	結ドリC	結ドリI	結ドリI	結ドリC	人セフB	直パワD	直パワJ	結オウG	結オウA
30	結ドリC		結ドリI	結ドリI	結ドリC	人セフB	人セフH	直パワJ	結オウG	結オウA	人レベE	人レベK
31	人セフH		結ドリC		人セフH		直パワD	結オウA		人レベK		直ステL

1948年 【昭和23年】

	1月	2月	3月	4月	5月	6月	7月	8月	9月	10月	11月	12月
1	直ステL	人レベE	直ステL	人レベE	人レベK	結オウG	結オウA	結オウG	人レベK	人レベE	直ステL	直ステF
2	人レベK	結オウG	人レベK	結オウG	結オウA	結オウG	結オウA	人レベE	直ステL	直ステF	直ステL	直ステF
3	結オウA	結オウG	結オウA	結オウG	結オウA	人レベE	人レベK	直ステF	直ステL	直ステF	人レベK	人レベE
4	結オウA	人レベE	結オウA	人レベE	人レベK	直ステF	直ステL	直ステF	人レベK	人レベE	結オウA	結オウG
5	人レベK	直ステF	人レベK	直ステF	直ステL	直ステF	直ステL	人レベE	結オウA	結オウG	直パワJ	直パワD
6	直ステL	直ステF	直ステL	直ステF	直ステL	人レベE	人レベK	結オウG	直パワJ	直パワD	人セフB	人セフH
7	直ステL	人レベE	直ステL	人レベE	人レベK	結オウG	結オウA	直パワD	人セフB	人セフH	結ドリI	結ドリC
8	人レベK	結オウG	人レベK	結オウG	結オウA	直パワD	直パワJ	人セフH	結ドリI	結ドリC	結ドリC	結ドリI
9	結オウA	直パワD	結オウA	直パワD	直パワJ	人セフH	人セフB	結ドリC	結ドリC	結ドリI	人レベK	人レベE
10	直パワJ	人セフH	直パワJ	人セフH	人セフB	結ドリC	結ドリI	結ドリI	人レベK	人レベE	結オウA	結オウG
11	人セフB	結ドリC	人セフB	結ドリC	結ドリI	結ドリI	結ドリC	人レベE	結オウA	結オウG	直パワJ	直パワD
12	結ドリI	結ドリI	結ドリI	結ドリI	結ドリC	人レベE	人レベK	結オウG	直パワJ	直パワD	人セフB	人セフH
13	結ドリC	人レベE	結ドリC	人レベE	人レベK	結オウG	結オウA	直パワD	人セフB	人セフH	結ドリI	結ドリC
14	人レベK	結オウG	人レベK	結オウG	結オウA	直パワD	直パワJ	人セフH	結ドリI	結ドリC	結ドリC	結ドリI
15	結オウA	直パワD	結オウA	直パワD	直パワJ	人セフH	人セフB	結ドリC	結ドリC	結ドリI	人セフH	人セフB
16	直パワJ	人セフH	直パワJ	人セフH	人セフB	結ドリC	結ドリI	結ドリI	人セフH	人セフB	直パワD	直パワJ
17	人セフB	結ドリC	人セフB	結ドリC	結ドリI	結ドリI	結ドリC	人セフB	直パワD	直パワJ	結オウG	結オウA
18	結ドリI	結ドリI	結ドリI	結ドリI	結ドリC	人セフB	人セフH	直パワJ	結オウG	結オウA	人レベE	人レベK
19	結ドリC	人セフB	結ドリC	人セフB	人セフH	直パワJ	直パワD	結オウA	人レベE	人レベK	結ドリI	結ドリC
20	人セフH	直パワJ	人セフH	直パワJ	直パワD	結オウA	結オウG	人レベK	結ドリI	結ドリC	結ドリC	結ドリI
21	直パワD	結オウA	直パワD	結オウA	結オウG	人レベK	人レベE	結ドリC	結ドリC	結ドリI	人セフH	人セフB
22	結オウG	人レベK	結オウG	人レベK	人レベE	結ドリC	結ドリI	結ドリI	人セフH	人セフB	直パワD	直パワJ
23	人レベE	結ドリC	人レベE	結ドリC	結ドリI	結ドリI	結ドリC	人セフB	直パワD	直パワJ	結オウG	結オウA
24	結ドリI	結ドリI	結ドリI	結ドリI	結ドリC	人セフB	人セフH	直パワJ	結オウG	結オウA	人レベE	人レベK
25	結ドリC	人セフB	結ドリC	人セフB	人セフH	直パワJ	直パワD	結オウA	人レベE	人レベK	直ステF	直ステL
26	人セフH	直パワJ	人セフH	直パワJ	直パワD	結オウA	結オウG	人レベK	直ステF	直ステL	直ステF	直ステL
27	直パワD	結オウA	直パワD	結オウA	結オウG	人レベK	人レベE	直ステL	直ステF	直ステL	人レベE	人レベK
28	結オウG	人レベK	結オウG	人レベK	人レベE	直ステL	直ステF	直ステL	人レベE	人レベK	結オウG	結オウA
29	人レベE	直ステL	人レベE	直ステL	直ステF	直ステL	直ステF	人レベK	結オウG	結オウA	結オウG	結オウA
30	直ステF		直ステF	直ステL	直ステF	人レベK	人レベE	結オウA	結オウG	結オウA	人レベE	人レベK
31	直ステF		直ステF		人レベE		結オウG	結オウA		人レベK		直ステL

1949年 【昭和24年】

	1月	2月	3月	4月	5月	6月	7月	8月	9月	10月	11月	12月
1	直ステL	人レベE	直ステL	直ステF	直ステL	人レベE	人レベK	結オウG	直パワJ	直パワD	人セフB	人セフH
2	人レベK	結オウG	直ステL	人レベE	人レベK	結オウG	結オウA	直パワD	人セフB	人セフH	結ドリI	結ドリC
3	結オウA	直パワD	人レベK	結オウG	結オウA	直パワD	直パワJ	人セフH	結ドリI	結ドリC	結ドリC	結ドリI
4	直パワJ	人セフH	結オウA	直パワD	直パワJ	人セフH	人セフB	結ドリC	結ドリC	結ドリI	人レベK	人レベE
5	人セフB	結ドリC	直パワJ	人セフH	人セフB	結ドリC	結ドリI	結ドリI	人レベK	人レベE	結オウA	結オウG
6	結ドリI	結ドリI	人セフB	結ドリC	結ドリI	結ドリI	結ドリC	人レベE	結オウA	結オウG	直パワJ	直パワD
7	結ドリC	人レベE	結ドリI	結ドリI	結ドリC	人レベE	人レベK	結オウG	直パワJ	直パワD	人セフB	人セフH
8	人レベK	結オウG	結ドリC	人レベE	人レベK	結オウG	結オウA	直パワD	人セフB	人セフH	結ドリI	結ドリC
9	結オウA	直パワD	人レベK	結オウG	結オウA	直パワD	直パワJ	人セフH	結ドリI	結ドリC	結ドリC	結ドリI
10	直パワJ	人セフH	結オウA	直パワD	直パワJ	人セフH	人セフB	結ドリC	結ドリC	結ドリI	人セフH	人セフB
11	人セフB	結ドリC	直パワJ	人セフH	人セフB	結ドリC	結ドリI	結ドリI	人セフH	人セフB	直パワD	直パワJ
12	結ドリI	結ドリI	人セフB	結ドリC	結ドリI	結ドリI	結ドリC	人セフB	直パワD	直パワJ	結オウG	結オウA
13	結ドリC	人セフB	結ドリI	結ドリI	結ドリC	人セフB	人セフH	直パワJ	結オウG	結オウA	人レベE	人レベK
14	人セフH	直パワJ	結ドリC	人セフB	人セフH	直パワJ	直パワD	結オウA	人レベE	人レベK	結ドリI	結ドリC
15	直パワD	結オウA	人セフH	直パワJ	直パワD	結オウA	結オウG	人レベK	結ドリI	結ドリC	結ドリC	結ドリI
16	結オウG	人レベK	直パワD	結オウA	結オウG	人レベK	人レベE	結ドリC	結ドリC	結ドリI	人セフH	人セフB
17	人レベE	結ドリC	結オウG	人レベK	人レベE	結ドリC	結ドリI	結ドリI	人セフH	人セフB	直パワD	直パワJ
18	結ドリI	結ドリI	人レベE	結ドリC	結ドリI	結ドリI	結ドリC	人セフB	直パワD	直パワJ	結オウG	結オウA
19	結ドリC	人セフB	結ドリI	結ドリI	結ドリC	人セフB	人セフH	直パワJ	結オウG	結オウA	人レベE	人レベK
20	人セフH	直パワJ	結ドリC	人セフB	人セフH	直パワJ	直パワD	結オウA	人レベE	人レベK	直ステF	直ステL
21	直パワD	結オウA	人セフH	直パワJ	直パワD	結オウA	結オウG	人レベK	直ステF	直ステL	直ステF	直ステL
22	結オウG	人レベK	直パワD	結オウA	結オウG	人レベK	人レベE	直ステL	直ステF	直ステL	人レベE	人レベK
23	人レベE	直ステL	結オウG	人レベK	人レベE	直ステL	直ステF	直ステL	人レベE	人レベK	結オウG	結オウA
24	直ステF	直ステL	人レベE	直ステL	直ステF	直ステL	直ステF	人レベK	結オウG	結オウA	結オウG	結オウA
25	直ステF	人レベK	直ステF	直ステL	直ステF	人レベK	人レベE	結オウA	結オウG	結オウA	人レベE	人レベK
26	人レベE	結オウA	直ステF	人レベK	人レベE	結オウA	結オウG	結オウA	人レベE	人レベK	直ステF	直ステL
27	結オウG	結オウA	人レベE	結オウA	結オウG	結オウA	結オウG	人レベK	直ステF	直ステL	直ステF	直ステL
28	結オウG	人レベK	結オウG	結オウA	結オウG	人レベK	人レベE	直ステL	直ステF	直ステL	人レベE	人レベK
29	人レベE		結オウG	人レベK	人レベE	直ステL	直ステF	直ステL	人レベE	人レベK	結オウG	結オウA
30	直ステF		人レベE	直ステL	直ステF	直ステL	直ステF	人レベK	結オウG	結オウA	直パワD	直パワJ
31	直ステF		直ステF		直ステF		人レベE	結オウA		直パワJ		人セフB

1950年 【昭和25年】

	1月	2月	3月	4月	5月	6月	7月	8月	9月	10月	11月	12月
1	結ドリI	結ドリI	人セフB	結ドリC	結ドリI	結ドリI	結ドリC	人レベE	結オウA	結オウG	直パワJ	直パワD
2	結ドリC	人レベE	結ドリI	結ドリI	結ドリC	人レベE	人レベK	結オウG	直パワJ	直パワD	人セフB	人セフH
3	人レベK	結オウG	結ドリC	人レベE	人レベK	結オウG	結オウA	直パワD	人セフB	人セフH	結ドリI	結ドリC
4	結オウA	直パワD	人レベK	結オウG	結オウA	直パワD	直パワJ	人セフH	結ドリI	結ドリC	結ドリC	結ドリI
5	直パワJ	人セフH	結オウA	直パワD	直パワJ	人セフH	人セフB	結ドリC	結ドリC	結ドリI	人セフH	人セフB
6	人セフB	結ドリC	直パワJ	人セフH	人セフB	結ドリC	結ドリI	結ドリI	人セフH	人セフB	直パワD	直パワJ
7	結ドリI	結ドリI	人セフB	結ドリC	結ドリI	結ドリI	結ドリC	人セフB	直パワD	直パワJ	結オウG	結オウA
8	結ドリC	人セフB	結ドリI	結ドリI	結ドリC	人セフB	人セフH	直パワJ	結オウG	結オウA	人レベE	人レベK
9	人セフH	直パワJ	結ドリC	人セフB	人セフH	直パワJ	直パワD	結オウA	人レベE	人レベK	結ドリI	結ドリC
10	直パワD	結オウA	人セフH	直パワJ	直パワD	結オウA	結オウG	人レベK	結ドリI	結ドリC	結ドリC	結ドリI
11	結オウG	人レベK	直パワD	結オウA	結オウG	人レベK	人レベE	結ドリC	結ドリC	結ドリI	人セフH	人セフB
12	人レベE	結ドリC	結オウG	人レベK	人レベE	結ドリC	結ドリI	結ドリI	人セフH	人セフB	直パワD	直パワJ
13	結ドリI	結ドリI	人レベE	結ドリC	結ドリI	結ドリI	結ドリC	人セフB	直パワD	直パワJ	結オウG	結オウA
14	結ドリC	人セフB	結ドリI	結ドリI	結ドリC	人セフB	人セフH	直パワJ	結オウG	結オウA	人レベE	人レベK
15	人セフH	直パワJ	結ドリC	人セフB	人セフH	直パワJ	直パワD	結オウA	人レベE	人レベK	直ステF	直ステL
16	直パワD	結オウA	人セフH	直パワJ	直パワD	結オウA	結オウG	人レベK	直ステF	直ステL	直ステF	直ステL
17	結オウG	人レベK	直パワD	結オウA	結オウG	人レベK	人レベE	直ステL	直ステF	直ステL	人レベE	人レベK
18	人レベE	直ステL	結オウG	人レベK	人レベE	直ステL	直ステF	直ステL	人レベE	人レベK	結オウG	結オウA
19	直ステF	直ステL	人レベE	直ステL	直ステF	直ステL	直ステF	人レベK	結オウG	結オウA	結オウG	結オウA
20	直ステF	人レベK	直ステF	直ステL	直ステF	人レベK	人レベE	結オウA	結オウG	結オウA	人レベE	人レベK
21	人レベE	結オウA	直ステF	人レベK	人レベE	結オウA	結オウG	結オウA	人レベE	人レベK	直ステF	直ステL
22	結オウG	結オウA	人レベE	結オウA	結オウG	結オウA	結オウG	人レベK	直ステF	直ステL	直ステF	直ステL
23	結オウG	人レベK	結オウG	結オウA	結オウG	人レベK	人レベE	直ステL	直ステF	直ステL	人レベE	人レベK
24	人レベE	直ステL	結オウG	人レベK	人レベE	直ステL	直ステF	直ステL	人レベE	人レベK	結オウG	結オウA
25	直ステF	直ステL	人レベE	直ステL	直ステF	直ステL	直ステF	人レベK	結オウG	結オウA	直パワD	直パワJ
26	直ステF	人レベK	直ステF	直ステL	直ステF	人レベK	人レベE	結オウA	直パワD	直パワJ	人セフH	人セフB
27	人レベE	結オウA	直ステF	人レベK	人レベE	結オウA	結オウG	直パワJ	人セフH	人セフB	結ドリC	結ドリI
28	結オウG	直パワJ	人レベE	結オウA	結オウG	直パワJ	直パワD	人セフB	結ドリC	結ドリI	結ドリI	結ドリC
29	直パワD		結オウG	直パワJ	直パワD	人セフB	人セフH	結ドリI	結ドリI	結ドリC	人レベE	人レベK
30	人セフH		直パワD	人セフB	人セフH	結ドリI	結ドリC	結ドリC	人レベE	人レベK	結オウG	結オウA
31	結ドリC		人セフH		結ドリC		結ドリI	人レベK		結オウA		直パワJ

1951年　【昭和26年】

	1月	2月	3月	4月	5月	6月	7月	8月	9月	10月	11月	12月
1	人セフB	結ドリC	直パワJ	人セフH	人セフB	結ドリC	結ドリI	結ドリI	人セフH	人セフB	直パワD	直パワJ
2	結ドリI	結ドリI	人セフB	結ドリC	結ドリI	結ドリI	結ドリC	人セフB	直パワD	直パワJ	結オウG	結オウA
3	結ドリC	人セフB	結ドリI	結ドリI	結ドリC	人セフB	人セフH	直パワJ	結オウG	結オウA	人レベE	人レベK
4	人セフH	直パワJ	結ドリC	人セフB	人セフH	直パワJ	直パワD	結オウA	人レベE	人レベK	結ドリI	結ドリC
5	直パワD	結オウA	人セフH	直パワJ	直パワD	結オウA	結オウG	人レベK	結ドリI	結ドリC	結ドリC	結ドリI
6	結オウG	人レベK	直パワD	結オウA	結オウG	人レベK	人レベE	結ドリC	結ドリC	結ドリI	人セフH	人セフB
7	人レベE	結ドリC	結オウG	人レベK	人レベE	結ドリC	結ドリI	結ドリI	人セフH	人セフB	直パワD	直パワJ
8	結ドリI	結ドリI	人レベE	結ドリC	結ドリI	結ドリI	結ドリC	人セフB	直パワD	直パワJ	結オウG	結オウA
9	結ドリC	人セフB	結ドリI	結ドリI	結ドリC	人セフB	人セフH	直パワJ	結オウG	結オウA	人レベE	人レベK
10	人セフH	直パワJ	結ドリC	人セフB	人セフH	直パワJ	直パワD	結オウA	人レベE	人レベK	直ステF	直ステL
11	直パワD	結オウA	人セフH	直パワJ	直パワD	結オウA	結オウG	人レベK	直ステF	直ステL	直ステF	直ステL
12	結オウG	人レベK	直パワD	結オウA	結オウG	人レベK	人レベE	直ステL	直ステF	直ステL	人レベE	人レベK
13	人レベE	直ステL	結オウG	人レベK	人レベE	直ステL	直ステF	直ステL	人レベE	人レベK	結オウG	結オウA
14	直ステF	直ステL	人レベE	直ステL	直ステF	直ステL	直ステF	人レベK	結オウG	結オウA	結オウG	結オウA
15	直ステF	人レベK	直ステF	直ステL	直ステF	人レベK	人レベE	結オウA	結オウG	結オウA	人レベE	人レベK
16	人レベE	結オウA	直ステF	人レベK	人レベE	結オウA	結オウG	結オウA	人レベE	人レベK	直ステF	直ステL
17	結オウG	結オウA	人レベE	結オウA	結オウG	結オウA	結オウG	人レベK	直ステF	直ステL	直ステF	直ステL
18	結オウG	人レベK	結オウG	結オウA	結オウG	人レベK	人レベE	直ステL	直ステF	直ステL	人レベE	人レベK
19	人レベE	直ステL	結オウG	人レベK	人レベE	直ステL	直ステF	直ステL	人レベE	人レベK	結オウG	結オウA
20	直ステF	直ステL	人レベE	直ステL	直ステF	直ステL	直ステF	人レベK	結オウG	結オウA	直パワD	直パワJ
21	直ステF	人レベK	直ステF	直ステL	直ステF	人レベK	人レベE	結オウA	直パワD	直パワJ	人セフH	人セフB
22	人レベE	結オウA	直ステF	人レベK	人レベE	結オウA	結オウG	直パワJ	人セフH	人セフB	結ドリC	結ドリI
23	結オウG	直パワJ	人レベE	結オウA	結オウG	直パワJ	直パワD	人セフB	結ドリC	結ドリI	結ドリI	結ドリC
24	直パワD	人セフB	結オウG	直パワJ	直パワD	人セフB	人セフH	結ドリI	結ドリI	結ドリC	人レベE	人レベK
25	人セフH	結ドリI	直パワD	人セフB	人セフH	結ドリI	結ドリC	結ドリC	人レベE	人レベK	結オウG	結オウA
26	結ドリC	結ドリC	人セフH	結ドリI	結ドリC	結ドリC	結ドリI	人レベK	結オウG	結オウA	直パワD	直パワJ
27	結ドリI	人レベK	結ドリC	結ドリC	結ドリI	人レベK	人レベE	結オウA	直パワD	直パワJ	人セフH	人セフB
28	人レベE	結オウA	結ドリI	人レベK	人レベE	結オウA	結オウG	直パワJ	人セフH	人セフB	結ドリC	結ドリI
29	結オウG		人レベE	結オウA	結オウG	直パワJ	直パワD	人セフB	結ドリC	結ドリI	結ドリI	結ドリC
30	直パワD		結オウG	直パワJ	直パワD	人セフB	人セフH	結ドリI	結ドリI	結ドリC	人セフB	人セフH
31	人セフH		直パワD		人セフH		結ドリC	結ドリC		人セフH		直パワD

1952 年　【昭和 27 年】

	1月	2月	3月	4月	5月	6月	7月	8月	9月	10月	11月	12月
1	結オウ G	人レベ K	結オウ G	人レベ K	人レベ E	結ドリ C	結ドリ I	結ドリ I	人セフ H	人セフ B	直パワ D	直パワ J
2	人レベ E	結ドリ C	人レベ E	結ドリ C	結ドリ I	結ドリ I	結ドリ C	人セフ B	直パワ D	直パワ J	結オウ G	結オウ A
3	結ドリ I	結ドリ I	結ドリ I	結ドリ I	結ドリ C	人セフ B	人セフ H	直パワ J	結オウ G	結オウ A	人レベ E	人レベ K
4	結ドリ C	人セフ B	結ドリ C	人セフ B	人セフ H	直パワ J	直パワ D	結オウ A	人レベ E	人レベ K	直ステ F	直ステ L
5	人セフ H	直パワ J	人セフ H	直パワ J	直パワ D	結オウ A	結オウ G	人レベ K	直ステ F	直ステ L	直ステ F	直ステ L
6	直パワ D	結オウ A	直パワ D	結オウ A	結オウ G	人レベ K	人レベ E	直ステ L	直ステ F	直ステ L	人レベ E	人レベ K
7	結オウ G	人レベ K	結オウ G	人レベ K	人レベ E	直ステ L	直ステ F	直ステ L	人レベ E	人レベ K	結オウ G	結オウ A
8	人レベ E	直ステ L	人レベ E	直ステ L	直ステ F	直ステ L	直ステ F	人レベ K	結オウ G	結オウ A	結オウ G	結オウ A
9	直ステ F	直ステ L	直ステ F	直ステ L	直ステ F	人レベ K	人レベ E	結オウ A	結オウ G	結オウ A	人レベ E	人レベ K
10	直ステ F	人レベ K	直ステ F	人レベ K	人レベ E	結オウ A	結オウ G	結オウ A	人レベ E	人レベ K	直ステ F	直ステ L
11	人レベ E	結オウ A	人レベ E	結オウ A	結オウ G	結オウ A	結オウ G	人レベ K	直ステ F	直ステ L	直ステ F	直ステ L
12	結オウ G	結オウ A	結オウ G	結オウ A	結オウ G	人レベ K	人レベ E	直ステ L	直ステ F	直ステ L	人レベ E	人レベ K
13	結オウ G	人レベ K	結オウ G	人レベ K	人レベ E	直ステ L	直ステ F	直ステ L	人レベ E	人レベ K	結オウ G	結オウ A
14	人レベ E	直ステ L	人レベ E	直ステ L	直ステ F	直ステ L	直ステ F	人レベ K	結オウ G	結オウ A	直パワ D	直パワ J
15	直ステ F	直ステ L	直ステ F	直ステ L	直ステ F	人レベ K	人レベ E	結オウ A	直パワ D	直パワ J	人セフ H	人セフ B
16	直ステ F	人レベ K	直ステ F	人レベ K	人レベ E	結オウ A	結オウ G	直パワ J	人セフ H	人セフ B	結ドリ C	結ドリ I
17	人レベ E	結オウ A	人レベ E	結オウ A	結オウ G	直パワ J	直パワ D	人セフ B	結ドリ C	結ドリ I	結ドリ I	結ドリ C
18	結オウ G	直パワ J	結オウ G	直パワ J	直パワ D	人セフ B	人セフ H	結ドリ I	結ドリ I	結ドリ C	人レベ E	人レベ K
19	直パワ D	人セフ B	直パワ D	人セフ B	人セフ H	結ドリ I	結ドリ C	結ドリ C	人レベ E	人レベ K	結オウ G	結オウ A
20	人セフ H	結ドリ I	人セフ H	結ドリ I	結ドリ C	結ドリ C	結ドリ I	人レベ K	結オウ G	結オウ A	直パワ D	直パワ J
21	結ドリ C	結ドリ C	結ドリ C	結ドリ C	結ドリ I	人レベ K	人レベ E	結オウ A	直パワ D	直パワ J	人セフ H	人セフ B
22	結ドリ I	人レベ K	結ドリ I	人レベ K	人レベ E	結オウ A	結オウ G	直パワ J	人セフ H	人セフ B	結ドリ C	結ドリ I
23	人レベ E	結オウ A	人レベ E	結オウ A	結オウ G	直パワ J	直パワ D	人セフ B	結ドリ C	結ドリ I	結ドリ I	結ドリ C
24	結オウ G	直パワ J	結オウ G	直パワ J	直パワ D	人セフ B	人セフ H	結ドリ I	結ドリ I	結ドリ C	人セフ B	人セフ H
25	直パワ D	人セフ B	直パワ D	人セフ B	人セフ H	結ドリ I	結ドリ C	結ドリ C	人セフ B	人セフ H	直パワ J	直パワ D
26	人セフ H	結ドリ I	人セフ H	結ドリ I	結ドリ C	結ドリ C	結ドリ I	人セフ H	直パワ J	直パワ D	結オウ A	結オウ G
27	結ドリ C	結ドリ C	結ドリ C	結ドリ C	結ドリ I	人セフ H	人セフ B	直パワ D	結オウ A	結オウ G	人レベ K	人レベ E
28	結ドリ I	人セフ H	結ドリ I	人セフ H	人セフ B	直パワ D	直パワ J	結オウ G	人レベ K	人レベ E	結ドリ C	結ドリ I
29	人セフ B	直パワ D	人セフ B	直パワ D	直パワ J	結オウ G	結オウ A	人レベ E	結ドリ C	結ドリ I	結ドリ I	結ドリ C
30	直パワ J		直パワ J	結オウ G	結オウ A	人レベ E	人レベ K	結ドリ I	結ドリ I	結ドリ C	人セフ B	人セフ H
31	結オウ A		結オウ A		人レベ K		結ドリ C	結ドリ C		人セフ H		直パワ D

1953年 【昭和28年】

	1月	2月	3月	4月	5月	6月	7月	8月	9月	10月	11月	12月
1	結オウG	人レベK	直パワD	結オウA	結オウG	人レベK	人レベE	直ステL	直ステF	直ステL	人レベE	人レベK
2	人レベE	直ステL	結オウG	人レベK	人レベE	直ステL	直ステF	直ステL	人レベE	人レベK	結オウG	結オウA
3	直ステF	直ステL	人レベE	直ステL	直ステF	直ステL	直ステF	人レベK	結オウG	結オウA	結オウG	結オウA
4	直ステF	人レベK	直ステF	直ステL	直ステF	人レベK	人レベE	結オウA	結オウG	結オウA	人レベE	人レベK
5	人レベE	結オウA	直ステF	人レベK	人レベE	結オウA	結オウG	結オウA	人レベE	人レベK	直ステF	直ステL
6	結オウG	結オウA	人レベE	結オウA	結オウG	結オウA	結オウG	人レベK	直ステF	直ステL	直ステF	直ステL
7	結オウG	人レベK	結オウG	結オウA	結オウG	人レベK	人レベE	直ステL	直ステF	直ステL	人レベE	人レベK
8	人レベE	直ステL	結オウG	人レベK	人レベE	直ステL	直ステF	直ステL	人レベE	人レベK	結オウG	結オウA
9	直ステF	直ステL	人レベE	直ステL	直ステF	直ステL	直ステF	人レベK	結オウG	結オウA	直パワD	直パワJ
10	直ステF	人レベK	直ステF	直ステL	直ステF	人レベK	人レベE	結オウA	直パワD	直パワJ	人セフH	人セフB
11	人レベE	結オウA	直ステF	人レベK	人レベE	結オウA	結オウG	直パワJ	人セフH	人セフB	結ドリC	結ドリI
12	結オウG	直パワJ	人レベE	結オウA	結オウG	直パワJ	直パワD	人セフB	結ドリC	結ドリI	結ドリI	結ドリC
13	直パワD	人セフB	結オウG	直パワJ	直パワD	人セフB	人セフH	結ドリI	結ドリI	結ドリC	人レベE	人レベK
14	人セフH	結ドリI	直パワD	人セフB	人セフH	結ドリI	結ドリC	結ドリC	人レベE	人レベK	結オウG	結オウA
15	結ドリC	結ドリC	人セフH	結ドリI	結ドリC	結ドリC	結ドリI	人レベK	結オウG	結オウA	直パワD	直パワJ
16	結ドリI	人レベK	結ドリC	結ドリC	結ドリI	人レベK	人レベE	結オウA	直パワD	直パワJ	人セフH	人セフB
17	人レベE	結オウA	結ドリI	人レベK	人レベE	結オウA	結オウG	直パワJ	人セフH	人セフB	結ドリC	結ドリI
18	結オウG	直パワJ	人レベE	結オウA	結オウG	直パワJ	直パワD	人セフB	結ドリC	結ドリI	結ドリI	結ドリC
19	直パワD	人セフB	結オウG	直パワJ	直パワD	人セフB	人セフH	結ドリI	結ドリI	結ドリC	人セフB	人セフH
20	人セフH	結ドリI	直パワD	人セフB	人セフH	結ドリI	結ドリC	結ドリC	人セフB	人セフH	直パワJ	直パワD
21	結ドリC	結ドリC	人セフH	結ドリI	結ドリC	結ドリC	結ドリI	人セフH	直パワJ	直パワD	結オウA	結オウG
22	結ドリI	人セフH	結ドリC	結ドリC	結ドリI	人セフH	人セフB	直パワD	結オウA	結オウG	人レベK	人レベE
23	人セフB	直パワD	結ドリI	人セフH	人セフB	直パワD	直パワJ	結オウG	人レベK	人レベE	結ドリC	結ドリI
24	直パワJ	結オウG	人セフB	直パワD	直パワJ	結オウG	結オウA	人レベE	結ドリC	結ドリI	結ドリI	結ドリC
25	結オウA	人レベE	直パワJ	結オウG	結オウA	人レベE	人レベK	結ドリI	結ドリI	結ドリC	人セフB	人セフH
26	人レベK	結ドリI	結オウA	人レベE	人レベK	結ドリI	結ドリC	結ドリC	人セフB	人セフH	直パワJ	直パワD
27	結ドリC	結ドリC	人レベK	結ドリI	結ドリC	結ドリC	結ドリI	人セフH	直パワJ	直パワD	結オウA	結オウG
28	結ドリI	人セフH	結ドリC	結ドリC	結ドリI	人セフH	人セフB	直パワD	結オウA	結オウG	人レベK	人レベE
29	人セフB		結ドリI	人セフH	人セフB	直パワD	直パワJ	結オウG	人レベK	人レベE	直ステL	直ステF
30	直パワJ		人セフB	直パワD	直パワJ	結オウG	結オウA	人レベE	直ステL	直ステF	直ステL	直ステF
31	結オウA		直パワJ		結オウA		人レベK	直ステF		直ステF		人レベE

1954年 【昭和29年】

	1月	2月	3月	4月	5月	6月	7月	8月	9月	10月	11月	12月
1	結オウG	結オウA	人レベE	結オウA	結オウG	結オウA	結オウG	人レベK	直ステF	直ステL	直ステF	直ステL
2	結オウG	人レベK	結オウG	結オウA	結オウG	人レベK	人レベE	直ステL	直ステF	直ステL	人レベE	人レベK
3	人レベE	直ステL	結オウG	人レベK	人レベE	直ステL	直ステF	直ステL	人レベE	人レベK	結オウG	結オウA
4	直ステF	直ステL	人レベE	直ステL	直ステF	直ステL	直ステF	人レベK	結オウG	結オウA	直パワD	直パワJ
5	直ステF	人レベK	直ステF	直ステL	直ステF	人レベK	人レベE	結オウA	直パワD	直パワJ	人セフH	人セフB
6	人レベE	結オウA	直ステF	人レベK	人レベE	結オウA	結オウG	直パワJ	人セフH	人セフB	結ドリC	結ドリI
7	結オウG	直パワJ	人レベE	結オウA	結オウG	直パワJ	直パワD	人セフB	結ドリC	結ドリI	結ドリI	結ドリC
8	直パワD	人セフB	結オウG	直パワJ	直パワD	人セフB	人セフH	結ドリI	結ドリI	結ドリC	人レベE	人レベK
9	人セフH	結ドリI	直パワD	人セフB	人セフH	結ドリI	結ドリC	結ドリC	人レベE	人レベK	結オウG	結オウA
10	結ドリC	結ドリC	人セフH	結ドリI	結ドリC	結ドリC	結ドリI	人レベK	結オウG	結オウA	直パワD	直パワJ
11	結ドリI	人レベK	結ドリC	結ドリC	結ドリI	人レベK	人レベE	結オウA	直パワD	直パワJ	人セフH	人セフB
12	人レベE	結オウA	結ドリI	人レベK	人レベE	結オウA	結オウG	直パワJ	人セフH	人セフB	結ドリC	結ドリI
13	結オウG	直パワJ	人レベE	結オウA	結オウG	直パワJ	直パワD	人セフB	結ドリC	結ドリI	結ドリI	結ドリC
14	直パワD	人セフB	結オウG	直パワJ	直パワD	人セフB	人セフH	結ドリI	結ドリI	結ドリC	人セフB	人セフH
15	人セフH	結ドリI	直パワD	人セフB	人セフH	結ドリI	結ドリC	結ドリC	人セフB	人セフH	直パワJ	直パワD
16	結ドリC	結ドリC	人セフH	結ドリI	結ドリC	結ドリC	結ドリI	人セフH	直パワJ	直パワD	結オウA	結オウG
17	結ドリI	人セフH	結ドリC	結ドリC	結ドリI	人セフH	人セフB	直パワD	結オウA	結オウG	人レベK	人レベE
18	人セフB	直パワD	結ドリI	人セフH	人セフB	直パワD	直パワJ	結オウG	人レベK	人レベE	結ドリC	結ドリI
19	直パワJ	結オウG	人セフB	直パワD	直パワJ	結オウG	結オウA	人レベE	結ドリC	結ドリI	結ドリI	結ドリC
20	結オウA	人レベE	直パワJ	結オウG	結オウA	人レベE	人レベK	結ドリI	結ドリI	結ドリC	人セフB	人セフH
21	人レベK	結ドリI	結オウA	人レベE	人レベK	結ドリI	結ドリC	結ドリC	人セフB	人セフH	直パワJ	直パワD
22	結ドリC	結ドリC	人レベK	結ドリI	結ドリC	結ドリC	結ドリI	人セフH	直パワJ	直パワD	結オウA	結オウG
23	結ドリI	人セフH	結ドリC	結ドリC	結ドリI	人セフH	人セフB	直パワD	結オウA	結オウG	人レベK	人レベE
24	人セフB	直パワD	結ドリI	人セフH	人セフB	直パワD	直パワJ	結オウG	人レベK	人レベE	直ステL	直ステF
25	直パワJ	結オウG	人セフB	直パワD	直パワJ	結オウG	結オウA	人レベE	直ステL	直ステF	直ステL	直ステF
26	結オウA	人レベE	直パワJ	結オウG	結オウA	人レベE	人レベK	直ステF	直ステL	直ステF	人レベK	人レベE
27	人レベK	直ステF	結オウA	人レベE	人レベK	直ステF	直ステL	直ステF	人レベK	人レベE	結オウA	結オウG
28	直ステL	直ステF	人レベK	直ステF	直ステL	直ステF	直ステL	人レベE	結オウA	結オウG	結オウA	結オウG
29	直ステL		直ステL	直ステF	直ステL	人レベE	人レベK	結オウG	結オウA	結オウG	人レベK	人レベE
30	人レベK		直ステL	人レベE	人レベK	結オウG	結オウA	結オウG	人レベK	人レベE	直ステL	直ステF
31	結オウA		人レベK		結オウA		結オウA	人レベE		直ステF		直ステF

1955年 【昭和30年】

	1月	2月	3月	4月	5月	6月	7月	8月	9月	10月	11月	12月
1	人レベE	結オウA	直ステF	人レベK	人レベE	結オウA	結オウG	直パワI	人セフH	人セフB	結ドリC	結ドリI
2	結オウG	直パワJ	人レベE	結オウA	結オウG	直パワJ	直パワD	人セフB	結ドリC	結ドリI	結ドリI	結ドリC
3	直パワD	人セフB	結オウG	直パワJ	直パワD	人セフB	人セフH	結ドリI	結ドリI	結ドリC	人レベE	人レベK
4	人セフH	結ドリI	直パワD	人セフB	人セフH	結ドリI	結ドリC	結ドリC	人レベE	人レベK	結オウG	結オウA
5	結ドリC	結ドリC	人セフH	結ドリI	結ドリC	結ドリC	結ドリI	人レベK	結オウG	結オウA	直パワD	直パワJ
6	結ドリI	人レベK	結ドリC	結ドリC	結ドリI	人レベK	人レベE	結オウA	直パワD	直パワJ	人セフH	人セフB
7	人レベE	結オウA	結ドリI	人レベK	人レベE	結オウA	結オウG	直パワJ	人セフH	人セフB	結ドリC	結ドリI
8	結オウG	直パワJ	人レベE	結オウA	結オウG	直パワJ	直パワD	人セフB	結ドリC	結ドリI	結ドリI	結ドリC
9	直パワD	人セフB	結オウG	直パワJ	直パワD	人セフB	人セフH	結ドリI	結ドリI	結ドリC	人セフB	人セフH
10	人セフH	結ドリI	直パワD	人セフB	人セフH	結ドリI	結ドリC	結ドリC	人セフB	人セフH	直パワJ	直パワD
11	結ドリC	結ドリC	人セフH	結ドリI	結ドリC	結ドリC	結ドリI	人セフH	直パワJ	直パワD	結オウA	結オウG
12	結ドリI	人セフH	結ドリC	結ドリC	結ドリI	人セフH	人セフB	直パワD	結オウA	結オウG	人レベK	人レベE
13	人セフB	直パワD	結ドリI	人セフH	人セフB	直パワD	直パワJ	結オウG	人レベK	人レベE	結ドリC	結ドリI
14	直パワJ	結オウG	人セフB	直パワD	直パワJ	結オウG	結オウA	人レベE	結ドリC	結ドリI	結ドリI	結ドリC
15	結オウA	人レベE	直パワJ	結オウG	結オウA	人レベE	人レベK	結ドリI	結ドリI	結ドリC	人セフB	人セフH
16	人レベK	結ドリI	結オウA	人レベE	人レベK	結ドリI	結ドリC	結ドリC	人セフB	人セフH	直パワJ	直パワD
17	結ドリC	結ドリC	人レベK	結ドリI	結ドリC	結ドリC	結ドリI	人セフH	直パワJ	直パワD	結オウA	結オウG
18	結ドリI	人セフH	結ドリC	結ドリC	結ドリI	人セフH	人セフB	直パワD	結オウA	結オウG	人レベK	人レベE
19	人セフB	直パワD	結ドリI	人セフH	人セフB	直パワD	直パワJ	結オウG	人レベK	人レベE	直ステL	直ステF
20	直パワJ	結オウG	人セフB	直パワD	直パワJ	結オウG	結オウA	人レベE	直ステL	直ステF	直ステL	直ステF
21	結オウA	人レベE	直パワJ	結オウG	結オウA	人レベE	人レベK	直ステF	直ステL	直ステF	人レベK	人レベE
22	人レベK	直ステF	結オウA	人レベE	人レベK	直ステF	直ステL	直ステF	人レベK	人レベE	結オウA	結オウG
23	直ステL	直ステF	人レベK	直ステF	直ステL	直ステF	直ステL	人レベE	結オウA	結オウG	結オウA	結オウG
24	直ステL	人レベE	直ステL	直ステF	直ステL	人レベE	人レベK	結オウG	結オウA	結オウG	人レベK	人レベE
25	人レベK	結オウG	直ステL	人レベE	人レベK	結オウG	結オウA	結オウG	人レベK	人レベE	直ステL	直ステF
26	結オウA	結オウG	人レベK	結オウG	結オウA	結オウG	結オウA	人レベE	直ステL	直ステF	直ステL	直ステF
27	結オウA	人レベE	結オウA	結オウG	結オウA	人レベE	人レベK	直ステF	直ステL	直ステF	人レベK	人レベE
28	人レベK	直ステF	結オウA	人レベE	人レベK	直ステF	直ステL	直ステF	人レベK	人レベE	結オウA	結オウG
29	直ステL		人レベK	直ステF	直ステL	直ステF	直ステL	人レベE	結オウA	結オウG	直パワJ	直パワD
30	直ステL		直ステL	直ステF	直ステL	人レベE	人レベK	結オウG	直パワJ	直パワD	人セフB	人セフH
31	人レベK		直ステL		人レベK		結オウA	直パワD		人セフH		結ドリC

1956年 【昭和31年】

	1月	2月	3月	4月	5月	6月	7月	8月	9月	10月	11月	12月
1	結ドリI	人レベK	結ドリI	人レベK	人レベE	結オウA	結オウG	直パワJ	人セフH	人セフB	結ドリC	結ドリI
2	人レベE	結オウA	人レベE	結オウA	結オウG	直パワJ	直パワD	人セフB	結ドリC	結ドリI	結ドリI	結ドリC
3	結オウG	直パワJ	結オウG	直パワJ	直パワD	人セフB	人セフH	結ドリI	結ドリI	結ドリC	人セフB	人セフH
4	直パワD	人セフB	直パワD	人セフB	人セフH	結ドリI	結ドリC	結ドリC	人セフB	人セフH	直パワJ	直パワD
5	人セフH	結ドリI	人セフH	結ドリI	結ドリC	結ドリC	結ドリI	人セフH	直パワJ	直パワD	結オウA	結オウG
6	結ドリC	結ドリC	結ドリC	結ドリC	結ドリI	人セフH	人セフB	直パワD	結オウA	結オウG	人レベK	人レベE
7	結ドリI	人セフH	結ドリI	人セフH	人セフB	直パワD	直パワJ	結オウG	人レベK	人レベE	結ドリC	結ドリI
8	人セフB	直パワD	人セフB	直パワD	直パワJ	結オウG	結オウA	人レベE	結ドリC	結ドリI	結ドリI	結ドリC
9	直パワJ	結オウG	直パワJ	結オウG	結オウA	人レベE	人レベK	結ドリI	結ドリI	結ドリC	人セフB	人セフH
10	結オウA	人レベE	結オウA	人レベE	人レベK	結ドリI	結ドリC	結ドリC	人セフB	人セフH	直パワJ	直パワD
11	人レベK	結ドリI	人レベK	結ドリI	結ドリC	結ドリC	結ドリI	人セフH	直パワJ	直パワD	結オウA	結オウG
12	結ドリC	結ドリC	結ドリC	結ドリC	結ドリI	人セフH	人セフB	直パワD	結オウA	結オウG	人レベK	人レベE
13	結ドリI	人セフH	結ドリI	人セフH	人セフB	直パワD	直パワJ	結オウG	人レベK	人レベE	直ステL	直ステF
14	人セフB	直パワD	人セフB	直パワD	直パワJ	結オウG	結オウA	人レベE	直ステL	直ステF	直ステL	直ステF
15	直パワJ	結オウG	直パワJ	結オウG	結オウA	人レベE	人レベK	直ステF	直ステL	直ステF	人レベK	人レベE
16	結オウA	人レベE	結オウA	人レベE	人レベK	直ステF	直ステL	直ステF	人レベK	人レベE	結オウA	結オウG
17	人レベK	直ステF	人レベK	直ステF	直ステL	直ステF	直ステL	人レベE	結オウA	結オウG	結オウA	結オウG
18	直ステL	直ステF	直ステL	直ステF	直ステL	人レベE	人レベK	結オウG	結オウA	結オウG	人レベK	人レベE
19	直ステL	人レベE	直ステL	人レベE	人レベK	結オウG	結オウA	結オウG	人レベK	人レベE	直ステL	直ステF
20	人レベK	結オウG	人レベK	結オウG	結オウA	結オウG	結オウA	人レベE	直ステL	直ステF	直ステL	直ステF
21	結オウA	結オウG	結オウA	結オウG	結オウA	人レベE	人レベK	直ステF	直ステL	直ステF	人レベK	人レベE
22	結オウA	人レベE	結オウA	人レベE	人レベK	直ステF	直ステL	直ステF	人レベK	人レベE	結オウA	結オウG
23	人レベK	直ステF	人レベK	直ステF	直ステL	直ステF	直ステL	人レベE	結オウA	結オウG	直パワJ	直パワD
24	直ステL	直ステF	直ステL	直ステF	直ステL	人レベE	人レベK	結オウG	直パワJ	直パワD	人セフB	人セフH
25	直ステL	人レベE	直ステL	人レベE	人レベK	結オウG	結オウA	直パワD	人セフB	人セフH	結ドリI	結ドリC
26	人レベK	結オウG	人レベK	結オウG	結オウA	直パワD	直パワJ	人セフH	結ドリI	結ドリC	結ドリC	結ドリI
27	結オウA	直パワD	結オウA	直パワD	直パワJ	人セフH	人セフB	結ドリC	結ドリC	結ドリI	人レベK	人レベE
28	直パワJ	人セフH	直パワJ	人セフH	人セフB	結ドリC	結ドリI	結ドリI	人レベK	人レベE	結オウA	結オウG
29	人セフB	結ドリC	人セフB	結ドリC	結ドリI	結ドリI	結ドリC	人レベE	結オウA	結オウG	直パワJ	直パワD
30	結ドリI		結ドリI	結ドリI	結ドリC	人レベE	人レベK	結オウG	直パワJ	直パワD	人セフB	人セフH
31	結ドリC		結ドリC		人レベK		結オウA	直パワD		人セフH		結ドリC

1957 年　【昭和 32 年】

	1月	2月	3月	4月	5月	6月	7月	8月	9月	10月	11月	12月
1	結ドリ I	人セフ H	結ドリ C	結ドリ C	結ドリ I	人セフ H	人セフ B	直パワ D	結オウ A	結オウ G	人レベ K	人レベ E
2	人セフ B	直パワ D	結ドリ I	人セフ H	人セフ B	直パワ D	直パワ J	結オウ G	人レベ K	人レベ E	結ドリ C	結ドリ I
3	直パワ J	結オウ G	人セフ B	直パワ D	直パワ J	結オウ G	結オウ A	人レベ E	結ドリ C	結ドリ I	結ドリ I	結ドリ C
4	結オウ A	人レベ E	直パワ J	結オウ G	結オウ A	人レベ E	人レベ K	結ドリ I	結ドリ I	結ドリ C	人セフ B	人セフ H
5	人レベ K	結ドリ I	結オウ A	人レベ E	人レベ K	結ドリ I	結ドリ C	結ドリ C	人セフ B	人セフ H	直パワ J	直パワ D
6	結ドリ C	結ドリ C	人レベ K	結ドリ I	結ドリ C	結ドリ C	結ドリ I	人セフ H	直パワ J	直パワ D	結オウ A	結オウ G
7	結ドリ I	人セフ H	結ドリ C	結ドリ C	結ドリ I	人セフ H	人セフ B	直パワ D	結オウ A	結オウ G	人レベ K	人レベ E
8	人セフ B	直パワ D	結ドリ I	人セフ H	人セフ B	直パワ D	直パワ J	結オウ G	人レベ K	人レベ E	直ステ L	直ステ F
9	直パワ J	結オウ G	人セフ B	直パワ D	直パワ J	結オウ G	結オウ A	人レベ E	直ステ L	直ステ F	直ステ L	直ステ F
10	結オウ A	人レベ E	直パワ J	結オウ G	結オウ A	人レベ E	人レベ K	直ステ F	直ステ L	直ステ F	人レベ K	人レベ E
11	人レベ K	直ステ F	結オウ A	人レベ E	人レベ K	直ステ F	直ステ L	直ステ F	人レベ K	人レベ E	結オウ A	結オウ G
12	直ステ L	直ステ F	人レベ K	直ステ F	直ステ L	直ステ F	直ステ L	人レベ E	結オウ A	結オウ G	結オウ A	結オウ G
13	直ステ L	人レベ E	直ステ L	直ステ F	直ステ L	人レベ E	人レベ K	結オウ G	結オウ A	結オウ G	人レベ K	人レベ E
14	人レベ K	結オウ G	直ステ L	人レベ E	人レベ K	結オウ G	結オウ A	結オウ G	人レベ K	人レベ E	直ステ L	直ステ F
15	結オウ A	結オウ G	人レベ K	結オウ G	結オウ A	結オウ G	結オウ A	人レベ E	直ステ L	直ステ F	直ステ L	直ステ F
16	結オウ A	人レベ E	結オウ A	結オウ G	結オウ A	人レベ E	人レベ K	直ステ F	直ステ L	直ステ F	人レベ K	人レベ E
17	人レベ K	直ステ F	結オウ A	人レベ E	人レベ K	直ステ F	直ステ L	直ステ F	人レベ K	人レベ E	結オウ A	結オウ G
18	直ステ L	直ステ F	人レベ K	直ステ F	直ステ L	直ステ F	直ステ L	人レベ E	結オウ A	結オウ G	直パワ J	直パワ D
19	直ステ L	人レベ E	直ステ L	直ステ F	直ステ L	人レベ E	人レベ K	結オウ G	直パワ J	直パワ D	人セフ B	人セフ H
20	人レベ K	結オウ G	直ステ L	人レベ E	人レベ K	結オウ G	結オウ A	直パワ D	人セフ B	人セフ H	結ドリ I	結ドリ C
21	結オウ A	直パワ D	人レベ K	結オウ G	結オウ A	直パワ D	直パワ J	人セフ H	結ドリ I	結ドリ C	結ドリ C	結ドリ I
22	直パワ J	人セフ H	結オウ A	直パワ D	直パワ J	人セフ H	人セフ B	結ドリ C	結ドリ C	結ドリ I	人レベ K	人レベ E
23	人セフ B	結ドリ C	直パワ J	人セフ H	人セフ B	結ドリ C	結ドリ I	結ドリ I	人レベ K	人レベ E	結オウ A	結オウ G
24	結ドリ I	結ドリ I	人セフ B	結ドリ C	結ドリ I	結ドリ I	結ドリ C	人レベ E	結オウ A	結オウ G	直パワ J	直パワ D
25	結ドリ C	人レベ E	結ドリ I	結ドリ I	結ドリ C	人レベ E	人レベ K	結オウ G	直パワ J	直パワ D	人セフ B	人セフ H
26	人レベ K	結オウ G	結ドリ C	人レベ E	人レベ K	結オウ G	結オウ A	直パワ D	人セフ B	人セフ H	結ドリ I	結ドリ C
27	結オウ A	直パワ D	人レベ K	結オウ G	結オウ A	直パワ D	直パワ J	人セフ H	結ドリ I	結ドリ C	結ドリ C	結ドリ I
28	直パワ J	人セフ H	結オウ A	直パワ D	直パワ J	人セフ H	人セフ B	結ドリ C	結ドリ C	結ドリ I	人セフ H	人セフ B
29	人セフ B		直パワ J	人セフ H	人セフ B	結ドリ C	結ドリ I	結ドリ I	人セフ H	人セフ B	直パワ D	直パワ J
30	結ドリ I		人セフ B	結ドリ C	結ドリ I	結ドリ I	結ドリ C	人セフ B	直パワ D	直パワ J	結オウ G	結オウ A
31	結ドリ C		結ドリ I		結ドリ C		人セフ H	直パワ J		結オウ A		人レベ K

1958年 【昭和33年】

	1月	2月	3月	4月	5月	6月	7月	8月	9月	10月	11月	12月
1	結ドリC	結ドリC	人レベK	結ドリI	結ドリC	結ドリC	結ドリI	人セフH	直パワJ	直パワD	結オウA	結オウG
2	結ドリI	人セフH	結ドリC	結ドリC	結ドリI	人セフH	人セフB	直パワD	結オウA	結オウG	人レベK	人レベE
3	人セフB	直パワD	結ドリI	人セフH	人セフB	直パワD	直パワJ	結オウG	人レベK	人レベE	直ステL	直ステF
4	直パワJ	結オウG	人セフB	直パワD	直パワJ	結オウG	結オウA	人レベE	直ステL	直ステF	直ステL	直ステF
5	結オウA	人レベE	直パワJ	結オウG	結オウA	人レベE	人レベK	直ステF	直ステL	直ステF	人レベK	人レベE
6	人レベK	直ステF	結オウA	人レベE	人レベK	直ステF	直ステL	直ステF	人レベK	人レベE	結オウA	結オウG
7	直ステL	直ステF	人レベK	直ステF	直ステL	直ステF	直ステL	人レベE	結オウA	結オウG	結オウA	結オウG
8	直ステL	人レベE	直ステL	直ステF	直ステL	人レベE	人レベK	結オウG	結オウA	結オウG	人レベK	人レベE
9	人レベK	結オウG	直ステL	人レベE	人レベK	結オウG	結オウA	結オウG	人レベK	人レベE	直ステL	直ステF
10	結オウA	結オウG	人レベK	結オウG	結オウA	結オウG	結オウA	人レベE	直ステL	直ステF	直ステL	直ステF
11	結オウA	人レベE	結オウA	結オウG	結オウA	人レベE	人レベK	直ステF	直ステL	直ステF	人レベK	人レベE
12	人レベK	直ステF	結オウA	人レベE	人レベK	直ステF	直ステL	直ステF	人レベK	人レベE	結オウA	結オウG
13	直ステL	直ステF	人レベK	直ステF	直ステL	直ステF	直ステL	人レベE	結オウA	結オウG	直パワJ	直パワD
14	直ステL	人レベE	直ステL	直ステF	直ステL	人レベE	人レベK	結オウG	直パワJ	直パワD	人セフB	人セフH
15	人レベK	結オウG	直ステL	人レベE	人レベK	結オウG	結オウA	直パワD	人セフB	人セフH	結ドリI	結ドリC
16	結オウA	直パワD	人レベK	結オウG	結オウA	直パワD	直パワJ	人セフH	結ドリI	結ドリC	結ドリC	結ドリI
17	直パワJ	人セフH	結オウA	直パワD	直パワJ	人セフH	人セフB	結ドリC	結ドリC	結ドリI	人レベK	人レベE
18	人セフB	結ドリC	直パワJ	人セフH	人セフB	結ドリC	結ドリI	結ドリI	人レベK	人レベE	結オウA	結オウG
19	結ドリI	結ドリI	人セフB	結ドリC	結ドリI	結ドリI	結ドリC	人レベE	結オウA	結オウG	直パワJ	直パワD
20	結ドリC	人レベE	結ドリI	結ドリI	結ドリC	人レベE	人レベK	結オウG	直パワJ	直パワD	人セフB	人セフH
21	人レベK	結オウG	結ドリC	人レベE	人レベK	結オウG	結オウA	直パワD	人セフB	人セフH	結ドリI	結ドリC
22	結オウA	直パワD	人レベK	結オウG	結オウA	直パワD	直パワJ	人セフH	結ドリI	結ドリC	結ドリC	結ドリI
23	直パワJ	人セフH	結オウA	直パワD	直パワJ	人セフH	人セフB	結ドリC	結ドリC	結ドリI	人セフH	人セフB
24	人セフB	結ドリC	直パワJ	人セフH	人セフB	結ドリC	結ドリI	結ドリI	人セフH	人セフB	直パワD	直パワJ
25	結ドリI	結ドリI	人セフB	結ドリC	結ドリI	結ドリI	結ドリC	人セフB	直パワD	直パワJ	結オウG	結オウA
26	結ドリC	人セフB	結ドリI	結ドリI	結ドリC	人セフB	人セフH	直パワJ	結オウG	結オウA	人レベE	人レベK
27	人セフH	直パワJ	結ドリC	人セフB	人セフH	直パワJ	直パワD	結オウA	人レベE	人レベK	結ドリI	結ドリC
28	直パワD	結オウA	人セフH	直パワJ	直パワD	結オウA	結オウG	人レベK	結ドリI	結ドリC	結ドリC	結ドリI
29	結オウG		直パワD	結オウA	結オウG	人レベK	人レベE	結ドリC	結ドリC	結ドリI	人セフH	人セフB
30	人レベE		結オウG	人レベK	人レベE	結ドリC	結ドリI	結ドリI	人セフH	人セフB	直パワD	直パワJ
31	結ドリI		人レベE		結ドリI		結ドリC	人セフB		直パワJ		結オウA

1959年 【昭和34年】

	1月	2月	3月	4月	5月	6月	7月	8月	9月	10月	11月	12月
1	人レベK	直ステF	結オウA	人レベE	人レベK	直ステF	直ステL	直ステF	人レベK	人レベE	結オウA	結オウG
2	直ステL	直ステF	人レベK	直ステF	直ステL	直ステF	直ステL	人レベF	結オウA	結オウG	結オウA	結オウG
3	直ステL	人レベE	直ステL	直ステF	直ステL	人レベE	人レベK	結オウG	結オウA	結オウG	人レベK	人レベE
4	人レベK	結オウG	直ステL	人レベE	人レベK	結オウG	結オウA	結オウG	人レベK	人レベE	直ステL	直ステF
5	結オウA	結オウG	人レベK	結オウG	結オウA	結オウG	結オウA	人レベE	直ステL	直ステF	直ステL	直ステF
6	結オウA	人レベE	結オウA	結オウG	結オウA	人レベE	人レベK	直ステF	直ステL	直ステF	人レベK	人レベE
7	人レベK	直ステF	結オウA	人レベE	人レベK	直ステF	直ステL	直ステF	人レベK	人レベE	結オウA	結オウG
8	直ステL	直ステF	人レベK	直ステF	直ステL	直ステF	直ステL	人レベE	結オウA	結オウG	直パワJ	直パワD
9	直ステL	人レベE	直ステL	直ステF	直ステL	人レベE	人レベK	結オウG	直パワJ	直パワD	人セフB	人セフH
10	人レベK	結オウG	直ステL	人レベE	人レベK	結オウG	結オウA	直パワD	人セフB	人セフH	結ドリI	結ドリC
11	結オウA	直パワD	人レベK	結オウG	結オウA	直パワD	直パワJ	人セフH	結ドリI	結ドリC	結ドリC	結ドリI
12	直パワJ	人セフH	結オウA	直パワD	直パワJ	人セフH	人セフB	結ドリC	結ドリC	結ドリI	人レベK	人レベE
13	人セフB	結ドリC	直パワJ	人セフH	人セフB	結ドリC	結ドリI	結ドリI	人レベK	人レベE	結オウA	結オウG
14	結ドリI	結ドリI	人セフB	結ドリC	結ドリI	結ドリI	結ドリC	人レベE	結オウA	結オウG	直パワJ	直パワD
15	結ドリC	人レベE	結ドリI	結ドリI	結ドリC	人レベE	人レベK	結オウG	直パワJ	直パワD	人セフB	人セフH
16	人レベK	結オウG	結ドリC	人レベE	人レベK	結オウG	結オウA	直パワD	人セフB	人セフH	結ドリI	結ドリC
17	結オウA	直パワD	人レベK	結オウG	結オウA	直パワD	直パワJ	人セフH	結ドリI	結ドリC	結ドリC	結ドリI
18	直パワJ	人セフH	結オウA	直パワD	直パワJ	人セフH	人セフB	結ドリC	結ドリC	結ドリI	人セフH	人セフB
19	人セフB	結ドリC	直パワJ	人セフH	人セフB	結ドリC	結ドリI	結ドリI	人セフH	人セフB	直パワD	直パワJ
20	結ドリI	結ドリI	人セフB	結ドリC	結ドリI	結ドリI	結ドリC	人セフB	直パワD	直パワJ	結オウG	結オウA
21	結ドリC	人セフB	結ドリI	結ドリI	結ドリC	人セフB	人セフH	直パワJ	結オウG	結オウA	人レベE	人レベK
22	人セフH	直パワJ	結ドリC	人セフB	人セフH	直パワJ	直パワD	結オウA	人レベE	人レベK	結ドリI	結ドリC
23	直パワD	結オウA	人セフH	直パワJ	直パワD	結オウA	結オウG	人レベK	結ドリI	結ドリC	結ドリC	結ドリI
24	結オウG	人レベK	直パワD	結オウA	結オウG	人レベK	人レベE	結ドリC	結ドリC	結ドリI	人セフH	人セフB
25	人レベE	結ドリC	結オウG	人レベK	人レベE	結ドリC	結ドリI	結ドリI	人セフH	人セフB	直パワD	直パワJ
26	結ドリI	結ドリI	人レベE	結ドリC	結ドリI	結ドリI	結ドリC	人セフB	直パワD	直パワJ	結オウG	結オウA
27	結ドリC	人セフB	結ドリI	結ドリI	結ドリC	人セフB	人セフH	直パワJ	結オウG	結オウA	人レベE	人レベK
28	人セフH	直パワJ	結ドリC	人セフB	人セフH	直パワJ	直パワD	結オウA	人レベE	人レベK	直ステF	直ステL
29	直パワD		人セフH	直パワJ	直パワD	結オウA	結オウG	人レベK	直ステF	直ステL	直ステF	直ステL
30	結オウG		直パワD	結オウA	結オウG	人レベK	人レベE	直ステL	直ステF	直ステL	人レベE	人レベK
31	人レベE		結オウG		人レベE		直ステF	直ステL		人レベK		結オウA

1960年 【昭和35年】

	1月	2月	3月	4月	5月	6月	7月	8月	9月	10月	11月	12月
1	結オウA	人レベE	結オウA	人レベE	人レベK	直ステF	直ステL	直ステF	人レベK	人レベE	結オウA	結オウG
2	人レベK	直ステF	人レベK	直ステF	直ステL	直ステF	直ステL	人レベE	結オウA	結オウG	直パワJ	直パワD
3	直ステL	直ステF	直ステL	直ステF	直ステL	人レベE	人レベK	結オウG	直パワJ	直パワD	人セフB	人セフH
4	直ステL	人レベE	直ステL	人レベE	人レベK	結オウG	結オウA	直パワD	人セフB	人セフH	結ドリI	結ドリC
5	人レベK	結オウG	人レベK	結オウG	結オウA	直パワD	直パワJ	人セフH	結ドリI	結ドリC	結ドリC	結ドリI
6	結オウA	直パワD	結オウA	直パワD	直パワJ	人セフH	人セフB	結ドリC	結ドリC	結ドリI	人レベK	人レベE
7	直パワJ	人セフH	直パワJ	人セフH	人セフB	結ドリC	結ドリI	結ドリI	人レベK	人レベE	結オウA	結オウG
8	人セフB	結ドリC	人セフB	結ドリC	結ドリI	結ドリI	結ドリC	人レベE	結オウA	結オウG	直パワJ	直パワD
9	結ドリI	結ドリI	結ドリI	結ドリI	結ドリC	人レベE	人レベK	結オウG	直パワJ	直パワD	人セフB	人セフH
10	結ドリC	人レベE	結ドリC	人レベE	人レベK	結オウG	結オウA	直パワD	人セフB	人セフH	結ドリI	結ドリC
11	人レベK	結オウG	人レベK	結オウG	結オウA	直パワD	直パワJ	人セフH	結ドリI	結ドリC	結ドリC	結ドリI
12	結オウA	直パワD	結オウA	直パワD	直パワJ	人セフH	人セフB	結ドリC	結ドリC	結ドリI	人セフH	人セフB
13	直パワJ	人セフH	直パワJ	人セフH	人セフB	結ドリC	結ドリI	結ドリI	人セフH	人セフB	直パワD	直パワJ
14	人セフB	結ドリC	人セフB	結ドリC	結ドリI	結ドリI	結ドリC	人セフB	直パワD	直パワJ	結オウG	結オウA
15	結ドリI	結ドリI	結ドリI	結ドリI	結ドリC	人セフB	人セフH	直パワJ	結オウG	結オウA	人レベE	人レベK
16	結ドリC	人セフB	結ドリC	人セフB	人セフH	直パワJ	直パワD	結オウA	人レベE	人レベK	結ドリI	結ドリC
17	人セフH	直パワJ	人セフH	直パワJ	直パワD	結オウA	結オウG	人レベK	結ドリI	結ドリC	結ドリC	結ドリI
18	直パワD	結オウA	直パワD	結オウA	結オウG	人レベK	人レベE	結ドリC	結ドリC	結ドリI	人セフH	人セフB
19	結オウG	人レベK	結オウG	人レベK	人レベE	結ドリC	結ドリI	結ドリI	人セフH	人セフB	直パワD	直パワJ
20	人レベE	結ドリC	人レベE	結ドリC	結ドリI	結ドリI	結ドリC	人セフB	直パワD	直パワJ	結オウG	結オウA
21	結ドリI	結ドリI	結ドリI	結ドリI	結ドリC	人セフB	人セフH	直パワJ	結オウG	結オウA	人レベE	人レベK
22	結ドリC	人セフB	結ドリC	人セフB	人セフH	直パワJ	直パワD	結オウA	人レベE	人レベK	直ステF	直ステL
23	人セフH	直パワJ	人セフH	直パワJ	直パワD	結オウA	結オウG	人レベK	直ステF	直ステL	直ステF	直ステL
24	直パワD	結オウA	直パワD	結オウA	結オウG	人レベK	人レベE	直ステL	直ステF	直ステL	人レベE	人レベK
25	結オウG	人レベK	結オウG	人レベK	人レベE	直ステL	直ステF	直ステL	人レベE	人レベK	結オウG	結オウA
26	人レベE	直ステL	人レベE	直ステL	直ステF	直ステL	直ステF	人レベK	結オウG	結オウA	結オウG	結オウA
27	直ステF	直ステL	直ステF	直ステL	直ステF	人レベK	人レベE	結オウA	結オウG	結オウA	人レベE	人レベK
28	直ステF	人レベK	直ステF	人レベK	人レベE	結オウA	結オウG	結オウA	人レベE	人レベK	直ステF	直ステL
29	人レベE	結オウA	人レベE	結オウA	結オウG	結オウA	結オウG	人レベK	直ステF	直ステL	直ステF	直ステL
30	結オウG		結オウG	結オウA	結オウG	人レベK	人レベE	直ステL	直ステF	直ステL	人レベE	人レベK
31	結オウG		結オウG		人レベE		直ステF	直ステL		人レベK		結オウA

1961年 【昭和36年】

	1月	2月	3月	4月	5月	6月	7月	8月	9月	10月	11月	12月
1	直パワJ	人セフH	結オウA	直パワD	直パワI	人セフH	人セフB	結ドリC	結ドリC	結ドリI	人レベK	人レベE
2	人セフB	結ドリC	直パワJ	人セフH	人セフB	結ドリC	結ドリI	結ドリI	人レベK	人レベE	結オウA	結オウG
3	結ドリI	結ドリI	人セフB	結ドリC	結ドリI	結ドリI	結ドリC	人レベE	結オウA	結オウG	直パワJ	直パワD
4	結ドリC	人レベE	結ドリI	結ドリI	結ドリC	人レベE	人レベK	結オウG	直パワJ	直パワD	人セフB	人セフH
5	人レベK	結オウG	結ドリC	人レベE	人レベK	結オウG	結オウA	直パワD	人セフB	人セフH	結ドリI	結ドリC
6	結オウA	直パワD	人レベK	結オウG	結オウA	直パワD	直パワJ	人セフH	結ドリI	結ドリC	結ドリC	結ドリI
7	直パワJ	人セフH	結オウA	直パワD	直パワJ	人セフH	人セフB	結ドリC	結ドリC	結ドリI	人セフH	人セフB
8	人セフB	結ドリC	直パワJ	人セフH	人セフB	結ドリC	結ドリI	結ドリI	人セフH	人セフB	直パワD	直パワJ
9	結ドリI	結ドリI	人セフB	結ドリC	結ドリI	結ドリI	結ドリC	人セフB	直パワD	直パワJ	結オウG	結オウA
10	結ドリC	人セフB	結ドリI	結ドリI	結ドリC	人セフB	人セフH	直パワJ	結オウG	結オウA	人レベE	人レベK
11	人セフH	直パワJ	結ドリC	人セフB	人セフH	直パワJ	直パワD	結オウA	人レベE	人レベK	結ドリI	結ドリC
12	直パワD	結オウA	人セフH	直パワJ	直パワD	結オウA	結オウG	人レベK	結ドリI	結ドリC	結ドリC	結ドリI
13	結オウG	人レベK	直パワD	結オウA	結オウG	人レベK	人レベE	結ドリC	結ドリC	結ドリI	人セフH	人セフB
14	人レベE	結ドリC	結オウG	人レベK	人レベE	結ドリC	結ドリI	結ドリI	人セフH	人セフB	直パワD	直パワJ
15	結ドリI	結ドリI	人レベE	結ドリC	結ドリI	結ドリI	結ドリC	人セフB	直パワD	直パワJ	結オウG	結オウA
16	結ドリC	人セフB	結ドリI	結ドリI	結ドリC	人セフB	人セフH	直パワJ	結オウG	結オウA	人レベE	人レベK
17	人セフH	直パワJ	結ドリC	人セフB	人セフH	直パワJ	直パワD	結オウA	人レベE	人レベK	直ステF	直ステL
18	直パワD	結オウA	人セフH	直パワJ	直パワD	結オウA	結オウG	人レベK	直ステF	直ステL	直ステF	直ステL
19	結オウG	人レベK	直パワD	結オウA	結オウG	人レベK	人レベE	直ステL	直ステF	直ステL	人レベE	人レベK
20	人レベE	直ステL	結オウG	人レベK	人レベE	直ステL	直ステF	直ステL	人レベE	人レベK	結オウG	結オウA
21	直ステF	直ステL	人レベE	直ステL	直ステF	直ステL	直ステF	人レベK	結オウG	結オウA	結オウG	結オウA
22	直ステF	人レベK	直ステF	直ステL	直ステF	人レベK	人レベE	結オウA	結オウG	結オウA	人レベE	人レベK
23	人レベE	結オウA	直ステF	人レベK	人レベE	結オウA	結オウG	結オウA	人レベE	人レベK	直ステF	直ステL
24	結オウG	結オウA	人レベE	結オウA	結オウG	結オウA	結オウG	人レベK	直ステF	直ステL	直ステF	直ステL
25	結オウG	人レベK	結オウG	結オウA	結オウG	人レベK	人レベE	直ステL	直ステF	直ステL	人レベE	人レベK
26	人レベE	直ステL	結オウG	人レベK	人レベE	直ステL	直ステF	直ステL	人レベE	人レベK	結オウG	結オウA
27	直ステF	直ステL	人レベE	直ステL	直ステF	直ステL	直ステF	人レベK	結オウG	結オウA	直パワD	直パワJ
28	直ステF	人レベK	直ステF	直ステL	直ステF	人レベK	人レベE	結オウA	直パワD	直パワJ	人セフH	人セフB
29	人レベE		直ステF	人レベK	人レベE	結オウA	結オウG	直パワJ	人セフH	人セフB	結ドリC	結ドリI
30	結オウG		人レベE	結オウA	結オウG	直パワJ	直パワD	人セフB	結ドリC	結ドリI	結ドリI	結ドリC
31	直パワD		結オウG		直パワD		人セフH	結ドリI		結ドリC		人レベK

1962年 【昭和37年】

	1月	2月	3月	4月	5月	6月	7月	8月	9月	10月	11月	12月
1	結オウA	直パワD	人レベK	結オウG	結オウA	直パワD	直パワJ	人セフH	結ドリI	結ドリC	結ドリC	結ドリI
2	直パワJ	人セフH	結オウA	直パワD	直パワJ	人セフH	人セフB	結ドリC	結ドリC	結ドリI	人セフH	人セフB
3	人セフB	結ドリC	直パワJ	人セフH	人セフB	結ドリC	結ドリI	結ドリI	人セフH	人セフB	直パワD	直パワJ
4	結ドリI	結ドリI	人セフB	結ドリC	結ドリI	結ドリI	結ドリC	人セフB	直パワD	直パワJ	結オウG	結オウA
5	結ドリC	人セフB	結ドリI	結ドリI	結ドリC	人セフB	人セフH	直パワJ	結オウG	結オウA	人レベE	人レベK
6	人セフH	直パワJ	結ドリC	人セフB	人セフH	直パワJ	直パワD	結オウA	人レベE	人レベK	結ドリI	結ドリC
7	直パワD	結オウA	人セフH	直パワJ	直パワD	結オウA	結オウG	人レベK	結ドリI	結ドリC	結ドリC	結ドリI
8	結オウG	人レベK	直パワD	結オウA	結オウG	人レベK	人レベE	結ドリC	結ドリC	結ドリI	人セフH	人セフB
9	人レベE	結ドリC	結オウG	人レベK	人レベE	結ドリC	結ドリI	結ドリI	人セフH	人セフB	直パワD	直パワJ
10	結ドリI	結ドリI	人レベE	結ドリC	結ドリI	結ドリI	結ドリC	人セフB	直パワD	直パワJ	結オウG	結オウA
11	結ドリC	人セフB	結ドリI	結ドリI	結ドリC	人セフB	人セフH	直パワJ	結オウG	結オウA	人レベE	人レベK
12	人セフH	直パワJ	結ドリC	人セフB	人セフH	直パワJ	直パワD	結オウA	人レベE	人レベK	直ステF	直ステL
13	直パワD	結オウA	人セフH	直パワJ	直パワD	結オウA	結オウG	人レベK	直ステF	直ステL	直ステF	直ステL
14	結オウG	人レベK	直パワD	結オウA	結オウG	人レベK	人レベE	直ステL	直ステF	直ステL	人レベE	人レベK
15	人レベE	直ステL	結オウG	人レベK	人レベE	直ステL	直ステF	直ステL	人レベE	人レベK	結オウG	結オウA
16	直ステF	直ステL	人レベE	直ステL	直ステF	直ステL	直ステF	人レベK	結オウG	結オウA	結オウG	結オウA
17	直ステF	人レベK	直ステF	直ステL	直ステF	人レベK	人レベE	結オウA	結オウG	結オウA	人レベE	人レベK
18	人レベE	結オウA	直ステF	人レベK	人レベE	結オウA	結オウG	結オウA	人レベE	人レベK	直ステF	直ステL
19	結オウG	結オウA	人レベE	結オウA	結オウG	結オウA	結オウG	人レベK	直ステF	直ステL	直ステF	直ステL
20	結オウG	人レベK	結オウG	結オウA	結オウG	人レベK	人レベE	直ステL	直ステF	直ステL	人レベE	人レベK
21	人レベE	直ステL	結オウG	人レベK	人レベE	直ステL	直ステF	直ステL	人レベE	人レベK	結オウG	結オウA
22	直ステF	直ステL	人レベE	直ステL	直ステF	直ステL	直ステF	人レベK	結オウG	結オウA	直パワD	直パワJ
23	直ステF	人レベK	直ステF	直ステL	直ステF	人レベK	人レベE	結オウA	直パワD	直パワJ	人セフH	人セフB
24	人レベE	結オウA	直ステF	人レベK	人レベE	結オウA	結オウG	直パワJ	人セフH	人セフB	結ドリC	結ドリI
25	結オウG	直パワJ	人レベE	結オウA	結オウG	直パワJ	直パワD	人セフB	結ドリC	結ドリI	結ドリI	結ドリC
26	直パワD	人セフB	結オウG	直パワJ	直パワD	人セフB	人セフH	結ドリI	結ドリI	結ドリC	人レベE	人レベK
27	人セフH	結ドリI	直パワD	人セフB	人セフH	結ドリI	結ドリC	結ドリC	人レベE	人レベK	結オウG	結オウA
28	結ドリC	結ドリC	人セフH	結ドリI	結ドリC	結ドリC	結ドリI	人レベK	結オウG	結オウA	直パワD	直パワJ
29	結ドリI		結ドリC	結ドリC	結ドリI	人レベK	人レベE	結オウA	直パワD	直パワJ	人セフH	人セフB
30	人レベE		結ドリI	人レベK	人レベE	結オウA	結オウG	直パワJ	人セフH	人セフB	結ドリC	結ドリI
31	結オウG		人レベE		結オウG		直パワD	人セフB		結ドリI		結ドリC

1963年 【昭和38年】

	1月	2月	3月	4月	5月	6月	7月	8月	9月	10月	11月	12月
1	人セフH	直パワJ	結ドリC	人セフB	人セフH	直パワJ	直パワD	結オウA	人レベE	人レベK	結ドリI	結ドリC
2	直パワD	結オウA	人セフH	直パワJ	直パワD	結オウA	結オウG	人レベK	結ドリI	結ドリC	結ドリC	結ドリI
3	結オウG	人レベK	直パワD	結オウA	結オウG	人レベK	人レベE	結ドリC	結ドリC	結ドリI	人セフH	人セフB
4	人レベE	結ドリC	結オウG	人レベK	人レベE	結ドリC	結ドリI	結ドリI	人セフH	人セフB	直パワD	直パワJ
5	結ドリI	結ドリI	人レベE	結ドリC	結ドリI	結ドリI	結ドリC	人セフB	直パワD	直パワJ	結オウG	結オウA
6	結ドリC	人セフB	結ドリI	結ドリI	結ドリC	人セフB	人セフH	直パワJ	結オウG	結オウA	人レベE	人レベK
7	人セフH	直パワJ	結ドリC	人セフB	人セフH	直パワJ	直パワD	結オウA	人レベE	人レベK	直ステF	直ステL
8	直パワD	結オウA	人セフH	直パワJ	直パワD	結オウA	結オウG	人レベK	直ステF	直ステL	直ステF	直ステL
9	結オウG	人レベK	直パワD	結オウA	結オウG	人レベK	人レベE	直ステL	直ステF	直ステL	人レベE	人レベK
10	人レベE	直ステL	結オウG	人レベK	人レベE	直ステL	直ステF	直ステL	人レベE	人レベK	結オウG	結オウA
11	直ステF	直ステL	人レベE	直ステL	直ステF	直ステL	直ステF	人レベK	結オウG	結オウA	結オウG	結オウA
12	直ステF	人レベK	直ステF	直ステL	直ステF	人レベK	人レベE	結オウA	結オウG	結オウA	人レベE	人レベK
13	人レベE	結オウA	直ステF	人レベK	人レベE	結オウA	結オウG	結オウA	人レベE	人レベK	直ステF	直ステL
14	結オウG	結オウA	人レベE	結オウA	結オウG	結オウA	結オウG	人レベK	直ステF	直ステL	直ステF	直ステL
15	結オウG	人レベK	結オウG	結オウA	結オウG	人レベK	人レベE	直ステL	直ステF	直ステL	人レベE	人レベK
16	人レベE	直ステL	結オウG	人レベK	人レベE	直ステL	直ステF	直ステL	人レベE	人レベK	結オウG	結オウA
17	直ステF	直ステL	人レベE	直ステL	直ステF	直ステL	直ステF	人レベK	結オウG	結オウA	直パワD	直パワJ
18	直ステF	人レベK	直ステF	直ステL	直ステF	人レベK	人レベE	結オウA	直パワD	直パワJ	人セフH	人セフB
19	人レベE	結オウA	直ステF	人レベK	人レベE	結オウA	結オウG	直パワJ	人セフH	人セフB	結ドリC	結ドリI
20	結オウG	直パワJ	人レベE	結オウA	結オウG	直パワJ	直パワD	人セフB	結ドリC	結ドリI	結ドリI	結ドリC
21	直パワD	人セフB	結オウG	直パワJ	直パワD	人セフB	人セフH	結ドリI	結ドリI	結ドリC	人レベE	人レベK
22	人セフH	結ドリI	直パワD	人セフB	人セフH	結ドリI	結ドリC	結ドリC	人レベE	人レベK	結オウG	結オウA
23	結ドリC	結ドリC	人セフH	結ドリI	結ドリC	結ドリC	結ドリI	人レベK	結オウG	結オウA	直パワD	直パワJ
24	結ドリI	人レベK	結ドリC	結ドリC	結ドリI	人レベK	人レベE	結オウA	直パワD	直パワJ	人セフH	人セフB
25	人レベE	結オウA	結ドリI	人レベK	人レベE	結オウA	結オウG	直パワJ	人セフH	人セフB	結ドリC	結ドリI
26	結オウG	直パワJ	人レベE	結オウA	結オウG	直パワJ	直パワD	人セフB	結ドリC	結ドリI	結ドリI	結ドリC
27	直パワD	人セフB	結オウG	直パワJ	直パワD	人セフB	人セフH	結ドリI	結ドリI	結ドリC	人セフB	人セフH
28	人セフH	結ドリI	直パワD	人セフB	人セフH	結ドリI	結ドリC	結ドリC	人セフB	人セフH	直パワJ	直パワD
29	結ドリC		人セフH	結ドリI	結ドリC	結ドリC	結ドリI	人セフH	直パワJ	直パワD	結オウA	結オウG
30	結ドリI		結ドリC	結ドリC	結ドリI	人セフH	人セフB	直パワD	結オウA	結オウG	人レベK	人レベE
31	人セフB		結ドリI		人セフB		直パワJ	結オウG		人レベE		結ドリI

1964年 【昭和39年】

	1月	2月	3月	4月	5月	6月	7月	8月	9月	10月	11月	12月
1	結ドリC	人セフB	結ドリC	人セフB	人セフH	直パワJ	直パワD	結オウA	人レベE	人レベK	直ステF	直ステL
2	人セフH	直パワJ	人セフH	直パワJ	直パワD	結オウA	結オウG	人レベK	直ステF	直ステL	直ステF	直ステL
3	直パワD	結オウA	直パワD	結オウA	結オウG	人レベK	人レベE	直ステL	直ステF	直ステL	人レベE	人レベK
4	結オウG	人レベK	結オウG	人レベK	人レベE	直ステL	直ステF	直ステL	人レベE	人レベK	結オウG	結オウA
5	人レベE	直ステL	人レベE	直ステL	直ステF	直ステL	直ステF	人レベK	結オウG	結オウA	結オウG	結オウA
6	直ステF	直ステL	直ステF	直ステL	直ステF	人レベK	人レベE	結オウA	結オウG	結オウA	人レベE	人レベK
7	直ステF	人レベK	直ステF	人レベK	人レベE	結オウA	結オウG	結オウA	人レベE	人レベK	直ステF	直ステL
8	人レベE	結オウA	人レベE	結オウA	結オウG	結オウA	結オウG	人レベK	直ステF	直ステL	直ステF	直ステL
9	結オウG	結オウA	結オウG	結オウA	結オウG	人レベK	人レベE	直ステL	直ステF	直ステL	人レベE	人レベK
10	結オウG	人レベK	結オウG	人レベK	人レベE	直ステL	直ステF	直ステL	人レベE	人レベK	結オウG	結オウA
11	人レベE	直ステL	人レベE	直ステL	直ステF	直ステL	直ステF	人レベK	結オウG	結オウA	直パワD	直パワJ
12	直ステF	直ステL	直ステF	直ステL	直ステF	人レベK	人レベE	結オウA	直パワD	直パワJ	人セフH	人セフB
13	直ステF	人レベK	直ステF	人レベK	人レベE	結オウA	結オウG	直パワJ	人セフH	人セフB	結ドリC	結ドリI
14	人レベE	結オウA	人レベE	結オウA	結オウG	直パワJ	直パワD	人セフB	結ドリC	結ドリI	結ドリI	結ドリC
15	結オウG	直パワJ	結オウG	直パワJ	直パワD	人セフB	人セフH	結ドリI	結ドリI	結ドリC	人レベE	人レベK
16	直パワD	人セフB	直パワD	人セフB	人セフH	結ドリI	結ドリC	結ドリC	人レベE	人レベK	結オウG	結オウA
17	人セフH	結ドリI	人セフH	結ドリI	結ドリC	結ドリC	結ドリI	人レベK	結オウG	結オウA	直パワD	直パワJ
18	結ドリC	結ドリC	結ドリC	結ドリC	結ドリI	人レベK	人レベE	結オウA	直パワD	直パワJ	人セフH	人セフB
19	結ドリI	人レベK	結ドリI	人レベK	人レベE	結オウA	結オウG	直パワJ	人セフH	人セフB	結ドリC	結ドリI
20	人レベE	結オウA	人レベE	結オウA	結オウG	直パワJ	直パワD	人セフB	結ドリC	結ドリI	結ドリI	結ドリC
21	結オウG	直パワJ	結オウG	直パワJ	直パワD	人セフB	人セフH	結ドリI	結ドリI	結ドリC	人セフB	人セフH
22	直パワD	人セフB	直パワD	人セフB	人セフH	結ドリI	結ドリC	結ドリC	人セフB	人セフH	直パワJ	直パワD
23	人セフH	結ドリI	人セフH	結ドリI	結ドリC	結ドリC	結ドリI	人セフH	直パワJ	直パワD	結オウA	結オウG
24	結ドリC	結ドリC	結ドリC	結ドリC	結ドリI	人セフH	人セフB	直パワD	結オウA	結オウG	人レベK	人レベE
25	結ドリI	人セフH	結ドリI	人セフH	人セフB	直パワD	直パワJ	結オウG	人レベK	人レベE	結ドリC	結ドリI
26	人セフB	直パワD	人セフB	直パワD	直パワJ	結オウG	結オウA	人レベE	結ドリC	結ドリI	結ドリI	結ドリC
27	直パワJ	結オウG	直パワJ	結オウG	結オウA	人レベE	人レベK	結ドリI	結ドリI	結ドリC	人セフB	人セフH
28	結オウA	人レベE	結オウA	人レベE	人レベK	結ドリI	結ドリC	結ドリC	人セフB	人セフH	直パワJ	直パワD
29	人レベK	結ドリI	人レベK	結ドリI	結ドリC	結ドリC	結ドリI	人セフH	直パワJ	直パワD	結オウA	結オウG
30	結ドリC		結ドリC	結ドリC	結ドリI	人セフH	人セフB	直パワD	結オウA	結オウG	人レベK	人レベE
31	結ドリI		結ドリI		人セフB		直パワJ	結オウG		人レベE		直ステF

1965年 【昭和40年】

	1月	2月	3月	4月	5月	6月	7月	8月	9月	10月	11月	12月
1	直ステF	人レベK	直ステL	直ステL	直ステF	人レベK	人レベE	結オウA	結オウG	結オウA	人レベE	人レベK
2	人レベE	結オウA	直ステF	人レベK	人レベE	結オウA	結オウG	結オウA	人レベE	人レベK	直ステF	直ステL
3	結オウG	結オウA	人レベE	結オウA	結オウG	結オウA	結オウG	人レベK	直ステF	直ステL	直ステF	直ステL
4	結オウG	人レベK	結オウG	結オウA	結オウG	人レベK	人レベE	直ステL	直ステF	直ステL	人レベE	人レベK
5	人レベE	直ステL	結オウG	人レベK	人レベE	直ステL	直ステF	直ステL	人レベE	人レベK	結オウG	結オウA
6	直ステF	直ステL	人レベE	直ステL	直ステF	直ステL	直ステF	人レベK	結オウG	結オウA	直パワD	直パワJ
7	直ステF	人レベK	直ステF	直ステL	直ステF	人レベK	人レベE	結オウA	直パワD	直パワJ	人セフH	人セフB
8	人レベE	結オウA	直ステF	人レベK	人レベE	結オウA	結オウG	直パワJ	人セフH	人セフB	結ドリC	結ドリI
9	結オウG	直パワJ	人レベE	結オウA	結オウG	直パワJ	直パワD	人セフB	結ドリC	結ドリI	結ドリI	結ドリC
10	直パワD	人セフB	結オウG	直パワJ	直パワD	人セフB	人セフH	結ドリI	結ドリI	結ドリC	人レベE	人レベK
11	人セフH	結ドリI	直パワD	人セフB	人セフH	結ドリI	結ドリC	結ドリC	人レベE	人レベK	結オウG	結オウA
12	結ドリC	結ドリC	人セフH	結ドリI	結ドリC	結ドリC	結ドリI	人レベK	結オウG	結オウA	直パワD	直パワJ
13	結ドリI	人レベK	結ドリC	結ドリC	結ドリI	人レベK	人レベE	結オウA	直パワD	直パワJ	人セフH	人セフB
14	人レベE	結オウA	結ドリI	人レベK	人レベE	結オウA	結オウG	直パワJ	人セフH	人セフB	結ドリC	結ドリI
15	結オウG	直パワJ	人レベE	結オウA	結オウG	直パワJ	直パワD	人セフB	結ドリC	結ドリI	結ドリI	結ドリC
16	直パワD	人セフB	結オウG	直パワJ	直パワD	人セフB	人セフH	結ドリI	結ドリI	結ドリC	人セフB	人セフH
17	人セフH	結ドリI	直パワD	人セフB	人セフH	結ドリI	結ドリC	結ドリC	人セフB	人セフH	直パワJ	直パワD
18	結ドリC	結ドリC	人セフH	結ドリI	結ドリC	結ドリC	結ドリI	人セフH	直パワJ	直パワD	結オウA	結オウG
19	結ドリI	人セフH	結ドリC	結ドリC	結ドリI	人セフH	人セフB	直パワD	結オウA	結オウG	人レベK	人レベE
20	人セフB	直パワD	結ドリI	人セフH	人セフB	直パワD	直パワJ	結オウG	人レベK	人レベE	結ドリC	結ドリI
21	直パワJ	結オウG	人セフB	直パワD	直パワJ	結オウG	結オウA	人レベE	結ドリC	結ドリI	結ドリI	結ドリC
22	結オウA	人レベE	直パワJ	結オウG	結オウA	人レベE	人レベK	結ドリI	結ドリI	結ドリC	人セフB	人セフH
23	人レベK	結ドリI	結オウA	人レベE	人レベK	結ドリI	結ドリC	結ドリC	人セフB	人セフH	直パワJ	直パワD
24	結ドリC	結ドリC	人レベK	結ドリI	結ドリC	結ドリC	結ドリI	人セフH	直パワJ	直パワD	結オウA	結オウG
25	結ドリI	人セフH	結ドリC	結ドリC	結ドリI	人セフH	人セフB	直パワD	結オウA	結オウG	人レベK	人レベE
26	人セフB	直パワD	結ドリI	人セフH	人セフB	直パワD	直パワJ	結オウG	人レベK	人レベE	直ステL	直ステF
27	直パワJ	結オウG	人セフB	直パワD	直パワJ	結オウG	結オウA	人レベE	直ステL	直ステF	直ステL	直ステF
28	結オウA	人レベE	直パワJ	結オウG	結オウA	人レベE	人レベK	直ステF	直ステL	直ステF	人レベK	人レベE
29	人レベK		結オウA	人レベE	人レベK	直ステF	直ステL	直ステF	人レベK	人レベE	結オウA	結オウG
30	直ステL		人レベK	直ステF	直ステL	直ステF	直ステL	人レベE	結オウA	結オウG	結オウA	結オウG
31	直ステL		直ステL		直ステL		人レベK	結オウG		結オウG		人レベE

1966年 【昭和41年】

	1月	2月	3月	4月	5月	6月	7月	8月	9月	10月	11月	12月
1	直ステF	直ステL	人レベE	直ステL	直ステF	直ステL	直ステF	人レベK	結オウG	結オウA	直パワD	直パワJ
2	直ステF	人レベK	直ステF	直ステL	直ステF	人レベK	人レベE	結オウA	直パワD	直パワJ	人セフH	人セフB
3	人レベE	結オウA	直ステF	人レベK	人レベE	結オウA	結オウG	直パワJ	人セフH	人セフB	結ドリC	結ドリI
4	結オウG	直パワJ	人レベE	結オウA	結オウG	直パワJ	直パワD	人セフB	結ドリC	結ドリI	結ドリI	結ドリC
5	直パワD	人セフB	結オウG	直パワJ	直パワD	人セフB	人セフH	結ドリI	結ドリI	結ドリC	人レベE	人レベK
6	人セフH	結ドリI	直パワD	人セフB	人セフH	結ドリI	結ドリC	結ドリC	人レベE	人レベK	結オウG	結オウA
7	結ドリC	結ドリC	人セフH	結ドリI	結ドリC	結ドリC	結ドリI	人レベK	結オウG	結オウA	直パワD	直パワJ
8	結ドリI	人レベK	結ドリC	結ドリC	結ドリI	人レベK	人レベE	結オウA	直パワD	直パワJ	人セフH	人セフB
9	人レベE	結オウA	結ドリI	人レベK	人レベE	結オウA	結オウG	直パワJ	人セフH	人セフB	結ドリC	結ドリI
10	結オウG	直パワJ	人レベE	結オウA	結オウG	直パワJ	直パワD	人セフB	結ドリC	結ドリI	結ドリI	結ドリC
11	直パワD	人セフB	結オウG	直パワJ	直パワD	人セフB	人セフH	結ドリI	結ドリI	結ドリC	人セフB	人セフH
12	人セフH	結ドリI	直パワD	人セフB	人セフH	結ドリI	結ドリC	結ドリC	人セフB	人セフH	直パワJ	直パワD
13	結ドリC	結ドリC	人セフH	結ドリI	結ドリC	結ドリC	結ドリI	人セフH	直パワJ	直パワD	結オウA	結オウG
14	結ドリI	人セフH	結ドリC	結ドリC	結ドリI	人セフH	人セフB	直パワD	結オウA	結オウG	人レベK	人レベE
15	人セフB	直パワD	結ドリI	人セフH	人セフB	直パワD	直パワJ	結オウG	人レベK	人レベE	結ドリC	結ドリI
16	直パワJ	結オウG	人セフB	直パワD	直パワJ	結オウG	結オウA	人レベE	結ドリC	結ドリI	結ドリI	結ドリC
17	結オウA	人レベE	直パワJ	結オウG	結オウA	人レベE	人レベK	結ドリI	結ドリI	結ドリC	人セフB	人セフH
18	人レベK	結ドリI	結オウA	人レベE	人レベK	結ドリI	結ドリC	結ドリC	人セフB	人セフH	直パワJ	直パワD
19	結ドリC	結ドリC	人レベK	結ドリI	結ドリC	結ドリC	結ドリI	人セフH	直パワJ	直パワD	結オウA	結オウG
20	結ドリI	人セフH	結ドリC	結ドリC	結ドリI	人セフH	人セフB	直パワD	結オウA	結オウG	人レベK	人レベE
21	人セフB	直パワD	結ドリI	人セフH	人セフB	直パワD	直パワJ	結オウG	人レベK	人レベE	直ステL	直ステF
22	直パワJ	結オウG	人セフB	直パワD	直パワJ	結オウG	結オウA	人レベE	直ステL	直ステF	直ステL	直ステF
23	結オウA	人レベE	直パワJ	結オウG	結オウA	人レベE	人レベK	直ステF	直ステL	直ステF	人レベK	人レベE
24	人レベK	直ステF	結オウA	人レベE	人レベK	直ステF	直ステL	直ステF	人レベK	人レベE	結オウA	結オウG
25	直ステL	直ステF	人レベK	直ステF	直ステL	直ステF	直ステL	人レベE	結オウA	結オウG	結オウA	結オウG
26	直ステL	人レベE	直ステL	直ステF	直ステL	人レベE	人レベK	結オウG	結オウA	結オウG	人レベK	人レベE
27	人レベK	結オウG	直ステL	人レベE	人レベK	結オウG	結オウA	結オウG	人レベK	人レベE	直ステL	直ステF
28	結オウA	結オウG	人レベK	結オウG	結オウA	結オウG	結オウA	人レベE	直ステL	直ステF	直ステL	直ステF
29	結オウA		結オウA	結オウG	結オウA	人レベE	人レベK	直ステF	直ステL	直ステF	人レベK	人レベE
30	人レベK		結オウA	人レベE	人レベK	直ステF	直ステL	直ステF	人レベK	人レベE	結オウA	結オウG
31	直ステL		人レベK		直ステL		直ステL	人レベE		結オウG		直パワD

1967年 【昭和42年】

	1月	2月	3月	4月	5月	6月	7月	8月	9月	10月	11月	12月
1	人セフH	結ドリI	直パワJ	人セフB	人セフH	結ドリI	結ドリC	結ドリC	人レベE	人レベK	結オウG	結オウA
2	結ドリC	結ドリC	人セフH	結ドリI	結ドリC	結ドリC	結ドリI	人レベK	結オウG	結オウA	直パワD	直パワJ
3	結ドリI	人レベK	結ドリC	結ドリC	結ドリI	人レベK	人レベE	結オウA	直パワD	直パワJ	人セフH	人セフB
4	人レベE	結オウA	結ドリI	人レベK	人レベE	結オウA	結オウG	直パワJ	人セフH	人セフB	結ドリC	結ドリI
5	結オウG	直パワJ	人レベE	結オウA	結オウG	直パワJ	直パワD	人セフB	結ドリC	結ドリI	結ドリI	結ドリC
6	直パワD	人セフB	結オウG	直パワJ	直パワD	人セフB	人セフH	結ドリI	結ドリI	結ドリC	人セフB	人セフH
7	人セフH	結ドリI	直パワD	人セフB	人セフH	結ドリI	結ドリC	結ドリC	人セフB	人セフH	直パワJ	直パワD
8	結ドリC	結ドリC	人セフH	結ドリI	結ドリC	結ドリC	結ドリI	人セフH	直パワJ	直パワD	結オウA	結オウG
9	結ドリI	人セフH	結ドリC	結ドリC	結ドリI	人セフH	人セフB	直パワD	結オウA	結オウG	人レベK	人レベE
10	人セフB	直パワD	結ドリI	人セフH	人セフB	直パワD	直パワJ	結オウG	人レベK	人レベE	結ドリC	結ドリI
11	直パワJ	結オウG	人セフB	直パワD	直パワJ	結オウG	結オウA	人レベE	結ドリC	結ドリI	結ドリI	結ドリC
12	結オウA	人レベE	直パワJ	結オウG	結オウA	人レベE	人レベK	結ドリI	結ドリI	結ドリC	人セフB	人セフH
13	人レベK	結ドリI	結オウA	人レベE	人レベK	結ドリI	結ドリC	結ドリC	人セフB	人セフH	直パワJ	直パワD
14	結ドリC	結ドリC	人レベK	結ドリI	結ドリC	結ドリC	結ドリI	人セフH	直パワJ	直パワD	結オウA	結オウG
15	結ドリI	人セフH	結ドリC	結ドリC	結ドリI	人セフH	人セフB	直パワD	結オウA	結オウG	人レベK	人レベE
16	人セフB	直パワD	結ドリI	人セフH	人セフB	直パワD	直パワJ	結オウG	人レベK	人レベE	直ステL	直ステF
17	直パワJ	結オウG	人セフB	直パワD	直パワJ	結オウG	結オウA	人レベE	直ステL	直ステF	直ステL	直ステF
18	結オウA	人レベE	直パワJ	結オウG	結オウA	人レベE	人レベK	直ステF	直ステL	直ステF	人レベK	人レベE
19	人レベK	直ステF	結オウA	人レベE	人レベK	直ステF	直ステL	直ステF	人レベK	人レベE	結オウA	結オウG
20	直ステL	直ステF	人レベK	直ステF	直ステL	直ステF	直ステL	人レベE	結オウA	結オウG	結オウA	結オウG
21	直ステL	人レベE	直ステL	直ステF	直ステL	人レベE	人レベK	結オウG	結オウA	結オウG	人レベK	人レベE
22	人レベK	結オウG	直ステL	人レベE	人レベK	結オウG	結オウA	結オウG	人レベK	人レベE	直ステL	直ステF
23	結オウA	結オウG	人レベK	結オウG	結オウA	結オウG	結オウA	人レベE	直ステL	直ステF	直ステL	直ステF
24	結オウA	人レベE	結オウA	結オウG	結オウA	人レベE	人レベK	直ステF	直ステL	直ステF	人レベK	人レベE
25	人レベK	直ステF	結オウA	人レベE	人レベK	直ステF	直ステL	直ステF	人レベK	人レベE	結オウA	結オウG
26	直ステL	直ステF	人レベK	直ステF	直ステL	直ステF	直ステL	人レベE	結オウA	結オウG	直パワJ	直パワD
27	直ステL	人レベE	直ステL	直ステF	直ステL	人レベE	人レベK	結オウG	直パワJ	直パワD	人セフB	人セフH
28	人レベK	結オウG	直ステL	人レベE	人レベK	結オウG	結オウA	直パワD	人セフB	人セフH	結ドリI	結ドリC
29	結オウA		人レベK	結オウG	結オウA	直パワD	直パワJ	人セフH	結ドリI	結ドリC	結ドリC	結ドリI
30	直パワJ		結オウA	直パワD	直パワJ	人セフH	人セフB	結ドリC	結ドリC	結ドリI	人レベK	人レベE
31	人セフB		直パワJ		人セフB		結ドリI	結ドリI		人レベE		結オウG

1968年 【昭和43年】

	1月	2月	3月	4月	5月	6月	7月	8月	9月	10月	11月	12月
1	直パワD	人セフB	直パワD	人セフB	人セフH	結ドリI	結ドリC	結ドリC	人セフB	人セフH	直パワJ	直パワD
2	人セフH	結ドリI	人セフH	結ドリI	結ドリC	結ドリC	結ドリI	人セフH	直パワJ	直パワD	結オウA	結オウG
3	結ドリC	結ドリC	結ドリC	結ドリC	結ドリI	人セフH	人セフB	直パワD	結オウA	結オウG	人レベK	人レベE
4	結ドリI	人セフH	結ドリI	人セフH	人セフB	直パワD	直パワJ	結オウG	人レベK	人レベE	結ドリC	結ドリI
5	人セフB	直パワD	人セフB	直パワD	直パワJ	結オウG	結オウA	人レベE	結ドリC	結ドリI	結ドリI	結ドリC
6	直パワJ	結オウG	直パワJ	結オウG	結オウA	人レベE	人レベK	結ドリI	結ドリI	結ドリC	人セフB	人セフH
7	結オウA	人レベE	結オウA	人レベE	人レベK	結ドリI	結ドリC	結ドリC	人セフB	人セフH	直パワJ	直パワD
8	人レベK	結ドリI	人レベK	結ドリI	結ドリC	結ドリC	結ドリI	人セフH	直パワJ	直パワD	結オウA	結オウG
9	結ドリC	結ドリC	結ドリC	結ドリC	結ドリI	人セフH	人セフB	直パワD	結オウA	結オウG	人レベK	人レベE
10	結ドリI	人セフH	結ドリI	人セフH	人セフB	直パワD	直パワJ	結オウG	人レベK	人レベE	直ステL	直ステF
11	人セフB	直パワD	人セフB	直パワD	直パワJ	結オウG	結オウA	人レベE	直ステL	直ステF	直ステL	直ステF
12	直パワJ	結オウG	直パワJ	結オウG	結オウA	人レベE	人レベK	直ステF	直ステL	直ステF	人レベK	人レベE
13	結オウA	人レベE	結オウA	人レベE	人レベK	直ステF	直ステL	直ステF	人レベK	人レベE	結オウA	結オウG
14	人レベK	直ステF	人レベK	直ステF	直ステL	直ステF	直ステL	人レベE	結オウA	結オウG	結オウA	結オウG
15	直ステL	直ステF	直ステL	直ステF	直ステL	人レベE	人レベK	結オウG	結オウA	結オウG	人レベK	人レベE
16	直ステL	人レベE	直ステL	人レベE	人レベK	結オウG	結オウA	結オウG	人レベK	人レベE	直ステL	直ステF
17	人レベK	結オウG	人レベK	結オウG	結オウA	結オウG	結オウA	人レベE	直ステL	直ステF	直ステL	直ステF
18	結オウA	結オウG	結オウA	結オウG	結オウA	人レベE	人レベK	直ステF	直ステL	直ステF	人レベK	人レベE
19	結オウA	人レベE	結オウA	人レベE	人レベK	直ステF	直ステL	直ステF	人レベK	人レベE	結オウA	結オウG
20	人レベK	直ステF	人レベK	直ステF	直ステL	直ステF	直ステL	人レベE	結オウA	結オウG	直パワJ	直パワD
21	直ステL	直ステF	直ステL	直ステF	直ステL	人レベE	人レベK	結オウG	直パワJ	直パワD	人セフB	人セフH
22	直ステL	人レベE	直ステL	人レベE	人レベK	結オウG	結オウA	直パワD	人セフB	人セフH	結ドリI	結ドリC
23	人レベK	結オウG	人レベK	結オウG	結オウA	直パワD	直パワJ	人セフH	結ドリI	結ドリC	結ドリC	結ドリI
24	結オウA	直パワD	結オウA	直パワD	直パワJ	人セフH	人セフB	結ドリC	結ドリC	結ドリI	人レベK	人レベE
25	直パワJ	人セフH	直パワJ	人セフH	人セフB	結ドリC	結ドリI	結ドリI	人レベK	人レベE	結オウA	結オウG
26	人セフB	結ドリC	人セフB	結ドリC	結ドリI	結ドリI	結ドリC	人レベE	結オウA	結オウG	直パワJ	直パワD
27	結ドリI	結ドリI	結ドリI	結ドリI	結ドリC	人レベE	人レベK	結オウG	直パワJ	直パワD	人セフB	人セフH
28	結ドリC	人レベE	結ドリC	人レベE	人レベK	結オウG	結オウA	直パワD	人セフB	人セフH	結ドリI	結ドリC
29	人レベK	結オウG	人レベK	結オウG	結オウA	直パワD	直パワJ	人セフH	結ドリI	結ドリC	結ドリC	結ドリI
30	結オウA		結オウA	直パワD	直パワJ	人セフH	人セフB	結ドリC	結ドリC	結ドリI	人セフH	人セフB
31	直パワJ		直パワJ		人セフB		結ドリI	結ドリI		人セフB		直パワJ

1969年 【昭和44年】

	1月	2月	3月	4月	5月	6月	7月	8月	9月	10月	11月	12月
1	結オウA	人レベE	直パワJ	結オウG	結オウA	人レベE	人レベK	結ドリI	結ドリI	結ドリC	人セフB	人セフH
2	人レベK	結ドリI	結オウA	人レベE	人レベK	結ドリI	結ドリC	結ドリC	人セフB	人セフH	直パワJ	直パワD
3	結ドリC	結ドリC	人レベK	結ドリI	結ドリC	結ドリC	結ドリI	人セノH	直パワJ	直パワD	結オウA	結オウG
4	結ドリI	人セフH	結ドリC	結ドリC	結ドリI	人セフH	人セフB	直パワD	結オウA	結オウG	人レベK	人レベE
5	人セフB	直パワD	結ドリI	人セフH	人セフB	直パワD	直パワJ	結オウG	人レベK	人レベE	直ステL	直ステF
6	直パワJ	結オウG	人セフB	直パワD	直パワJ	結オウG	結オウA	人レベE	直ステL	直ステF	直ステL	直ステF
7	結オウA	人レベE	直パワJ	結オウG	結オウA	人レベE	人レベK	直ステF	直ステL	直ステF	人レベK	人レベE
8	人レベK	直ステF	結オウA	人レベE	人レベK	直ステF	直ステL	直ステF	人レベK	人レベE	結オウA	結オウG
9	直ステL	直ステF	人レベK	直ステF	直ステL	直ステF	直ステL	人レベE	結オウA	結オウG	結オウA	結オウG
10	直ステL	人レベE	直ステL	直ステF	直ステL	人レベE	人レベK	結オウG	結オウA	結オウG	人レベK	人レベE
11	人レベK	結オウG	直ステL	人レベE	人レベK	結オウG	結オウA	結オウG	人レベK	人レベE	直ステL	直ステF
12	結オウA	結オウG	人レベK	結オウG	結オウA	結オウG	結オウA	人レベE	直ステL	直ステF	直ステL	直ステF
13	結オウA	人レベE	結オウA	結オウG	結オウA	人レベE	人レベK	直ステF	直ステL	直ステF	人レベK	人レベE
14	人レベK	直ステF	結オウA	人レベE	人レベK	直ステF	直ステL	直ステF	人レベK	人レベE	結オウA	結オウG
15	直ステL	直ステF	人レベK	直ステF	直ステL	直ステF	直ステL	人レベE	結オウA	結オウG	直パワJ	直パワD
16	直ステL	人レベE	直ステL	直ステF	直ステL	人レベE	人レベK	結オウG	直パワJ	直パワD	人セフB	人セフH
17	人レベK	結オウG	直ステL	人レベE	人レベK	結オウG	結オウA	直パワD	人セフB	人セフH	結ドリI	結ドリC
18	結オウA	直パワD	人レベK	結オウG	結オウA	直パワD	直パワJ	人セフH	結ドリI	結ドリC	結ドリC	結ドリI
19	直パワJ	人セフH	結オウA	直パワD	直パワJ	人セフH	人セフB	結ドリC	結ドリC	結ドリI	人レベK	人レベE
20	人セフB	結ドリC	直パワJ	人セフH	人セフB	結ドリC	結ドリI	結ドリI	人レベK	人レベE	結オウA	結オウG
21	結ドリI	結ドリI	人セフB	結ドリC	結ドリI	結ドリI	結ドリC	人レベE	結オウA	結オウG	直パワJ	直パワD
22	結ドリC	人レベE	結ドリI	結ドリI	結ドリC	人レベE	人レベK	結オウG	直パワJ	直パワD	人セフB	人セフH
23	人レベK	結オウG	結ドリC	人レベE	人レベK	結オウG	結オウA	直パワD	人セフB	人セフH	結ドリI	結ドリC
24	結オウA	直パワD	人レベK	結オウG	結オウA	直パワD	直パワJ	人セフH	結ドリI	結ドリC	結ドリC	結ドリI
25	直パワJ	人セフH	結オウA	直パワD	直パワJ	人セフH	人セフB	結ドリC	結ドリC	結ドリI	人セフH	人セフB
26	人セフB	結ドリC	直パワJ	人セフH	人セフB	結ドリC	結ドリI	結ドリI	人セフH	人セフB	直パワD	直パワJ
27	結ドリI	結ドリI	人セフB	結ドリC	結ドリI	結ドリI	結ドリC	人セフB	直パワD	直パワJ	結オウG	結オウA
28	結ドリC	人セフB	結ドリI	結ドリI	結ドリC	人セフB	人セフH	直パワJ	結オウG	結オウA	人レベE	人レベK
29	人セフH		結ドリC	人セフB	人セフH	直パワJ	直パワD	結オウA	人レベE	人レベK	結ドリI	結ドリC
30	直パワD		人セフH	直パワJ	直パワD	結オウA	結オウG	人レベK	結ドリI	結ドリC	結ドリC	結ドリI
31	結オウG		直パワD		結オウG		人レベE	結ドリC		結ドリI		人セフB

1970年 【昭和45年】

	1月	2月	3月	4月	5月	6月	7月	8月	9月	10月	11月	12月
1	直パワJ	結オウG	人セフB	直パワD	直パワJ	結オウG	結オウA	人レベE	直ステL	直ステF	直ステL	直ステF
2	結オウA	人レベE	直パワJ	結オウG	結オウA	人レベE	人レベK	直ステF	直ステL	直ステF	人レベK	人レベE
3	人レベK	直ステF	結オウA	人レベE	人レベK	直ステF	直ステL	直ステF	人レベK	人レベE	結オウA	結オウG
4	直ステL	直ステF	人レベK	直ステF	直ステL	直ステF	直ステL	人レベE	結オウA	結オウG	結オウA	結オウG
5	直ステL	人レベE	直ステL	直ステF	直ステL	人レベE	人レベK	結オウG	結オウA	結オウG	人レベK	人レベE
6	人レベK	結オウG	直ステL	人レベE	人レベK	結オウG	結オウA	結オウG	人レベK	人レベE	直ステL	直ステF
7	結オウA	結オウG	人レベK	結オウG	結オウA	結オウG	結オウA	人レベE	直ステL	直ステF	直ステL	直ステF
8	結オウA	人レベE	結オウA	結オウG	結オウA	人レベE	人レベK	直ステF	直ステL	直ステF	人レベK	人レベE
9	人レベK	直ステF	結オウA	人レベE	人レベK	直ステF	直ステL	直ステF	人レベK	人レベE	結オウA	結オウG
10	直ステL	直ステF	人レベK	直ステF	直ステL	直ステF	直ステL	人レベE	結オウA	結オウG	直パワJ	直パワD
11	直ステL	人レベE	直ステL	直ステF	直ステL	人レベE	人レベK	結オウG	直パワJ	直パワD	人セフB	人セフH
12	人レベK	結オウG	直ステL	人レベE	人レベK	結オウG	結オウA	直パワD	人セフB	人セフH	結ドリI	結ドリC
13	結オウA	直パワD	人レベK	結オウG	結オウA	直パワD	直パワJ	人セフH	結ドリI	結ドリC	結ドリC	結ドリI
14	直パワJ	人セフH	結オウA	直パワD	直パワJ	人セフH	人セフB	結ドリC	結ドリC	結ドリI	人レベK	人レベE
15	人セフB	結ドリC	直パワJ	人セフH	人セフB	結ドリC	結ドリI	結ドリI	人レベK	人レベE	結オウA	結オウG
16	結ドリI	結ドリI	人セフB	結ドリC	結ドリI	結ドリI	結ドリC	人レベE	結オウA	結オウG	直パワJ	直パワD
17	結ドリC	人レベE	結ドリI	結ドリI	結ドリC	人レベE	人レベK	結オウG	直パワJ	直パワD	人セフB	人セフH
18	人レベK	結オウG	結ドリC	人レベE	人レベK	結オウG	結オウA	直パワD	人セフB	人セフH	結ドリI	結ドリC
19	結オウA	直パワD	人レベK	結オウG	結オウA	直パワD	直パワJ	人セフH	結ドリI	結ドリC	結ドリC	結ドリI
20	直パワJ	人セフH	結オウA	直パワD	直パワJ	人セフH	人セフB	結ドリC	結ドリC	結ドリI	人セフH	人セフB
21	人セフB	結ドリC	直パワJ	人セフH	人セフB	結ドリC	結ドリI	結ドリI	人セフH	人セフB	直パワD	直パワJ
22	結ドリI	結ドリI	人セフB	結ドリC	結ドリI	結ドリI	結ドリC	人セフB	直パワD	直パワJ	結オウG	結オウA
23	結ドリC	人セフB	結ドリI	結ドリI	結ドリC	人セフB	人セフH	直パワJ	結オウG	結オウA	人レベE	人レベK
24	人セフH	直パワJ	結ドリC	人セフB	人セフH	直パワJ	直パワD	結オウA	人レベE	人レベK	結ドリI	結ドリC
25	直パワD	結オウA	人セフH	直パワJ	直パワD	結オウA	結オウG	人レベK	結ドリI	結ドリC	結ドリC	結ドリI
26	結オウG	人レベK	直パワD	結オウA	結オウG	人レベK	人レベE	結ドリC	結ドリC	結ドリI	人セフH	人セフB
27	人レベE	結ドリC	結オウG	人レベK	人レベE	結ドリC	結ドリI	結ドリI	人セフH	人セフB	直パワD	直パワJ
28	結ドリI	結ドリI	人レベE	結ドリC	結ドリI	結ドリI	結ドリC	人セフB	直パワD	直パワJ	結オウG	結オウA
29	結ドリC		結ドリI	結ドリI	結ドリC	人セフB	人セフH	直パワJ	結オウG	結オウA	人レベE	人レベK
30	人セフH		結ドリC	人セフB	人セフH	直パワJ	直パワD	結オウA	人レベE	人レベK	直ステF	直ステL
31	直パワD		人セフH		直パワD		結オウG	人レベK		直ステL		直ステL

1971 年 【昭和 46 年】

	1月	2月	3月	4月	5月	6月	7月	8月	9月	10月	11月	12月
1	人レベK	結オウG	直ステL	人レベE	人レベK	結オウG	結オウA	結オウG	人レベK	人レベE	直ステL	直ステF
2	結オウA	結オウG	人レベK	結オウG	結オウA	結オウG	結オウA	人レベE	直ステL	直ステF	直ステL	直ステF
3	結オウA	人レベE	結オウA	結オウG	結オウA	人レベE	人レベK	直ステF	直ステL	直ステF	人レベK	人レベE
4	人レベK	直ステF	結オウA	人レベE	人レベK	直ステF	直ステL	直ステF	人レベK	人レベE	結オウA	結オウG
5	直ステL	直ステF	人レベK	直ステF	直ステL	直ステF	直ステL	人レベE	結オウA	結オウG	直パワJ	直パワD
6	直ステL	人レベE	直ステL	直ステF	直ステL	人レベE	人レベK	結オウG	直パワJ	直パワD	人セフB	人セフH
7	人レベK	結オウG	直ステL	人レベE	人レベK	結オウG	結オウA	直パワD	人セフB	人セフH	結ドリI	結ドリC
8	結オウA	直パワD	人レベK	結オウG	結オウA	直パワD	直パワJ	人セフH	結ドリI	結ドリC	結ドリC	結ドリI
9	直パワJ	人セフH	結オウA	直パワD	直パワJ	人セフH	人セフB	結ドリC	結ドリC	結ドリI	人レベK	人レベE
10	人セフB	結ドリC	直パワJ	人セフH	人セフB	結ドリC	結ドリI	結ドリI	人レベK	人レベE	結オウA	結オウG
11	結ドリI	結ドリI	人セフB	結ドリC	結ドリI	結ドリI	結ドリC	人レベE	結オウA	結オウG	直パワJ	直パワD
12	結ドリC	人レベE	結ドリI	結ドリI	結ドリC	人レベE	人レベK	結オウG	直パワJ	直パワD	人セフB	人セフH
13	人レベK	結オウG	結ドリC	人レベE	人レベK	結オウG	結オウA	直パワD	人セフB	人セフH	結ドリI	結ドリC
14	結オウA	直パワD	人レベK	結オウG	結オウA	直パワD	直パワJ	人セフH	結ドリI	結ドリC	結ドリC	結ドリI
15	直パワJ	人セフH	結オウA	直パワD	直パワJ	人セフH	人セフB	結ドリC	結ドリC	結ドリI	人セフH	人セフB
16	人セフB	結ドリC	直パワJ	人セフH	人セフB	結ドリC	結ドリI	結ドリI	人セフH	人セフB	直パワD	直パワJ
17	結ドリI	結ドリI	人セフB	結ドリC	結ドリI	結ドリI	結ドリC	人セフB	直パワD	直パワJ	結オウG	結オウA
18	結ドリC	人セフB	結ドリI	結ドリI	結ドリC	人セフB	人セフH	直パワJ	結オウG	結オウA	人レベE	人レベK
19	人セフH	直パワJ	結ドリC	人セフB	人セフH	直パワJ	直パワD	結オウA	人レベE	人レベK	結ドリI	結ドリC
20	直パワD	結オウA	人セフH	直パワJ	直パワD	結オウA	結オウG	人レベK	結ドリI	結ドリC	結ドリC	結ドリI
21	結オウG	人レベK	直パワD	結オウA	結オウG	人レベK	人レベE	結ドリC	結ドリC	結ドリI	人セフH	人セフB
22	人レベE	結ドリC	結オウG	人レベK	人レベE	結ドリC	結ドリI	結ドリI	人セフH	人セフB	直パワD	直パワJ
23	結ドリI	結ドリI	人レベE	結ドリC	結ドリI	結ドリI	結ドリC	人セフB	直パワD	直パワJ	結オウG	結オウA
24	結ドリC	人セフB	結ドリI	結ドリI	結ドリC	人セフB	人セフH	直パワJ	結オウG	結オウA	人レベE	人レベK
25	人セフH	直パワJ	結ドリC	人セフB	人セフH	直パワJ	直パワD	結オウA	人レベE	人レベK	直ステF	直ステL
26	直パワD	結オウA	人セフH	直パワJ	直パワD	結オウA	結オウG	人レベK	直ステF	直ステL	直ステF	直ステL
27	結オウG	人レベK	直パワD	結オウA	結オウG	人レベK	人レベE	直ステL	直ステF	直ステL	人レベE	人レベK
28	人レベE	直ステL	結オウG	人レベK	人レベE	直ステL	直ステF	直ステL	人レベE	人レベK	結オウG	結オウA
29	直ステF		人レベE	直ステL	直ステF	直ステL	直ステF	人レベK	結オウG	結オウA	結オウG	結オウA
30	直ステF		直ステF	直ステL	直ステF	人レベK	人レベE	結オウA	結オウG	結オウA	人レベE	人レベK
31	人レベE		直ステF		人レベE		結オウG	結オウA		人レベK		直ステL

1972年　【昭和47年】

	1月	2月	3月	4月	5月	6月	7月	8月	9月	10月	11月	12月
1	直ステL	人レベE	直ステL	人レベE	人レベK	結オウG	結オウA	直パワD	人セフB	人セフH	結ドリI	結ドリC
2	人レベK	結オウG	人レベK	結オウG	結オウA	直パワD	直パワJ	人セフH	結ドリI	結ドリC	結ドリC	結ドリI
3	結オウA	直パワD	結オウA	直パワD	直パワJ	人セフH	人セフB	結ドリC	結ドリC	結ドリI	人レベK	人レベE
4	直パワJ	人セフH	直パワJ	人セフH	人セフB	結ドリC	結ドリI	結ドリI	人レベK	人レベE	結オウA	結オウG
5	人セフB	結ドリC	人セフB	結ドリC	結ドリI	結ドリI	結ドリC	人レベE	結オウA	結オウG	直パワJ	直パワD
6	結ドリI	結ドリI	結ドリI	結ドリI	結ドリC	人レベE	人レベK	結オウG	直パワJ	直パワD	人セフB	人セフH
7	結ドリC	人レベE	結ドリC	人レベE	人レベK	結オウG	結オウA	直パワD	人セフB	人セフH	結ドリI	結ドリC
8	人レベK	結オウG	人レベK	結オウG	結オウA	直パワD	直パワJ	人セフH	結ドリI	結ドリC	結ドリC	結ドリI
9	結オウA	直パワD	結オウA	直パワD	直パワJ	人セフH	人セフB	結ドリC	結ドリC	結ドリI	人セフH	人セフB
10	直パワJ	人セフH	直パワJ	人セフH	人セフB	結ドリC	結ドリI	結ドリI	人セフH	人セフB	直パワD	直パワJ
11	人セフB	結ドリC	人セフB	結ドリC	結ドリI	結ドリI	結ドリC	人セフB	直パワD	直パワJ	結オウG	結オウA
12	結ドリI	結ドリI	結ドリI	結ドリI	結ドリC	人セフB	人セフH	直パワJ	結オウG	結オウA	人レベE	人レベK
13	結ドリC	人セフB	結ドリC	人セフB	人セフH	直パワJ	直パワD	結オウA	人レベE	人レベK	結ドリI	結ドリC
14	人セフH	直パワJ	人セフH	直パワJ	直パワD	結オウA	結オウG	人レベK	結ドリI	結ドリC	結ドリC	結ドリI
15	直パワD	結オウA	直パワD	結オウA	結オウG	人レベK	人レベE	結ドリC	結ドリC	結ドリI	人セフH	人セフB
16	結オウG	人レベK	結オウG	人レベK	人レベE	結ドリC	結ドリI	結ドリI	人セフH	人セフB	直パワD	直パワJ
17	人レベE	結ドリC	人レベE	結ドリC	結ドリI	結ドリI	結ドリC	人セフB	直パワD	直パワJ	結オウG	結オウA
18	結ドリI	結ドリI	結ドリI	結ドリI	結ドリC	人セフB	人セフH	直パワJ	結オウG	結オウA	人レベE	人レベK
19	結ドリC	人セフB	結ドリC	人セフB	人セフH	直パワJ	直パワD	結オウA	人レベE	人レベK	直ステF	直ステL
20	人セフH	直パワJ	人セフH	直パワJ	直パワD	結オウA	結オウG	人レベK	直ステF	直ステL	直ステF	直ステL
21	直パワD	結オウA	直パワD	結オウA	結オウG	人レベK	人レベE	直ステL	直ステF	直ステL	人レベE	人レベK
22	結オウG	人レベK	結オウG	人レベK	人レベE	直ステL	直ステF	直ステL	人レベE	人レベK	結オウG	結オウA
23	人レベE	直ステL	人レベE	直ステL	直ステF	直ステL	直ステF	人レベK	結オウG	結オウA	結オウG	結オウA
24	直ステF	直ステL	直ステF	直ステL	直ステF	人レベK	人レベE	結オウA	結オウG	結オウA	人レベE	人レベK
25	直ステF	人レベK	直ステF	人レベK	人レベE	結オウA	結オウG	結オウA	人レベE	人レベK	直ステF	直ステL
26	人レベE	結オウA	人レベE	結オウA	結オウG	結オウA	結オウG	人レベK	直ステF	直ステL	直ステF	直ステL
27	結オウG	結オウA	結オウG	結オウA	結オウG	人レベK	人レベE	直ステL	直ステF	直ステL	人レベE	人レベK
28	結オウG	人レベK	結オウG	人レベK	人レベE	直ステL	直ステF	直ステL	人レベE	人レベK	結オウG	結オウA
29	人レベE	直ステL	人レベE	直ステL	直ステF	直ステL	直ステF	人レベK	結オウG	結オウA	直パワD	直パワJ
30	直ステF		直ステF	直ステL	直ステF	人レベK	人レベE	結オウA	直パワD	直パワJ	人セフH	人セフB
31	直ステF		直ステF		人レベE		結オウG	直パワJ		人セフB		結ドリI

1973年 【昭和48年】

	1月	2月	3月	4月	5月	6月	7月	8月	9月	10月	11月	12月
1	結ドリC	人レベE	結ドリI	結ドリI	結ドリC	人レベE	人レベK	結オウG	直パワJ	直パワD	人セフB	人セフH
2	人レベK	結オウG	結ドリC	人レベE	人レベK	結オウG	結オウA	直パワD	人セフB	人セフH	結ドリI	結ドリC
3	結オウA	直パワD	人レベK	結オウG	結オウA	直パワD	直パワJ	人セフH	結ドリI	結ドリC	結ドリC	結ドリI
4	直パワJ	人セフH	結オウA	直パワD	直パワJ	人セフH	人セフB	結ドリC	結ドリC	結ドリI	人セフH	人セフD
5	人セフB	結ドリC	直パワJ	人セフH	人セフB	結ドリC	結ドリI	結ドリI	人セフH	人セフB	直パワD	直パワJ
6	結ドリI	結ドリI	人セフB	結ドリC	結ドリI	結ドリI	結ドリC	人セフB	直パワD	直パワJ	結オウG	結オウA
7	結ドリC	人セフB	結ドリI	結ドリI	結ドリC	人セフB	人セフH	直パワJ	結オウG	結オウA	人レベE	人レベK
8	人セフH	直パワJ	結ドリC	人セフB	人セフH	直パワJ	直パワD	結オウA	人レベE	人レベK	結ドリI	結ドリC
9	直パワD	結オウA	人セフH	直パワJ	直パワD	結オウA	結オウG	人レベK	結ドリI	結ドリC	結ドリC	結ドリI
10	結オウG	人レベK	直パワD	結オウA	結オウG	人レベK	人レベE	結ドリC	結ドリC	結ドリI	人セフH	人セフB
11	人レベE	結ドリC	結オウG	人レベK	人レベE	結ドリC	結ドリI	結ドリI	人セフH	人セフB	直パワD	直パワJ
12	結ドリI	結ドリI	人レベE	結ドリC	結ドリI	結ドリI	結ドリC	人セフB	直パワD	直パワJ	結オウG	結オウA
13	結ドリC	人セフB	結ドリI	結ドリI	結ドリC	人セフB	人セフH	直パワJ	結オウG	結オウA	人レベE	人レベK
14	人セフH	直パワJ	結ドリC	人セフB	人セフH	直パワJ	直パワD	結オウA	人レベE	人レベK	直ステF	直ステL
15	直パワD	結オウA	人セフH	直パワJ	直パワD	結オウA	結オウG	人レベK	直ステF	直ステL	直ステF	直ステL
16	結オウG	人レベK	直パワD	結オウA	結オウG	人レベK	人レベE	直ステL	直ステF	直ステL	人レベE	人レベK
17	人レベE	直ステL	結オウG	人レベK	人レベE	直ステL	直ステF	直ステL	人レベE	人レベK	結オウG	結オウA
18	直ステF	直ステL	人レベE	直ステL	直ステF	直ステL	直ステF	人レベK	結オウG	結オウA	結オウG	結オウA
19	直ステF	人レベK	直ステF	直ステL	直ステF	人レベK	人レベE	結オウA	結オウG	結オウA	人レベE	人レベK
20	人レベE	結オウA	直ステF	人レベK	人レベE	結オウA	結オウG	結オウA	人レベE	人レベK	直ステF	直ステL
21	結オウG	結オウA	人レベE	結オウA	結オウG	結オウA	結オウG	人レベK	直ステF	直ステL	直ステF	直ステL
22	結オウG	人レベK	結オウG	結オウA	結オウG	人レベK	人レベE	直ステL	直ステF	直ステL	人レベE	人レベK
23	人レベE	直ステL	結オウG	人レベK	人レベE	直ステL	直ステF	直ステL	人レベE	人レベK	結オウG	結オウA
24	直ステF	直ステL	人レベE	直ステL	直ステF	直ステL	直ステF	人レベK	結オウG	結オウA	直パワD	直パワJ
25	直ステF	人レベK	直ステF	直ステL	直ステF	人レベK	人レベE	結オウA	直パワD	直パワJ	人セフH	人セフB
26	人レベE	結オウA	直ステF	人レベK	人レベE	結オウA	結オウG	直パワJ	人セフH	人セフB	結ドリC	結ドリI
27	結オウG	直パワJ	人レベE	結オウA	結オウG	直パワJ	直パワD	人セフB	結ドリC	結ドリI	結ドリI	結ドリC
28	直パワD	人セフB	結オウG	直パワJ	直パワD	人セフB	人セフH	結ドリI	結ドリI	結ドリC	人レベE	人レベK
29	人セフH		直パワD	人セフB	人セフH	結ドリI	結ドリC	結ドリC	人レベE	人レベK	結オウG	結オウA
30	結ドリC		人セフH	結ドリI	結ドリC	結ドリC	結ドリI	人レベK	結オウG	結オウA	直パワD	直パワJ
31	結ドリI		結ドリC		結ドリI		人レベE	結オウA		直パワJ		人セフB

1974年 【昭和49年】

	1月	2月	3月	4月	5月	6月	7月	8月	9月	10月	11月	12月
1	結ドリI	結ドリI	人セフB	結ドリC	結ドリI	結ドリI	結ドリC	人セフB	直パワD	直パワJ	結オウG	結オウA
2	結ドリC	人セフB	結ドリI	結ドリI	結ドリC	人セフB	人セフH	直パワJ	結オウG	結オウA	人レベE	人レベK
3	人セフH	直パワJ	結ドリC	人セフB	人セフH	直パワJ	直パワD	結オウA	人レベE	人レベK	結ドリI	結ドリC
4	直パワD	結オウA	人セフH	直パワJ	直パワD	結オウA	結オウG	人レベK	結ドリI	結ドリC	結ドリC	結ドリI
5	結オウG	人レベK	直パワD	結オウA	結オウG	人レベK	人レベE	結ドリC	結ドリC	結ドリI	人セフH	人セフB
6	人レベE	結ドリC	結オウG	人レベK	人レベE	結ドリC	結ドリI	結ドリI	人セフH	人セフB	直パワD	直パワJ
7	結ドリI	結ドリI	人レベE	結ドリC	結ドリI	結ドリI	結ドリC	人セフB	直パワD	直パワJ	結オウG	結オウA
8	結ドリC	人セフB	結ドリI	結ドリI	結ドリC	人セフB	人セフH	直パワJ	結オウG	結オウA	人レベE	人レベK
9	人セフH	直パワJ	結ドリC	人セフB	人セフH	直パワJ	直パワD	結オウA	人レベE	人レベK	直ステF	直ステL
10	直パワD	結オウA	人セフH	直パワJ	直パワD	結オウA	結オウG	人レベK	直ステF	直ステL	直ステF	直ステL
11	結オウG	人レベK	直パワD	結オウA	結オウG	人レベK	人レベE	直ステL	直ステF	直ステL	人レベE	人レベK
12	人レベE	直ステL	結オウG	人レベK	人レベE	直ステL	直ステF	直ステL	人レベE	人レベK	結オウG	結オウA
13	直ステF	直ステL	人レベE	直ステL	直ステF	直ステL	直ステF	人レベK	結オウG	結オウA	結オウG	結オウA
14	直ステF	人レベK	直ステF	直ステL	直ステF	人レベK	人レベE	結オウA	結オウG	結オウA	人レベE	人レベK
15	人レベE	結オウA	直ステF	人レベK	人レベE	結オウA	結オウG	結オウA	人レベE	人レベK	直ステF	直ステL
16	結オウG	結オウA	人レベE	結オウA	結オウG	結オウA	結オウG	人レベK	直ステF	直ステL	直ステF	直ステL
17	結オウG	人レベK	結オウG	結オウA	結オウG	人レベK	人レベE	直ステL	直ステF	直ステL	人レベE	人レベK
18	人レベE	直ステL	結オウG	人レベK	人レベE	直ステL	直ステF	直ステL	人レベE	人レベK	結オウG	結オウA
19	直ステF	直ステL	人レベE	直ステL	直ステF	直ステL	直ステF	人レベK	結オウG	結オウA	直パワD	直パワJ
20	直ステF	人レベK	直ステF	直ステL	直ステF	人レベK	人レベE	結オウA	直パワD	直パワJ	人セフH	人セフB
21	人レベE	結オウA	直ステF	人レベK	人レベE	結オウA	結オウG	直パワJ	人セフH	人セフB	結ドリC	結ドリI
22	結オウG	直パワJ	人レベE	結オウA	結オウG	直パワJ	直パワD	人セフB	結ドリC	結ドリI	結ドリI	結ドリC
23	直パワD	人セフB	結オウG	直パワJ	直パワD	人セフB	人セフH	結ドリI	結ドリI	結ドリC	人レベE	人レベK
24	人セフH	結ドリI	直パワD	人セフB	人セフH	結ドリI	結ドリC	結ドリC	人レベE	人レベK	結オウG	結オウA
25	結ドリC	結ドリC	人セフH	結ドリI	結ドリC	結ドリC	結ドリI	人レベK	結オウG	結オウA	直パワD	直パワJ
26	結ドリI	人レベK	結ドリC	結ドリC	結ドリI	人レベK	人レベE	結オウA	直パワD	直パワJ	人セフH	人セフB
27	人レベE	結オウA	結ドリI	人レベK	人レベE	結オウA	結オウG	直パワJ	人セフH	人セフB	結ドリC	結ドリI
28	結オウG	直パワJ	人レベE	結オウA	結オウG	直パワJ	直パワD	人セフB	結ドリC	結ドリI	結ドリI	結ドリC
29	直パワD		結オウG	直パワJ	直パワD	人セフB	人セフH	結ドリI	結ドリI	結ドリC	人セフB	人セフH
30	人セフH		直パワD	人セフB	人セフH	結ドリI	結ドリC	結ドリC	人セフB	人セフH	直パワJ	直パワD
31	結ドリC		人セフH		結ドリC		結ドリI	人セフH		直パワD		結オウG

1975年 【昭和50年】

	1月	2月	3月	4月	5月	6月	7月	8月	9月	10月	11月	12月
1	人レベ E	結ドリ C	結オウ G	人レベ K	人レベ E	結ドリ C	結ドリ I	結ドリ I	人セフ H	人セフ B	直パワ D	直パワ J
2	結ドリ I	結ドリ I	人レベ E	結ドリ C	結ドリ I	結ドリ I	結ドリ C	人セフ B	直パワ D	直パワ J	結オウ G	結オウ A
3	結ドリ C	人セフ B	結ドリ I	結ドリ I	結ドリ C	人セフ B	人セフ H	直パワ J	結オウ G	結オウ A	人レベ E	人レベ K
4	人セフ H	直パワ J	結ドリ C	人セフ B	人セフ H	直パワ J	直パワ D	結オウ A	人レベ E	人レベ K	直ステ F	直ステ L
5	直パワ D	結オウ A	人セフ H	直パワ J	直パワ D	結オウ A	結オウ G	人レベ K	直ステ F	直ステ L	直ステ F	直ステ L
6	結オウ G	人レベ K	直パワ D	結オウ A	結オウ G	人レベ K	人レベ E	直ステ L	直ステ F	直ステ L	人レベ E	人レベ K
7	人レベ E	直ステ L	結オウ G	人レベ K	人レベ E	直ステ L	直ステ F	直ステ L	人レベ E	人レベ K	結オウ G	結オウ A
8	直ステ F	直ステ L	人レベ E	直ステ L	直ステ F	直ステ L	直ステ F	人レベ K	結オウ G	結オウ A	結オウ G	結オウ A
9	直ステ F	人レベ K	直ステ F	直ステ L	直ステ F	人レベ K	人レベ E	結オウ A	結オウ G	結オウ A	人レベ E	人レベ K
10	人レベ E	結オウ A	直ステ F	人レベ K	人レベ E	結オウ A	結オウ G	結オウ A	人レベ E	人レベ K	直ステ F	直ステ L
11	結オウ G	結オウ A	人レベ E	結オウ A	結オウ G	結オウ A	結オウ G	人レベ K	直ステ F	直ステ L	直ステ F	直ステ L
12	結オウ G	人レベ K	結オウ G	結オウ A	結オウ G	人レベ K	人レベ E	直ステ L	直ステ F	直ステ L	人レベ E	人レベ K
13	人レベ E	直ステ L	結オウ G	人レベ K	人レベ E	直ステ L	直ステ F	直ステ L	人レベ E	人レベ K	結オウ G	結オウ A
14	直ステ F	直ステ L	人レベ E	直ステ L	直ステ F	直ステ L	直ステ F	人レベ K	結オウ G	結オウ A	直パワ D	直パワ J
15	直ステ F	人レベ K	直ステ F	直ステ L	直ステ F	人レベ K	人レベ E	結オウ A	直パワ D	直パワ J	人セフ H	人セフ B
16	人レベ E	結オウ A	直ステ F	人レベ K	人レベ E	結オウ A	結オウ G	直パワ J	人セフ H	人セフ B	結ドリ C	結ドリ I
17	結オウ G	直パワ J	人レベ E	結オウ A	結オウ G	直パワ J	直パワ D	人セフ B	結ドリ C	結ドリ I	結ドリ I	結ドリ C
18	直パワ D	人セフ B	結オウ G	直パワ J	直パワ D	人セフ B	人セフ H	結ドリ I	結ドリ I	結ドリ C	人レベ E	人レベ K
19	人セフ H	結ドリ I	直パワ D	人セフ B	人セフ H	結ドリ I	結ドリ C	結ドリ C	人レベ E	人レベ K	結オウ G	結オウ A
20	結ドリ C	結ドリ C	人セフ H	結ドリ I	結ドリ C	結ドリ C	結ドリ I	人レベ K	結オウ G	結オウ A	直パワ D	直パワ J
21	結ドリ I	人レベ K	結ドリ C	結ドリ C	結ドリ I	人レベ K	人レベ E	結オウ A	直パワ D	直パワ J	人セフ H	人セフ B
22	人レベ E	結オウ A	結ドリ I	人レベ K	人レベ E	結オウ A	結オウ G	直パワ J	人セフ H	人セフ B	結ドリ C	結ドリ I
23	結オウ G	直パワ J	人レベ E	結オウ A	結オウ G	直パワ J	直パワ D	人セフ B	結ドリ C	結ドリ I	結ドリ I	結ドリ C
24	直パワ D	人セフ B	結オウ G	直パワ J	直パワ D	人セフ B	人セフ H	結ドリ I	結ドリ I	結ドリ C	人セフ B	人セフ H
25	人セフ H	結ドリ I	直パワ D	人セフ B	人セフ H	結ドリ I	結ドリ C	結ドリ C	人セフ B	人セフ H	直パワ J	直パワ D
26	結ドリ C	結ドリ C	人セフ H	結ドリ I	結ドリ C	結ドリ C	結ドリ I	人セフ H	直パワ J	直パワ D	結オウ A	結オウ G
27	結ドリ I	人セフ H	結ドリ C	結ドリ C	結ドリ I	人セフ H	人セフ B	直パワ D	結オウ A	結オウ G	人レベ K	人レベ E
28	人セフ B	直パワ D	結ドリ I	人セフ H	人セフ B	直パワ D	直パワ J	結オウ G	人レベ K	人レベ E	結ドリ C	結ドリ I
29	直パワ J		人セフ B	直パワ D	直パワ J	結オウ G	結オウ A	人レベ E	結ドリ C	結ドリ I	結ドリ I	結ドリ C
30	結オウ A		直パワ J	結オウ G	結オウ A	人レベ E	人レベ K	結ドリ I	結ドリ I	結ドリ C	人セフ B	人セフ H
31	人レベ K		結オウ A		人レベ K		結ドリ C	結ドリ C		人セフ H		直パワ D

1976年 【昭和51年】

	1月	2月	3月	4月	5月	6月	7月	8月	9月	10月	11月	12月
1	結オウG	人レベK	結オウG	人レベK	人レベE	直ステL	直ステF	直ステL	人レベE	人レベK	結オウG	結オウA
2	人レベE	直ステL	人レベE	直ステL	直ステF	直ステL	直ステF	人レベK	結オウG	結オウA	結オウG	結オウA
3	直ステF	直ステL	直ステF	直ステL	直ステF	人レベK	人レベE	結オウA	結オウG	結オウA	人レベE	人レベK
4	直ステF	人レベK	直ステF	人レベK	人レベE	結オウA	結オウG	結オウA	人レベE	人レベK	直ステF	直ステL
5	人レベE	結オウA	人レベE	結オウA	結オウG	結オウA	結オウG	人レベK	直ステF	直ステL	直ステF	直ステL
6	結オウG	結オウA	結オウG	結オウA	結オウG	人レベK	人レベE	直ステL	直ステF	直ステL	人レベE	人レベK
7	結オウG	人レベK	結オウG	人レベK	人レベE	直ステL	直ステF	直ステL	人レベE	人レベK	結オウG	結オウA
8	人レベE	直ステL	人レベE	直ステL	直ステF	直ステL	直ステF	人レベK	結オウG	結オウA	直パワD	直パワJ
9	直ステF	直ステL	直ステF	直ステL	直ステF	人レベK	人レベE	結オウA	直パワD	直パワJ	人セフH	人セフB
10	直ステF	人レベK	直ステF	人レベK	人レベE	結オウA	結オウG	直パワJ	人セフH	人セフB	結ドリC	結ドリI
11	人レベE	結オウA	人レベE	結オウA	結オウG	直パワJ	直パワD	人セフB	結ドリC	結ドリI	結ドリI	結ドリC
12	結オウG	直パワJ	結オウG	直パワJ	直パワD	人セフB	人セフH	結ドリI	結ドリI	結ドリC	人レベE	人レベK
13	直パワD	人セフB	直パワD	人セフB	人セフH	結ドリI	結ドリC	結ドリC	人レベE	人レベK	結オウG	結オウA
14	人セフH	結ドリI	人セフH	結ドリI	結ドリC	結ドリC	結ドリI	人レベK	結オウG	結オウA	直パワD	直パワJ
15	結ドリC	結ドリC	結ドリC	結ドリC	結ドリI	人レベK	人レベE	結オウA	直パワD	直パワJ	人セフH	人セフB
16	結ドリI	人レベK	結ドリI	人レベK	人レベE	結オウA	結オウG	直パワJ	人セフH	人セフB	結ドリC	結ドリI
17	人レベE	結オウA	人レベE	結オウA	結オウG	直パワJ	直パワD	人セフB	結ドリC	結ドリI	結ドリI	結ドリC
18	結オウG	直パワJ	結オウG	直パワJ	直パワD	人セフB	人セフH	結ドリI	結ドリI	結ドリC	人セフB	人セフH
19	直パワD	人セフB	直パワD	人セフB	人セフH	結ドリI	結ドリC	結ドリC	人セフB	人セフH	直パワJ	直パワD
20	人セフH	結ドリI	人セフH	結ドリI	結ドリC	結ドリC	結ドリI	人セフH	直パワJ	直パワD	結オウA	結オウG
21	結ドリC	結ドリC	結ドリC	結ドリC	結ドリI	人セフH	人セフB	直パワD	結オウA	結オウG	人レベK	人レベE
22	結ドリI	人セフH	結ドリI	人セフH	人セフB	直パワD	直パワJ	結オウG	人レベK	人レベE	結ドリC	結ドリI
23	人セフB	直パワD	人セフB	直パワD	直パワJ	結オウG	結オウA	人レベE	結ドリC	結ドリI	結ドリI	結ドリC
24	直パワJ	結オウG	直パワJ	結オウG	結オウA	人レベE	人レベK	結ドリI	結ドリI	結ドリC	人セフB	人セフH
25	結オウA	人レベE	結オウA	人レベE	人レベK	結ドリI	結ドリC	結ドリC	人セフB	人セフH	直パワJ	直パワD
26	人レベK	結ドリI	人レベK	結ドリI	結ドリC	結ドリC	結ドリI	人セフH	直パワJ	直パワD	結オウA	結オウG
27	結ドリC	結ドリC	結ドリC	結ドリC	結ドリI	人セフH	人セフB	直パワD	結オウA	結オウG	人レベK	人レベE
28	結ドリI	人セフH	結ドリI	人セフH	人セフB	直パワD	直パワJ	結オウG	人レベK	人レベE	直ステL	直ステF
29	人セフB	直パワD	人セフB	直パワD	直パワJ	結オウG	結オウA	人レベE	直ステL	直ステF	直ステL	直ステF
30	直パワJ		直パワJ	結オウG	結オウA	人レベE	人レベK	直ステF	直ステL	直ステF	人レベK	人レベE
31	結オウA		結オウA		人レベK		直ステL	直ステF		人レベE		結オウG

1977 年 【昭和 52 年】

	1月	2月	3月	4月	5月	6月	7月	8月	9月	10月	11月	12月
1	結オウG	人レベK	結オウG	結オウA	結オウG	人レベK	人レベE	直ステL	直ステF	直ステL	人レベE	人レベK
2	人レベE	直ステL	結オウG	人レベK	人レベE	直ステL	直ステF	直ステL	人レベE	人レベK	結オウG	結オウA
3	直ステF	直ステL	人レベE	直ステL	直ステF	直ステL	直ステF	人レベK	結オウG	結オツA	直パワD	直パワJ
4	直ステF	人レベK	直ステF	直ステL	直ステF	人レベK	人レベE	結オウA	直パワD	直パワJ	人セフH	人セフB
5	人レベE	結オウA	直ステF	人レベK	人レベE	結オウA	結オウG	直パワJ	人セフH	人セフB	結ドリC	結ドリI
6	結オウG	直パワJ	人レベE	結オウA	結オウG	直パワJ	直パワD	人セフB	結ドリC	結ドリI	結ドリI	結ドリC
7	直パワD	人セフB	結オウG	直パワJ	直パワD	人セフB	人セフH	結ドリI	結ドリI	結ドリC	人レベE	人レベK
8	人セフH	結ドリI	直パワD	人セフB	人セフH	結ドリI	結ドリC	結ドリC	人レベE	人レベK	結オウG	結オウA
9	結ドリC	結ドリC	人セフH	結ドリI	結ドリC	結ドリC	結ドリI	人レベK	結オウG	結オウA	直パワD	直パワJ
10	結ドリI	人レベK	結ドリC	結ドリC	結ドリI	人レベK	人レベE	結オウA	直パワD	直パワJ	人セフH	人セフB
11	人レベE	結オウA	結ドリI	人レベK	人レベE	結オウA	結オウG	直パワJ	人セフH	人セフB	結ドリC	結ドリI
12	結オウG	直パワJ	人レベE	結オウA	結オウG	直パワJ	直パワD	人セフB	結ドリC	結ドリI	結ドリI	結ドリC
13	直パワD	人セフB	結オウG	直パワJ	直パワD	人セフB	人セフH	結ドリI	結ドリI	結ドリC	人セフB	人セフH
14	人セフH	結ドリI	直パワD	人セフB	人セフH	結ドリI	結ドリC	結ドリC	人セフB	人セフH	直パワJ	直パワD
15	結ドリC	結ドリC	人セフH	結ドリI	結ドリC	結ドリC	結ドリI	人セフH	直パワJ	直パワD	結オウA	結オウG
16	結ドリI	人セフH	結ドリC	結ドリC	結ドリI	人セフH	人セフB	直パワD	結オウA	結オウG	人レベK	人レベE
17	人セフB	直パワD	結ドリI	人セフH	人セフB	直パワD	直パワJ	結オウG	人レベK	人レベE	結ドリC	結ドリI
18	直パワJ	結オウG	人セフB	直パワD	直パワJ	結オウG	結オウA	人レベE	結ドリC	結ドリI	結ドリI	結ドリC
19	結オウA	人レベE	直パワJ	結オウG	結オウA	人レベE	人レベK	結ドリI	結ドリI	結ドリC	人セフB	人セフH
20	人レベK	結ドリI	結オウA	人レベE	人レベK	結ドリI	結ドリC	結ドリC	人セフB	人セフH	直パワJ	直パワD
21	結ドリC	結ドリC	人レベK	結ドリI	結ドリC	結ドリC	結ドリI	人セフH	直パワJ	直パワD	結オウA	結オウG
22	結ドリI	人セフH	結ドリC	結ドリC	結ドリI	人セフH	人セフB	直パワD	結オウA	結オウG	人レベK	人レベE
23	人セフB	直パワD	結ドリI	人セフH	人セフB	直パワD	直パワJ	結オウG	人レベK	人レベE	直ステL	直ステF
24	直パワJ	結オウG	人セフB	直パワD	直パワJ	結オウG	結オウA	人レベE	直ステL	直ステF	直ステL	直ステF
25	結オウA	人レベE	直パワJ	結オウG	結オウA	人レベE	人レベK	直ステF	直ステL	直ステF	人レベK	人レベE
26	人レベK	直ステF	結オウA	人レベE	人レベK	直ステF	直ステL	直ステF	人レベK	人レベE	結オウA	結オウG
27	直ステL	直ステF	人レベK	直ステF	直ステL	直ステF	直ステL	人レベE	結オウA	結オウG	結オウA	結オウG
28	直ステL	人レベE	直ステL	直ステF	直ステL	人レベE	人レベK	結オウG	結オウA	結オウG	人レベK	人レベE
29	人レベK		直ステL	人レベE	人レベK	結オウG	結オウA	結オウG	人レベK	人レベE	直ステL	直ステF
30	結オウA		人レベK	結オウG	結オウA	結オウG	結オウA	人レベE	直ステL	直ステF	直ステL	直ステF
31	結オウA		結オウA		結オウA		人レベK	直ステF		直ステF		人レベE

1978年 【昭和53年】

	1月	2月	3月	4月	5月	6月	7月	8月	9月	10月	11月	12月
1	結オウG	直パワJ	人レベE	結オウA	結オウG	直パワJ	直パワD	人セフB	結ドリC	結ドリI	結ドリI	結ドリC
2	直パワD	人セフB	結オウG	直パワJ	直パワD	人セフB	人セフH	結ドリI	結ドリI	結ドリC	人レベE	人レベK
3	人セフH	結ドリI	直パワD	人セフB	人セフH	結ドリI	結ドリC	結ドリC	人レベE	人レベK	結オウG	結オウA
4	結ドリC	結ドリC	人セフH	結ドリI	結ドリC	結ドリC	結ドリI	人レベK	結オウG	結オウA	直パワD	直パワJ
5	結ドリI	人レベK	結ドリC	結ドリC	結ドリI	人レベK	人レベE	結オウA	直パワD	直パワJ	人セフH	人セフB
6	人レベE	結オウA	結ドリI	人レベK	人レベE	結オウA	結オウG	直パワJ	人セフH	人セフB	結ドリC	結ドリI
7	結オウG	直パワJ	人レベE	結オウA	結オウG	直パワJ	直パワD	人セフB	結ドリC	結ドリI	結ドリI	結ドリC
8	直パワD	人セフB	結オウG	直パワJ	直パワD	人セフB	人セフH	結ドリI	結ドリI	結ドリC	人セフB	人セフH
9	人セフH	結ドリI	直パワD	人セフB	人セフH	結ドリI	結ドリC	結ドリC	人セフB	人セフH	直パワJ	直パワD
10	結ドリC	結ドリC	人セフH	結ドリI	結ドリC	結ドリC	結ドリI	人セフH	直パワJ	直パワD	結オウA	結オウG
11	結ドリI	人セフH	結ドリC	結ドリC	結ドリI	人セフH	人セフB	直パワD	結オウA	結オウG	人レベK	人レベE
12	人セフB	直パワD	結ドリI	人セフH	人セフB	直パワD	直パワJ	結オウG	人レベK	人レベE	結ドリC	結ドリI
13	直パワJ	結オウG	人セフB	直パワD	直パワJ	結オウG	結オウA	人レベE	結ドリC	結ドリI	結ドリI	結ドリC
14	結オウA	人レベE	直パワJ	結オウG	結オウA	人レベE	人レベK	結ドリI	結ドリI	結ドリC	人セフB	人セフH
15	人レベK	結ドリI	結オウA	人レベE	人レベK	結ドリI	結ドリC	結ドリC	人セフB	人セフH	直パワJ	直パワD
16	結ドリC	結ドリC	人レベK	結ドリI	結ドリC	結ドリC	結ドリI	人セフH	直パワJ	直パワD	結オウA	結オウG
17	結ドリI	人セフH	結ドリC	結ドリC	結ドリI	人セフH	人セフB	直パワD	結オウA	結オウG	人レベK	人レベE
18	人セフB	直パワD	結ドリI	人セフH	人セフB	直パワD	直パワJ	結オウG	人レベK	人レベE	直ステL	直ステF
19	直パワJ	結オウG	人セフB	直パワD	直パワJ	結オウG	結オウA	人レベE	直ステL	直ステF	直ステL	直ステF
20	結オウA	人レベE	直パワJ	結オウG	結オウA	人レベE	人レベK	直ステF	直ステL	直ステF	人レベK	人レベE
21	人レベK	直ステF	結オウA	人レベE	人レベK	直ステF	直ステL	直ステF	人レベK	人レベE	結オウA	結オウG
22	直ステL	直ステF	人レベK	直ステF	直ステL	直ステF	直ステL	人レベE	結オウA	結オウG	結オウA	結オウG
23	直ステL	人レベE	直ステL	直ステF	直ステL	人レベE	人レベK	結オウG	結オウA	結オウG	人レベK	人レベE
24	人レベK	結オウG	直ステL	人レベE	人レベK	結オウG	結オウA	結オウG	人レベK	人レベE	直ステL	直ステF
25	結オウA	結オウG	人レベK	結オウG	結オウA	結オウG	結オウA	人レベE	直ステL	直ステF	直ステL	直ステF
26	結オウA	人レベE	結オウA	結オウG	結オウA	人レベE	人レベK	直ステF	直ステL	直ステF	人レベK	人レベE
27	人レベK	直ステF	結オウA	人レベE	人レベK	直ステF	直ステL	直ステF	人レベK	人レベE	結オウA	結オウG
28	直ステL	直ステF	人レベK	直ステF	直ステL	直ステF	直ステL	人レベE	結オウA	結オウG	直パワJ	直パワD
29	直ステL		直ステL	直ステF	直ステL	人レベE	人レベK	結オウG	直パワJ	直パワD	人セフB	人セフH
30	人レベK		直ステL	人レベE	人レベK	結オウG	結オウA	直パワD	人セフB	人セフH	結ドリI	結ドリC
31	結オウA		人レベK		結オウA		直パワJ	人セフH		結ドリC		結ドリI

1979年 【昭和54年】

	1月	2月	3月	4月	5月	6月	7月	8月	9月	10月	11月	12月
1	人レベE	結オウA	結ドリI	人レベK	人レベE	結オウA	結オウG	直パワJ	人セフH	人セフB	結ドリC	結ドリI
2	結オウG	直パワJ	人レベE	結オウA	結オウG	直パワJ	直パワD	人セフB	結ドリC	結ドリI	結ドリI	結ドリC
3	直パワD	人セフB	結オウG	直パワJ	直パワD	人セフB	人セフH	結ドリI	結ドリI	結ドリC	人セフB	人セフH
4	人セフH	結ドリI	直パワD	人セフB	人セフH	結ドリI	結ドリC	結ドリC	人セフB	人セフH	直パワJ	直パワD
5	結ドリC	結ドリC	人セフH	結ドリI	結ドリC	結ドリC	結ドリI	人セフH	直パワJ	直パワD	結オウA	結オウG
6	結ドリI	人セフH	結ドリC	結ドリC	結ドリI	人セフH	人セフB	直パワD	結オウA	結オウG	人レベK	人レベE
7	人セフB	直パワD	結ドリI	人セフH	人セフB	直パワD	直パワJ	結オウG	人レベK	人レベE	結ドリC	結ドリI
8	直パワJ	結オウG	人セフB	直パワD	直パワJ	結オウG	結オウA	人レベE	結ドリC	結ドリI	結ドリI	結ドリC
9	結オウA	人レベE	直パワJ	結オウG	結オウA	人レベE	人レベK	結ドリI	結ドリI	結ドリC	人セフB	人セフH
10	人レベK	結ドリI	結オウA	人レベE	人レベK	結ドリI	結ドリC	結ドリC	人セフB	人セフH	直パワJ	直パワD
11	結ドリC	結ドリC	人レベK	結ドリI	結ドリC	結ドリC	結ドリI	人セフH	直パワJ	直パワD	結オウA	結オウG
12	結ドリI	人セフH	結ドリC	結ドリC	結ドリI	人セフH	人セフB	直パワD	結オウA	結オウG	人レベK	人レベE
13	人セフB	直パワD	結ドリI	人セフH	人セフB	直パワD	直パワJ	結オウG	人レベK	人レベE	直ステL	直ステF
14	直パワJ	結オウG	人セフB	直パワD	直パワJ	結オウG	結オウA	人レベE	直ステL	直ステF	直ステL	直ステF
15	結オウA	人レベE	直パワJ	結オウG	結オウA	人レベE	人レベK	直ステF	直ステL	直ステF	人レベK	人レベE
16	人レベK	直ステF	結オウA	人レベE	人レベK	直ステF	直ステL	直ステF	人レベK	人レベE	結オウA	結オウG
17	直ステL	直ステF	人レベK	直ステF	直ステL	直ステF	直ステL	人レベE	結オウA	結オウG	結オウA	結オウG
18	直ステL	人レベE	直ステL	直ステF	直ステL	人レベE	人レベK	結オウG	結オウA	結オウG	人レベK	人レベE
19	人レベK	結オウG	直ステL	人レベE	人レベK	結オウG	結オウA	結オウG	人レベK	人レベE	直ステL	直ステF
20	結オウA	結オウG	人レベK	結オウG	結オウA	結オウG	結オウA	人レベE	直ステL	直ステF	直ステL	直ステF
21	結オウA	人レベE	結オウA	結オウG	結オウA	人レベE	人レベK	直ステF	直ステL	直ステF	人レベK	人レベE
22	人レベK	直ステF	結オウA	人レベE	人レベK	直ステF	直ステL	直ステF	人レベK	人レベE	結オウA	結オウG
23	直ステL	直ステF	人レベK	直ステF	直ステL	直ステF	直ステL	人レベE	結オウA	結オウG	直パワJ	直パワD
24	直ステL	人レベE	直ステL	直ステF	直ステL	人レベE	人レベK	結オウG	直パワJ	直パワD	人セフB	人セフH
25	人レベK	結オウG	直ステL	人レベE	人レベK	結オウG	結オウA	直パワD	人セフB	人セフH	結ドリI	結ドリC
26	結オウA	直パワD	人レベK	結オウG	結オウA	直パワD	直パワJ	人セフH	結ドリI	結ドリC	結ドリC	結ドリI
27	直パワJ	人セフH	結オウA	直パワD	直パワJ	人セフH	人セフB	結ドリC	結ドリC	結ドリI	人レベK	人レベE
28	人セフB	結ドリC	直パワJ	人セフH	人セフB	結ドリC	結ドリI	結ドリI	人レベK	人レベE	結オウA	結オウG
29	結ドリI		人セフB	結ドリC	結ドリI	結ドリI	結ドリC	人レベE	結オウA	結オウG	直パワJ	直パワD
30	結ドリC		結ドリI	結ドリI	結ドリC	人レベE	人レベK	結オウG	直パワJ	直パワD	人セフB	人セフH
31	人レベK		結ドリC		人レベK		結オウA	直パワD		人セフH		結ドリC

1980年 【昭和55年】

	1月	2月	3月	4月	5月	6月	7月	8月	9月	10月	11月	12月
1	結ドリI	人セフH	結ドリI	人セフH	人セフB	直パワD	直パワJ	結オウG	人レベK	人レベE	結ドリC	結ドリI
2	人セフB	直パワD	人セフB	直パワD	直パワJ	結オウG	結オウA	人レベE	結ドリC	結ドリI	結ドリI	結ドリC
3	直パワJ	結オウG	直パワJ	結オウG	結オウA	人レベE	人レベK	結ドリI	結ドリI	結ドリC	人セフB	人セフH
4	結オウA	人レベE	結オウA	人レベE	人レベK	結ドリI	結ドリC	結ドリC	人セフB	人セフH	直パワJ	直パワD
5	人レベK	結ドリI	人レベK	結ドリI	結ドリC	結ドリC	結ドリI	人セフH	直パワJ	直パワD	結オウA	結オウG
6	結ドリC	結ドリC	結ドリC	結ドリC	結ドリI	人セフH	人セフB	直パワD	結オウA	結オウG	人レベK	人レベE
7	結ドリI	人セフH	結ドリI	人セフH	人セフB	直パワD	直パワJ	結オウG	人レベK	人レベE	直ステL	直ステF
8	人セフB	直パワD	人セフB	直パワD	直パワJ	結オウG	結オウA	人レベE	直ステL	直ステF	直ステL	直ステF
9	直パワJ	結オウG	直パワJ	結オウG	結オウA	人レベE	人レベK	直ステF	直ステL	直ステF	人レベK	人レベE
10	結オウA	人レベE	結オウA	人レベE	人レベK	直ステF	直ステL	直ステF	人レベK	人レベE	結オウA	結オウG
11	人レベK	直ステF	人レベK	直ステF	直ステL	直ステF	直ステL	人レベE	結オウA	結オウG	結オウA	結オウG
12	直ステL	直ステF	直ステL	直ステF	直ステL	人レベE	人レベK	結オウG	結オウA	結オウG	人レベK	人レベE
13	直ステL	人レベE	直ステL	人レベE	人レベK	結オウG	結オウA	結オウG	人レベK	人レベE	直ステL	直ステF
14	人レベK	結オウG	人レベK	結オウG	結オウA	結オウG	結オウA	人レベE	直ステL	直ステF	直ステL	直ステF
15	結オウA	結オウG	結オウA	結オウG	結オウA	人レベE	人レベK	直ステF	直ステL	直ステF	人レベK	人レベE
16	結オウA	人レベE	結オウA	人レベE	人レベK	直ステF	直ステL	直ステF	人レベK	人レベE	結オウA	結オウG
17	人レベK	直ステF	人レベK	直ステF	直ステL	直ステF	直ステL	人レベE	結オウA	結オウG	直パワJ	直パワD
18	直ステL	直ステF	直ステL	直ステF	直ステL	人レベE	人レベK	結オウG	直パワJ	直パワD	人セフB	人セフH
19	直ステL	人レベE	直ステL	人レベE	人レベK	結オウG	結オウA	直パワD	人セフB	人セフH	結ドリI	結ドリC
20	人レベK	結オウG	人レベK	結オウG	結オウA	直パワD	直パワJ	人セフH	結ドリI	結ドリC	結ドリC	結ドリI
21	結オウA	直パワD	結オウA	直パワD	直パワJ	人セフH	人セフB	結ドリC	結ドリC	結ドリI	人レベK	人レベE
22	直パワJ	人セフH	直パワJ	人セフH	人セフB	結ドリC	結ドリI	結ドリI	人レベK	人レベE	結オウA	結オウG
23	人セフB	結ドリC	人セフB	結ドリC	結ドリI	結ドリI	結ドリC	人レベE	結オウA	結オウG	直パワJ	直パワD
24	結ドリI	結ドリI	結ドリI	結ドリI	結ドリC	人レベE	人レベK	結オウG	直パワJ	直パワD	人セフB	人セフH
25	結ドリC	人レベE	結ドリC	人レベE	人レベK	結オウG	結オウA	直パワD	人セフB	人セフH	結ドリI	結ドリC
26	人レベK	結オウG	人レベK	結オウG	結オウA	直パワD	直パワJ	人セフH	結ドリI	結ドリC	結ドリC	結ドリI
27	結オウA	直パワD	結オウA	直パワD	直パワJ	人セフH	人セフB	結ドリC	結ドリC	結ドリI	人セフH	人セフB
28	直パワJ	人セフH	直パワJ	人セフH	人セフB	結ドリC	結ドリI	結ドリI	人セフH	人セフB	直パワD	直パワJ
29	人セフB	結ドリC	人セフB	結ドリC	結ドリI	結ドリI	結ドリC	人セフB	直パワD	直パワJ	結オウG	結オウA
30	結ドリI		結ドリI	結ドリI	結ドリC	人セフB	人セフH	直パワJ	結オウG	結オウA	人レベE	人レベK
31	結ドリC		結ドリC		人セフH		直パワD	結オウA		人レベK		結ドリC

1981年 【昭和56年】

	1月	2月	3月	4月	5月	6月	7月	8月	9月	10月	11月	12月
1	結ドリI	人セフH	結ドリC	結ドリC	結ドリI	人セフH	人セフB	直パワD	結オウA	結オウG	人レベK	人レベE
2	人セフB	直パワD	結ドリI	人セフH	人セフB	直パワD	直パワJ	結オウG	人レベK	人レベE	直ステL	直ステF
3	直パワJ	結オウG	人セフB	直パワD	直パワJ	結オウG	結オウA	人レベE	直ステL	直ステF	直ステL	直ステF
4	結オウA	人レベE	直パワJ	結オウG	結オウA	人レベE	人レベK	直ステF	直ステL	直ステF	人レベK	人レベE
5	人レベK	直ステF	結オウA	人レベE	人レベK	直ステF	直ステL	直ステF	人レベK	人レベE	結オウA	結オウG
6	直ステL	直ステF	人レベK	直ステF	直ステL	直ステF	直ステL	人レベE	結オウA	結オウG	結オウA	結オウG
7	直ステL	人レベE	直ステL	直ステF	直ステL	人レベE	人レベK	結オウG	結オウA	結オウG	人レベK	人レベE
8	人レベK	結オウG	直ステL	人レベE	人レベK	結オウG	結オウA	結オウG	人レベK	人レベE	直ステL	直ステF
9	結オウA	結オウG	人レベK	結オウG	結オウA	結オウG	結オウA	人レベE	直ステL	直ステF	直ステL	直ステF
10	結オウA	人レベE	結オウA	結オウG	結オウA	人レベE	人レベK	直ステF	直ステL	直ステF	人レベK	人レベE
11	人レベK	直ステF	結オウA	人レベE	人レベK	直ステF	直ステL	直ステF	人レベK	人レベE	結オウA	結オウG
12	直ステL	直ステF	人レベK	直ステF	直ステL	直ステF	直ステL	人レベE	結オウA	結オウG	直パワJ	直パワD
13	直ステL	人レベE	直ステL	直ステF	直ステL	人レベE	人レベK	結オウG	直パワJ	直パワD	人セフB	人セフH
14	人レベK	結オウG	直ステL	人レベE	人レベK	結オウG	結オウA	直パワD	人セフB	人セフH	結ドリI	結ドリC
15	結オウA	直パワD	人レベK	結オウG	結オウA	直パワD	直パワJ	人セフH	結ドリI	結ドリC	結ドリC	結ドリI
16	直パワJ	人セフH	結オウA	直パワD	直パワJ	人セフH	人セフB	結ドリC	結ドリC	結ドリI	人レベK	人レベE
17	人セフB	結ドリC	直パワJ	人セフH	人セフB	結ドリC	結ドリI	結ドリI	人レベK	人レベE	結オウA	結オウG
18	結ドリI	結ドリI	人セフB	結ドリC	結ドリI	結ドリI	結ドリC	人レベE	結オウA	結オウG	直パワJ	直パワD
19	結ドリC	人レベE	結ドリI	結ドリI	結ドリC	人レベE	人レベK	結オウG	直パワJ	直パワD	人セフB	人セフH
20	人レベK	結オウG	結ドリC	人レベE	人レベK	結オウG	結オウA	直パワD	人セフB	人セフH	結ドリI	結ドリC
21	結オウA	直パワD	人レベK	結オウG	結オウA	直パワD	直パワJ	人セフH	結ドリI	結ドリC	結ドリC	結ドリI
22	直パワJ	人セフH	結オウA	直パワD	直パワJ	人セフH	人セフB	結ドリC	結ドリC	結ドリI	人セフH	人セフB
23	人セフB	結ドリC	直パワJ	人セフH	人セフB	結ドリC	結ドリI	結ドリI	人セフH	人セフB	直パワD	直パワJ
24	結ドリI	結ドリI	人セフB	結ドリC	結ドリI	結ドリI	結ドリC	人セフB	直パワD	直パワJ	結オウG	結オウA
25	結ドリC	人セフB	結ドリI	結ドリI	結ドリC	人セフB	人セフH	直パワJ	結オウG	結オウA	人レベE	人レベK
26	人セフH	直パワJ	結ドリC	人セフB	人セフH	直パワJ	直パワD	結オウA	人レベE	人レベK	結ドリI	結ドリC
27	直パワD	結オウA	人セフH	直パワJ	直パワD	結オウA	結オウG	人レベK	結ドリI	結ドリC	結ドリC	結ドリI
28	結オウG	人レベK	直パワD	結オウA	結オウG	人レベK	人レベE	結ドリC	結ドリC	結ドリI	人セフH	人セフB
29	人レベE		結オウG	人レベK	人レベE	結ドリC	結ドリI	結ドリI	人セフH	人セフB	直パワD	直パワJ
30	結ドリI		人レベE	結ドリC	結ドリI	結ドリI	結ドリC	人セフB	直パワD	直パワJ	結オウG	結オウA
31	結ドリC		結ドリI		結ドリC		人セフH	直パワJ		結オウA		人レベK

1982年　【昭和57年】

	1月	2月	3月	4月	5月	6月	7月	8月	9月	10月	11月	12月
1	直ステL	直ステF	人レベK	直ステF	直ステL	直ステF	直ステL	人レベE	結オウA	結オウG	結オウA	結オウG
2	直ステL	人レベE	直ステL	直ステF	直ステL	人レベE	人レベK	結オウG	結オウA	結オウG	人レベK	人レベE
3	人レベK	結オウG	直ステL	人レベE	人レベK	結オウG	結オウA	結オウG	人レベK	人レベE	直ステL	直ステF
4	結オウA	結オウG	人レベK	結オウG	結オウA	結オウG	結オウA	人レベE	直ステL	直ステF	直ステL	直ステF
5	結オウA	人レベE	結オウA	結オウG	結オウA	人レベE	人レベK	直ステF	直ステL	直ステF	人レベK	人レベE
6	人レベK	直ステF	結オウA	人レベE	人レベK	直ステF	直ステL	直ステF	人レベK	人レベE	結オウA	結オウG
7	直ステL	直ステF	人レベK	直ステF	直ステL	直ステF	直ステL	人レベE	結オウA	結オウG	直パワJ	直パワD
8	直ステL	人レベE	直ステL	直ステF	直ステL	人レベE	人レベK	結オウG	直パワJ	直パワD	人セフB	人セフH
9	人レベK	結オウG	直ステL	人レベE	人レベK	結オウG	結オウA	直パワD	人セフB	人セフH	結ドリI	結ドリC
10	結オウA	直パワD	人レベK	結オウG	結オウA	直パワD	直パワJ	人セフH	結ドリI	結ドリC	結ドリC	結ドリI
11	直パワJ	人セフH	結オウA	直パワD	直パワJ	人セフH	人セフB	結ドリC	結ドリC	結ドリI	人レベK	人レベE
12	人セフB	結ドリC	直パワJ	人セフH	人セフB	結ドリC	結ドリI	結ドリI	人レベK	人レベE	結オウA	結オウG
13	結ドリI	結ドリI	人セフB	結ドリC	結ドリI	結ドリI	結ドリC	人レベE	結オウA	結オウG	直パワJ	直パワD
14	結ドリC	人レベE	結ドリI	結ドリI	結ドリC	人レベE	人レベK	結オウG	直パワJ	直パワD	人セフB	人セフH
15	人レベK	結オウG	結ドリC	人レベE	人レベK	結オウG	結オウA	直パワD	人セフB	人セフH	結ドリI	結ドリC
16	結オウA	直パワD	人レベK	結オウG	結オウA	直パワD	直パワJ	人セフH	結ドリI	結ドリC	結ドリC	結ドリI
17	直パワJ	人セフH	結オウA	直パワD	直パワJ	人セフH	人セフB	結ドリC	結ドリC	結ドリI	人セフH	人セフB
18	人セフB	結ドリC	直パワJ	人セフH	人セフB	結ドリC	結ドリI	結ドリI	人セフH	人セフB	直パワD	直パワJ
19	結ドリI	結ドリI	人セフB	結ドリC	結ドリI	結ドリI	結ドリC	人セフB	直パワD	直パワJ	結オウG	結オウA
20	結ドリC	人セフB	結ドリI	結ドリI	結ドリC	人セフB	人セフH	直パワJ	結オウG	結オウA	人レベE	人レベK
21	人セフH	直パワJ	結ドリC	人セフB	人セフH	直パワJ	直パワD	結オウA	人レベE	人レベK	結ドリI	結ドリC
22	直パワD	結オウA	人セフH	直パワJ	直パワD	結オウA	結オウG	人レベK	結ドリI	結ドリC	結ドリC	結ドリI
23	結オウG	人レベK	直パワD	結オウA	結オウG	人レベK	人レベE	結ドリC	結ドリC	結ドリI	人セフH	人セフB
24	人レベE	結ドリC	結オウG	人レベK	人レベE	結ドリC	結ドリI	結ドリI	人セフH	人セフB	直パワD	直パワJ
25	結ドリI	結ドリI	人レベE	結ドリC	結ドリI	結ドリI	結ドリC	人セフB	直パワD	直パワJ	結オウG	結オウA
26	結ドリC	人セフB	結ドリI	結ドリI	結ドリC	人セフB	人セフH	直パワJ	結オウG	結オウA	人レベE	人レベK
27	人セフH	直パワJ	結ドリC	人セフB	人セフH	直パワJ	直パワD	結オウA	人レベE	人レベK	直ステF	直ステL
28	直パワD	結オウA	人セフH	直パワJ	直パワD	結オウA	結オウG	人レベK	直ステF	直ステL	直ステF	直ステL
29	結オウG		直パワD	結オウA	結オウG	人レベK	人レベE	直ステL	直ステF	直ステL	人レベE	人レベK
30	人レベE		結オウG	人レベK	人レベE	直ステL	直ステF	直ステL	人レベE	人レベK	結オウG	結オウA
31	直ステF		人レベE		直ステF		直ステF	人レベK		結オウA		結オウA

1983年 【昭和58年】

	1月	2月	3月	4月	5月	6月	7月	8月	9月	10月	11月	12月
1	人レベK	直ステF	結オウA	人レベE	人レベK	直ステF	直ステL	直ステF	人レベK	人レベE	結オウA	結オウG
2	直ステL	直ステF	人レベK	直ステF	直ステL	直ステF	直ステL	人レベE	結オウA	結オウG	直パワJ	直パワD
3	直ステL	人レベE	直ステL	直ステF	直ステL	人レベE	人レベK	結オウG	直パワJ	直パワD	人セフB	人セフH
4	人レベK	結オウG	直ステL	人レベE	人レベK	結オウG	結オウA	直パワD	人セフB	人セフH	結ドリI	結ドリC
5	結オウA	直パワD	人レベK	結オウG	結オウA	直パワD	直パワJ	人セフH	結ドリI	結ドリC	結ドリC	結ドリI
6	直パワJ	人セフH	結オウA	直パワD	直パワJ	人セフH	人セフB	結ドリC	結ドリC	結ドリI	人レベK	人レベE
7	人セフB	結ドリC	直パワJ	人セフH	人セフB	結ドリC	結ドリI	結ドリI	人レベK	人レベE	結オウA	結オウG
8	結ドリI	結ドリI	人セフB	結ドリC	結ドリI	結ドリI	結ドリC	人レベE	結オウA	結オウG	直パワJ	直パワD
9	結ドリC	人レベE	結ドリI	結ドリI	結ドリC	人レベE	人レベK	結オウG	直パワJ	直パワD	人セフB	人セフH
10	人レベK	結オウG	結ドリC	人レベE	人レベK	結オウG	結オウA	直パワD	人セフB	人セフH	結ドリI	結ドリC
11	結オウA	直パワD	人レベK	結オウG	結オウA	直パワD	直パワJ	人セフH	結ドリI	結ドリC	結ドリC	結ドリI
12	直パワJ	人セフH	結オウA	直パワD	直パワJ	人セフH	人セフB	結ドリC	結ドリC	結ドリI	人セフH	人セフB
13	人セフB	結ドリC	直パワJ	人セフH	人セフB	結ドリC	結ドリI	結ドリI	人セフH	人セフB	直パワD	直パワJ
14	結ドリI	結ドリI	人セフB	結ドリC	結ドリI	結ドリI	結ドリC	人セフB	直パワD	直パワJ	結オウG	結オウA
15	結ドリC	人セフB	結ドリI	結ドリI	結ドリC	人セフB	人セフH	直パワJ	結オウG	結オウA	人レベE	人レベK
16	人セフH	直パワJ	結ドリC	人セフB	人セフH	直パワJ	直パワD	結オウA	人レベE	人レベK	結ドリI	結ドリC
17	直パワD	結オウA	人セフH	直パワJ	直パワD	結オウA	結オウG	人レベK	結ドリI	結ドリC	結ドリC	結ドリI
18	結オウG	人レベK	直パワD	結オウA	結オウG	人レベK	人レベE	結ドリC	結ドリC	結ドリI	人セフH	人セフB
19	人レベE	結ドリC	結オウG	人レベK	人レベE	結ドリC	結ドリI	結ドリI	人セフH	人セフB	直パワD	直パワJ
20	結ドリI	結ドリI	人レベE	結ドリC	結ドリI	結ドリI	結ドリC	人セフB	直パワD	直パワJ	結オウG	結オウA
21	結ドリC	人セフB	結ドリI	結ドリI	結ドリC	人セフB	人セフH	直パワJ	結オウG	結オウA	人レベE	人レベK
22	人セフH	直パワJ	結ドリC	人セフB	人セフH	直パワJ	直パワD	結オウA	人レベE	人レベK	直ステF	直ステL
23	直パワD	結オウA	人セフH	直パワJ	直パワD	結オウA	結オウG	人レベK	直ステF	直ステL	直ステF	直ステL
24	結オウG	人レベK	直パワD	結オウA	結オウG	人レベK	人レベE	直ステL	直ステF	直ステL	人レベE	人レベK
25	人レベE	直ステL	結オウG	人レベK	人レベE	直ステL	直ステF	直ステL	人レベE	人レベK	結オウG	結オウA
26	直ステF	直ステL	人レベE	直ステL	直ステF	直ステL	直ステF	人レベK	結オウG	結オウA	結オウG	結オウA
27	直ステF	人レベK	直ステF	直ステL	直ステF	人レベK	人レベE	結オウA	結オウG	結オウA	人レベE	人レベK
28	人レベE	結オウA	直ステF	人レベK	人レベE	結オウA	結オウG	結オウA	人レベE	人レベK	直ステF	直ステL
29	結オウG		人レベE	結オウA	結オウG	結オウA	結オウG	人レベK	直ステF	直ステL	直ステF	直ステL
30	結オウG		結オウG	結オウA	結オウG	人レベK	人レベE	直ステL	直ステF	直ステL	人レベE	人レベK
31	人レベE		結オウG		人レベE		直ステF	直ステL		人レベK		結オウA

1984年 【昭和59年】

	1月	2月	3月	4月	5月	6月	7月	8月	9月	10月	11月	12月
1	直パワJ	人セフH	直パワJ	人セフH	人セフB	結ドリC	結ドリI	結ドリI	人レベK	人レベE	結オウA	結オウG
2	人セフB	結ドリC	人セフB	結ドリC	結ドリI	結ドリI	結ドリC	人レベE	結オウA	結オウG	直パワJ	直パワD
3	結ドリI	結ドリI	結ドリI	結ドリI	結ドリC	人レベE	人レベK	結オウG	直パワJ	直パワD	人セフB	人セフH
4	結ドリC	人レベE	結ドリC	人レベE	人レベK	結オウG	結オウA	直パワD	人セフB	人セフH	結ドリI	結ドリC
5	人レベK	結オウG	人レベK	結オウG	結オウA	直パワD	直パワJ	人セフH	結ドリI	結ドリC	結ドリC	結ドリI
6	結オウA	直パワD	結オウA	直パワD	直パワJ	人セフH	人セフB	結ドリC	結ドリC	結ドリI	人セフH	人セフB
7	直パワJ	人セフH	直パワJ	人セフH	人セフB	結ドリC	結ドリI	結ドリI	人セフH	人セフB	直パワD	直パワJ
8	人セフB	結ドリC	人セフB	結ドリC	結ドリI	結ドリI	結ドリC	人セフB	直パワD	直パワJ	結オウG	結オウA
9	結ドリI	結ドリI	結ドリI	結ドリI	結ドリC	人セフB	人セフH	直パワJ	結オウG	結オウA	人レベE	人レベK
10	結ドリC	人セフB	結ドリC	人セフB	人セフH	直パワJ	直パワD	結オウA	人レベE	人レベK	結ドリI	結ドリC
11	人セフH	直パワJ	人セフH	直パワJ	直パワD	結オウA	結オウG	人レベK	結ドリI	結ドリC	結ドリC	結ドリI
12	直パワD	結オウA	直パワD	結オウA	結オウG	人レベK	人レベE	結ドリC	結ドリC	結ドリI	人セフH	人セフB
13	結オウG	人レベK	結オウG	人レベK	人レベE	結ドリC	結ドリI	結ドリI	人セフH	人セフB	直パワD	直パワJ
14	人レベE	結ドリC	人レベE	結ドリC	結ドリI	結ドリI	結ドリC	人セフB	直パワD	直パワJ	結オウG	結オウA
15	結ドリI	結ドリI	結ドリI	結ドリI	結ドリC	人セフB	人セフH	直パワJ	結オウG	結オウA	人レベE	人レベK
16	結ドリC	人セフB	結ドリC	人セフB	人セフH	直パワJ	直パワD	結オウA	人レベE	人レベK	直ステF	直ステL
17	人セフH	直パワJ	人セフH	直パワJ	直パワD	結オウA	結オウG	人レベK	直ステF	直ステL	直ステF	直ステL
18	直パワD	結オウA	直パワD	結オウA	結オウG	人レベK	人レベE	直ステL	直ステF	直ステL	人レベE	人レベK
19	結オウG	人レベK	結オウG	人レベK	人レベE	直ステL	直ステF	直ステL	人レベE	人レベK	結オウG	結オウA
20	人レベE	直ステL	人レベE	直ステL	直ステF	直ステL	直ステF	人レベK	結オウG	結オウA	結オウG	結オウA
21	直ステF	直ステL	直ステF	直ステL	直ステF	人レベK	人レベE	結オウA	結オウG	結オウA	人レベE	人レベK
22	直ステF	人レベK	直ステF	人レベK	人レベE	結オウA	結オウG	結オウA	人レベE	人レベK	直ステF	直ステL
23	人レベE	結オウA	人レベE	結オウA	結オウG	結オウA	結オウG	人レベK	直ステF	直ステL	直ステF	直ステL
24	結オウG	結オウA	結オウG	結オウA	結オウG	人レベK	人レベE	直ステL	直ステF	直ステL	人レベE	人レベK
25	結オウG	人レベK	結オウG	人レベK	人レベE	直ステL	直ステF	直ステL	人レベE	人レベK	結オウG	結オウA
26	人レベE	直ステL	人レベE	直ステL	直ステF	直ステL	直ステF	人レベK	結オウG	結オウA	直パワD	直パワJ
27	直ステF	直ステL	直ステF	直ステL	直ステF	人レベK	人レベE	結オウA	直パワD	直パワJ	人セフH	人セフB
28	直ステF	人レベK	直ステF	人レベK	人レベE	結オウA	結オウG	直パワJ	人セフH	人セフB	結ドリC	結ドリI
29	人レベE	結オウA	人レベE	結オウA	結オウG	直パワJ	直パワD	人セフB	結ドリC	結ドリI	結ドリI	結ドリC
30	結オウG		結オウG	直パワJ	直パワD	人セフB	人セフH	結ドリI	結ドリI	結ドリC	人レベE	人レベK
31	直パワD		直パワD		人セフH		結ドリC	結ドリC		人レベK		結オウA

1985年 【昭和60年】

	1月	2月	3月	4月	5月	6月	7月	8月	9月	10月	11月	12月
1	直パワJ	人セフH	結オウA	直パワD	直パワJ	人セフH	人セフB	結ドリC	結ドリC	結ドリI	人セフH	人セフB
2	人セフB	結ドリC	直パワJ	人セフH	人セフB	結ドリC	結ドリI	結ドリI	人セフH	人セフB	直パワD	直パワJ
3	結ドリI	結ドリI	人セフB	結ドリC	結ドリI	結ドリI	結ドリC	人セフB	直パワD	直パワJ	結オウG	結オウA
4	結ドリC	人セフB	結ドリI	結ドリI	結ドリC	人セフB	人セフH	直パワJ	結オウG	結オウA	人レベE	人レベK
5	人セフH	直パワJ	結ドリC	人セフB	人セフH	直パワJ	直パワD	結オウA	人レベE	人レベK	結ドリI	結ドリC
6	直パワD	結オウA	人セフH	直パワJ	直パワD	結オウA	結オウG	人レベK	結ドリI	結ドリC	結ドリC	結ドリI
7	結オウG	人レベK	直パワD	結オウA	結オウG	人レベK	人レベE	結ドリC	結ドリC	結ドリI	人セフH	人セフB
8	人レベE	結ドリC	結オウG	人レベK	人レベE	結ドリC	結ドリI	結ドリI	人セフH	人セフB	直パワD	直パワJ
9	結ドリI	結ドリI	人レベE	結ドリC	結ドリI	結ドリI	結ドリC	人セフB	直パワD	直パワJ	結オウG	結オウA
10	結ドリC	人セフB	結ドリI	結ドリI	結ドリC	人セフB	人セフH	直パワJ	結オウG	結オウA	人レベE	人レベK
11	人セフH	直パワJ	結ドリC	人セフB	人セフH	直パワJ	直パワD	結オウA	人レベE	人レベK	直ステF	直ステL
12	直パワD	結オウA	人セフH	直パワJ	直パワD	結オウA	結オウG	人レベK	直ステF	直ステL	直ステF	直ステL
13	結オウG	人レベK	直パワD	結オウA	結オウG	人レベK	人レベE	直ステL	直ステF	直ステL	人レベE	人レベK
14	人レベE	直ステL	結オウG	人レベK	人レベE	直ステL	直ステF	直ステL	人レベE	人レベK	結オウG	結オウA
15	直ステF	直ステL	人レベE	直ステL	直ステF	直ステL	直ステF	人レベK	結オウG	結オウA	結オウG	結オウA
16	直ステF	人レベK	直ステF	直ステL	直ステF	人レベK	人レベE	結オウA	結オウG	結オウA	人レベE	人レベK
17	人レベE	結オウA	直ステF	人レベK	人レベE	結オウA	結オウG	結オウA	人レベE	人レベK	直ステF	直ステL
18	結オウG	結オウA	人レベE	結オウA	結オウG	結オウA	結オウG	人レベK	直ステF	直ステL	直ステF	直ステL
19	結オウG	人レベK	結オウG	結オウA	結オウG	人レベK	人レベE	直ステL	直ステF	直ステL	人レベE	人レベK
20	人レベE	直ステL	結オウG	人レベK	人レベE	直ステL	直ステF	直ステL	人レベE	人レベK	結オウG	結オウA
21	直ステF	直ステL	人レベE	直ステL	直ステF	直ステL	直ステF	人レベK	結オウG	結オウA	直パワD	直パワJ
22	直ステF	人レベK	直ステF	直ステL	直ステF	人レベK	人レベE	結オウA	直パワD	直パワJ	人セフH	人セフB
23	人レベE	結オウA	直ステF	人レベK	人レベE	結オウA	結オウG	直パワJ	人セフH	人セフB	結ドリC	結ドリI
24	結オウG	直パワJ	人レベE	結オウA	結オウG	直パワJ	直パワD	人セフB	結ドリC	結ドリI	結ドリI	結ドリC
25	直パワD	人セフB	結オウG	直パワJ	直パワD	人セフB	人セフH	結ドリI	結ドリI	結ドリC	人レベE	人レベK
26	人セフH	結ドリI	直パワD	人セフB	人セフH	結ドリI	結ドリC	結ドリC	人レベE	人レベK	結オウG	結オウA
27	結ドリC	結ドリC	人セフH	結ドリI	結ドリC	結ドリC	結ドリI	人レベK	結オウG	結オウA	直パワD	直パワJ
28	結ドリI	人レベK	結ドリC	結ドリC	結ドリI	人レベK	人レベE	結オウA	直パワD	直パワJ	人セフH	人セフB
29	人レベE		結ドリI	人レベK	人レベE	結オウA	結オウG	直パワJ	人セフH	人セフB	結ドリC	結ドリI
30	結オウG		人レベE	結オウA	結オウG	直パワJ	直パワD	人セフB	結ドリC	結ドリI	結ドリI	結ドリC
31	直パワD		結オウG		直パワD		人セフH	結ドリI		結ドリC		人セフH

1986年 【昭和61年】

	1月	2月	3月	4月	5月	6月	7月	8月	9月	10月	11月	12月
1	直パワD	結オウA	人セフH	直パワJ	直パワD	結オウA	結オウG	人レベK	結ドリI	結ドリC	結ドリC	結ドリI
2	結オウG	人レベK	直パワD	結オウA	結オウG	人レベK	人レベE	結ドリC	結ドリC	結ドリI	人セフH	人セフB
3	人レベE	結ドリC	結オウG	人レベK	人レベE	結ドリC	結ドリI	結ドリI	人セフH	人セフB	直パワD	直パワJ
4	結ドリI	結ドリI	人レベE	結ドリC	結ドリI	結ドリI	結ドリC	人セフB	直パワD	直パワJ	結オウG	結オウA
5	結ドリC	人セフB	結ドリI	結ドリI	結ドリC	人セフB	人セフH	直パワJ	結オウG	結オウA	人レベE	人レベK
6	人セフH	直パワJ	結ドリC	人セフB	人セフH	直パワJ	直パワD	結オウA	人レベE	人レベK	直ステF	直ステL
7	直パワD	結オウA	人セフH	直パワJ	直パワD	結オウA	結オウG	人レベK	直ステF	直ステL	直ステF	直ステL
8	結オウG	人レベK	直パワD	結オウA	結オウG	人レベK	人レベE	直ステL	直ステF	直ステL	人レベE	人レベK
9	人レベE	直ステL	結オウG	人レベK	人レベE	直ステL	直ステF	直ステL	人レベE	人レベK	結オウG	結オウA
10	直ステF	直ステL	人レベE	直ステL	直ステF	直ステL	直ステF	人レベK	結オウG	結オウA	結オウG	結オウA
11	直ステF	人レベK	直ステF	直ステL	直ステF	人レベK	人レベE	結オウA	結オウG	結オウA	人レベE	人レベK
12	人レベE	結オウA	直ステF	人レベK	人レベE	結オウA	結オウG	結オウA	人レベE	人レベK	直ステF	直ステL
13	結オウG	結オウA	人レベE	結オウA	結オウG	結オウA	結オウG	人レベK	直ステF	直ステL	直ステF	直ステL
14	結オウG	人レベK	結オウG	結オウA	結オウG	人レベK	人レベE	直ステL	直ステF	直ステL	人レベE	人レベK
15	人レベE	直ステL	結オウG	人レベK	人レベE	直ステL	直ステF	直ステL	人レベE	人レベK	結オウG	結オウA
16	直ステF	直ステL	人レベE	直ステL	直ステF	直ステL	直ステF	人レベK	結オウG	結オウA	直パワD	直パワJ
17	直ステF	人レベK	直ステF	直ステL	直ステF	人レベK	人レベE	結オウA	直パワD	直パワJ	人セフH	人セフB
18	人レベE	結オウA	直ステF	人レベK	人レベE	結オウA	結オウG	直パワJ	人セフH	人セフB	結ドリC	結ドリI
19	結オウG	直パワJ	人レベE	結オウA	結オウG	直パワJ	直パワD	人セフB	結ドリC	結ドリI	結ドリI	結ドリC
20	直パワD	人セフB	結オウG	直パワJ	直パワD	人セフB	人セフH	結ドリI	結ドリI	結ドリC	人レベE	人レベK
21	人セフH	結ドリI	直パワD	人セフB	人セフH	結ドリI	結ドリC	結ドリC	人レベE	人レベK	結オウG	結オウA
22	結ドリC	結ドリC	人セフH	結ドリI	結ドリC	結ドリC	結ドリI	人レベK	結オウG	結オウA	直パワD	直パワJ
23	結ドリI	人レベK	結ドリC	結ドリC	結ドリI	人レベK	人レベE	結オウA	直パワD	直パワJ	人セフH	人セフB
24	人レベE	結オウA	結ドリI	人レベK	人レベE	結オウA	結オウG	直パワJ	人セフH	人セフB	結ドリC	結ドリI
25	結オウG	直パワJ	人レベE	結オウA	結オウG	直パワJ	直パワD	人セフB	結ドリC	結ドリI	結ドリI	結ドリC
26	直パワD	人セフB	結オウG	直パワJ	直パワD	人セフB	人セフH	結ドリI	結ドリI	結ドリC	人セフB	人セフH
27	人セフH	結ドリI	直パワD	人セフB	人セフH	結ドリI	結ドリC	結ドリC	人セフB	人セフH	直パワJ	直パワD
28	結ドリC	結ドリC	人セフH	結ドリI	結ドリC	結ドリC	結ドリI	人セフH	直パワJ	直パワD	結オウA	結オウG
29	結ドリI		結ドリC	結ドリC	結ドリI	人セフH	人セフB	直パワD	結オウA	結オウG	人レベK	人レベE
30	人セフB		結ドリI	人セフH	人セフB	直パワD	直パワJ	結オウG	人レベK	人レベE	結ドリC	結ドリI
31	直パワJ		人セフB		直パワJ		結オウA	人レベE		結ドリI		結ドリC

1987年 【昭和62年】

	1月	2月	3月	4月	5月	6月	7月	8月	9月	10月	11月	12月
1	人セフH	直パワJ	結ドリC	人セフB	人セフH	直パワJ	直パワD	結オウA	人レベE	人レベK	直ステF	直ステL
2	直パワD	結オウA	人セフH	直パワJ	直パワD	結オウA	結オウG	人レベK	直ステF	直ステL	直ステF	直ステL
3	結オウG	人レベK	直パワD	結オウA	結オウG	人レベK	人レベE	直ステL	直ステF	直ステL	人レベE	人レベK
4	人レベE	直ステL	結オウG	人レベK	人レベE	直ステL	直ステF	直ステL	人レベE	人レベK	結オウG	結オウA
5	直ステF	直ステL	人レベE	直ステL	直ステF	直ステL	直ステF	人レベK	結オウG	結オウA	結オウG	結オウA
6	直ステF	人レベK	直ステF	直ステL	直ステF	人レベK	人レベE	結オウA	結オウG	結オウA	人レベE	人レベK
7	人レベE	結オウA	直ステF	人レベK	人レベE	結オウA	結オウG	結オウA	人レベE	人レベK	直ステF	直ステL
8	結オウG	結オウA	人レベE	結オウA	結オウG	結オウA	結オウG	人レベK	直ステF	直ステL	直ステF	直ステL
9	結オウG	人レベK	結オウG	結オウA	結オウG	人レベK	人レベE	直ステL	直ステF	直ステL	人レベE	人レベK
10	人レベE	直ステL	結オウG	人レベK	人レベE	直ステL	直ステF	直ステL	人レベE	人レベK	結オウG	結オウA
11	直ステF	直ステL	人レベE	直ステL	直ステF	直ステL	直ステF	人レベK	結オウG	結オウA	直パワD	直パワJ
12	直ステF	人レベK	直ステF	直ステL	直ステF	人レベK	人レベE	結オウA	直パワD	直パワJ	人セフH	人セフB
13	人レベE	結オウA	直ステF	人レベK	人レベE	結オウA	結オウG	直パワJ	人セフH	人セフB	結ドリC	結ドリI
14	結オウG	直パワJ	人レベE	結オウA	結オウG	直パワJ	直パワD	人セフB	結ドリC	結ドリI	結ドリI	結ドリC
15	直パワD	人セフB	結オウG	直パワJ	直パワD	人セフB	人セフH	結ドリI	結ドリI	結ドリC	人レベE	人レベK
16	人セフH	結ドリI	直パワD	人セフB	人セフH	結ドリI	結ドリC	結ドリC	人レベE	人レベK	結オウG	結オウA
17	結ドリC	結ドリC	人セフH	結ドリI	結ドリC	結ドリC	結ドリI	人レベK	結オウG	結オウA	直パワD	直パワJ
18	結ドリI	人レベK	結ドリC	結ドリC	結ドリI	人レベK	人レベE	結オウA	直パワD	直パワJ	人セフH	人セフB
19	人レベE	結オウA	結ドリI	人レベK	人レベE	結オウA	結オウG	直パワJ	人セフH	人セフB	結ドリC	結ドリI
20	結オウG	直パワJ	人レベE	結オウA	結オウG	直パワJ	直パワD	人セフB	結ドリC	結ドリI	結ドリI	結ドリC
21	直パワD	人セフB	結オウG	直パワJ	直パワD	人セフB	人セフH	結ドリI	結ドリI	結ドリC	人セフB	人セフH
22	人セフH	結ドリI	直パワD	人セフB	人セフH	結ドリI	結ドリC	結ドリC	人セフB	人セフH	直パワJ	直パワD
23	結ドリC	結ドリC	人セフH	結ドリI	結ドリC	結ドリC	結ドリI	人セフH	直パワJ	直パワD	結オウA	結オウG
24	結ドリI	人セフH	結ドリC	結ドリC	結ドリI	人セフH	人セフB	直パワD	結オウA	結オウG	人レベK	人レベE
25	人セフB	直パワD	結ドリI	人セフH	人セフB	直パワD	直パワJ	結オウG	人レベK	人レベE	結ドリC	結ドリI
26	直パワJ	結オウG	人セフB	直パワD	直パワJ	結オウG	結オウA	人レベE	結ドリC	結ドリI	結ドリI	結ドリC
27	結オウA	人レベE	直パワJ	結オウG	結オウA	人レベE	人レベK	結ドリI	結ドリI	結ドリC	人セフB	人セフH
28	人レベK	結ドリI	結オウA	人レベE	人レベK	結ドリI	結ドリC	結ドリC	人セフB	人セフH	直パワJ	直パワD
29	結ドリC		人レベK	結ドリI	結ドリC	結ドリC	結ドリI	人セフH	直パワJ	直パワD	結オウA	結オウG
30	結ドリI		結ドリC	結ドリC	結ドリI	人セフH	人セフB	直パワD	結オウA	結オウG	人レベK	人レベE
31	人セフB		結ドリI		人セフB		直パワJ	結オウG		人レベE		直ステF

1988年 【昭和63年】

	1月	2月	3月	4月	5月	6月	7月	8月	9月	10月	11月	12月
1	直ステF	人レベK	直ステF	人レベK	人レベE	結オウA	結オウG	結オウA	人レベE	人レベK	直ステF	直ステL
2	人レベE	結オウA	人レベE	結オウA	結オウG	結オウA	結オウG	人レベK	直ステF	直ステL	直ステF	直ステL
3	結オウG	結オウA	結オウG	結オウA	結オウG	人レベK	人レベE	直ステL	直ステF	直ステL	人レベE	人レベK
4	結オウG	人レベK	結オウG	人レベK	人レベE	直ステL	直ステF	直ステL	人レベE	人レベK	結オウG	結オウA
5	人レベE	直ステL	人レベE	直ステL	直ステF	直ステL	直ステF	人レベK	結オウG	結オウA	直パワD	直パワJ
6	直ステF	直ステL	直ステF	直ステL	直ステF	人レベK	人レベE	結オウA	直パワD	直パワJ	人セフH	人セフB
7	直ステF	人レベK	直ステF	人レベK	人レベE	結オウA	結オウG	直パワJ	人セフH	人セフB	結ドリC	結ドリI
8	人レベE	結オウA	人レベE	結オウA	結オウG	直パワJ	直パワD	人セフB	結ドリC	結ドリI	結ドリI	結ドリC
9	結オウG	直パワJ	結オウG	直パワJ	直パワD	人セフB	人セフH	結ドリI	結ドリI	結ドリC	人レベE	人レベK
10	直パワD	人セフB	直パワD	人セフB	人セフH	結ドリI	結ドリC	結ドリC	人レベE	人レベK	結オウG	結オウA
11	人セフH	結ドリI	人セフH	結ドリI	結ドリC	結ドリC	結ドリI	人レベK	結オウG	結オウA	直パワD	直パワJ
12	結ドリC	結ドリC	結ドリC	結ドリC	結ドリI	人レベK	人レベE	結オウA	直パワD	直パワJ	人セフH	人セフB
13	結ドリI	人レベK	結ドリI	人レベK	人レベE	結オウA	結オウG	直パワJ	人セフH	人セフB	結ドリC	結ドリI
14	人レベE	結オウA	人レベE	結オウA	結オウG	直パワJ	直パワD	人セフB	結ドリC	結ドリI	結ドリI	結ドリC
15	結オウG	直パワJ	結オウG	直パワJ	直パワD	人セフB	人セフH	結ドリI	結ドリI	結ドリC	人セフB	人セフH
16	直パワD	人セフB	直パワD	人セフB	人セフH	結ドリI	結ドリC	結ドリC	人セフB	人セフH	直パワJ	直パワD
17	人セフH	結ドリI	人セフH	結ドリI	結ドリC	結ドリC	結ドリI	人セフH	直パワJ	直パワD	結オウA	結オウG
18	結ドリC	結ドリC	結ドリC	結ドリC	結ドリI	人セフH	人セフB	直パワD	結オウA	結オウG	人レベK	人レベE
19	結ドリI	人セフH	結ドリI	人セフH	人セフB	直パワD	直パワJ	結オウG	人レベK	人レベE	結ドリC	結ドリI
20	人セフB	直パワD	人セフB	直パワD	直パワJ	結オウG	結オウA	人レベE	結ドリC	結ドリI	結ドリI	結ドリC
21	直パワJ	結オウG	直パワJ	結オウG	結オウA	人レベE	人レベK	結ドリI	結ドリI	結ドリC	人セフB	人セフH
22	結オウA	人レベE	結オウA	人レベE	人レベK	結ドリI	結ドリC	結ドリC	人セフB	人セフH	直パワJ	直パワD
23	人レベK	結ドリI	人レベK	結ドリI	結ドリC	結ドリC	結ドリI	人セフH	直パワJ	直パワD	結オウA	結オウG
24	結ドリC	結ドリC	結ドリC	結ドリC	結ドリI	人セフH	人セフB	直パワD	結オウA	結オウG	人レベK	人レベE
25	結ドリI	人セフH	結ドリI	人セフH	人セフB	直パワD	直パワJ	結オウG	人レベK	人レベE	直ステL	直ステF
26	人セフB	直パワD	人セフB	直パワD	直パワJ	結オウG	結オウA	人レベE	直ステL	直ステF	直ステL	直ステF
27	直パワJ	結オウG	直パワJ	結オウG	結オウA	人レベE	人レベK	直ステF	直ステL	直ステF	人レベK	人レベE
28	結オウA	人レベE	結オウA	人レベE	人レベK	直ステF	直ステL	直ステF	人レベK	人レベE	結オウA	結オウG
29	人レベK	直ステF	人レベK	直ステF	直ステL	直ステF	直ステL	人レベE	結オウA	結オウG	結オウA	結オウG
30	直ステL		直ステL	直ステF	直ステL	人レベE	人レベK	結オウG	結オウA	結オウG	人レベK	人レベE
31	直ステL		直ステL		人レベK		結オウA	結オウG		人レベE		直ステF

1989年　【昭和64年／平成元年】

	1月	2月	3月	4月	5月	6月	7月	8月	9月	10月	11月	12月
1	直ステF	人レベK	直ステF	直ステL	直ステF	人レベK	人レベE	結オウA	直パワD	直パワJ	人セフH	人セフB
2	人レベE	結オウA	直ステF	人レベK	人レベF	結オウA	結オウG	直パワJ	人セフH	人セフB	結ドリC	結ドリI
3	結オウG	直パワJ	人レベE	結オウA	結オウG	直パワJ	直パワD	人セフB	結ドリC	結ドリI	結ドリI	結ドリC
4	直パワD	人セフB	結オウG	直パワJ	直パワD	人セフB	人セフH	結ドリI	結ドリI	結ドリC	人レベE	人レベK
5	人セフH	結ドリI	直パワD	人セフB	人セフH	結ドリI	結ドリC	結ドリC	人レベE	人レベK	結オウG	結オウA
6	結ドリC	結ドリC	人セフH	結ドリI	結ドリC	結ドリC	結ドリI	人レベK	結オウG	結オウA	直パワD	直パワJ
7	結ドリI	人レベK	結ドリC	結ドリC	結ドリI	人レベK	人レベE	結オウA	直パワD	直パワJ	人セフH	人セフB
8	人レベE	結オウA	結ドリI	人レベK	人レベE	結オウA	結オウG	直パワJ	人セフH	人セフB	結ドリC	結ドリI
9	結オウG	直パワJ	人レベE	結オウA	結オウG	直パワJ	直パワD	人セフB	結ドリC	結ドリI	結ドリI	結ドリC
10	直パワD	人セフB	結オウG	直パワJ	直パワD	人セフB	人セフH	結ドリI	結ドリI	結ドリC	人セフB	人セフH
11	人セフH	結ドリI	直パワD	人セフB	人セフH	結ドリI	結ドリC	結ドリC	人セフB	人セフH	直パワJ	直パワD
12	結ドリC	結ドリC	人セフH	結ドリI	結ドリC	結ドリC	結ドリI	人セフH	直パワJ	直パワD	結オウA	結オウG
13	結ドリI	人セフH	結ドリC	結ドリC	結ドリI	人セフH	人セフB	直パワD	結オウA	結オウG	人レベK	人レベE
14	人セフB	直パワD	結ドリI	人セフH	人セフB	直パワD	直パワJ	結オウG	人レベK	人レベE	結ドリC	結ドリI
15	直パワJ	結オウG	人セフB	直パワD	直パワJ	結オウG	結オウA	人レベE	結ドリC	結ドリI	結ドリI	結ドリC
16	結オウA	人レベE	直パワJ	結オウG	結オウA	人レベE	人レベK	結ドリI	結ドリI	結ドリC	人セフB	人セフH
17	人レベK	結ドリI	結オウA	人レベE	人レベK	結ドリI	結ドリC	結ドリC	人セフB	人セフH	直パワJ	直パワD
18	結ドリC	結ドリC	人レベK	結ドリI	結ドリC	結ドリC	結ドリI	人セフH	直パワJ	直パワD	結オウA	結オウG
19	結ドリI	人セフH	結ドリC	結ドリC	結ドリI	人セフH	人セフB	直パワD	結オウA	結オウG	人レベK	人レベE
20	人セフB	直パワD	結ドリI	人セフH	人セフB	直パワD	直パワJ	結オウG	人レベK	人レベE	直ステL	直ステF
21	直パワJ	結オウG	人セフB	直パワD	直パワJ	結オウG	結オウA	人レベE	直ステL	直ステF	直ステL	直ステF
22	結オウA	人レベE	直パワJ	結オウG	結オウA	人レベE	人レベK	直ステF	直ステL	直ステF	人レベK	人レベE
23	人レベK	直ステF	結オウA	人レベE	人レベK	直ステF	直ステL	直ステF	人レベK	人レベE	結オウA	結オウG
24	直ステL	直ステF	人レベK	直ステF	直ステL	直ステF	直ステL	人レベE	結オウA	結オウG	結オウA	結オウG
25	直ステL	人レベE	直ステL	直ステF	直ステL	人レベE	人レベK	結オウG	結オウA	結オウG	人レベK	人レベE
26	人レベK	結オウG	直ステL	人レベE	人レベK	結オウG	結オウA	結オウG	人レベK	人レベE	直ステL	直ステF
27	結オウA	結オウG	人レベK	結オウG	結オウA	結オウG	結オウA	人レベE	直ステL	直ステF	直ステL	直ステF
28	結オウA	人レベE	結オウA	結オウG	結オウA	人レベE	人レベK	直ステF	直ステL	直ステF	人レベK	人レベE
29	人レベK		結オウA	人レベE	人レベK	直ステF	直ステL	直ステF	人レベK	人レベE	結オウA	結オウG
30	直ステL		人レベK	直ステF	直ステL	直ステF	直ステL	人レベE	結オウA	結オウG	直パワJ	直パワD
31	直ステL		直ステL		直ステL		人レベK	結オウG		直パワD		人セフH

1990年 【平成2年】

	1月	2月	3月	4月	5月	6月	7月	8月	9月	10月	11月	12月
1	結ドリC	結ドリC	人セフH	結ドリI	結ドリC	結ドリC	結ドリI	人レベK	結オウG	結オウA	直パワD	直パワJ
2	結ドリI	人レベK	結ドリC	結ドリC	結ドリI	人レベK	人レベE	結オウA	直パワD	直パワJ	人セフH	人セフB
3	人レベE	結オウA	結ドリI	人レベK	人レベE	結オウA	結オウG	直パワJ	人セフH	人セフB	結ドリC	結ドリI
4	結オウG	直パワJ	人レベE	結オウA	結オウG	直パワJ	直パワD	人セフB	結ドリC	結ドリI	結ドリI	結ドリC
5	直パワD	人セフB	結オウG	直パワJ	直パワD	人セフB	人セフH	結ドリI	結ドリI	結ドリC	人セフB	人セフH
6	人セフH	結ドリI	直パワD	人セフB	人セフH	結ドリI	結ドリC	結ドリC	人セフB	人セフH	直パワJ	直パワD
7	結ドリC	結ドリC	人セフH	結ドリI	結ドリC	結ドリC	結ドリI	人セフH	直パワJ	直パワD	結オウA	結オウG
8	結ドリI	人セフH	結ドリC	結ドリC	結ドリI	人セフH	人セフB	直パワD	結オウA	結オウG	人レベK	人レベE
9	人セフB	直パワD	結ドリI	人セフH	人セフB	直パワD	直パワJ	結オウG	人レベK	人レベE	結ドリC	結ドリI
10	直パワJ	結オウG	人セフB	直パワD	直パワJ	結オウG	結オウA	人レベE	結ドリC	結ドリI	結ドリI	結ドリC
11	結オウA	人レベE	直パワJ	結オウG	結オウA	人レベE	人レベK	結ドリI	結ドリI	結ドリC	人セフB	人セフH
12	人レベK	結ドリI	結オウA	人レベE	人レベK	結ドリI	結ドリC	結ドリC	人セフB	人セフH	直パワJ	直パワD
13	結ドリC	結ドリC	人レベK	結ドリI	結ドリC	結ドリC	結ドリI	人セフH	直パワJ	直パワD	結オウA	結オウG
14	結ドリI	人セフH	結ドリC	結ドリC	結ドリI	人セフH	人セフB	直パワD	結オウA	結オウG	人レベK	人レベE
15	人セフB	直パワD	結ドリI	人セフH	人セフB	直パワD	直パワJ	結オウG	人レベK	人レベE	直ステL	直ステF
16	直パワJ	結オウG	人セフB	直パワD	直パワJ	結オウG	結オウA	人レベE	直ステL	直ステF	直ステL	直ステF
17	結オウA	人レベE	直パワJ	結オウG	結オウA	人レベE	人レベK	直ステF	直ステL	直ステF	人レベK	人レベE
18	人レベK	直ステF	結オウA	人レベE	人レベK	直ステF	直ステL	直ステF	人レベK	人レベE	結オウA	結オウG
19	直ステL	直ステF	人レベK	直ステF	直ステL	直ステF	直ステL	人レベE	結オウA	結オウG	結オウA	結オウG
20	直ステL	人レベE	直ステL	直ステF	直ステL	人レベE	人レベK	結オウG	結オウA	結オウG	人レベK	人レベE
21	人レベK	結オウG	直ステL	人レベE	人レベK	結オウG	結オウA	結オウG	人レベK	人レベE	直ステL	直ステF
22	結オウA	結オウG	人レベK	結オウG	結オウA	結オウG	結オウA	人レベE	直ステL	直ステF	直ステL	直ステF
23	結オウA	人レベE	結オウA	結オウG	結オウA	人レベE	人レベK	直ステF	直ステL	直ステF	人レベK	人レベE
24	人レベK	直ステF	結オウA	人レベE	人レベK	直ステF	直ステL	直ステF	人レベK	人レベE	結オウA	結オウG
25	直ステL	直ステF	人レベK	直ステF	直ステL	直ステF	直ステL	人レベE	結オウA	結オウG	直パワJ	直パワD
26	直ステL	人レベE	直ステL	直ステF	直ステL	人レベE	人レベK	結オウG	直パワJ	直パワD	人セフB	人セフH
27	人レベK	結オウG	直ステL	人レベE	人レベK	結オウG	結オウA	直パワD	人セフB	人セフH	結ドリI	結ドリC
28	結オウA	直パワD	人レベK	結オウG	結オウA	直パワD	直パワJ	人セフH	結ドリI	結ドリC	結ドリC	結ドリI
29	直パワJ		結オウA	直パワD	直パワJ	人セフH	人セフB	結ドリC	結ドリC	結ドリI	人レベK	人レベE
30	人セフB		直パワJ	人セフH	人セフB	結ドリC	結ドリI	結ドリI	人レベK	人レベE	結オウA	結オウG
31	結ドリI		人セフB		結ドリI		結ドリC	人レベE		結オウG		直パワD

1991年 【平成3年】

	1月	2月	3月	4月	5月	6月	7月	8月	9月	10月	11月	12月
1	人セフH	結ドリI	直パワD	人セフB	人セフH	結ドリI	結ドリC	結ドリC	人セフB	人セフH	直パワJ	直パワD
2	結ドリC	結ドリC	人セフH	結ドリI	結ドリC	結ドリC	結ドリI	人セフH	直パワJ	直パワD	結オウA	結オウG
3	結ドリI	人セフH	結ドリC	結ドリC	結ドリI	人セフH	人セフB	直パワD	結オウA	結オウG	人レベK	人レベE
4	人セフB	直パワD	結ドリI	人セフH	人セフB	直パワD	直パワJ	結オウG	人レベK	人レベE	結ドリC	結ドリI
5	直パワJ	結オウG	人セフB	直パワD	直パワJ	結オウG	結オウA	人レベE	結ドリC	結ドリI	結ドリI	結ドリC
6	結オウA	人レベE	直パワJ	結オウG	結オウA	人レベE	人レベK	結ドリI	結ドリI	結ドリC	人セフB	人セフH
7	人レベK	結ドリI	結オウA	人レベE	人レベK	結ドリI	結ドリC	結ドリC	人セフB	人セフH	直パワJ	直パワD
8	結ドリC	結ドリC	人レベK	結ドリI	結ドリC	結ドリC	結ドリI	人セフH	直パワJ	直パワD	結オウA	結オウG
9	結ドリI	人セフH	結ドリC	結ドリC	結ドリI	人セフH	人セフB	直パワD	結オウA	結オウG	人レベK	人レベE
10	人セフB	直パワD	結ドリI	人セフH	人セフB	直パワD	直パワJ	結オウG	人レベK	人レベE	直ステL	直ステF
11	直パワJ	結オウG	人セフB	直パワD	直パワJ	結オウG	結オウA	人レベE	直ステL	直ステF	直ステL	直ステF
12	結オウA	人レベE	直パワJ	結オウG	結オウA	人レベE	人レベK	直ステF	直ステL	直ステF	人レベK	人レベE
13	人レベK	直ステF	結オウA	人レベE	人レベK	直ステF	直ステL	直ステF	人レベK	人レベE	結オウA	結オウG
14	直ステL	直ステF	人レベK	直ステF	直ステL	直ステF	直ステL	人レベE	結オウA	結オウG	結オウA	結オウG
15	直ステL	人レベE	直ステL	直ステF	直ステL	人レベE	人レベK	結オウG	結オウA	結オウG	人レベK	人レベE
16	人レベK	結オウG	直ステL	人レベE	人レベK	結オウG	結オウA	結オウG	人レベK	人レベE	直ステL	直ステF
17	結オウA	結オウG	人レベK	結オウG	結オウA	結オウG	結オウA	人レベE	直ステL	直ステF	直ステL	直ステF
18	結オウA	人レベE	結オウA	結オウG	結オウA	人レベE	人レベK	直ステF	直ステL	直ステF	人レベK	人レベE
19	人レベK	直ステF	結オウA	人レベE	人レベK	直ステF	直ステL	直ステF	人レベK	人レベE	結オウA	結オウG
20	直ステL	直ステF	人レベK	直ステF	直ステL	直ステF	直ステL	人レベE	結オウA	結オウG	直パワJ	直パワD
21	直ステL	人レベE	直ステL	直ステF	直ステL	人レベE	人レベK	結オウG	直パワJ	直パワD	人セフB	人セフH
22	人レベK	結オウG	直ステL	人レベE	人レベK	結オウG	結オウA	直パワD	人セフB	人セフH	結ドリI	結ドリC
23	結オウA	直パワD	人レベK	結オウG	結オウA	直パワD	直パワJ	人セフH	結ドリI	結ドリC	結ドリC	結ドリI
24	直パワJ	人セフH	結オウA	直パワD	直パワJ	人セフH	人セフB	結ドリC	結ドリC	結ドリI	人レベK	人レベE
25	人セフB	結ドリC	直パワJ	人セフH	人セフB	結ドリC	結ドリI	結ドリI	人レベK	人レベE	結オウA	結オウG
26	結ドリI	結ドリI	人セフB	結ドリC	結ドリI	結ドリI	結ドリC	人レベE	結オウA	結オウG	直パワJ	直パワD
27	結ドリC	人レベE	結ドリI	結ドリI	結ドリC	人レベE	人レベK	結オウG	直パワJ	直パワD	人セフB	人セフH
28	人レベK	結オウG	結ドリC	人レベE	人レベK	結オウG	結オウA	直パワD	人セフB	人セフH	結ドリI	結ドリC
29	結オウA		人レベK	結オウG	結オウA	直パワD	直パワJ	人セフH	結ドリI	結ドリC	結ドリC	結ドリI
30	直パワJ		結オウA	直パワD	直パワJ	人セフH	人セフB	結ドリC	結ドリC	結ドリI	人セフH	人セフB
31	人セフB		直パワJ		人セフB		結ドリI	結ドリI		人セフB		直パワJ

1992年 【平成4年】

	1月	2月	3月	4月	5月	6月	7月	8月	9月	10月	11月	12月
1	結オウA	人レベE	結オウA	人レベE	人レベK	結ドリI	結ドリC	結ドリC	人セフB	人セフH	直パワJ	直パワD
2	人レベK	結ドリI	人レベK	結ドリI	結ドリC	結ドリC	結ドリI	人セフH	直パワJ	直パワD	結オウA	結オウG
3	結ドリC	結ドリC	結ドリC	結ドリC	結ドリI	人セフH	人セフB	直パワD	結オウA	結オウG	人レベK	人レベE
4	結ドリI	人セフH	結ドリI	人セフH	人セフB	直パワD	直パワJ	結オウG	人レベK	人レベE	直ステL	直ステF
5	人セフB	直パワD	人セフB	直パワD	直パワJ	結オウG	結オウA	人レベE	直ステL	直ステF	直ステL	直ステF
6	直パワJ	結オウG	直パワJ	結オウG	結オウA	人レベE	人レベK	直ステF	直ステL	直ステF	人レベK	人レベE
7	結オウA	人レベE	結オウA	人レベE	人レベK	直ステF	直ステL	直ステF	人レベK	人レベE	結オウA	結オウG
8	人レベK	直ステF	人レベK	直ステF	直ステL	直ステF	直ステL	人レベE	結オウA	結オウG	結オウA	結オウG
9	直ステL	直ステF	直ステL	直ステF	直ステL	人レベE	人レベK	結オウG	結オウA	結オウG	人レベK	人レベE
10	直ステL	人レベE	直ステL	人レベE	人レベK	結オウG	結オウA	結オウG	人レベK	人レベE	直ステL	直ステF
11	人レベK	結オウG	人レベK	結オウG	結オウA	結オウG	結オウA	人レベE	直ステL	直ステF	直ステL	直ステF
12	結オウA	結オウG	結オウA	結オウG	結オウA	人レベE	人レベK	直ステF	直ステL	直ステF	人レベK	人レベE
13	結オウA	人レベE	結オウA	人レベE	人レベK	直ステF	直ステL	直ステF	人レベK	人レベE	結オウA	結オウG
14	人レベK	直ステF	人レベK	直ステF	直ステL	直ステF	直ステL	人レベE	結オウA	結オウG	直パワJ	直パワD
15	直ステL	直ステF	直ステL	直ステF	直ステL	人レベE	人レベK	結オウG	直パワJ	直パワD	人セフB	人セフH
16	直ステL	人レベE	直ステL	人レベE	人レベK	結オウG	結オウA	直パワD	人セフB	人セフH	結ドリI	結ドリC
17	人レベK	結オウG	人レベK	結オウG	結オウA	直パワD	直パワJ	人セフH	結ドリI	結ドリC	結ドリC	結ドリI
18	結オウA	直パワD	結オウA	直パワD	直パワJ	人セフH	人セフB	結ドリC	結ドリC	結ドリI	人レベK	人レベE
19	直パワJ	人セフH	直パワJ	人セフH	人セフB	結ドリC	結ドリI	結ドリI	人レベK	人レベE	結オウA	結オウG
20	人セフB	結ドリC	人セフB	結ドリC	結ドリI	結ドリI	結ドリC	人レベE	結オウA	結オウG	直パワJ	直パワD
21	結ドリI	結ドリI	結ドリI	結ドリI	結ドリC	人レベE	人レベK	結オウG	直パワJ	直パワD	人セフB	人セフH
22	結ドリC	人レベE	結ドリC	人レベE	人レベK	結オウG	結オウA	直パワD	人セフB	人セフH	結ドリI	結ドリC
23	人レベK	結オウG	人レベK	結オウG	結オウA	直パワD	直パワJ	人セフH	結ドリI	結ドリC	結ドリC	結ドリI
24	結オウA	直パワD	結オウA	直パワD	直パワJ	人セフH	人セフB	結ドリC	結ドリC	結ドリI	人セフH	人セフB
25	直パワJ	人セフH	直パワJ	人セフH	人セフB	結ドリC	結ドリI	結ドリI	人セフH	人セフB	直パワD	直パワJ
26	人セフB	結ドリC	人セフB	結ドリC	結ドリI	結ドリI	結ドリC	人セフB	直パワD	直パワJ	結オウG	結オウA
27	結ドリI	結ドリI	結ドリI	結ドリI	結ドリC	人セフB	人セフH	直パワJ	結オウG	結オウA	人レベE	人レベK
28	結ドリC	人セフB	結ドリC	人セフB	人セフH	直パワJ	直パワD	結オウA	人レベE	人レベK	結ドリI	結ドリC
29	人セフH	直パワJ	人セフH	直パワJ	直パワD	結オウA	結オウG	人レベK	結ドリI	結ドリC	結ドリC	結ドリI
30	直パワD		直パワD	結オウA	結オウG	人レベK	人レベE	結ドリC	結ドリC	結ドリI	人セフH	人セフB
31	結オウG		結オウG		人レベE		結ドリI	結ドリI		人セフB		直パワJ

1993年 【平成5年】

	1月	2月	3月	4月	5月	6月	7月	8月	9月	10月	11月	12月
1	結オウA	人レベE	直パワJ	結オウG	結オウA	人レベE	人レベK	直ステF	直ステL	直ステF	人レベK	人レベE
2	人レベK	直ステF	結オウA	人レベE	人レベK	直ステF	直ステL	直ステF	人レベK	人レベE	結オウA	結オウG
3	直ステL	直ステF	人レベK	直ステF	直ステL	直ステF	直ステL	人レベE	結オウA	結オウG	結オウA	結オウG
4	直ステL	人レベE	直ステL	直ステF	直ステL	人レベE	人レベK	結オウG	結オウA	結オウG	人レベK	人レベE
5	人レベK	結オウG	直ステL	人レベE	人レベK	結オウG	結オウA	結オウG	人レベK	人レベE	直ステL	直ステF
6	結オウA	結オウG	人レベK	結オウG	結オウA	結オウG	結オウA	人レベE	直ステL	直ステF	直ステL	直ステF
7	結オウA	人レベE	結オウA	結オウG	結オウA	人レベE	人レベK	直ステF	直ステL	直ステF	人レベK	人レベE
8	人レベK	直ステF	結オウA	人レベE	人レベK	直ステF	直ステL	直ステF	人レベK	人レベE	結オウA	結オウG
9	直ステL	直ステF	人レベK	直ステF	直ステL	直ステF	直ステL	人レベE	結オウA	結オウG	直パワJ	直パワD
10	直ステL	人レベE	直ステL	直ステF	直ステL	人レベE	人レベK	結オウG	直パワJ	直パワD	人セフB	人セフH
11	人レベK	結オウG	直ステL	人レベE	人レベK	結オウG	結オウA	直パワD	人セフB	人セフH	結ドリI	結ドリC
12	結オウA	直パワD	人レベK	結オウG	結オウA	直パワD	直パワJ	人セフH	結ドリI	結ドリC	結ドリC	結ドリI
13	直パワJ	人セフH	結オウA	直パワD	直パワJ	人セフH	人セフB	結ドリC	結ドリC	結ドリI	人レベK	人レベE
14	人セフB	結ドリC	直パワJ	人セフH	人セフB	結ドリC	結ドリI	結ドリI	人レベK	人レベE	結オウA	結オウG
15	結ドリI	結ドリI	人セフB	結ドリC	結ドリI	結ドリI	結ドリC	人レベE	結オウA	結オウG	直パワJ	直パワD
16	結ドリC	人レベE	結ドリI	結ドリI	結ドリC	人レベE	人レベK	結オウG	直パワJ	直パワD	人セフB	人セフH
17	人レベK	結オウG	結ドリC	人レベE	人レベK	結オウG	結オウA	直パワD	人セフB	人セフH	結ドリI	結ドリC
18	結オウA	直パワD	人レベK	結オウG	結オウA	直パワD	直パワJ	人セフH	結ドリI	結ドリC	結ドリC	結ドリI
19	直パワJ	人セフH	結オウA	直パワD	直パワJ	人セフH	人セフB	結ドリC	結ドリC	結ドリI	人セフH	人セフB
20	人セフB	結ドリC	直パワJ	人セフH	人セフB	結ドリC	結ドリI	結ドリI	人セフH	人セフB	直パワD	直パワJ
21	結ドリI	結ドリI	人セフB	結ドリC	結ドリI	結ドリI	結ドリC	人セフB	直パワD	直パワJ	結オウG	結オウA
22	結ドリC	人セフB	結ドリI	結ドリI	結ドリC	人セフB	人セフH	直パワJ	結オウG	結オウA	人レベE	人レベK
23	人セフH	直パワJ	結ドリC	人セフB	人セフH	直パワJ	直パワD	結オウA	人レベE	人レベK	結ドリI	結ドリC
24	直パワD	結オウA	人セフH	直パワJ	直パワD	結オウA	結オウG	人レベK	結ドリI	結ドリC	結ドリC	結ドリI
25	結オウG	人レベK	直パワD	結オウA	結オウG	人レベK	人レベE	結ドリC	結ドリC	結ドリI	人セフH	人セフB
26	人レベE	結ドリC	結オウG	人レベK	人レベE	結ドリC	結ドリI	結ドリI	人セフH	人セフB	直パワD	直パワJ
27	結ドリI	結ドリI	人レベE	結ドリC	結ドリI	結ドリI	結ドリC	人セフB	直パワD	直パワJ	結オウG	結オウA
28	結ドリC	人セフB	結ドリI	結ドリI	結ドリC	人セフB	人セフH	直パワJ	結オウG	結オウA	人レベE	人レベK
29	人セフH		結ドリC	人セフB	人セフH	直パワJ	直パワD	結オウA	人レベE	人レベK	直ステF	直ステL
30	直パワD		人セフH	直パワJ	直パワD	結オウA	結オウG	人レベK	直ステF	直ステL	直ステF	直ステL
31	結オウG		直パワD		結オウG		人レベE	直ステL		直ステL		人レベK

1994年 【平成6年】

	1月	2月	3月	4月	5月	6月	7月	8月	9月	10月	11月	12月
1	結オウA	結オウG	人レベK	結オウG	結オウA	結オウG	結オウA	人レベE	直ステL	直ステF	直ステL	直ステF
2	結オウA	人レベE	結オウA	結オウG	結オウA	人レベE	人レベK	直ステF	直ステL	直ステF	人レベK	人レベE
3	人レベK	直ステF	結オウA	人レベE	人レベK	直ステF	直ステL	直ステF	人レベK	人レベE	結オウA	結オウG
4	直ステL	直ステF	人レベK	直ステF	直ステL	直ステF	直ステL	人レベE	結オウA	結オウG	直パワJ	直パワD
5	直ステL	人レベE	直ステL	直ステF	直ステL	人レベE	人レベK	結オウG	直パワJ	直パワD	人セフB	人セフH
6	人レベK	結オウG	直ステL	人レベE	人レベK	結オウG	結オウA	直パワD	人セフB	人セフH	結ドリI	結ドリC
7	結オウA	直パワD	人レベK	結オウG	結オウA	直パワD	直パワJ	人セフH	結ドリI	結ドリC	結ドリC	結ドリI
8	直パワJ	人セフH	結オウA	直パワD	直パワJ	人セフH	人セフB	結ドリC	結ドリC	結ドリI	人レベK	人レベE
9	人セフB	結ドリC	直パワJ	人セフH	人セフB	結ドリC	結ドリI	結ドリI	人レベK	人レベE	結オウA	結オウG
10	結ドリI	結ドリI	人セフB	結ドリC	結ドリI	結ドリI	結ドリC	人レベE	結オウA	結オウG	直パワJ	直パワD
11	結ドリC	人レベE	結ドリI	結ドリI	結ドリC	人レベE	人レベK	結オウG	直パワJ	直パワD	人セフB	人セフH
12	人レベK	結オウG	結ドリC	人レベE	人レベK	結オウG	結オウA	直パワD	人セフB	人セフH	結ドリI	結ドリC
13	結オウA	直パワD	人レベK	結オウG	結オウA	直パワD	直パワJ	人セフH	結ドリI	結ドリC	結ドリC	結ドリI
14	直パワJ	人セフH	結オウA	直パワD	直パワJ	人セフH	人セフB	結ドリC	結ドリC	結ドリI	人セフH	人セフB
15	人セフB	結ドリC	直パワJ	人セフH	人セフB	結ドリC	結ドリI	結ドリI	人セフH	人セフB	直パワD	直パワJ
16	結ドリI	結ドリI	人セフB	結ドリC	結ドリI	結ドリI	結ドリC	人セフB	直パワD	直パワJ	結オウG	結オウA
17	結ドリC	人セフB	結ドリI	結ドリI	結ドリC	人セフB	人セフH	直パワJ	結オウG	結オウA	人レベE	人レベK
18	人セフH	直パワJ	結ドリC	人セフB	人セフH	直パワJ	直パワD	結オウA	人レベE	人レベK	結ドリI	結ドリC
19	直パワD	結オウA	人セフH	直パワJ	直パワD	結オウA	結オウG	人レベK	結ドリI	結ドリC	結ドリC	結ドリI
20	結オウG	人レベK	直パワD	結オウA	結オウG	人レベK	人レベE	結ドリC	結ドリC	結ドリI	人セフH	人セフB
21	人レベE	結ドリC	結オウG	人レベK	人レベE	結ドリC	結ドリI	結ドリI	人セフH	人セフB	直パワD	直パワJ
22	結ドリI	結ドリI	人レベE	結ドリC	結ドリI	結ドリI	結ドリC	人セフB	直パワD	直パワJ	結オウG	結オウA
23	結ドリC	人セフB	結ドリI	結ドリI	結ドリC	人セフB	人セフH	直パワJ	結オウG	結オウA	人レベE	人レベK
24	人セフH	直パワJ	結ドリC	人セフB	人セフH	直パワJ	直パワD	結オウA	人レベE	人レベK	直ステF	直ステL
25	直パワD	結オウA	人セフH	直パワJ	直パワD	結オウA	結オウG	人レベK	直ステF	直ステL	直ステF	直ステL
26	結オウG	人レベK	直パワD	結オウA	結オウG	人レベK	人レベE	直ステL	直ステF	直ステL	人レベE	人レベK
27	人レベE	直ステL	結オウG	人レベK	人レベE	直ステL	直ステF	直ステL	人レベE	人レベK	結オウG	結オウA
28	直ステF	直ステL	人レベE	直ステL	直ステF	直ステL	直ステF	人レベK	結オウG	結オウA	結オウG	結オウA
29	直ステF		直ステF	直ステL	直ステF	人レベK	人レベE	結オウA	結オウG	結オウA	人レベE	人レベK
30	人レベE		直ステF	人レベK	人レベE	結オウA	結オウG	結オウA	人レベE	人レベK	直ステF	直ステL
31	結オウG		人レベE		結オウG		結オウG	人レベK		直ステL		直ステL

1995年 【平成7年】

	1月	2月	3月	4月	5月	6月	7月	8月	9月	10月	11月	12月
1	人レベK	結オウG	直ステI	人レベE	人レベK	結オウG	結オウA	直パワD	人セフB	人セフH	結ドリI	結ドリC
2	結オウA	直パワD	人レベK	結オウG	結オウA	直パワD	直パワJ	人セフH	結ドリI	結ドリC	結ドリC	結ドリI
3	直パワJ	人セフH	結オウA	直パワD	直パワJ	人セフH	人セフB	結ドリC	結ドリC	結ドリI	人レベK	人レベE
4	人セフB	結ドリC	直パワJ	人セフH	人セフB	結ドリC	結ドリI	結ドリI	人レベK	人レベE	結オウA	結オウG
5	結ドリI	結ドリI	人セフB	結ドリC	結ドリI	結ドリI	結ドリC	人レベE	結オウA	結オウG	直パワJ	直パワD
6	結ドリC	人レベE	結ドリI	結ドリI	結ドリC	人レベE	人レベK	結オウG	直パワJ	直パワD	人セフB	人セフH
7	人レベK	結オウG	結ドリC	人レベE	人レベK	結オウG	結オウA	直パワD	人セフB	人セフH	結ドリI	結ドリC
8	結オウA	直パワD	人レベK	結オウG	結オウA	直パワD	直パワJ	人セフH	結ドリI	結ドリC	結ドリC	結ドリI
9	直パワJ	人セフH	結オウA	直パワD	直パワJ	人セフH	人セフB	結ドリC	結ドリC	結ドリI	人セフH	人セフB
10	人セフB	結ドリC	直パワJ	人セフH	人セフB	結ドリC	結ドリI	結ドリI	人セフH	人セフB	直パワD	直パワJ
11	結ドリI	結ドリI	人セフB	結ドリC	結ドリI	結ドリI	結ドリC	人セフB	直パワD	直パワJ	結オウG	結オウA
12	結ドリC	人セフB	結ドリI	結ドリI	結ドリC	人セフB	人セフH	直パワJ	結オウG	結オウA	人レベE	人レベK
13	人セフH	直パワJ	結ドリC	人セフB	人セフH	直パワJ	直パワD	結オウA	人レベE	人レベK	結ドリI	結ドリC
14	直パワD	結オウA	人セフH	直パワJ	直パワD	結オウA	結オウG	人レベK	結ドリI	結ドリC	結ドリC	結ドリI
15	結オウG	人レベK	直パワD	結オウA	結オウG	人レベK	人レベE	結ドリC	結ドリC	結ドリI	人セフH	人セフB
16	人レベE	結ドリC	結オウG	人レベK	人レベE	結ドリC	結ドリI	結ドリI	人セフH	人セフB	直パワD	直パワJ
17	結ドリI	結ドリI	人レベE	結ドリC	結ドリI	結ドリI	結ドリC	人セフB	直パワD	直パワJ	結オウG	結オウA
18	結ドリC	人セフB	結ドリI	結ドリI	結ドリC	人セフB	人セフH	直パワJ	結オウG	結オウA	人レベE	人レベK
19	人セフH	直パワJ	結ドリC	人セフB	人セフH	直パワJ	直パワD	結オウA	人レベE	人レベK	直ステF	直ステL
20	直パワD	結オウA	人セフH	直パワJ	直パワD	結オウA	結オウG	人レベK	直ステF	直ステL	直ステF	直ステL
21	結オウG	人レベK	直パワD	結オウA	結オウG	人レベK	人レベE	直ステL	直ステF	直ステL	人レベE	人レベK
22	人レベE	直ステL	結オウG	人レベK	人レベE	直ステL	直ステF	直ステL	人レベE	人レベK	結オウG	結オウA
23	直ステF	直ステL	人レベE	直ステL	直ステF	直ステL	直ステF	人レベK	結オウG	結オウA	結オウG	結オウA
24	直ステF	人レベK	直ステF	直ステL	直ステF	人レベK	人レベE	結オウA	結オウG	結オウA	人レベE	人レベK
25	人レベE	結オウA	直ステF	人レベK	人レベE	結オウA	結オウG	結オウA	人レベE	人レベK	直ステF	直ステL
26	結オウG	結オウA	人レベE	結オウA	結オウG	結オウA	結オウG	人レベK	直ステF	直ステL	直ステF	直ステL
27	結オウG	人レベK	結オウG	結オウA	結オウG	人レベK	人レベE	直ステL	直ステF	直ステL	人レベE	人レベK
28	人レベE	直ステL	結オウG	人レベK	人レベE	直ステL	直ステF	直ステL	人レベE	人レベK	結オウG	結オウA
29	直ステF		人レベE	直ステL	直ステF	直ステL	直ステF	人レベK	結オウG	結オウA	直パワD	直パワJ
30	直ステF		直ステF	直ステL	直ステF	人レベK	人レベE	結オウA	直パワD	直パワJ	人セフH	人セフB
31	人レベE		直ステF		人レベE		結オウG	直パワJ		人セフB		結ドリI

1996年 【平成8年】

	1月	2月	3月	4月	5月	6月	7月	8月	9月	10月	11月	12月
1	結ドリC	人レベE	結ドリC	人レベE	人レベK	結オウG	結オウA	直パワD	人セフB	人セフH	結ドリI	結ドリC
2	人レベK	結オウG	人レベK	結オウG	結オウA	直パワD	直パワJ	人セフH	結ドリI	結ドリC	結ドリC	結ドリI
3	結オウA	直パワD	結オウA	直パワD	直パワJ	人セフH	人セフB	結ドリC	結ドリC	結ドリI	人セフH	人セフB
4	直パワJ	人セフH	直パワJ	人セフH	人セフB	結ドリC	結ドリI	結ドリI	人セフH	人セフB	直パワD	直パワJ
5	人セフB	結ドリC	人セフB	結ドリC	結ドリI	結ドリI	結ドリC	人セフB	直パワD	直パワJ	結オウG	結オウA
6	結ドリI	結ドリI	結ドリI	結ドリI	結ドリC	人セフB	人セフH	直パワJ	結オウG	結オウA	人レベE	人レベK
7	結ドリC	人セフB	結ドリC	人セフB	人セフH	直パワJ	直パワD	結オウA	人レベE	人レベK	結ドリI	結ドリC
8	人セフH	直パワJ	人セフH	直パワJ	直パワD	結オウA	結オウG	人レベK	結ドリI	結ドリC	結ドリC	結ドリI
9	直パワD	結オウA	直パワD	結オウA	結オウG	人レベK	人レベE	結ドリC	結ドリC	結ドリI	人セフH	人セフB
10	結オウG	人レベK	結オウG	人レベK	人レベE	結ドリC	結ドリI	結ドリI	人セフH	人セフB	直パワD	直パワJ
11	人レベE	結ドリC	人レベE	結ドリC	結ドリI	結ドリI	結ドリC	人セフB	直パワD	直パワJ	結オウG	結オウA
12	結ドリI	結ドリI	結ドリI	結ドリI	結ドリC	人セフB	人セフH	直パワJ	結オウG	結オウA	人レベE	人レベK
13	結ドリC	人セフB	結ドリC	人セフB	人セフH	直パワJ	直パワD	結オウA	人レベE	人レベK	直ステF	直ステL
14	人セフH	直パワJ	人セフH	直パワJ	直パワD	結オウA	結オウG	人レベK	直ステF	直ステL	直ステF	直ステL
15	直パワD	結オウA	直パワD	結オウA	結オウG	人レベK	人レベE	直ステL	直ステF	直ステL	人レベE	人レベK
16	結オウG	人レベK	結オウG	人レベK	人レベE	直ステL	直ステF	直ステL	人レベE	人レベK	結オウG	結オウA
17	人レベE	直ステL	人レベE	直ステL	直ステF	直ステL	直ステF	人レベK	結オウG	結オウA	結オウG	結オウA
18	直ステF	直ステL	直ステF	直ステL	直ステF	人レベK	人レベE	結オウA	結オウG	結オウA	人レベE	人レベK
19	直ステF	人レベK	直ステF	人レベK	人レベE	結オウA	結オウG	結オウA	人レベE	人レベK	直ステF	直ステL
20	人レベE	結オウA	人レベE	結オウA	結オウG	結オウA	結オウG	人レベK	直ステF	直ステL	直ステF	直ステL
21	結オウG	結オウA	結オウG	結オウA	結オウG	人レベK	人レベE	直ステL	直ステF	直ステL	人レベE	人レベK
22	結オウG	人レベK	結オウG	人レベK	人レベE	直ステL	直ステF	直ステL	人レベE	人レベK	結オウG	結オウA
23	人レベE	直ステL	人レベE	直ステL	直ステF	直ステL	直ステF	人レベK	結オウG	結オウA	直パワD	直パワJ
24	直ステF	直ステL	直ステF	直ステL	直ステF	人レベK	人レベE	結オウA	直パワD	直パワJ	人セフH	人セフB
25	直ステF	人レベK	直ステF	人レベK	人レベE	結オウA	結オウG	直パワJ	人セフH	人セフB	結ドリC	結ドリI
26	人レベE	結オウA	人レベE	結オウA	結オウG	直パワJ	直パワD	人セフB	結ドリC	結ドリI	結ドリI	結ドリC
27	結オウG	直パワJ	結オウG	直パワJ	直パワD	人セフB	人セフH	結ドリI	結ドリI	結ドリC	人レベE	人レベK
28	直パワD	人セフB	直パワD	人セフB	人セフH	結ドリI	結ドリC	結ドリC	人レベE	人レベK	結オウG	結オウA
29	人セフH	結ドリI	人セフH	結ドリI	結ドリC	結ドリC	結ドリI	人レベK	結オウG	結オウA	直パワD	直パワJ
30	結ドリC		結ドリC	結ドリC	結ドリI	人レベK	人レベE	結オウA	直パワD	直パワJ	人セフH	人セフB
31	結ドリI		結ドリI		人レベE		結オウG	直パワJ		人セフB		結ドリI

1997年　【平成9年】

	1月	2月	3月	4月	5月	6月	7月	8月	9月	10月	11月	12月
1	結ドリC	人セフB	結ドリI	結ドリI	結ドリC	人セフB	人セフH	直パワJ	結オウG	結オウA	人レベE	人レベK
2	人セフH	直パワJ	結ドリC	人セフB	人セフH	直パワJ	直パワD	結オウA	人レベE	人レベK	結ドリI	結ドリC
3	直パワD	結オウA	人セフH	直パワJ	直パワD	結オウA	結オウG	人レベK	結ドリI	結ドリC	結ドリC	結ドリI
4	結オウG	人レベK	直パワD	結オウA	結オウG	人レベK	人レベE	結ドリC	結ドリC	結ドリI	人セフH	人セフB
5	人レベE	結ドリC	結オウG	人レベK	人レベE	結ドリC	結ドリI	結ドリI	人セフH	人セフB	直パワD	直パワJ
6	結ドリI	結ドリI	人レベE	結ドリC	結ドリI	結ドリI	結ドリC	人セフB	直パワD	直パワJ	結オウG	結オウA
7	結ドリC	人セフB	結ドリI	結ドリI	結ドリC	人セフB	人セフH	直パワJ	結オウG	結オウA	人レベE	人レベK
8	人セフH	直パワJ	結ドリC	人セフB	人セフH	直パワJ	直パワD	結オウA	人レベE	人レベK	直ステF	直ステL
9	直パワD	結オウA	人セフH	直パワJ	直パワD	結オウA	結オウG	人レベK	直ステF	直ステL	直ステF	直ステL
10	結オウG	人レベK	直パワD	結オウA	結オウG	人レベK	人レベE	直ステL	直ステF	直ステL	人レベE	人レベK
11	人レベE	直ステL	結オウG	人レベK	人レベE	直ステL	直ステF	直ステL	人レベE	人レベK	結オウG	結オウA
12	直ステF	直ステL	人レベE	直ステL	直ステF	直ステL	直ステF	人レベK	結オウG	結オウA	結オウG	結オウA
13	直ステF	人レベK	直ステF	直ステL	直ステF	人レベK	人レベE	結オウA	結オウG	結オウA	人レベE	人レベK
14	人レベE	結オウA	直ステF	人レベK	人レベE	結オウA	結オウG	結オウA	人レベE	人レベK	直ステF	直ステL
15	結オウG	結オウA	人レベE	結オウA	結オウG	結オウA	結オウG	人レベK	直ステF	直ステL	直ステF	直ステL
16	結オウG	人レベK	結オウG	結オウA	結オウG	人レベK	人レベE	直ステL	直ステF	直ステL	人レベE	人レベK
17	人レベE	直ステL	結オウG	人レベK	人レベE	直ステL	直ステF	直ステL	人レベE	人レベK	結オウG	結オウA
18	直ステF	直ステL	人レベE	直ステL	直ステF	直ステL	直ステF	人レベK	結オウG	結オウA	直パワD	直パワJ
19	直ステF	人レベK	直ステF	直ステL	直ステF	人レベK	人レベE	結オウA	直パワD	直パワJ	人セフH	人セフB
20	人レベE	結オウA	直ステF	人レベK	人レベE	結オウA	結オウG	直パワJ	人セフH	人セフB	結ドリC	結ドリI
21	結オウG	直パワJ	人レベE	結オウA	結オウG	直パワJ	直パワD	人セフB	結ドリC	結ドリI	結ドリI	結ドリC
22	直パワD	人セフB	結オウG	直パワJ	直パワD	人セフB	人セフH	結ドリI	結ドリI	結ドリC	人レベE	人レベK
23	人セフH	結ドリI	直パワD	人セフB	人セフH	結ドリI	結ドリC	結ドリC	人レベE	人レベK	結オウG	結オウA
24	結ドリC	結ドリC	人セフH	結ドリI	結ドリC	結ドリC	結ドリI	人レベK	結オウG	結オウA	直パワD	直パワJ
25	結ドリI	人レベK	結ドリC	結ドリC	結ドリI	人レベK	人レベE	結オウA	直パワD	直パワJ	人セフH	人セフB
26	人レベE	結オウA	結ドリI	人レベK	人レベE	結オウA	結オウG	直パワJ	人セフH	人セフB	結ドリC	結ドリI
27	結オウG	直パワJ	人レベE	結オウA	結オウG	直パワJ	直パワD	人セフB	結ドリC	結ドリI	結ドリI	結ドリC
28	直パワD	人セフB	結オウG	直パワJ	直パワD	人セフB	人セフH	結ドリI	結ドリI	結ドリC	人セフB	人セフH
29	人セフH		直パワD	人セフB	人セフH	結ドリI	結ドリC	結ドリC	人セフB	人セフH	直パワJ	直パワD
30	結ドリC		人セフH	結ドリI	結ドリC	結ドリC	結ドリI	人セフH	直パワJ	直パワD	結オウA	結オウG
31	結ドリI		結ドリC		結ドリI		人セフB	直パワD		結オウG		人レベE

1998年 【平成10年】

	1月	2月	3月	4月	5月	6月	7月	8月	9月	10月	11月	12月
1	結ドリI	結ドリI	人レベE	結ドリC	結ドリI	結ドリI	結ドリC	人セフB	直パワD	直パワJ	結オウG	結オウA
2	結ドリC	人セフB	結ドリI	結ドリI	結ドリC	人セフB	人セフH	直パワJ	結オウG	結オウA	人レベE	人レベK
3	人セフH	直パワJ	結ドリC	人セフB	人セフH	直パワJ	直パワD	結オウA	人レベE	人レベK	直ステF	直ステL
4	直パワD	結オウA	人セフH	直パワJ	直パワD	結オウA	結オウG	人レベK	直ステF	直ステL	直ステF	直ステL
5	結オウG	人レベK	直パワD	結オウA	結オウG	人レベK	人レベE	直ステL	直ステF	直ステL	人レベE	人レベK
6	人レベE	直ステL	結オウG	人レベK	人レベE	直ステL	直ステF	直ステL	人レベE	人レベK	結オウG	結オウA
7	直ステF	直ステL	人レベE	直ステL	直ステF	直ステL	直ステF	人レベK	結オウG	結オウA	結オウG	結オウA
8	直ステF	人レベK	直ステF	直ステL	直ステF	人レベK	人レベE	結オウA	結オウG	結オウA	人レベE	人レベK
9	人レベE	結オウA	直ステF	人レベK	人レベE	結オウA	結オウG	結オウA	人レベE	人レベK	直ステF	直ステL
10	結オウG	結オウA	人レベE	結オウA	結オウG	結オウA	結オウG	人レベK	直ステF	直ステL	直ステF	直ステL
11	結オウG	人レベK	結オウG	結オウA	結オウG	人レベK	人レベE	直ステL	直ステF	直ステL	人レベE	人レベK
12	人レベE	直ステL	結オウG	人レベK	人レベE	直ステL	直ステF	直ステL	人レベE	人レベK	結オウG	結オウA
13	直ステF	直ステL	人レベE	直ステL	直ステF	直ステL	直ステF	人レベK	結オウG	結オウA	直パワD	直パワJ
14	直ステF	人レベK	直ステF	直ステL	直ステF	人レベK	人レベE	結オウA	直パワD	直パワJ	人セフH	人セフB
15	人レベE	結オウA	直ステF	人レベK	人レベE	結オウA	結オウG	直パワJ	人セフH	人セフB	結ドリC	結ドリI
16	結オウG	直パワJ	人レベE	結オウA	結オウG	直パワJ	直パワD	人セフB	結ドリC	結ドリI	結ドリI	結ドリC
17	直パワD	人セフB	結オウG	直パワJ	直パワD	人セフB	人セフH	結ドリI	結ドリI	結ドリC	人レベE	人レベK
18	人セフH	結ドリI	直パワD	人セフB	人セフH	結ドリI	結ドリC	結ドリC	人レベE	人レベK	結オウG	結オウA
19	結ドリC	結ドリC	人セフH	結ドリI	結ドリC	結ドリC	結ドリI	人レベK	結オウG	結オウA	直パワD	直パワJ
20	結ドリI	人レベK	結ドリC	結ドリC	結ドリI	人レベK	人レベE	結オウA	直パワD	直パワJ	人セフH	人セフB
21	人レベE	結オウA	結ドリI	人レベK	人レベE	結オウA	結オウG	直パワJ	人セフH	人セフB	結ドリC	結ドリI
22	結オウG	直パワJ	人レベE	結オウA	結オウG	直パワJ	直パワD	人セフB	結ドリC	結ドリI	結ドリI	結ドリC
23	直パワD	人セフB	結オウG	直パワJ	直パワD	人セフB	人セフH	結ドリI	結ドリI	結ドリC	人セフB	人セフH
24	人セフH	結ドリI	直パワD	人セフB	人セフH	結ドリI	結ドリC	結ドリC	人セフB	人セフH	直パワJ	直パワD
25	結ドリC	結ドリC	人セフH	結ドリI	結ドリC	結ドリC	結ドリI	人セフH	直パワJ	直パワD	結オウA	結オウG
26	結ドリI	人セフH	結ドリC	結ドリC	結ドリI	人セフH	人セフB	直パワD	結オウA	結オウG	人レベK	人レベE
27	人セフB	直パワD	結ドリI	人セフH	人セフB	直パワD	直パワJ	結オウG	人レベK	人レベE	結ドリC	結ドリI
28	直パワJ	結オウG	人セフB	直パワD	直パワJ	結オウG	結オウA	人レベE	結ドリC	結ドリI	結ドリI	結ドリC
29	結オウA		直パワJ	結オウG	結オウA	人レベE	人レベK	結ドリI	結ドリI	結ドリC	人セフB	人セフH
30	人レベK		結オウA	人レベE	人レベK	結ドリI	結ドリC	結ドリC	人セフB	人セフH	直パワJ	直パワD
31	結ドリC		人レベK		結ドリC		結ドリI	人セフH		直パワD		結オウG

1999年 【平成11年】

	1月	2月	3月	4月	5月	6月	7月	8月	9月	10月	11月	12月
1	人レベE	直ステL	結オウG	人レベK	人レベE	直ステL	直ステF	直ステL	人レベE	人レベK	結オウG	結オウA
2	直ステF	直ステL	人レベE	直ステL	直ステF	直ステL	直ステF	人レベK	結オウG	結オウA	結オウG	結オウA
3	直ステF	人レベK	直ステF	直ステL	直ステF	人レベK	人レベE	結オウA	結オウG	結オウA	人レベE	人レベK
4	人レベE	結オウA	直ステF	人レベK	人レベE	結オウA	結オウG	結オウA	人レベE	人レベK	直ステF	直ステL
5	結オウG	結オウA	人レベE	結オウA	結オウG	結オウA	結オウG	人レベK	直ステF	直ステL	直ステF	直ステL
6	結オウG	人レベK	結オウG	結オウA	結オウG	人レベK	人レベE	直ステL	直ステF	直ステL	人レベE	人レベK
7	人レベE	直ステL	結オウG	人レベK	人レベE	直ステL	直ステF	直ステL	人レベE	人レベK	結オウG	結オウA
8	直ステF	直ステL	人レベE	直ステL	直ステF	直ステL	直ステF	人レベK	結オウG	結オウA	直パワD	直パワJ
9	直ステF	人レベK	直ステF	直ステL	直ステF	人レベK	人レベE	結オウA	直パワD	直パワJ	人セフH	人セフB
10	人レベE	結オウA	直ステF	人レベK	人レベE	結オウA	結オウG	直パワJ	人セフH	人セフB	結ドリC	結ドリI
11	結オウG	直パワJ	人レベE	結オウA	結オウG	直パワJ	直パワD	人セフB	結ドリC	結ドリI	結ドリI	結ドリC
12	直パワD	人セフB	結オウG	直パワJ	直パワD	人セフB	人セフH	結ドリI	結ドリI	結ドリC	人レベE	人レベK
13	人セフH	結ドリI	直パワD	人セフB	人セフH	結ドリI	結ドリC	結ドリC	人レベE	人レベK	結オウG	結オウA
14	結ドリC	結ドリC	人セフH	結ドリI	結ドリC	結ドリC	結ドリI	人レベK	結オウG	結オウA	直パワD	直パワJ
15	結ドリI	人レベK	結ドリC	結ドリC	結ドリI	人レベK	人レベE	結オウA	直パワD	直パワJ	人セフH	人セフB
16	人レベE	結オウA	結ドリI	人レベK	人レベE	結オウA	結オウG	直パワJ	人セフH	人セフB	結ドリC	結ドリI
17	結オウG	直パワJ	人レベE	結オウA	結オウG	直パワJ	直パワD	人セフB	結ドリC	結ドリI	結ドリI	結ドリC
18	直パワD	人セフB	結オウG	直パワJ	直パワD	人セフB	人セフH	結ドリI	結ドリI	結ドリC	人セフB	人セフH
19	人セフH	結ドリI	直パワD	人セフB	人セフH	結ドリI	結ドリC	結ドリC	人セフB	人セフH	直パワJ	直パワD
20	結ドリC	結ドリC	人セフH	結ドリI	結ドリC	結ドリC	結ドリI	人セフH	直パワJ	直パワD	結オウA	結オウG
21	結ドリI	人セフH	結ドリC	結ドリC	結ドリI	人セフH	人セフB	直パワD	結オウA	結オウG	人レベK	人レベE
22	人セフB	直パワD	結ドリI	人セフH	人セフB	直パワD	直パワJ	結オウG	人レベK	人レベE	結ドリC	結ドリI
23	直パワJ	結オウG	人セフB	直パワD	直パワJ	結オウG	結オウA	人レベE	結ドリC	結ドリI	結ドリI	結ドリC
24	結オウA	人レベE	直パワJ	結オウG	結オウA	人レベE	人レベK	結ドリI	結ドリI	結ドリC	人セフB	人セフH
25	人レベK	結ドリI	結オウA	人レベE	人レベK	結ドリI	結ドリC	結ドリC	人セフB	人セフH	直パワJ	直パワD
26	結ドリC	結ドリC	人レベK	結ドリI	結ドリC	結ドリC	結ドリI	人セフH	直パワJ	直パワD	結オウA	結オウG
27	結ドリI	人セフH	結ドリC	結ドリC	結ドリI	人セフH	人セフB	直パワD	結オウA	結オウG	人レベK	人レベE
28	人セフB	直パワD	結ドリI	人セフH	人セフB	直パワD	直パワJ	結オウG	人レベK	人レベE	直ステL	直ステF
29	直パワJ		人セフB	直パワD	直パワJ	結オウG	結オウA	人レベE	直ステL	直ステF	直ステL	直ステF
30	結オウA		直パワJ	結オウG	結オウA	人レベE	人レベK	直ステF	直ステL	直ステF	人レベK	人レベE
31	人レベK		結オウA		人レベK		直ステL	直ステF		人レベE		結オウG

2000年 【平成12年】

	1月	2月	3月	4月	5月	6月	7月	8月	9月	10月	11月	12月
1	結オウG	人レベK	結オウG	人レベK	人レベE	直ステL	直ステF	直ステL	人レベE	人レベK	結オウG	結オウA
2	人レベE	直ステL	人レベE	直ステL	直ステF	直ステL	直ステF	人レベK	結オウG	結オウA	直パワD	直パワJ
3	直ステF	直ステL	直ステF	直ステL	直ステF	人レベK	人レベE	結オウA	直パワD	直パワJ	人セフH	人セフB
4	直ステF	人レベK	直ステF	人レベK	人レベE	結オウA	結オウG	直パワJ	人セフH	人セフB	結ドリC	結ドリI
5	人レベE	結オウA	人レベE	結オウA	結オウG	直パワJ	直パワD	人セフB	結ドリC	結ドリI	結ドリI	結ドリC
6	結オウG	直パワJ	結オウG	直パワJ	直パワD	人セフB	人セフH	結ドリI	結ドリI	結ドリC	人レベE	人レベK
7	直パワD	人セフB	直パワD	人セフB	人セフH	結ドリI	結ドリC	結ドリC	人レベE	人レベK	結オウG	結オウA
8	人セフH	結ドリI	人セフH	結ドリI	結ドリC	結ドリC	結ドリI	人レベK	結オウG	結オウA	直パワD	直パワJ
9	結ドリC	結ドリC	結ドリC	結ドリC	結ドリI	人レベK	人レベE	結オウA	直パワD	直パワJ	人セフH	人セフB
10	結ドリI	人レベK	結ドリI	人レベK	人レベE	結オウA	結オウG	直パワJ	人セフH	人セフB	結ドリC	結ドリI
11	人レベE	結オウA	人レベE	結オウA	結オウG	直パワJ	直パワD	人セフB	結ドリC	結ドリI	結ドリI	結ドリC
12	結オウG	直パワJ	結オウG	直パワJ	直パワD	人セフB	人セフH	結ドリI	結ドリI	結ドリC	人セフB	人セフH
13	直パワD	人セフB	直パワD	人セフB	人セフH	結ドリI	結ドリC	結ドリC	人セフB	人セフH	直パワJ	直パワD
14	人セフH	結ドリI	人セフH	結ドリI	結ドリC	結ドリC	結ドリI	人セフH	直パワJ	直パワD	結オウA	結オウG
15	結ドリC	結ドリC	結ドリC	結ドリC	結ドリI	人セフH	人セフB	直パワD	結オウA	結オウG	人レベK	人レベE
16	結ドリI	人セフH	結ドリI	人セフH	人セフB	直パワD	直パワJ	結オウG	人レベK	人レベE	結ドリC	結ドリI
17	人セフB	直パワD	人セフB	直パワD	直パワJ	結オウG	結オウA	人レベE	結ドリC	結ドリI	結ドリI	結ドリC
18	直パワJ	結オウG	直パワJ	結オウG	結オウA	人レベE	人レベK	結ドリI	結ドリI	結ドリC	人セフB	人セフH
19	結オウA	人レベE	結オウA	人レベE	人レベK	結ドリI	結ドリC	結ドリC	人セフB	人セフH	直パワJ	直パワD
20	人レベK	結ドリI	人レベK	結ドリI	結ドリC	結ドリC	結ドリI	人セフH	直パワJ	直パワD	結オウA	結オウG
21	結ドリC	結ドリC	結ドリC	結ドリC	結ドリI	人セフH	人セフB	直パワD	結オウA	結オウG	人レベK	人レベE
22	結ドリI	人セフH	結ドリI	人セフH	人セフB	直パワD	直パワJ	結オウG	人レベK	人レベE	直ステL	直ステF
23	人セフB	直パワD	人セフB	直パワD	直パワJ	結オウG	結オウA	人レベE	直ステL	直ステF	直ステL	直ステF
24	直パワJ	結オウG	直パワJ	結オウG	結オウA	人レベE	人レベK	直ステF	直ステL	直ステF	人レベK	人レベE
25	結オウA	人レベE	結オウA	人レベE	人レベK	直ステF	直ステL	直ステF	人レベK	人レベE	結オウA	結オウG
26	人レベK	直ステF	人レベK	直ステF	直ステL	直ステF	直ステL	人レベE	結オウA	結オウG	結オウA	結オウG
27	直ステL	直ステF	直ステL	直ステF	直ステL	人レベE	人レベK	結オウG	結オウA	結オウG	人レベK	人レベE
28	直ステL	人レベE	直ステL	人レベE	人レベK	結オウG	結オウA	結オウG	人レベK	人レベE	直ステL	直ステF
29	人レベK	結オウG	人レベK	結オウG	結オウA	結オウG	結オウA	人レベE	直ステL	直ステF	直ステL	直ステF
30	結オウA		結オウA	結オウG	結オウA	人レベE	人レベK	直ステF	直ステL	直ステF	人レベK	人レベE
31	結オウA		結オウA		人レベK		直ステL	直ステF		人レベE		結オウG

2001 年 【平成 13 年】

	1月	2月	3月	4月	5月	6月	7月	8月	9月	10月	11月	12月
1	直パワ D	人セフ B	結オウ G	直パワ J	直パワ D	人セフ B	人セフ H	結ドリ I	結ドリ I	結ドリ C	人レベ E	人レベ K
2	人セフ H	結ドリ I	直パワ D	人セフ B	人セフ H	結ドリ I	結ドリ C	結ドリ C	人レベ E	人レベ K	結オウ G	結オウ A
3	結ドリ C	結ドリ C	人セフ H	結ドリ I	結ドリ C	結ドリ C	結ドリ I	人レベ K	結オウ G	結オウ A	直パワ D	直パワ J
4	結ドリ I	人レベ K	結ドリ C	結ドリ C	結ドリ I	人レベ K	人レベ E	結オウ A	直パワ D	直パワ J	人セフ H	人セフ B
5	人レベ E	結オウ A	結ドリ I	人レベ K	人レベ E	結オウ A	結オウ G	直パワ J	人セフ H	人セフ B	結ドリ C	結ドリ I
6	結オウ G	直パワ J	人レベ E	結オウ A	結オウ G	直パワ J	直パワ D	人セフ B	結ドリ C	結ドリ I	結ドリ I	結ドリ C
7	直パワ D	人セフ B	結オウ G	直パワ J	直パワ D	人セフ B	人セフ H	結ドリ I	結ドリ I	結ドリ C	人セフ B	人セフ H
8	人セフ H	結ドリ I	直パワ D	人セフ B	人セフ H	結ドリ I	結ドリ C	結ドリ C	人セフ B	人セフ H	直パワ J	直パワ D
9	結ドリ C	結ドリ C	人セフ H	結ドリ I	結ドリ C	結ドリ C	結ドリ I	人セフ H	直パワ J	直パワ D	結オウ A	結オウ G
10	結ドリ I	人セフ H	結ドリ C	結ドリ C	結ドリ I	人セフ H	人セフ B	直パワ D	結オウ A	結オウ G	人レベ K	人レベ E
11	人セフ B	直パワ D	結ドリ I	人セフ H	人セフ B	直パワ D	直パワ J	結オウ G	人レベ K	人レベ E	結ドリ C	結ドリ I
12	直パワ J	結オウ G	人セフ B	直パワ D	直パワ J	結オウ G	結オウ A	人レベ E	結ドリ C	結ドリ I	結ドリ I	結ドリ C
13	結オウ A	人レベ E	直パワ J	結オウ G	結オウ A	人レベ E	人レベ K	結ドリ I	結ドリ I	結ドリ C	人セフ B	人セフ H
14	人レベ K	結ドリ I	結オウ A	人レベ E	人レベ K	結ドリ I	結ドリ C	結ドリ C	人セフ B	人セフ H	直パワ J	直パワ D
15	結ドリ C	結ドリ C	人レベ K	結ドリ I	結ドリ C	結ドリ C	結ドリ I	人セフ H	直パワ J	直パワ D	結オウ A	結オウ G
16	結ドリ I	人セフ H	結ドリ C	結ドリ C	結ドリ I	人セフ H	人セフ B	直パワ D	結オウ A	結オウ G	人レベ K	人レベ E
17	人セフ B	直パワ D	結ドリ I	人セフ H	人セフ B	直パワ D	直パワ J	結オウ G	人レベ K	人レベ E	直ステ L	直ステ F
18	直パワ J	結オウ G	人セフ B	直パワ D	直パワ J	結オウ G	結オウ A	人レベ E	直ステ L	直ステ F	直ステ L	直ステ F
19	結オウ A	人レベ E	直パワ J	結オウ G	結オウ A	人レベ E	人レベ K	直ステ F	直ステ L	直ステ F	人レベ K	人レベ E
20	人レベ K	直ステ F	結オウ A	人レベ E	人レベ K	直ステ F	直ステ L	直ステ F	人レベ K	人レベ E	結オウ A	結オウ G
21	直ステ L	直ステ F	人レベ K	直ステ F	直ステ L	直ステ F	直ステ L	人レベ E	結オウ A	結オウ G	結オウ A	結オウ G
22	直ステ L	人レベ E	直ステ L	直ステ F	直ステ L	人レベ E	人レベ K	結オウ G	結オウ A	結オウ G	人レベ K	人レベ E
23	人レベ K	結オウ G	直ステ L	人レベ E	人レベ K	結オウ G	結オウ A	結オウ G	人レベ K	人レベ E	直ステ L	直ステ F
24	結オウ A	結オウ G	人レベ K	結オウ G	結オウ A	結オウ G	結オウ A	人レベ E	直ステ L	直ステ F	直ステ L	直ステ F
25	結オウ A	人レベ E	結オウ A	結オウ G	結オウ A	人レベ E	人レベ K	直ステ F	直ステ L	直ステ F	人レベ K	人レベ E
26	人レベ K	直ステ F	結オウ A	人レベ E	人レベ K	直ステ F	直ステ L	直ステ F	人レベ K	人レベ E	結オウ A	結オウ G
27	直ステ L	直ステ F	人レベ K	直ステ F	直ステ L	直ステ F	直ステ L	人レベ E	結オウ A	結オウ G	直パワ J	直パワ D
28	直ステ L	人レベ E	直ステ L	直ステ F	直ステ L	人レベ E	人レベ K	結オウ G	直パワ J	直パワ D	人セフ B	人セフ H
29	人レベ K		直ステ L	人レベ E	人レベ K	結オウ G	結オウ A	直パワ D	人セフ B	人セフ H	結ドリ I	結ドリ C
30	結オウ A		人レベ K	結オウ G	結オウ A	直パワ D	直パワ J	人セフ H	結ドリ I	結ドリ C	結ドリ C	結ドリ I
31	直パワ J		結オウ A		直パワ J		人セフ B	結ドリ C		結ドリ I		人レベ E

2002年 【平成14年】

	1月	2月	3月	4月	5月	6月	7月	8月	9月	10月	11月	12月
1	結オウG	直パワJ	人レベE	結オウA	結オウG	直パワJ	直パワD	人セフB	結ドリC	結ドリI	結ドリI	結ドリC
2	直パワD	人セフB	結オウG	直パワJ	直パワD	人セフB	人セフH	結ドリI	結ドリI	結ドリC	人セフB	人セフH
3	人セフH	結ドリI	直パワD	人セフB	人セフH	結ドリI	結ドリC	結ドリC	人セフB	人セフH	直パワJ	直パワD
4	結ドリC	結ドリC	人セフH	結ドリI	結ドリC	結ドリC	結ドリI	人セフH	直パワJ	直パワD	結オウA	結オウG
5	結ドリI	人セフH	結ドリC	結ドリC	結ドリI	人セフH	人セフB	直パワD	結オウA	結オウG	人レベK	人レベE
6	人セフB	直パワD	結ドリI	人セフH	人セフB	直パワD	直パワJ	結オウG	人レベK	人レベE	結ドリC	結ドリI
7	直パワJ	結オウG	人セフB	直パワD	直パワJ	結オウG	結オウA	人レベE	結ドリC	結ドリI	結ドリI	結ドリC
8	結オウA	人レベE	直パワJ	結オウG	結オウA	人レベE	人レベK	結ドリI	結ドリI	結ドリC	人セフB	人セフH
9	人レベK	結ドリI	結オウA	人レベE	人レベK	結ドリI	結ドリC	結ドリC	人セフB	人セフH	直パワJ	直パワD
10	結ドリC	結ドリC	人レベK	結ドリI	結ドリC	結ドリC	結ドリI	人セフH	直パワJ	直パワD	結オウA	結オウG
11	結ドリI	人セフH	結ドリC	結ドリC	結ドリI	人セフH	人セフB	直パワD	結オウA	結オウG	人レベK	人レベE
12	人セフB	直パワD	結ドリI	人セフH	人セフB	直パワD	直パワJ	結オウG	人レベK	人レベE	直ステL	直ステF
13	直パワJ	結オウG	人セフB	直パワD	直パワJ	結オウG	結オウA	人レベE	直ステL	直ステF	直ステL	直ステF
14	結オウA	人レベE	直パワJ	結オウG	結オウA	人レベE	人レベK	直ステF	直ステL	直ステF	人レベK	人レベE
15	人レベK	直ステF	結オウA	人レベE	人レベK	直ステF	直ステL	直ステF	人レベK	人レベE	結オウA	結オウG
16	直ステL	直ステF	人レベK	直ステF	直ステL	直ステF	直ステL	人レベE	結オウA	結オウG	結オウA	結オウG
17	直ステL	人レベE	直ステL	直ステF	直ステL	人レベE	人レベK	結オウG	結オウA	結オウG	人レベK	人レベE
18	人レベK	結オウG	直ステL	人レベE	人レベK	結オウG	結オウA	結オウG	人レベK	人レベE	直ステL	直ステF
19	結オウA	結オウG	人レベK	結オウG	結オウA	結オウG	結オウA	人レベE	直ステL	直ステF	直ステL	直ステF
20	結オウA	人レベE	結オウA	結オウG	結オウA	人レベE	人レベK	直ステF	直ステL	直ステF	人レベK	人レベE
21	人レベK	直ステF	結オウA	人レベE	人レベK	直ステF	直ステL	直ステF	人レベK	人レベE	結オウA	結オウG
22	直ステL	直ステF	人レベK	直ステF	直ステL	直ステF	直ステL	人レベE	結オウA	結オウG	直パワJ	直パワD
23	直ステL	人レベE	直ステL	直ステF	直ステL	人レベE	人レベK	結オウG	直パワJ	直パワD	人セフB	人セフH
24	人レベK	結オウG	直ステL	人レベE	人レベK	結オウG	結オウA	直パワD	人セフB	人セフH	結ドリI	結ドリC
25	結オウA	直パワD	人レベK	結オウG	結オウA	直パワD	直パワJ	人セフH	結ドリI	結ドリC	結ドリC	結ドリI
26	直パワJ	人セフH	結オウA	直パワD	直パワJ	人セフH	人セフB	結ドリC	結ドリC	結ドリI	人レベK	人レベE
27	人セフB	結ドリC	直パワJ	人セフH	人セフB	結ドリC	結ドリI	結ドリI	人レベK	人レベE	結オウA	結オウG
28	結ドリI	結ドリI	人セフB	結ドリC	結ドリI	結ドリI	結ドリC	人レベE	結オウA	結オウG	直パワJ	直パワD
29	結ドリC		結ドリI	結ドリI	結ドリC	人レベE	人レベK	結オウG	直パワJ	直パワD	人セフB	人セフH
30	人レベK		結ドリC	人レベE	人レベK	結オウG	結オウA	直パワD	人セフB	人セフH	結ドリI	結ドリC
31	結オウA		人レベK		結オウA		直パワJ	人セフH		結ドリC		結ドリI

2003年　【平成15年】

	1月	2月	3月	4月	5月	6月	7月	8月	9月	10月	11月	12月
1	人セフB	直パワD	結ドリI	人セフH	人セフB	直パワD	直パワJ	結オウG	人レベK	人レベE	結ドリC	結ドリI
2	直パワJ	結オウG	人セフB	直パワD	直パワJ	結オウG	結オウA	人レベE	結ドリC	結ドリI	結ドリI	結ドリC
3	結オウA	人レベE	直パワJ	結オウG	結オウA	人レベE	人レベK	結ドリI	結ドリI	結ドリC	人セフB	人セフH
4	人レベK	結ドリI	結オウA	人レベE	人レベK	結ドリI	結ドリC	結ドリC	人セフB	人セフH	直パワJ	直パワD
5	結ドリC	結ドリC	人レベK	結ドリI	結ドリC	結ドリC	結ドリI	人セフH	直パワJ	直パワD	結オウA	結オウG
6	結ドリI	人セフH	結ドリC	結ドリC	結ドリI	人セフH	人セフB	直パワD	結オウA	結オウG	人レベK	人レベE
7	人セフB	直パワD	結ドリI	人セフH	人セフB	直パワD	直パワJ	結オウG	人レベK	人レベE	直ステL	直ステF
8	直パワJ	結オウG	人セフB	直パワD	直パワJ	結オウG	結オウA	人レベE	直ステL	直ステF	直ステL	直ステF
9	結オウA	人レベE	直パワJ	結オウG	結オウA	人レベE	人レベK	直ステF	直ステL	直ステF	人レベK	人レベE
10	人レベK	直ステF	結オウA	人レベE	人レベK	直ステF	直ステL	直ステF	人レベK	人レベE	結オウA	結オウG
11	直ステL	直ステF	人レベK	直ステF	直ステL	直ステF	直ステL	人レベE	結オウA	結オウG	結オウA	結オウG
12	直ステL	人レベE	直ステL	直ステF	直ステL	人レベE	人レベK	結オウG	結オウA	結オウG	人レベK	人レベE
13	人レベK	結オウG	直ステL	人レベE	人レベK	結オウG	結オウA	結オウG	人レベK	人レベE	直ステL	直ステF
14	結オウA	結オウG	人レベK	結オウG	結オウA	結オウG	結オウA	人レベE	直ステL	直ステF	直ステL	直ステF
15	結オウA	人レベE	結オウA	結オウG	結オウA	人レベE	人レベK	直ステF	直ステL	直ステF	人レベK	人レベE
16	人レベK	直ステF	結オウA	人レベE	人レベK	直ステF	直ステL	直ステF	人レベK	人レベE	結オウA	結オウG
17	直ステL	直ステF	人レベK	直ステF	直ステL	直ステF	直ステL	人レベE	結オウA	結オウG	直パワJ	直パワD
18	直ステL	人レベE	直ステL	直ステF	直ステL	人レベE	人レベK	結オウG	直パワJ	直パワD	人セフB	人セフH
19	人レベK	結オウG	直ステL	人レベE	人レベK	結オウG	結オウA	直パワD	人セフB	人セフH	結ドリI	結ドリC
20	結オウA	直パワD	人レベK	結オウG	結オウA	直パワD	直パワJ	人セフH	結ドリI	結ドリC	結ドリC	結ドリI
21	直パワJ	人セフH	結オウA	直パワD	直パワJ	人セフH	人セフB	結ドリC	結ドリC	結ドリI	人レベK	人レベE
22	人セフB	結ドリC	直パワJ	人セフH	人セフB	結ドリC	結ドリI	結ドリI	人レベK	人レベE	結オウA	結オウG
23	結ドリI	結ドリI	人セフB	結ドリC	結ドリI	結ドリI	結ドリC	人レベE	結オウA	結オウG	直パワJ	直パワD
24	結ドリC	人レベE	結ドリI	結ドリI	結ドリC	人レベE	人レベK	結オウG	直パワJ	直パワD	人セフB	人セフH
25	人レベK	結オウG	結ドリC	人レベE	人レベK	結オウG	結オウA	直パワD	人セフB	人セフH	結ドリI	結ドリC
26	結オウA	直パワD	人レベK	結オウG	結オウA	直パワD	直パワJ	人セフH	結ドリI	結ドリC	結ドリC	結ドリI
27	直パワJ	人セフH	結オウA	直パワD	直パワJ	人セフH	人セフB	結ドリC	結ドリC	結ドリI	人セフH	人セフB
28	人セフB	結ドリC	直パワJ	人セフH	人セフB	結ドリC	結ドリI	結ドリI	人セフH	人セフB	直パワD	直パワJ
29	結ドリI		人セフB	結ドリC	結ドリI	結ドリI	結ドリC	人セフB	直パワD	直パワJ	結オウG	結オウA
30	結ドリC		結ドリI	結ドリI	結ドリC	人セフB	人セフH	直パワJ	結オウG	結オウA	人レベE	人レベK
31	人セフH		結ドリC		人セフH		直パワD	結オウA		人レベK		結ドリC

2004年　【平成16年】

	1月	2月	3月	4月	5月	6月	7月	8月	9月	10月	11月	12月
1	結ドリI	人セフH	結ドリI	人セフH	人セフB	直パワD	直パワJ	結オウG	人レベK	人レベE	直ステL	直ステF
2	人セフB	直パワD	人セフB	直パワD	直パワJ	結オウG	結オウA	人レベE	直ステL	直ステF	直ステL	直ステF
3	直パワJ	結オウG	直パワJ	結オウG	結オウA	人レベE	人レベK	直ステF	直ステL	直ステF	人レベK	人レベE
4	結オウA	人レベE	結オウA	人レベE	人レベK	直ステF	直ステL	直ステF	人レベK	人レベE	結オウA	結オウG
5	人レベK	直ステF	人レベK	直ステF	直ステL	直ステF	直ステL	人レベE	結オウA	結オウG	結オウA	結オウG
6	直ステL	直ステF	直ステL	直ステF	直ステL	人レベE	人レベK	結オウG	結オウA	結オウG	人レベK	人レベE
7	直ステL	人レベE	直ステL	人レベE	人レベK	結オウG	結オウA	結オウG	人レベK	人レベE	直ステL	直ステF
8	人レベK	結オウG	人レベK	結オウG	結オウA	結オウG	結オウA	人レベE	直ステL	直ステF	直ステL	直ステF
9	結オウA	結オウG	結オウA	結オウG	結オウA	人レベE	人レベK	直ステF	直ステL	直ステF	人レベK	人レベE
10	結オウA	人レベE	結オウA	人レベE	人レベK	直ステF	直ステL	直ステF	人レベK	人レベE	結オウA	結オウG
11	人レベK	直ステF	人レベK	直ステF	直ステL	直ステF	直ステL	人レベE	結オウA	結オウG	直パワJ	直パワD
12	直ステL	直ステF	直ステL	直ステF	直ステL	人レベE	人レベK	結オウG	直パワJ	直パワD	人セフB	人セフH
13	直ステL	人レベE	直ステL	人レベE	人レベK	結オウG	結オウA	直パワD	人セフB	人セフH	結ドリI	結ドリC
14	人レベK	結オウG	人レベK	結オウG	結オウA	直パワD	直パワJ	人セフH	結ドリI	結ドリC	結ドリC	結ドリI
15	結オウA	直パワD	結オウA	直パワD	直パワJ	人セフH	人セフB	結ドリC	結ドリC	結ドリI	人レベK	人レベE
16	直パワJ	人セフH	直パワJ	人セフH	人セフB	結ドリC	結ドリI	結ドリI	人レベK	人レベE	結オウA	結オウG
17	人セフB	結ドリC	人セフB	結ドリC	結ドリI	結ドリI	結ドリC	人レベE	結オウA	結オウG	直パワJ	直パワD
18	結ドリI	結ドリI	結ドリI	結ドリI	結ドリC	人レベE	人レベK	結オウG	直パワJ	直パワD	人セフB	人セフH
19	結ドリC	人レベE	結ドリC	人レベE	人レベK	結オウG	結オウA	直パワD	人セフB	人セフH	結ドリI	結ドリC
20	人レベK	結オウG	人レベK	結オウG	結オウA	直パワD	直パワJ	人セフH	結ドリI	結ドリC	結ドリC	結ドリI
21	結オウA	直パワD	結オウA	直パワD	直パワJ	人セフH	人セフB	結ドリC	結ドリC	結ドリI	人セフH	人セフB
22	直パワJ	人セフH	直パワJ	人セフH	人セフB	結ドリC	結ドリI	結ドリI	人セフH	人セフB	直パワD	直パワJ
23	人セフB	結ドリC	人セフB	結ドリC	結ドリI	結ドリI	結ドリC	人セフB	直パワD	直パワJ	結オウG	結オウA
24	結ドリI	結ドリI	結ドリI	結ドリI	結ドリC	人セフB	人セフH	直パワJ	結オウG	結オウA	人レベE	人レベK
25	結ドリC	人セフB	結ドリC	人セフB	人セフH	直パワJ	直パワD	結オウA	人レベE	人レベK	結ドリI	結ドリC
26	人セフH	直パワJ	人セフH	直パワJ	直パワD	結オウA	結オウG	人レベK	結ドリI	結ドリC	結ドリC	結ドリI
27	直パワD	結オウA	直パワD	結オウA	結オウG	人レベK	人レベE	結ドリC	結ドリC	結ドリI	人セフH	人セフB
28	結オウG	人レベK	結オウG	人レベK	人レベE	結ドリC	結ドリI	結ドリI	人セフH	人セフB	直パワD	直パワJ
29	人レベE	結ドリC	人レベE	結ドリC	結ドリI	結ドリI	結ドリC	人セフB	直パワD	直パワJ	結オウG	結オウA
30	結ドリI		結ドリI	結ドリI	結ドリC	人セフB	人セフH	直パワJ	結オウG	結オウA	人レベE	人レベK
31	結ドリC		結ドリC		人セフH		直パワD	結オウA		人レベK		直ステL

2005 年 【平成 17 年】

	1月	2月	3月	4月	5月	6月	7月	8月	9月	10月	11月	12月
1	直ステ L	人レベ E	直ステ L	直ステ F	直ステ L	人レベ E	人レベ K	結オウ G	結オウ A	結オウ G	人レベ K	人レベ E
2	人レベ K	結オウ G	直ステ L	人レベ E	人レベ K	結オウ G	結オウ A	結オウ G	人レベ K	人レベ E	直ステ L	直ステ F
3	結オウ A	結オウ G	人レベ K	結オウ G	結オウ A	結オウ G	結オウ A	人レベ E	直ステ L	直ステ F	直ステ L	直ステ F
4	結オウ A	人レベ E	結オウ A	結オウ G	結オウ A	人レベ E	人レベ K	直ステ F	直ステ L	直ステ F	人レベ K	人レベ E
5	人レベ K	直ステ F	結オウ A	人レベ E	人レベ K	直ステ F	直ステ L	直ステ F	人レベ K	人レベ E	結オウ A	結オウ G
6	直ステ L	直ステ F	人レベ K	直ステ F	直ステ L	直ステ F	直ステ L	人レベ E	結オウ A	結オウ G	直パワ J	直パワ D
7	直ステ L	人レベ E	直ステ L	直ステ F	直ステ L	人レベ E	人レベ K	結オウ G	直パワ J	直パワ D	人セフ B	人セフ H
8	人レベ K	結オウ G	直ステ L	人レベ E	人レベ K	結オウ G	結オウ A	直パワ D	人セフ B	人セフ H	結ドリ I	結ドリ C
9	結オウ A	直パワ D	人レベ K	結オウ G	結オウ A	直パワ D	直パワ J	人セフ H	結ドリ I	結ドリ C	結ドリ C	結ドリ I
10	直パワ J	人セフ H	結オウ A	直パワ D	直パワ J	人セフ H	人セフ B	結ドリ C	結ドリ C	結ドリ I	人レベ K	人レベ E
11	人セフ B	結ドリ C	直パワ J	人セフ H	人セフ B	結ドリ C	結ドリ I	結ドリ I	人レベ K	人レベ E	結オウ A	結オウ G
12	結ドリ I	結ドリ I	人セフ B	結ドリ C	結ドリ I	結ドリ I	結ドリ C	人レベ E	結オウ A	結オウ G	直パワ J	直パワ D
13	結ドリ C	人レベ E	結ドリ I	結ドリ I	結ドリ C	人レベ E	人レベ K	結オウ G	直パワ J	直パワ D	人セフ B	人セフ H
14	人レベ K	結オウ G	結ドリ C	人レベ E	人レベ K	結オウ G	結オウ A	直パワ D	人セフ B	人セフ H	結ドリ I	結ドリ C
15	結オウ A	直パワ D	人レベ K	結オウ G	結オウ A	直パワ D	直パワ J	人セフ H	結ドリ I	結ドリ C	結ドリ C	結ドリ I
16	直パワ J	人セフ H	結オウ A	直パワ D	直パワ J	人セフ H	人セフ B	結ドリ C	結ドリ C	結ドリ I	人セフ H	人セフ B
17	人セフ B	結ドリ C	直パワ J	人セフ H	人セフ B	結ドリ C	結ドリ I	結ドリ I	人セフ H	人セフ B	直パワ D	直パワ J
18	結ドリ I	結ドリ I	人セフ B	結ドリ C	結ドリ I	結ドリ I	結ドリ C	人セフ B	直パワ D	直パワ J	結オウ G	結オウ A
19	結ドリ C	人セフ B	結ドリ I	結ドリ I	結ドリ C	人セフ B	人セフ H	直パワ J	結オウ G	結オウ A	人レベ E	人レベ K
20	人セフ H	直パワ J	結ドリ C	人セフ B	人セフ H	直パワ J	直パワ D	結オウ A	人レベ E	人レベ K	結ドリ I	結ドリ C
21	直パワ D	結オウ A	人セフ H	直パワ J	直パワ D	結オウ A	結オウ G	人レベ K	結ドリ I	結ドリ C	結ドリ C	結ドリ I
22	結オウ G	人レベ K	直パワ D	結オウ A	結オウ G	人レベ K	人レベ E	結ドリ C	結ドリ C	結ドリ I	人セフ H	人セフ B
23	人レベ E	結ドリ C	結オウ G	人レベ K	人レベ E	結ドリ C	結ドリ I	結ドリ I	人セフ H	人セフ B	直パワ D	直パワ J
24	結ドリ I	結ドリ I	人レベ E	結ドリ C	結ドリ I	結ドリ I	結ドリ C	人セフ B	直パワ D	直パワ J	結オウ G	結オウ A
25	結ドリ C	人セフ B	結ドリ I	結ドリ I	結ドリ C	人セフ B	人セフ H	直パワ J	結オウ G	結オウ A	人レベ E	人レベ K
26	人セフ H	直パワ J	結ドリ C	人セフ B	人セフ H	直パワ J	直パワ D	結オウ A	人レベ E	人レベ K	直ステ F	直ステ L
27	直パワ D	結オウ A	人セフ H	直パワ J	直パワ D	結オウ A	結オウ G	人レベ K	直ステ F	直ステ L	直ステ F	直ステ L
28	結オウ G	人レベ K	直パワ D	結オウ A	結オウ G	人レベ K	人レベ E	直ステ L	直ステ F	直ステ L	人レベ E	人レベ K
29	人レベ E		結オウ G	人レベ K	人レベ E	直ステ L	直ステ F	直ステ L	人レベ E	人レベ K	結オウ G	結オウ A
30	直ステ F		人レベ E	直ステ L	直ステ F	直ステ L	直ステ F	人レベ K	結オウ G	結オウ A	結オウ G	結オウ A
31	直ステ F		直ステ F		直ステ F		人レベ E	結オウ A		結オウ A		人レベ K

2006年 【平成18年】

	1月	2月	3月	4月	5月	6月	7月	8月	9月	10月	11月	12月
1	直ステL	直ステF	人レベK	直ステF	直ステL	直ステF	直ステL	人レベE	結オウA	結オウG	直パワJ	直パワD
2	直ステL	人レベE	直ステL	直ステF	直ステL	人レベE	人レベK	結オウG	直パワJ	直パワD	人セフB	人セフH
3	人レベK	結オウG	直ステL	人レベE	人レベK	結オウG	結オウA	直パワD	人セフB	人セフH	結ドリI	結ドリC
4	結オウA	直パワD	人レベK	結オウG	結オウA	直パワD	直パワJ	人セフH	結ドリI	結ドリC	結ドリC	結ドリI
5	直パワJ	人セフH	結オウA	直パワD	直パワJ	人セフH	人セフB	結ドリC	結ドリC	結ドリI	人レベK	人レベE
6	人セフB	結ドリC	直パワJ	人セフH	人セフB	結ドリC	結ドリI	結ドリI	人レベK	人レベE	結オウA	結オウG
7	結ドリI	結ドリI	人セフB	結ドリC	結ドリI	結ドリI	結ドリC	人レベE	結オウA	結オウG	直パワJ	直パワD
8	結ドリC	人レベE	結ドリI	結ドリI	結ドリC	人レベE	人レベK	結オウG	直パワJ	直パワD	人セフB	人セフH
9	人レベK	結オウG	結ドリC	人レベE	人レベK	結オウG	結オウA	直パワD	人セフB	人セフH	結ドリI	結ドリC
10	結オウA	直パワD	人レベK	結オウG	結オウA	直パワD	直パワJ	人セフH	結ドリI	結ドリC	結ドリC	結ドリI
11	直パワJ	人セフH	結オウA	直パワD	直パワJ	人セフH	人セフB	結ドリC	結ドリC	結ドリI	人セフH	人セフB
12	人セフB	結ドリC	直パワJ	人セフH	人セフB	結ドリC	結ドリI	結ドリI	人セフH	人セフB	直パワD	直パワJ
13	結ドリI	結ドリI	人セフB	結ドリC	結ドリI	結ドリI	結ドリC	人セフB	直パワD	直パワJ	結オウG	結オウA
14	結ドリC	人セフB	結ドリI	結ドリI	結ドリC	人セフB	人セフH	直パワJ	結オウG	結オウA	人レベE	人レベK
15	人セフH	直パワJ	結ドリC	人セフB	人セフH	直パワJ	直パワD	結オウA	人レベE	人レベK	結ドリI	結ドリC
16	直パワD	結オウA	人セフH	直パワJ	直パワD	結オウA	結オウG	人レベK	結ドリI	結ドリC	結ドリC	結ドリI
17	結オウG	人レベK	直パワD	結オウA	結オウG	人レベK	人レベE	結ドリC	結ドリC	結ドリI	人セフH	人セフB
18	人レベE	結ドリC	結オウG	人レベK	人レベE	結ドリC	結ドリI	結ドリI	人セフH	人セフB	直パワD	直パワJ
19	結ドリI	結ドリI	人レベE	結ドリC	結ドリI	結ドリI	結ドリC	人セフB	直パワD	直パワJ	結オウG	結オウA
20	結ドリC	人セフB	結ドリI	結ドリI	結ドリC	人セフB	人セフH	直パワJ	結オウG	結オウA	人レベE	人レベK
21	人セフH	直パワJ	結ドリC	人セフB	人セフH	直パワJ	直パワD	結オウA	人レベE	人レベK	直ステF	直ステL
22	直パワD	結オウA	人セフH	直パワJ	直パワD	結オウA	結オウG	人レベK	直ステF	直ステL	直ステF	直ステL
23	結オウG	人レベK	直パワD	結オウA	結オウG	人レベK	人レベE	直ステL	直ステF	直ステL	人レベE	人レベK
24	人レベE	直ステL	結オウG	人レベK	人レベE	直ステL	直ステF	直ステL	人レベE	人レベK	結オウG	結オウA
25	直ステF	直ステL	人レベE	直ステL	直ステF	直ステL	直ステF	人レベK	結オウG	結オウA	結オウG	結オウA
26	直ステF	人レベK	直ステF	直ステL	直ステF	人レベK	人レベE	結オウA	結オウG	結オウA	人レベE	人レベK
27	人レベE	結オウA	直ステF	人レベK	人レベE	結オウA	結オウG	結オウA	人レベE	人レベK	直ステF	直ステL
28	結オウG	結オウA	人レベE	結オウA	結オウG	結オウA	結オウG	人レベK	直ステF	直ステL	直ステF	直ステL
29	結オウG		結オウG	結オウA	結オウG	人レベK	人レベE	直ステL	直ステF	直ステL	人レベE	人レベK
30	人レベE		結オウG	人レベK	人レベE	直ステL	直ステF	直ステL	人レベE	人レベK	結オウG	結オウA
31	直ステF		人レベE		直ステF		直ステF	人レベK		結オウA		直パワJ

2007年 【平成19年】

	1月	2月	3月	4月	5月	6月	7月	8月	9月	10月	11月	12月
1	人セノB	結ドリC	直パワJ	人セフH	人セフB	結ドリC	結ドリI	結ドリI	人レベK	人レベE	結オウA	結オウG
2	結ドリI	結ドリI	人セフB	結ドリC	結ドリI	結ドリI	結ドリC	人レベE	結オウA	結オウG	直パワJ	直パワD
3	結ドリC	人レベE	結ドリI	結ドリI	結ドリC	人レベE	人レベK	結オウG	直パワJ	直パワD	人セフB	人セフH
4	人レベK	結オウG	結ドリC	人レベE	人レベK	結オウG	結オウA	直パワD	人セフB	人セフH	結ドリI	結ドリC
5	結オウA	直パワD	人レベK	結オウG	結オウA	直パワD	直パワJ	人セフH	結ドリI	結ドリC	結ドリC	結ドリI
6	直パワJ	人セフH	結オウA	直パワD	直パワJ	人セフH	人セフB	結ドリC	結ドリC	結ドリI	人セフH	人セフB
7	人セフB	結ドリC	直パワJ	人セフH	人セフB	結ドリC	結ドリI	結ドリI	人セフH	人セフB	直パワD	直パワJ
8	結ドリI	結ドリI	人セフB	結ドリC	結ドリI	結ドリI	結ドリC	人セフB	直パワD	直パワJ	結オウG	結オウA
9	結ドリC	人セフB	結ドリI	結ドリI	結ドリC	人セフB	人セフH	直パワJ	結オウG	結オウA	人レベE	人レベK
10	人セフH	直パワJ	結ドリC	人セフB	人セフH	直パワJ	直パワD	結オウA	人レベE	人レベK	結ドリI	結ドリC
11	直パワD	結オウA	人セフH	直パワJ	直パワD	結オウA	結オウG	人レベK	結ドリI	結ドリC	結ドリC	結ドリI
12	結オウG	人レベK	直パワD	結オウA	結オウG	人レベK	人レベE	結ドリC	結ドリC	結ドリI	人セフH	人セフB
13	人レベE	結ドリC	結オウG	人レベK	人レベE	結ドリC	結ドリI	結ドリI	人セフH	人セフB	直パワD	直パワJ
14	結ドリI	結ドリI	人レベE	結ドリC	結ドリI	結ドリI	結ドリC	人セフB	直パワD	直パワJ	結オウG	結オウA
15	結ドリC	人セフB	結ドリI	結ドリI	結ドリC	人セフB	人セフH	直パワJ	結オウG	結オウA	人レベE	人レベK
16	人セフH	直パワJ	結ドリC	人セフB	人セフH	直パワJ	直パワD	結オウA	人レベE	人レベK	直ステF	直ステL
17	直パワD	結オウA	人セフH	直パワJ	直パワD	結オウA	結オウG	人レベK	直ステF	直ステL	直ステF	直ステL
18	結オウG	人レベK	直パワD	結オウA	結オウG	人レベK	人レベE	直ステL	直ステF	直ステL	人レベE	人レベK
19	人レベE	直ステL	結オウG	人レベK	人レベE	直ステL	直ステF	直ステL	人レベE	人レベK	結オウG	結オウA
20	直ステF	直ステL	人レベE	直ステL	直ステF	直ステL	直ステF	人レベK	結オウG	結オウA	結オウG	結オウA
21	直ステF	人レベK	直ステF	直ステL	直ステF	人レベK	人レベE	結オウA	結オウG	結オウA	人レベE	人レベK
22	人レベE	結オウA	直ステF	人レベK	人レベE	結オウA	結オウG	結オウA	人レベE	人レベK	直ステF	直ステL
23	結オウG	結オウA	人レベE	結オウA	結オウG	結オウA	結オウG	人レベK	直ステF	直ステL	直ステF	直ステL
24	結オウG	人レベK	結オウG	結オウA	結オウG	人レベK	人レベE	直ステL	直ステF	直ステL	人レベE	人レベK
25	人レベE	直ステL	結オウG	人レベK	人レベE	直ステL	直ステF	直ステL	人レベE	人レベK	結オウG	結オウA
26	直ステF	直ステL	人レベE	直ステL	直ステF	直ステL	直ステF	人レベK	結オウG	結オウA	直パワD	直パワJ
27	直ステF	人レベK	直ステF	直ステL	直ステF	人レベK	人レベE	結オウA	直パワD	直パワJ	人セフH	人セフB
28	人レベE	結オウA	直ステF	人レベK	人レベE	結オウA	結オウG	直パワJ	人セフH	人セフB	結ドリC	結ドリI
29	結オウG		人レベE	結オウA	結オウG	直パワJ	直パワD	人セフB	結ドリC	結ドリI	結ドリI	結ドリC
30	直パワD		結オウG	直パワJ	直パワD	人セフB	人セフH	結ドリI	結ドリI	結ドリC	人レベE	人レベK
31	人セフH		直パワD		人セフH		結ドリC	結ドリC		人レベK		結オウA

2008年 【平成20年】

	1月	2月	3月	4月	5月	6月	7月	8月	9月	10月	11月	12月
1	直パワJ	人セフH	直パワJ	人セフH	人セフB	結ドリC	結ドリI	結ドリI	人セフH	人セフB	直パワD	直パワJ
2	人セフB	結ドリC	人セフB	結ドリC	結ドリI	結ドリI	結ドリC	人セフB	直パワD	直パワJ	結オウG	結オウA
3	結ドリI	結ドリI	結ドリI	結ドリI	結ドリC	人セフB	人セフH	直パワJ	結オウG	結オウA	人レベE	人レベK
4	結ドリC	人セフB	結ドリC	人セフB	人セフH	直パワJ	直パワD	結オウA	人レベE	人レベK	結ドリI	結ドリC
5	人セフH	直パワJ	人セフH	直パワJ	直パワD	結オウA	結オウG	人レベK	結ドリI	結ドリC	結ドリC	結ドリI
6	直パワD	結オウA	直パワD	結オウA	結オウG	人レベK	人レベE	結ドリC	結ドリC	結ドリI	人セフH	人セフB
7	結オウG	人レベK	結オウG	人レベK	人レベE	結ドリC	結ドリI	結ドリI	人セフH	人セフB	直パワD	直パワJ
8	人レベE	結ドリC	人レベE	結ドリC	結ドリI	結ドリI	結ドリC	人セフB	直パワD	直パワJ	結オウG	結オウA
9	結ドリI	結ドリI	結ドリI	結ドリI	結ドリC	人セフB	人セフH	直パワJ	結オウG	結オウA	人レベE	人レベK
10	結ドリC	人セフB	結ドリC	人セフB	人セフH	直パワJ	直パワD	結オウA	人レベE	人レベK	直ステF	直ステL
11	人セフH	直パワJ	人セフH	直パワJ	直パワD	結オウA	結オウG	人レベK	直ステF	直ステL	直ステF	直ステL
12	直パワD	結オウA	直パワD	結オウA	結オウG	人レベK	人レベE	直ステL	直ステF	直ステL	人レベE	人レベK
13	結オウG	人レベK	結オウG	人レベK	人レベE	直ステL	直ステF	直ステL	人レベE	人レベK	結オウG	結オウA
14	人レベE	直ステL	人レベE	直ステL	直ステF	直ステL	直ステF	人レベK	結オウG	結オウA	結オウG	結オウA
15	直ステF	直ステL	直ステF	直ステL	直ステF	人レベK	人レベE	結オウA	結オウG	結オウA	人レベE	人レベK
16	直ステF	人レベK	直ステF	人レベK	人レベE	結オウA	結オウG	結オウA	人レベE	人レベK	直ステF	直ステL
17	人レベE	結オウA	人レベE	結オウA	結オウG	結オウA	結オウG	人レベK	直ステF	直ステL	直ステF	直ステL
18	結オウG	結オウA	結オウG	結オウA	結オウG	人レベK	人レベE	直ステL	直ステF	直ステL	人レベE	人レベK
19	結オウG	人レベK	結オウG	人レベK	人レベE	直ステL	直ステF	直ステL	人レベE	人レベK	結オウG	結オウA
20	人レベE	直ステL	人レベE	直ステL	直ステF	直ステL	直ステF	人レベK	結オウG	結オウA	直パワD	直パワJ
21	直ステF	直ステL	直ステF	直ステL	直ステF	人レベK	人レベE	結オウA	直パワD	直パワJ	人セフH	人セフB
22	直ステF	人レベK	直ステF	人レベK	人レベE	結オウA	結オウG	直パワJ	人セフH	人セフB	結ドリC	結ドリI
23	人レベE	結オウA	人レベE	結オウA	結オウG	直パワJ	直パワD	人セノB	結ドリC	結ドリI	結ドリI	結ドリC
24	結オウG	直パワJ	結オウG	直パワJ	直パワD	人セフB	人セフH	結ドリI	結ドリI	結ドリC	人レベE	人レベK
25	直パワD	人セフB	直パワD	人セフB	人セフH	結ドリI	結ドリC	結ドリC	人レベE	人レベK	結オウG	結オウA
26	人セフH	結ドリI	人セフH	結ドリI	結ドリC	結ドリC	結ドリI	人レベK	結オウG	結オウA	直パワD	直パワJ
27	結ドリC	結ドリC	結ドリC	結ドリC	結ドリI	人レベK	人レベE	結オウA	直パワD	直パワJ	人セフH	人セフB
28	結ドリI	人レベK	結ドリI	人レベK	人レベE	結オウA	結オウG	直パワJ	人セフH	人セフB	結ドリC	結ドリI
29	人レベE	結オウA	人レベE	結オウA	結オウG	直パワJ	直パワD	人セフB	結ドリC	結ドリI	結ドリI	結ドリC
30	結オウG		結オウG	直パワJ	直パワD	人セフB	人セフH	結ドリI	結ドリI	結ドリC	人セフB	人セフH
31	直パワD		直パワD		人セフH		結ドリC	結ドリC		人セフH		直パワD

2009年 【平成21年】

	1月	2月	3月	4月	5月	6月	7月	8月	9月	10月	11月	12月
1	結オウG	人レベK	直パワD	結オウA	結オウG	人レベK	人レベE	結ドリC	結ドリC	結ドリI	人セフH	人セフB
2	人レベE	結ドリC	結オウG	人レベK	人レベE	結ドリC	結ドリI	結ドリI	人セフH	人セフB	直パワD	直パワJ
3	結ドリI	結ドリI	人レベE	結ドリC	結ドリI	結ドリI	結ドリC	人セフB	直パワD	直パワJ	結オウG	結オウA
4	結ドリC	人セフB	結ドリI	結ドリI	結ドリC	人セフB	人セフH	直パワJ	結オウG	結オウA	人レベE	人レベK
5	人セフH	直パワJ	結ドリC	人セフB	人セフH	直パワJ	直パワD	結オウA	人レベE	人レベK	直ステF	直ステL
6	直パワD	結オウA	人セフH	直パワJ	直パワD	結オウA	結オウG	人レベK	直ステF	直ステL	直ステF	直ステL
7	結オウG	人レベK	直パワD	結オウA	結オウG	人レベK	人レベE	直ステL	直ステF	直ステL	人レベE	人レベK
8	人レベE	直ステL	結オウG	人レベK	人レベE	直ステL	直ステF	直ステL	人レベE	人レベK	結オウG	結オウA
9	直ステF	直ステL	人レベE	直ステL	直ステF	直ステL	直ステF	人レベK	結オウG	結オウA	結オウG	結オウA
10	直ステF	人レベK	直ステF	直ステL	直ステF	人レベK	人レベE	結オウA	結オウG	結オウA	人レベE	人レベK
11	人レベE	結オウA	直ステF	人レベK	人レベE	結オウA	結オウG	結オウA	人レベE	人レベK	直ステF	直ステL
12	結オウG	結オウA	人レベE	結オウA	結オウG	結オウA	結オウG	人レベK	直ステF	直ステL	直ステF	直ステL
13	結オウG	人レベK	結オウG	結オウA	結オウG	人レベK	人レベE	直ステL	直ステF	直ステL	人レベE	人レベK
14	人レベE	直ステL	結オウG	人レベK	人レベE	直ステL	直ステF	直ステL	人レベE	人レベK	結オウG	結オウA
15	直ステF	直ステL	人レベE	直ステL	直ステF	直ステL	直ステF	人レベK	結オウG	結オウA	直パワD	直パワJ
16	直ステF	人レベK	直ステF	直ステL	直ステF	人レベK	人レベE	結オウA	直パワD	直パワJ	人セフH	人セフB
17	人レベE	結オウA	直ステF	人レベK	人レベE	結オウA	結オウG	直パワJ	人セフH	人セフB	結ドリC	結ドリI
18	結オウG	直パワJ	人レベE	結オウA	結オウG	直パワJ	直パワD	人セフB	結ドリC	結ドリI	結ドリI	結ドリC
19	直パワD	人セフB	結オウG	直パワJ	直パワD	人セフB	人セフH	結ドリI	結ドリI	結ドリC	人レベE	人レベK
20	人セフH	結ドリI	直パワD	人セフB	人セフH	結ドリI	結ドリC	結ドリC	人レベE	人レベK	結オウG	結オウA
21	結ドリC	結ドリC	人セフH	結ドリI	結ドリC	結ドリC	結ドリI	人レベK	結オウG	結オウA	直パワD	直パワJ
22	結ドリI	人レベK	結ドリC	結ドリC	結ドリI	人レベK	人レベE	結オウA	直パワD	直パワJ	人セフH	人セフB
23	人レベE	結オウA	結ドリI	人レベK	人レベE	結オウA	結オウG	直パワJ	人セフH	人セフB	結ドリC	結ドリI
24	結オウG	直パワJ	人レベE	結オウA	結オウG	直パワJ	直パワD	人セフB	結ドリC	結ドリI	結ドリI	結ドリC
25	直パワD	人セフB	結オウG	直パワJ	直パワD	人セフB	人セフH	結ドリI	結ドリI	結ドリC	人セフB	人セフH
26	人セフH	結ドリI	直パワD	人セフB	人セフH	結ドリI	結ドリC	結ドリC	人セフB	人セフH	直パワJ	直パワD
27	結ドリC	結ドリC	人セフH	結ドリI	結ドリC	結ドリC	結ドリI	人セフH	直パワJ	直パワD	結オウA	結オウG
28	結ドリI	人セフH	結ドリC	結ドリC	結ドリI	人セフH	人セフB	直パワD	結オウA	結オウG	人レベK	人レベE
29	人セフB		結ドリI	人セフH	人セフB	直パワD	直パワJ	結オウG	人レベK	人レベE	結ドリC	結ドリI
30	直パワJ		人セフB	直パワD	直パワJ	結オウG	結オウA	人レベE	結ドリC	結ドリI	結ドリI	結ドリC
31	結オウA		直パワJ		結オウA		人レベK	結ドリI		結ドリC		人セフH

2010年 【平成22年】

	1月	2月	3月	4月	5月	6月	7月	8月	9月	10月	11月	12月
1	直パワD	結オウA	人セフH	直パワJ	直パワD	結オウA	結オウG	人レベK	直ステF	直ステL	直ステF	直ステL
2	結オウG	人レベK	直パワD	結オウA	結オウG	人レベK	人レベE	直ステL	直ステF	直ステL	人レベE	人レベK
3	人レベE	直ステL	結オウG	人レベK	人レベE	直ステL	直ステF	直ステL	人レベE	人レベK	結オウG	結オウA
4	直ステF	直ステL	人レベE	直ステL	直ステF	直ステL	直ステF	人レベK	結オウG	結オウA	結オウG	結オウA
5	直ステF	人レベK	直ステF	直ステL	直ステF	人レベK	人レベE	結オウA	結オウG	結オウA	人レベE	人レベK
6	人レベE	結オウA	直ステF	人レベK	人レベE	結オウA	結オウG	結オウA	人レベE	人レベK	直ステF	直ステL
7	結オウG	結オウA	人レベE	結オウA	結オウG	結オウA	結オウG	人レベK	直ステF	直ステL	直ステF	直ステL
8	結オウG	人レベK	結オウG	結オウA	結オウG	人レベK	人レベE	直ステL	直ステF	直ステL	人レベE	人レベK
9	人レベE	直ステL	結オウG	人レベK	人レベE	直ステL	直ステF	直ステL	人レベE	人レベK	結オウG	結オウA
10	直ステF	直ステL	人レベE	直ステL	直ステF	直ステL	直ステF	人レベK	結オウG	結オウA	直パワD	直パワJ
11	直ステF	人レベK	直ステF	直ステL	直ステF	人レベK	人レベE	結オウA	直パワD	直パワJ	人セフH	人セフB
12	人レベE	結オウA	直ステF	人レベK	人レベE	結オウA	結オウG	直パワJ	人セフH	人セフB	結ドリC	結ドリI
13	結オウG	直パワJ	人レベE	結オウA	結オウG	直パワJ	直パワD	人セフB	結ドリC	結ドリI	結ドリI	結ドリC
14	直パワD	人セフB	結オウG	直パワJ	直パワD	人セフB	人セフH	結ドリI	結ドリI	結ドリC	人レベE	人レベK
15	人セフH	結ドリI	直パワD	人セフB	人セフH	結ドリI	結ドリC	結ドリC	人レベE	人レベK	結オウG	結オウA
16	結ドリC	結ドリC	人セフH	結ドリI	結ドリC	結ドリC	結ドリI	人レベK	結オウG	結オウA	直パワD	直パワJ
17	結ドリI	人レベK	結ドリC	結ドリC	結ドリI	人レベK	人レベE	結オウA	直パワD	直パワJ	人セフH	人セフB
18	人レベE	結オウA	結ドリI	人レベK	人レベE	結オウA	結オウG	直パワJ	人セフH	人セフB	結ドリC	結ドリI
19	結オウG	直パワJ	人レベE	結オウA	結オウG	直パワJ	直パワD	人セフB	結ドリC	結ドリI	結ドリI	結ドリC
20	直パワD	人セフB	結オウG	直パワJ	直パワD	人セフB	人セフH	結ドリI	結ドリI	結ドリC	人セフB	人セフH
21	人セフH	結ドリI	直パワD	人セフB	人セフH	結ドリI	結ドリC	結ドリC	人セフB	人セフH	直パワJ	直パワD
22	結ドリC	結ドリC	人セフH	結ドリI	結ドリC	結ドリC	結ドリI	人セフH	直パワJ	直パワD	結オウA	結オウG
23	結ドリI	人セフH	結ドリC	結ドリC	結ドリI	人セフH	人セフB	直パワD	結オウA	結オウG	人レベK	人レベE
24	人セフB	直パワD	結ドリI	人セフH	人セフB	直パワD	直パワJ	結オウG	人レベK	人レベE	結ドリC	結ドリI
25	直パワJ	結オウG	人セフB	直パワD	直パワJ	結オウG	結オウA	人レベE	結ドリC	結ドリI	結ドリI	結ドリC
26	結オウA	人レベE	直パワJ	結オウG	結オウA	人レベE	人レベK	結ドリI	結ドリI	結ドリC	人セフB	人セフH
27	人レベK	結ドリI	結オウA	人レベE	人レベK	結ドリI	結ドリC	結ドリC	人セフB	人セフH	直パワJ	直パワD
28	結ドリC	結ドリC	人レベK	結ドリI	結ドリC	結ドリC	結ドリI	人セフH	直パワJ	直パワD	結オウA	結オウG
29	結ドリI		結ドリC	結ドリC	結ドリI	人セフH	人セフB	直パワD	結オウA	結オウG	人レベK	人レベE
30	人セフB		結ドリI	人セフH	人セフB	直パワD	直パワJ	結オウG	人レベK	人レベE	直ステL	直ステF
31	直パワJ		人セフB		直パワJ		結オウA	人レベE		直ステF		直ステF

2011年 【平成23年】

	1月	2月	3月	4月	5月	6月	7月	8月	9月	10月	11月	12月
1	人レベE	結オウA	直ステF	人レベK	人レベE	結オウA	結オウG	結オウA	人レベE	人レベK	直ステF	直ステL
2	結オウG	結オウA	人レベE	結オウA	結オウG	結オウA	結オウG	人レベK	直ステF	直ステL	直ステF	直ステL
3	結オウG	人レベK	結オウG	結オウA	結オウG	人レベK	人レベE	直ステL	直ステF	直ステL	人レベE	人レベK
4	人レベE	直ステL	結オウG	人レベK	人レベE	直ステL	直ステF	直ステL	人レベE	人レベK	結オウG	結オウA
5	直ステF	直ステL	人レベE	直ステL	直ステF	直ステL	直ステF	人レベK	結オウG	結オウA	直パワD	直パワJ
6	直ステF	人レベK	直ステF	直ステL	直ステF	人レベK	人レベE	結オウA	直パワD	直パワJ	人セフH	人セフB
7	人レベE	結オウA	直ステF	人レベK	人レベE	結オウA	結オウG	直パワJ	人セフH	人セフB	結ドリC	結ドリI
8	結オウG	直パワJ	人レベE	結オウA	結オウG	直パワJ	直パワD	人セフB	結ドリC	結ドリI	結ドリI	結ドリC
9	直パワD	人セフB	結オウG	直パワJ	直パワD	人セフB	人セフH	結ドリI	結ドリI	結ドリC	人レベE	人レベK
10	人セフH	結ドリI	直パワD	人セフB	人セフH	結ドリI	結ドリC	結ドリC	人レベE	人レベK	結オウG	結オウA
11	結ドリC	結ドリC	人セフH	結ドリI	結ドリC	結ドリC	結ドリI	人レベK	結オウG	結オウA	直パワD	直パワJ
12	結ドリI	人レベK	結ドリC	結ドリC	結ドリI	人レベK	人レベE	結オウA	直パワD	直パワJ	人セフH	人セフB
13	人レベE	結オウA	結ドリI	人レベK	人レベE	結オウA	結オウG	直パワJ	人セフH	人セフB	結ドリC	結ドリI
14	結オウG	直パワJ	人レベE	結オウA	結オウG	直パワJ	直パワD	人セフB	結ドリC	結ドリI	結ドリI	結ドリC
15	直パワD	人セフB	結オウG	直パワJ	直パワD	人セフB	人セフH	結ドリI	結ドリI	結ドリC	人セフB	人セフH
16	人セフH	結ドリI	直パワD	人セフB	人セフH	結ドリI	結ドリC	結ドリC	人セフB	人セフH	直パワJ	直パワD
17	結ドリC	結ドリC	人セフH	結ドリI	結ドリC	結ドリC	結ドリI	人セフH	直パワJ	直パワD	結オウA	結オウG
18	結ドリI	人セフH	結ドリC	結ドリC	結ドリI	人セフH	人セフB	直パワD	結オウA	結オウG	人レベK	人レベE
19	人セフB	直パワD	結ドリI	人セフH	人セフB	直パワD	直パワJ	結オウG	人レベK	人レベE	結ドリC	結ドリI
20	直パワJ	結オウG	人セフB	直パワD	直パワJ	結オウG	結オウA	人レベE	結ドリC	結ドリI	結ドリI	結ドリC
21	結オウA	人レベE	直パワJ	結オウG	結オウA	人レベE	人レベK	結ドリI	結ドリI	結ドリC	人セフB	人セフH
22	人レベK	結ドリI	結オウA	人レベE	人レベK	結ドリI	結ドリC	結ドリC	人セフB	人セフH	直パワJ	直パワD
23	結ドリC	結ドリC	人レベK	結ドリI	結ドリC	結ドリC	結ドリI	人セフH	直パワJ	直パワD	結オウA	結オウG
24	結ドリI	人セフH	結ドリC	結ドリC	結ドリI	人セフH	人セフB	直パワD	結オウA	結オウG	人レベK	人レベE
25	人セフB	直パワD	結ドリI	人セフH	人セフB	直パワD	直パワJ	結オウG	人レベK	人レベE	直ステL	直ステF
26	直パワJ	結オウG	人セフB	直パワD	直パワJ	結オウG	結オウA	人レベE	直ステL	直ステF	直ステL	直ステF
27	結オウA	人レベE	直パワJ	結オウG	結オウA	人レベE	人レベK	直ステF	直ステL	直ステF	人レベK	人レベE
28	人レベK	直ステF	結オウA	人レベE	人レベK	直ステF	直ステL	直ステF	人レベK	人レベE	結オウA	結オウG
29	直ステL		人レベK	直ステF	直ステL	直ステF	直ステL	人レベE	結オウA	結オウG	結オウA	結オウG
30	直ステL		直ステL	直ステF	直ステL	人レベE	人レベK	結オウG	結オウA	結オウG	人レベK	人レベE
31	人レベK		直ステL		人レベK		結オウA	結オウG		人レベE		直ステF

2012年 【平成24年】

	1月	2月	3月	4月	5月	6月	7月	8月	9月	10月	11月	12月
1	直ステF	人レベK	直ステF	人レベK	人レベE	結オウA	結オウG	直パワJ	人セフH	人セフB	結ドリC	結ドリI
2	人レベE	結オウA	人レベE	結オウA	結オウG	直パワJ	直パワD	人セフB	結ドリC	結ドリI	結ドリI	結ドリC
3	結オウG	直パワJ	結オウG	直パワJ	直パワD	人セフB	人セフH	結ドリI	結ドリI	結ドリC	人レベE	人レベK
4	直パワD	人セフB	直パワD	人セフB	人セフH	結ドリI	結ドリC	結ドリC	人レベE	人レベK	結オウG	結オウA
5	人セフH	結ドリI	人セフH	結ドリI	結ドリC	結ドリC	結ドリI	人レベK	結オウG	結オウA	直パワD	直パワJ
6	結ドリC	結ドリC	結ドリC	結ドリC	結ドリI	人レベK	人レベE	結オウA	直パワD	直パワJ	人セフH	人セフB
7	結ドリI	人レベK	結ドリI	人レベK	人レベE	結オウA	結オウG	直パワJ	人セフH	人セフB	結ドリC	結ドリI
8	人レベE	結オウA	人レベE	結オウA	結オウG	直パワJ	直パワD	人セフB	結ドリC	結ドリI	結ドリI	結ドリC
9	結オウG	直パワJ	結オウG	直パワJ	直パワD	人セフB	人セフH	結ドリI	結ドリI	結ドリC	人セフB	人セフH
10	直パワD	人セフB	直パワD	人セフB	人セフH	結ドリI	結ドリC	結ドリC	人セフB	人セフH	直パワJ	直パワD
11	人セフH	結ドリI	人セフH	結ドリI	結ドリC	結ドリC	結ドリI	人セフH	直パワJ	直パワD	結オウA	結オウG
12	結ドリC	結ドリC	結ドリC	結ドリC	結ドリI	人セフH	人セフB	直パワD	結オウA	結オウG	人レベK	人レベE
13	結ドリI	人セフH	結ドリI	人セフH	人セフB	直パワD	直パワJ	結オウG	人レベK	人レベE	結ドリC	結ドリI
14	人セフB	直パワD	人セフB	直パワD	直パワJ	結オウG	結オウA	人レベE	結ドリC	結ドリI	結ドリI	結ドリC
15	直パワJ	結オウG	直パワJ	結オウG	結オウA	人レベE	人レベK	結ドリI	結ドリI	結ドリC	人セフB	人セフH
16	結オウA	人レベE	結オウA	人レベE	人レベK	結ドリI	結ドリC	結ドリC	人セフB	人セフH	直パワJ	直パワD
17	人レベK	結ドリI	人レベK	結ドリI	結ドリC	結ドリC	結ドリI	人セフH	直パワJ	直パワD	結オウA	結オウG
18	結ドリC	結ドリC	結ドリC	結ドリC	結ドリI	人セフH	人セフB	直パワD	結オウA	結オウG	人レベK	人レベE
19	結ドリI	人セフH	結ドリI	人セフH	人セフB	直パワD	直パワJ	結オウG	人レベK	人レベE	直ステL	直ステF
20	人セフB	直パワD	人セフB	直パワD	直パワJ	結オウG	結オウA	人レベE	直ステL	直ステF	直ステL	直ステF
21	直パワJ	結オウG	直パワJ	結オウG	結オウA	人レベE	人レベK	直ステF	直ステL	直ステF	人レベK	人レベE
22	結オウA	人レベE	結オウA	人レベE	人レベK	直ステF	直ステL	直ステF	人レベK	人レベE	結オウA	結オウG
23	人レベK	直ステF	人レベK	直ステF	直ステL	直ステF	直ステL	人レベE	結オウA	結オウG	結オウA	結オウG
24	直ステL	直ステF	直ステL	直ステF	直ステL	人レベE	人レベK	結オウG	結オウA	結オウG	人レベK	人レベE
25	直ステL	人レベE	直ステL	人レベE	人レベK	結オウG	結オウA	結オウG	人レベK	人レベE	直ステL	直ステF
26	人レベK	結オウG	人レベK	結オウG	結オウA	結オウG	結オウA	人レベE	直ステL	直ステF	直ステL	直ステF
27	結オウA	結オウG	結オウA	結オウG	結オウA	人レベE	人レベK	直ステF	直ステL	直ステF	人レベK	人レベE
28	結オウA	人レベE	結オウA	人レベE	人レベK	直ステF	直ステL	直ステF	人レベK	人レベE	結オウA	結オウG
29	人レベK	直ステF	人レベK	直ステF	直ステL	直ステF	直ステL	人レベE	結オウA	結オウG	直パワJ	直パワD
30	直ステL		直ステL	直ステF	直ステL	人レベE	人レベK	結オウG	直パワJ	直パワD	人セフB	人セフH
31	直ステL		直ステL		人レベK		結オウA	直パワD		人セフH		結ドリC

2013年 【平成25年】

	1月	2月	3月	4月	5月	6月	7月	8月	9月	10月	11月	12月
1	結ドリI	人レベK	結ドリC	結ドリC	結ドリI	人レベK	人レベE	結オウA	直パワD	直パワJ	人セフH	人セフB
2	人レベE	結オウA	結ドリI	人レベK	人レベE	結オウA	結オウG	直パワJ	人セフH	人セフB	結ドリC	結ドリI
3	結オウG	直パワJ	人レベE	結オウA	結オウG	直パワJ	直パワD	人セフB	結ドリC	結ドリI	結ドリI	結ドリC
4	直パワD	人セフB	結オウG	直パワJ	直パワD	人セフB	人セフH	結ドリI	結ドリI	結ドリC	人セフB	人セフH
5	人セフH	結ドリI	直パワD	人セフB	人セフH	結ドリI	結ドリC	結ドリC	人セフB	人セフH	直パワJ	直パワD
6	結ドリC	結ドリC	人セフH	結ドリI	結ドリC	結ドリC	結ドリI	人セフH	直パワJ	直パワD	結オウA	結オウG
7	結ドリI	人セフH	結ドリC	結ドリC	結ドリI	人セフH	人セフB	直パワD	結オウA	結オウG	人レベK	人レベE
8	人セフB	直パワD	結ドリI	人セフH	人セフB	直パワD	直パワJ	結オウG	人レベK	人レベE	結ドリC	結ドリI
9	直パワJ	結オウG	人セフB	直パワD	直パワJ	結オウG	結オウA	人レベE	結ドリC	結ドリI	結ドリI	結ドリC
10	結オウA	人レベE	直パワJ	結オウG	結オウA	人レベE	人レベK	結ドリI	結ドリI	結ドリC	人セフB	人セフH
11	人レベK	結ドリI	結オウA	人レベE	人レベK	結ドリI	結ドリC	結ドリC	人セフB	人セフH	直パワJ	直パワD
12	結ドリC	結ドリC	人レベK	結ドリI	結ドリC	結ドリC	結ドリI	人セフH	直パワJ	直パワD	結オウA	結オウG
13	結ドリI	人セフH	結ドリC	結ドリC	結ドリI	人セフH	人セフB	直パワD	結オウA	結オウG	人レベK	人レベE
14	人セフB	直パワD	結ドリI	人セフH	人セフB	直パワD	直パワJ	結オウG	人レベK	人レベE	直ステL	直ステF
15	直パワJ	結オウG	人セフB	直パワD	直パワJ	結オウG	結オウA	人レベE	直ステL	直ステF	直ステL	直ステF
16	結オウA	人レベE	直パワJ	結オウG	結オウA	人レベE	人レベK	直ステF	直ステL	直ステF	人レベK	人レベE
17	人レベK	直ステF	結オウA	人レベE	人レベK	直ステF	直ステL	直ステF	人レベK	人レベE	結オウA	結オウG
18	直ステL	直ステF	人レベK	直ステF	直ステL	直ステF	直ステL	人レベE	結オウA	結オウG	結オウA	結オウG
19	直ステL	人レベE	直ステL	直ステF	直ステL	人レベE	人レベK	結オウG	結オウA	結オウG	人レベK	人レベE
20	人レベK	結オウG	直ステL	人レベE	人レベK	結オウG	結オウA	結オウG	人レベK	人レベE	直ステL	直ステF
21	結オウA	結オウG	人レベK	結オウG	結オウA	結オウG	結オウA	人レベE	直ステL	直ステF	直ステL	直ステF
22	結オウA	人レベE	結オウA	結オウG	結オウA	人レベE	人レベK	直ステF	直ステL	直ステF	人レベK	人レベE
23	人レベK	直ステF	結オウA	人レベE	人レベK	直ステF	直ステL	直ステF	人レベK	人レベE	結オウA	結オウG
24	直ステL	直ステF	人レベK	直ステF	直ステL	直ステF	直ステL	人レベE	結オウA	結オウG	直パワJ	直パワD
25	直ステL	人レベE	直ステL	直ステF	直ステL	人レベE	人レベK	結オウG	直パワJ	直パワD	人セフB	人セフH
26	人レベK	結オウG	直ステL	人レベE	人レベK	結オウG	結オウA	直パワD	人セフB	人セフH	結ドリI	結ドリC
27	結オウA	直パワD	人レベK	結オウG	結オウA	直パワD	直パワJ	人セフH	結ドリI	結ドリC	結ドリC	結ドリI
28	直パワJ	人セフH	結オウA	直パワD	直パワJ	人セフH	人セフB	結ドリC	結ドリC	結ドリI	人レベK	人レベE
29	人セフB		直パワJ	人セフH	人セフB	結ドリC	結ドリI	結ドリI	人レベK	人レベE	結オウA	結オウG
30	結ドリI		人セフB	結ドリC	結ドリI	結ドリI	結ドリC	人レベE	結オウA	結オウG	直パワJ	直パワD
31	結ドリC		結ドリI		結ドリC		人レベK	結オウG		直パワD		人セフH

2014年 【平成26年】

	1月	2月	3月	4月	5月	6月	7月	8月	9月	10月	11月	12月
1	結ドリC	結ドリC	人セフH	結ドリI	結ドリC	結ドリC	結ドリI	人セフH	直パワJ	直パワD	結オウA	結オウG
2	結ドリI	人セフH	結ドリC	結ドリC	結ドリI	人セフH	人セフB	直パワD	結オウA	結オウG	人レベK	人レベE
3	人セフB	直パワD	結ドリI	人セフH	人セフB	直パワD	直パワJ	結オウG	人レベK	人レベE	結ドリC	結ドリI
4	直パワJ	結オウG	人セフB	直パワD	直パワJ	結オウG	結オウA	人レベE	結ドリC	結ドリI	結ドリI	結ドリC
5	結オウA	人レベE	直パワJ	結オウG	結オウA	人レベE	人レベK	結ドリI	結ドリI	結ドリC	人セフB	人セフH
6	人レベK	結ドリI	結オウA	人レベE	人レベK	結ドリI	結ドリC	結ドリC	人セフB	人セフH	直パワJ	直パワD
7	結ドリC	結ドリC	人レベK	結ドリI	結ドリC	結ドリC	結ドリI	人セフH	直パワJ	直パワD	結オウA	結オウG
8	結ドリI	人セフH	結ドリC	結ドリC	結ドリI	人セフH	人セフB	直パワD	結オウA	結オウG	人レベK	人レベE
9	人セフB	直パワD	結ドリI	人セフH	人セフB	直パワD	直パワJ	結オウG	人レベK	人レベE	直ステL	直ステF
10	直パワJ	結オウG	人セフB	直パワD	直パワJ	結オウG	結オウA	人レベE	直ステL	直ステF	直ステL	直ステF
11	結オウA	人レベE	直パワJ	結オウG	結オウA	人レベE	人レベK	直ステF	直ステL	直ステF	人レベK	人レベE
12	人レベK	直ステF	結オウA	人レベE	人レベK	直ステF	直ステL	直ステF	人レベK	人レベE	結オウA	結オウG
13	直ステL	直ステF	人レベK	直ステF	直ステL	直ステF	直ステL	人レベE	結オウA	結オウG	結オウA	結オウG
14	直ステL	人レベE	直ステL	直ステF	直ステL	人レベE	人レベK	結オウG	結オウA	結オウG	人レベK	人レベE
15	人レベK	結オウG	直ステL	人レベE	人レベK	結オウG	結オウA	結オウG	人レベK	人レベE	直ステL	直ステF
16	結オウA	結オウG	人レベK	結オウG	結オウA	結オウG	結オウA	人レベE	直ステL	直ステF	直ステL	直ステF
17	結オウA	人レベE	結オウA	結オウG	結オウA	人レベE	人レベK	直ステF	直ステL	直ステF	人レベK	人レベE
18	人レベK	直ステF	結オウA	人レベE	人レベK	直ステF	直ステL	直ステF	人レベK	人レベE	結オウA	結オウG
19	直ステL	直ステF	人レベK	直ステF	直ステL	直ステF	直ステL	人レベE	結オウA	結オウG	直パワJ	直パワD
20	直ステL	人レベE	直ステL	直ステF	直ステL	人レベE	人レベK	結オウG	直パワJ	直パワD	人セフB	人セフH
21	人レベK	結オウG	直ステL	人レベE	人レベK	結オウG	結オウA	直パワD	人セフB	人セフH	結ドリI	結ドリC
22	結オウA	直パワD	人レベK	結オウG	結オウA	直パワD	直パワJ	人セフH	結ドリI	結ドリC	結ドリC	結ドリI
23	直パワJ	人セフH	結オウA	直パワD	直パワJ	人セフH	人セフB	結ドリC	結ドリC	結ドリI	人レベK	人レベE
24	人セフB	結ドリC	直パワJ	人セフH	人セフB	結ドリC	結ドリI	結ドリI	人レベK	人レベE	結オウA	結オウG
25	結ドリI	結ドリI	人セフB	結ドリC	結ドリI	結ドリI	結ドリC	人レベE	結オウA	結オウG	直パワJ	直パワD
26	結ドリC	人レベE	結ドリI	結ドリI	結ドリC	人レベE	人レベK	結オウG	直パワJ	直パワD	人セフB	人セフH
27	人レベK	結オウG	結ドリC	人レベE	人レベK	結オウG	結オウA	直パワD	人セフB	人セフH	結ドリI	結ドリC
28	結オウA	直パワD	人レベK	結オウG	結オウA	直パワD	直パワJ	人セフH	結ドリI	結ドリC	結ドリC	結ドリI
29	直パワJ		結オウA	直パワD	直パワJ	人セフH	人セフB	結ドリC	結ドリC	結ドリI	人セフH	人セフB
30	人セフB		直パワJ	人セフH	人セフB	結ドリC	結ドリI	結ドリI	人セフH	人セフB	直パワD	直パワJ
31	結ドリI		人セフB		結ドリI		結ドリC	人セフB		直パワJ		結オウA

2015年 【平成27年】

	1月	2月	3月	4月	5月	6月	7月	8月	9月	10月	11月	12月
1	人レベK	結ドリI	結オウA	人レベE	人レベK	結ドリI	結ドリC	結ドリC	人セフB	人セフH	直パワJ	直パワD
2	結ドリC	結ドリC	人レベK	結ドリI	結ドリC	結ドリC	結ドリI	人セフH	直パワJ	直パワD	結オウA	結オウG
3	結ドリI	人セフH	結ドリC	結ドリC	結ドリI	人セフH	人セフB	直パワD	結オウA	結オウG	人レベK	人レベE
4	人セフB	直パワD	結ドリI	人セフH	人セフB	直パワD	直パワJ	結オウG	人レベK	人レベE	直ステL	直ステF
5	直パワJ	結オウG	人セフB	直パワD	直パワJ	結オウG	結オウA	人レベE	直ステL	直ステF	直ステL	直ステF
6	結オウA	人レベE	直パワJ	結オウG	結オウA	人レベE	人レベK	直ステF	直ステL	直ステF	人レベK	人レベE
7	人レベK	直ステF	結オウA	人レベE	人レベK	直ステF	直ステL	直ステF	人レベK	人レベE	結オウA	結オウG
8	直ステL	直ステF	人レベK	直ステF	直ステL	直ステF	直ステL	人レベE	結オウA	結オウG	結オウA	結オウG
9	直ステL	人レベE	直ステL	直ステF	直ステL	人レベE	人レベK	結オウG	結オウA	結オウG	人レベK	人レベE
10	人レベK	結オウG	直ステL	人レベE	人レベK	結オウG	結オウA	結オウG	人レベK	人レベE	直ステL	直ステF
11	結オウA	結オウG	人レベK	結オウG	結オウA	結オウG	結オウA	人レベE	直ステL	直ステF	直ステL	直ステF
12	結オウA	人レベE	結オウA	結オウG	結オウA	人レベE	人レベK	直ステF	直ステL	直ステF	人レベK	人レベE
13	人レベK	直ステF	結オウA	人レベE	人レベK	直ステF	直ステL	直ステF	人レベK	人レベE	結オウA	結オウG
14	直ステL	直ステF	人レベK	直ステF	直ステL	直ステF	直ステL	人レベE	結オウA	結オウG	直パワJ	直パワD
15	直ステL	人レベE	直ステL	直ステF	直ステL	人レベE	人レベK	結オウG	直パワJ	直パワD	人セフB	人セフH
16	人レベK	結オウG	直ステL	人レベE	人レベK	結オウG	結オウA	直パワD	人セフB	人セフH	結ドリI	結ドリC
17	結オウA	直パワD	人レベK	結オウG	結オウA	直パワD	直パワJ	人セフH	結ドリI	結ドリC	結ドリC	結ドリI
18	直パワJ	人セフH	結オウA	直パワD	直パワJ	人セフH	人セフB	結ドリC	結ドリC	結ドリI	人レベK	人レベE
19	人セフB	結ドリC	直パワJ	人セフH	人セフB	結ドリC	結ドリI	結ドリI	人レベK	人レベE	結オウA	結オウG
20	結ドリI	結ドリI	人セフB	結ドリC	結ドリI	結ドリI	結ドリC	人レベE	結オウA	結オウG	直パワJ	直パワD
21	結ドリC	人レベE	結ドリI	結ドリI	結ドリC	人レベE	人レベK	結オウG	直パワJ	直パワD	人セフB	人セフH
22	人レベK	結オウG	結ドリC	人レベE	人レベK	結オウG	結オウA	直パワD	人セフB	人セフH	結ドリI	結ドリC
23	結オウA	直パワD	人レベK	結オウG	結オウA	直パワD	直パワJ	人セフH	結ドリI	結ドリC	結ドリC	結ドリI
24	直パワJ	人セフH	結オウA	直パワD	直パワJ	人セフH	人セフB	結ドリC	結ドリC	結ドリI	人セフH	人セフB
25	人セフB	結ドリC	直パワJ	人セフH	人セフB	結ドリC	結ドリI	結ドリI	人セフH	人セフB	直パワD	直パワJ
26	結ドリI	結ドリI	人セフB	結ドリC	結ドリI	結ドリI	結ドリC	人セフB	直パワD	直パワJ	結オウG	結オウA
27	結ドリC	人セフB	結ドリI	結ドリI	結ドリC	人セフB	人セフH	直パワJ	結オウG	結オウA	人レベE	人レベK
28	人セフH	直パワJ	結ドリC	人セフB	人セフH	直パワJ	直パワD	結オウA	人レベE	人レベK	結ドリI	結ドリC
29	直パワD		人セフH	直パワJ	直パワD	結オウA	結オウG	人レベK	結ドリI	結ドリC	結ドリC	結ドリI
30	結オウG		直パワD	結オウA	結オウG	人レベK	人レベE	結ドリC	結ドリC	結ドリI	人セフH	人セフB
31	人レベE		結オウG		人レベE		結ドリI	結ドリI		人セフB		直パワJ

2016年　【平成28年】

	1月	2月	3月	4月	5月	6月	7月	8月	9月	10月	11月	12月
1	結オウA	人レベE	結オウA	人レベE	人レベK	直ステF	直ステL	直ステF	人レベK	人レベE	結オウA	結オウG
2	人レベK	直ステF	人レベK	直ステF	直ステL	直ステF	直ステL	人レベE	結オウA	結オウG	結オウA	結オウG
3	直ステL	直ステF	直ステL	直ステF	直ステL	人レベE	人レベK	結オウG	結オウA	結オウG	人レベK	人レベE
4	直ステL	人レベE	直ステL	人レベE	人レベK	結オウG	結オウA	結オウG	人レベK	人レベE	直ステL	直ステF
5	人レベK	結オウG	人レベK	結オウG	結オウA	結オウG	結オウA	人レベE	直ステL	直ステF	直ステL	直ステF
6	結オウA	結オウG	結オウA	結オウG	結オウA	人レベE	人レベK	直ステF	直ステL	直ステF	人レベK	人レベE
7	結オウA	人レベE	結オウA	人レベE	人レベK	直ステF	直ステL	直ステF	人レベK	人レベE	結オウA	結オウG
8	人レベK	直ステF	人レベK	直ステF	直ステL	直ステF	直ステL	人レベE	結オウA	結オウG	直パワJ	直パワD
9	直ステL	直ステF	直ステL	直ステF	直ステL	人レベE	人レベK	結オウG	直パワJ	直パワD	人セフB	人セフH
10	直ステL	人レベE	直ステL	人レベE	人レベK	結オウG	結オウA	直パワD	人セフB	人セフH	結ドリI	結ドリC
11	人レベK	結オウG	人レベK	結オウG	結オウA	直パワD	直パワJ	人セフH	結ドリI	結ドリC	結ドリC	結ドリI
12	結オウA	直パワD	結オウA	直パワD	直パワJ	人セフH	人セフB	結ドリC	結ドリC	結ドリI	人レベK	人レベE
13	直パワJ	人セフH	直パワJ	人セフH	人セフB	結ドリC	結ドリI	結ドリI	人レベK	人レベE	結オウA	結オウG
14	人セフB	結ドリC	人セフB	結ドリC	結ドリI	結ドリI	結ドリC	人レベE	結オウA	結オウG	直パワJ	直パワD
15	結ドリI	結ドリI	結ドリI	結ドリI	結ドリC	人レベE	人レベK	結オウG	直パワJ	直パワD	人セフB	人セフH
16	結ドリC	人レベE	結ドリC	人レベE	人レベK	結オウG	結オウA	直パワD	人セフB	人セフH	結ドリI	結ドリC
17	人レベK	結オウG	人レベK	結オウG	結オウA	直パワD	直パワJ	人セフH	結ドリI	結ドリC	結ドリC	結ドリI
18	結オウA	直パワD	結オウA	直パワD	直パワJ	人セフH	人セフB	結ドリC	結ドリC	結ドリI	人セフH	人セフB
19	直パワJ	人セフH	直パワJ	人セフH	人セフB	結ドリC	結ドリI	結ドリI	人セフH	人セフB	直パワD	直パワJ
20	人セフB	結ドリC	人セフB	結ドリC	結ドリI	結ドリI	結ドリC	人セフB	直パワD	直パワJ	結オウG	結オウA
21	結ドリI	結ドリI	結ドリI	結ドリI	結ドリC	人セフB	人セフH	直パワJ	結オウG	結オウA	人レベE	人レベK
22	結ドリC	人セフB	結ドリC	人セフB	人セフH	直パワJ	直パワD	結オウA	人レベE	人レベK	結ドリI	結ドリC
23	人セフH	直パワJ	人ヤフH	直パワJ	直パワD	結オウA	結オウG	人レベK	結ドリI	結ドリC	結ドリC	結ドリI
24	直パワD	結オウA	直パワD	結オウA	結オウG	人レベK	人レベE	結ドリC	結ドリC	結ドリI	人セフH	人セフB
25	結オウG	人レベK	結オウG	人レベK	人レベE	結ドリC	結ドリI	結ドリI	人セフH	人セフB	直パワD	直パワJ
26	人レベE	結ドリC	人レベE	結ドリC	結ドリI	結ドリI	結ドリC	人セフB	直パワD	直パワJ	結オウG	結オウA
27	結ドリI	結ドリI	結ドリI	結ドリI	結ドリC	人セフB	人セフH	直パワJ	結オウG	結オウA	人レベE	人レベK
28	結ドリC	人セフB	結ドリC	人セフB	人セフH	直パワJ	直パワD	結オウA	人レベE	人レベK	直ステF	直ステL
29	人セフH	直パワJ	人セフH	直パワJ	直パワD	結オウA	結オウG	人レベK	直ステF	直ステL	直ステF	直ステL
30	直パワD		直パワD	結オウA	結オウG	人レベK	人レベE	直ステL	直ステF	直ステL	人レベE	人レベK
31	結オウG		結オウG		人レベE		直ステF	直ステL		人レベK		結オウA

2017年　【平成29年】

	1月	2月	3月	4月	5月	6月	7月	8月	9月	10月	11月	12月
1	結オウA	人レベE	結オウA	結オウG	結オウA	人レベE	人レベK	直ステF	直ステL	直ステF	人レベK	人レベE
2	人レベK	直ステF	結オウA	人レベE	人レベK	直ステF	直ステL	直ステF	人レベK	人レベE	結オウA	結オウG
3	直ステL	直ステF	人レベK	直ステF	直ステL	直ステF	直ステL	人レベE	結オウA	結オウG	直パワJ	直パワD
4	直ステL	人レベE	直ステL	直ステF	直ステL	人レベE	人レベK	結オウG	直パワJ	直パワD	人セフB	人セフH
5	人レベK	結オウG	直ステL	人レベE	人レベK	結オウG	結オウA	直パワD	人セフB	人セフH	結ドリI	結ドリC
6	結オウA	直パワD	人レベK	結オウG	結オウA	直パワD	直パワJ	人セフH	結ドリI	結ドリC	結ドリC	結ドリI
7	直パワJ	人セフH	結オウA	直パワD	直パワJ	人セフH	人セフB	結ドリC	結ドリC	結ドリI	人レベK	人レベE
8	人セフB	結ドリC	直パワJ	人セフH	人セフB	結ドリC	結ドリI	結ドリI	人レベK	人レベE	結オウA	結オウG
9	結ドリI	結ドリI	人セフB	結ドリC	結ドリI	結ドリI	結ドリC	人レベE	結オウA	結オウG	直パワJ	直パワD
10	結ドリC	人レベE	結ドリI	結ドリI	結ドリC	人レベE	人レベK	結オウG	直パワJ	直パワD	人セフB	人セフH
11	人レベK	結オウG	結ドリC	人レベE	人レベK	結オウG	結オウA	直パワD	人セフB	人セフH	結ドリI	結ドリC
12	結オウA	直パワD	人レベK	結オウG	結オウA	直パワD	直パワJ	人セフH	結ドリI	結ドリC	結ドリC	結ドリI
13	直パワJ	人セフH	結オウA	直パワD	直パワJ	人セフH	人セフB	結ドリC	結ドリC	結ドリI	人セフH	人セフB
14	人セフB	結ドリC	直パワJ	人セフH	人セフB	結ドリC	結ドリI	結ドリI	人セフH	人セフB	直パワD	直パワJ
15	結ドリI	結ドリI	人セフB	結ドリC	結ドリI	結ドリI	結ドリC	人セフB	直パワD	直パワJ	結オウG	結オウA
16	結ドリC	人セフB	結ドリI	結ドリI	結ドリC	人セフB	人セフH	直パワJ	結オウG	結オウA	人レベE	人レベK
17	人セフH	直パワJ	結ドリC	人セフB	人セフH	直パワJ	直パワD	結オウA	人レベE	人レベK	結ドリI	結ドリC
18	直パワD	結オウA	人セフH	直パワJ	直パワD	結オウA	結オウG	人レベK	結ドリI	結ドリC	結ドリC	結ドリI
19	結オウG	人レベK	直パワD	結オウA	結オウG	人レベK	人レベE	結ドリC	結ドリC	結ドリI	人セフH	人セフB
20	人レベE	結ドリC	結オウG	人レベK	人レベE	結ドリC	結ドリI	結ドリI	人セフH	人セフB	直パワD	直パワJ
21	結ドリI	結ドリI	人レベE	結ドリC	結ドリI	結ドリI	結ドリC	人セフB	直パワD	直パワJ	結オウG	結オウA
22	結ドリC	人セフB	結ドリI	結ドリI	結ドリC	人セフB	人セフH	直パワJ	結オウG	結オウA	人レベE	人レベK
23	人セフH	直パワJ	結ドリC	人セフB	人セフH	直パワJ	直パワD	結オウA	人レベE	人レベK	直ステF	直ステL
24	直パワD	結オウA	人セフH	直パワJ	直パワD	結オウA	結オウG	人レベK	直ステF	直ステL	直ステF	直ステL
25	結オウG	人レベK	直パワD	結オウA	結オウG	人レベK	人レベE	直ステL	直ステF	直ステL	人レベE	人レベK
26	人レベE	直ステL	結オウG	人レベK	人レベE	直ステL	直ステF	直ステL	人レベE	人レベK	結オウG	結オウA
27	直ステF	直ステL	人レベE	直ステL	直ステF	直ステL	直ステF	人レベK	結オウG	結オウA	結オウG	結オウA
28	直ステF	人レベK	直ステF	直ステL	直ステF	人レベK	人レベE	結オウA	結オウG	結オウA	人レベE	人レベK
29	人レベE		直ステF	人レベK	人レベE	結オウA	結オウG	結オウA	人レベE	人レベK	直ステF	直ステL
30	結オウG		人レベE	結オウA	結オウG	結オウA	結オウG	人レベK	直ステF	直ステL	直ステF	直ステL
31	結オウG		結オウG		結オウG		人レベE	直ステL		直ステL		人レベK

2018 年 【平成 30 年】

	1月	2月	3月	4月	5月	6月	7月	8月	9月	10月	11月	12月
1	結オウ A	直パワ D	人レベ K	結オウ G	結オウ A	直パワ D	直パワ J	人セフ H	結ドリ I	結ドリ C	結ドリ C	結ドリ I
2	直パワ J	人セフ H	結オウ A	直パワ D	直パワ J	人セフ H	人セフ B	結ドリ C	結ドリ C	結ドリ I	人レベ K	人レベ E
3	人セフ B	結ドリ C	直パワ J	人セフ H	人セフ B	結ドリ C	結ドリ I	結ドリ I	人レベ K	人レベ E	結オウ A	結オウ G
4	結ドリ I	結ドリ I	人セフ B	結ドリ C	結ドリ I	結ドリ I	結ドリ C	人レベ E	結オウ A	結オウ G	直パワ J	直パワ D
5	結ドリ C	人レベ E	結ドリ I	結ドリ I	結ドリ C	人レベ E	人レベ K	結オウ G	直パワ J	直パワ D	人セフ B	人セフ H
6	人レベ K	結オウ G	結ドリ C	人レベ E	人レベ K	結オウ G	結オウ A	直パワ D	人セフ B	人セフ H	結ドリ I	結ドリ C
7	結オウ A	直パワ D	人レベ K	結オウ G	結オウ A	直パワ D	直パワ J	人セフ H	結ドリ I	結ドリ C	結ドリ C	結ドリ I
8	直パワ J	人セフ H	結オウ A	直パワ D	直パワ J	人セフ H	人セフ B	結ドリ C	結ドリ C	結ドリ I	人セフ H	人セフ B
9	人セフ B	結ドリ C	直パワ J	人セフ H	人セフ B	結ドリ C	結ドリ I	結ドリ I	人セフ H	人セフ B	直パワ D	直パワ J
10	結ドリ I	結ドリ I	人セフ B	結ドリ C	結ドリ I	結ドリ I	結ドリ C	人セフ B	直パワ D	直パワ J	結オウ G	結オウ A
11	結ドリ C	人セフ B	結ドリ I	結ドリ I	結ドリ C	人セフ B	人セフ H	直パワ J	結オウ G	結オウ A	人レベ E	人レベ K
12	人セフ H	直パワ J	結ドリ C	人セフ B	人セフ H	直パワ J	直パワ D	結オウ A	人レベ E	人レベ K	結ドリ I	結ドリ C
13	直パワ D	結オウ A	人セフ H	直パワ J	直パワ D	結オウ A	結オウ G	人レベ K	結ドリ I	結ドリ C	結ドリ C	結ドリ I
14	結オウ G	人レベ K	直パワ D	結オウ A	結オウ G	人レベ K	人レベ E	結ドリ C	結ドリ C	結ドリ I	人セフ H	人セフ B
15	人レベ E	結ドリ C	結オウ G	人レベ K	人レベ E	結ドリ C	結ドリ I	結ドリ I	人セフ H	人セフ B	直パワ D	直パワ J
16	結ドリ I	結ドリ I	人レベ E	結ドリ C	結ドリ I	結ドリ I	結ドリ C	人セフ B	直パワ D	直パワ J	結オウ G	結オウ A
17	結ドリ C	人セフ B	結ドリ I	結ドリ I	結ドリ C	人セフ B	人セフ H	直パワ J	結オウ G	結オウ A	人レベ E	人レベ K
18	人セフ H	直パワ J	結ドリ C	人セフ B	人セフ H	直パワ J	直パワ D	結オウ A	人レベ E	人レベ K	直ステ F	直ステ L
19	直パワ D	結オウ A	人セフ H	直パワ J	直パワ D	結オウ A	結オウ G	人レベ K	直ステ F	直ステ L	直ステ F	直ステ L
20	結オウ G	人レベ K	直パワ D	結オウ A	結オウ G	人レベ K	人レベ E	直ステ L	直ステ F	直ステ L	人レベ E	人レベ K
21	人レベ E	直ステ L	結オウ G	人レベ K	人レベ E	直ステ L	直ステ F	直ステ L	人レベ E	人レベ K	結オウ G	結オウ A
22	直ステ F	直ステ L	人レベ E	直ステ L	直ステ F	直ステ L	直ステ F	人レベ K	結オウ G	結オウ A	結オウ G	結オウ A
23	直ステ F	人レベ K	直ステ F	直ステ L	直ステ F	人レベ K	人レベ E	結オウ A	結オウ G	結オウ A	人レベ E	人レベ K
24	人レベ E	結オウ A	直ステ F	人レベ K	人レベ E	結オウ A	結オウ G	結オウ A	人レベ E	人レベ K	直ステ F	直ステ L
25	結オウ G	結オウ A	人レベ E	結オウ A	結オウ G	結オウ A	結オウ G	人レベ K	直ステ F	直ステ L	直ステ F	直ステ L
26	結オウ G	人レベ K	結オウ G	結オウ A	結オウ G	人レベ K	人レベ E	直ステ L	直ステ F	直ステ L	人レベ E	人レベ K
27	人レベ E	直ステ L	結オウ G	人レベ K	人レベ E	直ステ L	直ステ F	直ステ L	人レベ E	人レベ K	結オウ G	結オウ A
28	直ステ F	直ステ L	人レベ E	直ステ L	直ステ F	直ステ L	直ステ F	人レベ K	結オウ G	結オウ A	直パワ D	直パワ J
29	直ステ F		直ステ F	直ステ L	直ステ F	人レベ K	人レベ E	結オウ A	直パワ D	直パワ J	人セフ H	人セフ B
30	人レベ E		直ステ F	人レベ K	人レベ E	結オウ A	結オウ G	直パワ J	人セフ H	人セフ B	結ドリ C	結ドリ I
31	結オウ G		人レベ E		結オウ G		直パワ D	人セフ B		結ドリ I		結ドリ C

2019年　【平成31年】

	1月	2月	3月	4月	5月	6月	7月	8月	9月	10月	11月	12月
1	人レベK	結オウG	結ドリC	人レベE	人レベK	結オウG	結オウA	直パワD	人セフB	人セフH	結ドリI	結ドリC
2	結オウA	直パワD	人レベK	結オウG	結オウA	直パワD	直パワJ	人セフH	結ドリI	結ドリC	結ドリC	結ドリI
3	直パワJ	人セフH	結オウA	直パワD	直パワJ	人セフH	人セフB	結ドリC	結ドリC	結ドリI	人セフH	人セフB
4	人セフB	結ドリC	直パワJ	人セフH	人セフB	結ドリC	結ドリI	結ドリI	人セフH	人セフB	直パワD	直パワJ
5	結ドリI	結ドリI	人セフB	結ドリC	結ドリI	結ドリI	結ドリC	人セフB	直パワD	直パワJ	結オウG	結オウA
6	結ドリC	人セフB	結ドリI	結ドリI	結ドリC	人セフB	人セフH	直パワJ	結オウG	結オウA	人レベE	人レベK
7	人セフH	直パワJ	結ドリC	人セフB	人セフH	直パワJ	直パワD	結オウA	人レベE	人レベK	結ドリI	結ドリC
8	直パワD	結オウA	人セフH	直パワJ	直パワD	結オウA	結オウG	人レベK	結ドリI	結ドリC	結ドリC	結ドリI
9	結オウG	人レベK	直パワD	結オウA	結オウG	人レベK	人レベE	結ドリC	結ドリC	結ドリI	人セフH	人セフB
10	人レベE	結ドリC	結オウG	人レベK	人レベE	結ドリC	結ドリI	結ドリI	人セフH	人セフB	直パワD	直パワJ
11	結ドリI	結ドリI	人レベE	結ドリC	結ドリI	結ドリI	結ドリC	人セフB	直パワD	直パワJ	結オウG	結オウA
12	結ドリC	人セフB	結ドリI	結ドリI	結ドリC	人セフB	人セフH	直パワJ	結オウG	結オウA	人レベE	人レベK
13	人セフH	直パワJ	結ドリC	人セフB	人セフH	直パワJ	直パワD	結オウA	人レベE	人レベK	直ステF	直ステL
14	直パワD	結オウA	人セフH	直パワJ	直パワD	結オウA	結オウG	人レベK	直ステF	直ステL	直ステF	直ステL
15	結オウG	人レベK	直パワD	結オウA	結オウG	人レベK	人レベE	直ステL	直ステF	直ステL	人レベE	人レベK
16	人レベE	直ステL	結オウG	人レベK	人レベE	直ステL	直ステF	直ステL	人レベE	人レベK	結オウG	結オウA
17	直ステF	直ステL	人レベE	直ステL	直ステF	直ステL	直ステF	人レベK	結オウG	結オウA	結オウG	結オウA
18	直ステF	人レベK	直ステF	直ステL	直ステF	人レベK	人レベE	結オウA	結オウG	結オウA	人レベE	人レベK
19	人レベE	結オウA	直ステF	人レベK	人レベE	結オウA	結オウG	結オウA	人レベE	人レベK	直ステF	直ステL
20	結オウG	結オウA	人レベE	結オウA	結オウG	結オウA	結オウG	人レベK	直ステF	直ステL	直ステF	直ステL
21	結オウG	人レベK	結オウG	結オウA	結オウG	人レベK	人レベE	直ステL	直ステF	直ステL	人レベE	人レベK
22	人レベE	直ステL	結オウG	人レベK	人レベE	直ステL	直ステF	直ステL	人レベE	人レベK	結オウG	結オウA
23	直ステF	直ステL	人レベE	直ステL	直ステF	直ステL	直ステF	人レベK	結オウG	結オウA	直パワD	直パワJ
24	直ステF	人レベK	直ステF	直ステL	直ステF	人レベK	人レベE	結オウA	直パワD	直パワJ	人セフH	人セフB
25	人レベE	結オウA	直ステF	人レベK	人レベE	結オウA	結オウG	直パワJ	人セフH	人セフB	結ドリC	結ドリI
26	結オウG	直パワJ	人レベE	結オウA	結オウG	直パワJ	直パワD	人セフB	結ドリC	結ドリI	結ドリI	結ドリC
27	直パワD	人セフB	結オウG	直パワJ	直パワD	人セフB	人セフH	結ドリI	結ドリI	結ドリC	人レベE	人レベK
28	人セフH	結ドリI	直パワD	人セフB	人セフH	結ドリI	結ドリC	結ドリC	人レベE	人レベK	結オウG	結オウA
29	結ドリC		人セフH	結ドリI	結ドリC	結ドリC	結ドリI	人レベK	結オウG	結オウA	直パワD	直パワJ
30	結ドリI		結ドリC	結ドリC	結ドリI	人レベK	人レベE	結オウA	直パワD	直パワJ	人セフH	人セフB
31	人レベE		結ドリI		人レベE		結オウG	直パワJ		人セフB		結ドリI

2020 年

	1月	2月	3月	4月	5月	6月	7月	8月	9月	10月	11月	12月
1	結ドリ C	人セフ B	結ドリ C	人セフ B	人セフ H	直パワ J	直パワ D	結オウ A	人レベ E	人レベ K	結ドリ I	結ドリ C
2	人セフ H	直パワ J	人セフ H	直パワ J	直パワ D	結オウ A	結オウ G	人レベ K	結ドリ I	結ドリ C	結ドリ C	結ドリ I
3	直パワ D	結オウ A	直パワ D	結オウ A	結オウ G	人レベ K	人レベ E	結ドリ C	結ドリ C	結ドリ I	人セフ H	人セフ B
4	結オウ G	人レベ K	結オウ G	人レベ K	人レベ E	結ドリ C	結ドリ I	結ドリ I	人セフ H	人セフ B	直パワ D	直パワ J
5	人レベ E	結ドリ C	人レベ E	結ドリ C	結ドリ I	結ドリ I	結ドリ C	人セフ B	直パワ D	直パワ J	結オウ G	結オウ A
6	結ドリ I	結ドリ I	結ドリ I	結ドリ I	結ドリ C	人セフ B	人セフ H	直パワ J	結オウ G	結オウ A	人レベ E	人レベ K
7	結ドリ C	人セフ B	結ドリ C	人セフ B	人セフ H	直パワ J	直パワ D	結オウ A	人レベ E	人レベ K	直ステ F	直ステ L
8	人セフ H	直パワ J	人セフ H	直パワ J	直パワ D	結オウ A	結オウ G	人レベ K	直ステ F	直ステ L	直ステ F	直ステ L
9	直パワ D	結オウ A	直パワ D	結オウ A	結オウ G	人レベ K	人レベ E	直ステ L	直ステ F	直ステ L	人レベ E	人レベ K
10	結オウ G	人レベ K	結オウ G	人レベ K	人レベ E	直ステ L	直ステ F	直ステ L	人レベ E	人レベ K	結オウ G	結オウ A
11	人レベ E	直ステ L	人レベ E	直ステ L	直ステ F	直ステ L	直ステ F	人レベ K	結オウ G	結オウ A	結オウ G	結オウ A
12	直ステ F	直ステ L	直ステ F	直ステ L	直ステ F	人レベ K	人レベ E	結オウ A	結オウ G	結オウ A	人レベ E	人レベ K
13	直ステ F	人レベ K	直ステ F	人レベ K	人レベ E	結オウ A	結オウ G	結オウ A	人レベ E	人レベ K	直ステ F	直ステ L
14	人レベ E	結オウ A	人レベ E	結オウ A	結オウ G	結オウ A	結オウ G	人レベ K	直ステ F	直ステ L	直ステ F	直ステ L
15	結オウ G	結オウ A	結オウ G	結オウ A	結オウ G	人レベ K	人レベ E	直ステ L	直ステ F	直ステ L	人レベ E	人レベ K
16	結オウ G	人レベ K	結オウ G	人レベ K	人レベ E	直ステ L	直ステ F	直ステ L	人レベ E	人レベ K	結オウ G	結オウ A
17	人レベ E	直ステ L	人レベ E	直ステ L	直ステ F	直ステ L	直ステ F	人レベ K	結オウ G	結オウ A	直パワ D	直パワ J
18	直ステ F	直ステ L	直ステ F	直ステ L	直ステ F	人レベ K	人レベ E	結オウ A	直パワ D	直パワ J	人セフ H	人セフ B
19	直ステ F	人レベ K	直ステ F	人レベ K	人レベ E	結オウ A	結オウ G	直パワ J	人セフ H	人セフ B	結ドリ C	結ドリ I
20	人レベ E	結オウ A	人レベ E	結オウ A	結オウ G	直パワ J	直パワ D	人セフ B	結ドリ C	結ドリ I	結ドリ I	結ドリ C
21	結オウ G	直パワ J	結オウ G	直パワ J	直パワ D	人セフ B	人セフ H	結ドリ I	結ドリ I	結ドリ C	人レベ E	人レベ K
22	直パワ D	人セフ B	直パワ D	人セフ B	人セフ H	結ドリ I	結ドリ C	結ドリ C	人レベ E	人レベ K	結オウ G	結オウ A
23	人セフ H	結ドリ I	人セフ H	結ドリ I	結ドリ C	結ドリ C	結ドリ I	人レベ K	結オウ G	結オウ A	直パワ D	直パワ J
24	結ドリ C	結ドリ C	結ドリ C	結ドリ C	結ドリ I	人レベ K	人レベ E	結オウ A	直パワ D	直パワ J	人セフ H	人セフ B
25	結ドリ I	人レベ K	結ドリ I	人レベ K	人レベ E	結オウ A	結オウ G	直パワ J	人セフ H	人セフ B	結ドリ C	結ドリ I
26	人レベ E	結オウ A	人レベ E	結オウ A	結オウ G	直パワ J	直パワ D	人セフ B	結ドリ C	結ドリ I	結ドリ I	結ドリ C
27	結オウ G	直パワ J	結オウ G	直パワ J	直パワ D	人セフ B	人セフ H	結ドリ I	結ドリ I	結ドリ C	人セフ B	人セフ H
28	直パワ D	人セフ B	直パワ D	人セフ B	人セフ H	結ドリ I	結ドリ C	結ドリ C	人セフ B	人セフ H	直パワ J	直パワ D
29	人セフ H	結ドリ I	人セフ H	結ドリ I	結ドリ C	結ドリ C	結ドリ I	人セフ H	直パワ J	直パワ D	結オウ A	結オウ G
30	結ドリ C		結ドリ C	結ドリ C	結ドリ I	人セフ H	人セフ B	直パワ D	結オウ A	結オウ G	人レベ K	人レベ E
31	結ドリ I		結ドリ I		人セフ B		直パワ J	結オウ G		人レベ E		結ドリ I

2021 年

	1月	2月	3月	4月	5月	6月	7月	8月	9月	10月	11月	12月
1	結ドリC	人セフB	結ドリI	結ドリI	結ドリC	人セフB	人セフH	直パワJ	結オウG	結オウA	人レベE	人レベK
2	人セフH	直パワJ	結ドリC	人セフB	人セフH	直パワJ	直パワD	結オウA	人レベE	人レベK	直ステF	直ステL
3	直パワD	結オウA	人セフH	直パワJ	直パワD	結オウA	結オウG	人レベK	直ステF	直ステL	直ステF	直ステL
4	結オウG	人レベK	直パワD	結オウA	結オウG	人レベK	人レベE	直ステL	直ステF	直ステL	人レベE	人レベK
5	人レベE	直ステL	結オウG	人レベK	人レベE	直ステL	直ステF	直ステL	人レベE	人レベK	結オウG	結オウA
6	直ステF	直ステL	人レベE	直ステL	直ステF	直ステL	直ステF	人レベK	結オウG	結オウA	結オウG	結オウA
7	直ステF	人レベK	直ステF	直ステL	直ステF	人レベK	人レベE	結オウA	結オウG	結オウA	人レベE	人レベK
8	人レベE	結オウA	直ステF	人レベK	人レベE	結オウA	結オウG	結オウA	人レベE	人レベK	直ステF	直ステL
9	結オウG	結オウA	人レベE	結オウA	結オウG	結オウA	結オウG	人レベK	直ステF	直ステL	直ステF	直ステL
10	結オウG	人レベK	結オウG	結オウA	結オウG	人レベK	人レベE	直ステL	直ステF	直ステL	人レベE	人レベK
11	人レベE	直ステL	結オウG	人レベK	人レベE	直ステL	直ステF	直ステL	人レベE	人レベK	結オウG	結オウA
12	直ステF	直ステL	人レベE	直ステL	直ステF	直ステL	直ステF	人レベK	結オウG	結オウA	直パワD	直パワJ
13	直ステF	人レベK	直ステF	直ステL	直ステF	人レベK	人レベE	結オウA	直パワD	直パワJ	人セフH	人セフB
14	人レベE	結オウA	直ステF	人レベK	人レベE	結オウA	結オウG	直パワJ	人セフH	人セフB	結ドリC	結ドリI
15	結オウG	直パワJ	人レベE	結オウA	結オウG	直パワJ	直パワD	人セフB	結ドリC	結ドリI	結ドリI	結ドリC
16	直パワD	人セフB	結オウG	直パワJ	直パワD	人セフB	人セフH	結ドリI	結ドリI	結ドリC	人レベE	人レベK
17	人セフH	結ドリI	直パワD	人セフB	人セフH	結ドリI	結ドリC	結ドリC	人レベE	人レベK	結オウG	結オウA
18	結ドリC	結ドリC	人セフH	結ドリI	結ドリC	結ドリC	結ドリI	人レベK	結オウG	結オウA	直パワD	直パワJ
19	結ドリI	人レベK	結ドリC	結ドリC	結ドリI	人レベK	人レベE	結オウA	直パワD	直パワJ	人セフH	人セフB
20	人レベE	結オウA	結ドリI	人レベK	人レベE	結オウA	結オウG	直パワJ	人セフH	人セフB	結ドリC	結ドリI
21	結オウG	直パワJ	人レベE	結オウA	結オウG	直パワJ	直パワD	人セフB	結ドリC	結ドリI	結ドリI	結ドリC
22	直パワD	人セフB	結オウG	直パワJ	直パワD	人セフB	人セフH	結ドリI	結ドリI	結ドリC	人セフB	人セフH
23	人セフH	結ドリI	直パワD	人セフB	人セフH	結ドリI	結ドリC	結ドリC	人セフB	人セフH	直パワJ	直パワD
24	結ドリC	結ドリC	人セフH	結ドリI	結ドリC	結ドリC	結ドリI	人セフH	直パワJ	直パワD	結オウA	結オウG
25	結ドリI	人セフH	結ドリC	結ドリC	結ドリI	人セフH	人セフB	直パワD	結オウA	結オウG	人レベK	人レベE
26	人セフB	直パワD	結ドリI	人セフH	人セフB	直パワD	直パワJ	結オウG	人レベK	人レベE	結ドリC	結ドリI
27	直パワJ	結オウG	人セフB	直パワD	直パワJ	結オウG	結オウA	人レベE	結ドリC	結ドリI	結ドリI	結ドリC
28	結オウA	人レベE	直パワJ	結オウG	結オウA	人レベE	人レベK	結ドリI	結ドリI	結ドリC	人セフB	人セフH
29	人レベK		結オウA	人レベE	人レベK	結ドリI	結ドリC	結ドリC	人セフB	人セフH	直パワJ	直パワD
30	結ドリC		人レベK	結ドリI	結ドリC	結ドリC	結ドリI	人セフH	直パワJ	直パワD	結オウA	結オウG
31	結ドリI		結ドリC		結ドリI		人セフB	直パワD		結オウG		人レベE

2022年

	1月	2月	3月	4月	5月	6月	7月	8月	9月	10月	11月	12月
1	直ステF	直ステL	人レベE	直ステL	直ステF	直ステL	直ステF	人レベK	結オウG	結オウA	結オウG	結オウA
2	直ステF	人レベK	直ステF	直ステL	直ステF	人レベK	人レベE	結オウA	結オウG	結オウA	人レベE	人レベK
3	人レベE	結オウA	直ステF	人レベK	人レベE	結オウA	結オウG	結オウA	人レベE	人レベK	直ステF	直ステL
4	結オウG	結オウA	人レベE	結オウA	結オウG	結オウA	結オウG	人レベK	直ステF	直ステL	直ステF	直ステL
5	結オウG	人レベK	結オウG	結オウA	結オウG	人レベK	人レベE	直ステL	直ステF	直ステL	人レベE	人レベK
6	人レベE	直ステL	結オウG	人レベK	人レベE	直ステL	直ステF	直ステL	人レベE	人レベK	結オウG	結オウA
7	直ステF	直ステL	人レベE	直ステL	直ステF	直ステL	直ステF	人レベK	結オウG	結オウA	直パワD	直パワJ
8	直ステF	人レベK	直ステF	直ステL	直ステF	人レベK	人レベE	結オウA	直パワD	直パワJ	人セフH	人セフB
9	人レベE	結オウA	直ステF	人レベK	人レベE	結オウA	結オウG	直パワJ	人セフH	人セフB	結ドリC	結ドリI
10	結オウG	直パワJ	人レベE	結オウA	結オウG	直パワJ	直パワD	人セフB	結ドリC	結ドリI	結ドリI	結ドリC
11	直パワD	人セフB	結オウG	直パワJ	直パワD	人セフB	人セフH	結ドリI	結ドリI	結ドリC	人レベE	人レベK
12	人セフH	結ドリI	直パワD	人セフB	人セフH	結ドリI	結ドリC	結ドリC	人レベE	人レベK	結オウG	結オウA
13	結ドリC	結ドリC	人セフH	結ドリI	結ドリC	結ドリC	結ドリI	人レベK	結オウG	結オウA	直パワD	直パワJ
14	結ドリI	人レベK	結ドリC	結ドリC	結ドリI	人レベK	人レベE	結オウA	直パワD	直パワJ	人セフH	人セフB
15	人レベE	結オウA	結ドリI	人レベK	人レベE	結オウA	結オウG	直パワJ	人セフH	人セフB	結ドリC	結ドリI
16	結オウG	直パワJ	人レベE	結オウA	結オウG	直パワJ	直パワD	人セフB	結ドリC	結ドリI	結ドリI	結ドリC
17	直パワD	人セフB	結オウG	直パワJ	直パワD	人セフB	人セフH	結ドリI	結ドリI	結ドリC	人セフB	人セフH
18	人セフH	結ドリI	直パワD	人セフB	人セフH	結ドリI	結ドリC	結ドリC	人セフB	人セフH	直パワJ	直パワD
19	結ドリC	結ドリC	人セフH	結ドリI	結ドリC	結ドリC	結ドリI	人セフH	直パワJ	直パワD	結オウA	結オウG
20	結ドリI	人セフH	結ドリC	結ドリC	結ドリI	人セフH	人セフB	直パワD	結オウA	結オウG	人レベK	人レベE
21	人セフB	直パワD	結ドリI	人セフH	人セフB	直パワD	直パワJ	結オウG	人レベK	人レベE	結ドリC	結ドリI
22	直パワJ	結オウG	人セフB	直パワD	直パワJ	結オウG	結オウA	人レベE	結ドリC	結ドリI	結ドリI	結ドリC
23	結オウA	人レベE	直パワJ	結オウG	結オウA	人レベE	人レベK	結ドリI	結ドリI	結ドリC	人セフB	人セフH
24	人レベK	結ドリI	結オウA	人レベE	人レベK	結ドリI	結ドリC	結ドリC	人セフB	人セフH	直パワJ	直パワD
25	結ドリC	結ドリC	人レベK	結ドリI	結ドリC	結ドリC	結ドリI	人セフH	直パワJ	直パワD	結オウA	結オウG
26	結ドリI	人セフH	結ドリC	結ドリC	結ドリI	人セフH	人セフB	直パワD	結オウA	結オウG	人レベK	人レベE
27	人セフB	直パワD	結ドリI	人セフH	人セフB	直パワD	直パワJ	結オウG	人レベK	人レベE	直ステL	直ステF
28	直パワJ	結オウG	人セフB	直パワD	直パワJ	結オウG	結オウA	人レベE	直ステL	直ステF	直ステL	直ステF
29	結オウA		直パワJ	結オウG	結オウA	人レベE	人レベK	直ステF	直ステL	直ステF	人レベK	人レベE
30	人レベK		結オウA	人レベE	人レベK	直ステF	直ステL	直ステF	人レベK	人レベE	結オウA	結オウG
31	直ステL		人レベK		直ステL		直ステL	人レベE		結オウG		結オウG

2023 年

	1月	2月	3月	4月	5月	6月	7月	8月	9月	10月	11月	12月
1	人レベE	直ステL	結オウG	人レベK	人レベC	直ステL	直ステF	直ステI	人レベE	人レベK	結オウG	結オウA
2	直ステF	直ステL	人レベE	直ステL	直ステF	直ステL	直ステF	人レベK	結オウG	結オウA	直パワD	直パワJ
3	直ステF	人レベK	直ステF	直ステL	直ステF	人レベK	人レベE	結オウA	直パワD	直パワJ	人セフH	人セフB
4	人レベE	結オウA	直ステF	人レベK	人レベE	結オウA	結オウG	直パワJ	人セフH	人セフB	結ドリC	結ドリI
5	結オウG	直パワJ	人レベE	結オウA	結オウG	直パワJ	直パワD	人セフB	結ドリC	結ドリI	結ドリI	結ドリC
6	直パワD	人セフB	結オウG	直パワJ	直パワD	人セフB	人セフH	結ドリI	結ドリI	結ドリC	人レベE	人レベK
7	人セフH	結ドリI	直パワD	人セフB	人セフH	結ドリI	結ドリC	結ドリC	人レベE	人レベK	結オウG	結オウA
8	結ドリC	結ドリC	人セフH	結ドリI	結ドリC	結ドリC	結ドリI	人レベK	結オウG	結オウA	直パワD	直パワJ
9	結ドリI	人レベK	結ドリC	結ドリC	結ドリI	人レベK	人レベE	結オウA	直パワD	直パワJ	人セフH	人セフB
10	人レベE	結オウA	結ドリI	人レベK	人レベE	結オウA	結オウG	直パワJ	人セフH	人セフB	結ドリC	結ドリI
11	結オウG	直パワJ	人レベE	結オウA	結オウG	直パワJ	直パワD	人セフB	結ドリC	結ドリI	結ドリI	結ドリC
12	直パワD	人セフB	結オウG	直パワJ	直パワD	人セフB	人セフH	結ドリI	結ドリI	結ドリC	人セフB	人セフH
13	人セフH	結ドリI	直パワD	人セフB	人セフH	結ドリI	結ドリC	結ドリC	人セフB	人セフH	直パワJ	直パワD
14	結ドリC	結ドリC	人セフH	結ドリI	結ドリC	結ドリC	結ドリI	人セフH	直パワJ	直パワD	結オウA	結オウG
15	結ドリI	人セフH	結ドリC	結ドリC	結ドリI	人セフH	人セフB	直パワD	結オウA	結オウG	人レベK	人レベE
16	人セフB	直パワD	結ドリI	人セフH	人セフB	直パワD	直パワJ	結オウG	人レベK	人レベE	結ドリC	結ドリI
17	直パワJ	結オウG	人セフB	直パワD	直パワJ	結オウG	結オウA	人レベE	結ドリC	結ドリI	結ドリI	結ドリC
18	結オウA	人レベE	直パワJ	結オウG	結オウA	人レベE	人レベK	結ドリI	結ドリI	結ドリC	人セフB	人セフH
19	人レベK	結ドリI	結オウA	人レベE	人レベK	結ドリI	結ドリC	結ドリC	人セフB	人セフH	直パワJ	直パワD
20	結ドリC	結ドリC	人レベK	結ドリI	結ドリC	結ドリC	結ドリI	人セフH	直パワJ	直パワD	結オウA	結オウG
21	結ドリI	人セフH	結ドリC	結ドリC	結ドリI	人セフH	人セフB	直パワD	結オウA	結オウG	人レベK	人レベE
22	人セフB	直パワD	結ドリI	人セフH	人セフB	直パワD	直パワJ	結オウG	人レベK	人レベE	直ステL	直ステF
23	直パワJ	結オウG	人セフB	直パワD	直パワJ	結オウG	結オウA	人レベE	直ステL	直ステF	直ステL	直ステF
24	結オウA	人レベE	直パワJ	結オウG	結オウA	人レベE	人レベK	直ステF	直ステL	直ステF	人レベK	人レベE
25	人レベK	直ステF	結オウA	人レベE	人レベK	直ステF	直ステL	直ステF	人レベK	人レベE	結オウA	結オウG
26	直ステL	直ステF	人レベK	直ステF	直ステL	直ステF	直ステL	人レベE	結オウA	結オウG	結オウA	結オウG
27	直ステL	人レベE	直ステL	直ステF	直ステL	人レベE	人レベK	結オウG	結オウA	結オウG	人レベK	人レベE
28	人レベK	結オウG	直ステL	人レベE	人レベK	結オウG	結オウA	結オウG	人レベK	人レベE	直ステL	直ステF
29	結オウA		人レベK	結オウG	結オウA	結オウG	結オウA	人レベE	直ステL	直ステF	直ステL	直ステF
30	結オウA		結オウA	結オウG	結オウA	人レベE	人レベK	直ステF	直ステL	直ステF	人レベK	人レベE
31	人レベK		結オウA		人レベK		直ステL	直ステF		人レベE		結オウG

2024年

	1月	2月	3月	4月	5月	6月	7月	8月	9月	10月	11月	12月
1	直パワD	人セフB	直パワD	人セフB	人セフH	結ドリI	結ドリC	結ドリC	人レベE	人レベK	結オウG	結オウA
2	人セフH	結ドリI	人セフH	結ドリI	結ドリC	結ドリC	結ドリI	人レベK	結オウG	結オウA	直パワD	直パワJ
3	結ドリC	結ドリC	結ドリC	結ドリC	結ドリI	人レベK	人レベE	結オウA	直パワD	直パワJ	人セフH	人セフB
4	結ドリI	人レベK	結ドリI	人レベK	人レベE	結オウA	結オウG	直パワJ	人セフH	人セフB	結ドリC	結ドリI
5	人レベE	結オウA	人レベE	結オウA	結オウG	直パワJ	直パワD	人セフB	結ドリC	結ドリI	結ドリI	結ドリC
6	結オウG	直パワJ	結オウG	直パワJ	直パワD	人セフB	人セフH	結ドリI	結ドリI	結ドリC	人セフB	人セフH
7	直パワD	人セフB	直パワD	人セフB	人セフH	結ドリI	結ドリC	結ドリC	人セフB	人セフH	直パワJ	直パワD
8	人セフH	結ドリI	人セフH	結ドリI	結ドリC	結ドリC	結ドリI	人セフH	直パワJ	直パワD	結オウA	結オウG
9	結ドリC	結ドリC	結ドリC	結ドリC	結ドリI	人セフH	人セフB	直パワD	結オウA	結オウG	人レベK	人レベE
10	結ドリI	人セフH	結ドリI	人セフH	人セフB	直パワD	直パワJ	結オウG	人レベK	人レベE	結ドリC	結ドリI
11	人セフB	直パワD	人セフB	直パワD	直パワJ	結オウG	結オウA	人レベE	結ドリC	結ドリI	結ドリI	結ドリC
12	直パワJ	結オウG	直パワJ	結オウG	結オウA	人レベE	人レベK	結ドリI	結ドリI	結ドリC	人セフB	人セフH
13	結オウA	人レベE	結オウA	人レベE	人レベK	結ドリI	結ドリC	結ドリC	人セフB	人セフH	直パワJ	直パワD
14	人レベK	結ドリI	人レベK	結ドリI	結ドリC	結ドリC	結ドリI	人セフH	直パワJ	直パワD	結オウA	結オウG
15	結ドリC	結ドリC	結ドリC	結ドリC	結ドリI	人セフH	人セフB	直パワD	結オウA	結オウG	人レベK	人レベE
16	結ドリI	人セフH	結ドリI	人セフH	人セフB	直パワD	直パワJ	結オウG	人レベK	人レベE	直ステL	直ステF
17	人セフB	直パワD	人セフB	直パワD	直パワJ	結オウG	結オウA	人レベE	直ステL	直ステF	直ステL	直ステF
18	直パワJ	結オウG	直パワJ	結オウG	結オウA	人レベE	人レベK	直ステF	直ステL	直ステF	人レベK	人レベE
19	結オウA	人レベE	結オウA	人レベE	人レベK	直ステF	直ステL	直ステF	人レベK	人レベE	結オウA	結オウG
20	人レベK	直ステF	人レベK	直ステF	直ステL	直ステF	直ステL	人レベE	結オウA	結オウG	結オウA	結オウG
21	直ステL	直ステF	直ステL	直ステF	直ステL	人レベE	人レベK	結オウG	結オウA	結オウG	人レベK	人レベE
22	直ステL	人レベE	直ステL	人レベE	人レベK	結オウG	結オウA	結オウG	人レベK	人レベE	直ステL	直ステF
23	人レベK	結オウG	人レベK	結オウG	結オウA	結オウG	結オウA	人レベE	直ステL	直ステF	直ステL	直ステF
24	結オウA	結オウG	結オウA	結オウG	結オウA	人レベE	人レベK	直ステF	直ステL	直ステF	人レベK	人レベE
25	結オウA	人レベE	結オウA	人レベE	人レベK	直ステF	直ステL	直ステF	人レベK	人レベE	結オウA	結オウG
26	人レベK	直ステF	人レベK	直ステF	直ステL	直ステF	直ステL	人レベE	結オウA	結オウG	直パワJ	直パワD
27	直ステL	直ステF	直ステL	直ステF	直ステL	人レベE	人レベK	結オウG	直パワJ	直パワD	人セフB	人セフH
28	直ステL	人レベE	直ステL	人レベE	人レベK	結オウG	結オウA	直パワD	人セフB	人セフH	結ドリI	結ドリC
29	人レベK	結オウG	人レベK	結オウG	結オウA	直パワD	直パワJ	人セフH	結ドリI	結ドリC	結ドリC	結ドリI
30	結オウA		結オウA	直パワD	直パワJ	人セフH	人セフB	結ドリC	結ドリC	結ドリI	人レベK	人レベE
31	直パワJ		直パワJ		人セフB		結ドリI	結ドリI		人レベE		結オウG

2025 年

	1月	2月	3月	4月	5月	6月	7月	8月	9月	10月	11月	12月
1	直パワD	人セフB	結オウG	直パワJ	直パワD	人セフB	人セフH	結ドリI	結ドリI	結ドリC	人セフB	人セフH
2	人セフH	結ドリI	直パワD	人セフB	人セフH	結ドリI	結ドリC	結ドリC	人セフB	人セフH	直パワJ	直パワD
3	結ドリC	結ドリC	人セフH	結ドリI	結ドリC	結ドリC	結ドリI	人セフH	直パワJ	直パワD	結オウA	結オウG
4	結ドリI	人セフH	結ドリC	結ドリC	結ドリI	人セフH	人セフB	直パワD	結オウA	結オウG	人レベK	人レベE
5	人セフB	直パワD	結ドリI	人セフH	人セフB	直パワD	直パワJ	結オウG	人レベK	人レベE	結ドリC	結ドリI
6	直パワJ	結オウG	人セフB	直パワD	直パワJ	結オウG	結オウA	人レベE	結ドリC	結ドリI	結ドリI	結ドリC
7	結オウA	人レベE	直パワJ	結オウG	結オウA	人レベE	人レベK	結ドリI	結ドリI	結ドリC	人セフB	人セフH
8	人レベK	結ドリI	結オウA	人レベE	人レベK	結ドリI	結ドリC	結ドリC	人セフB	人セフH	直パワJ	直パワD
9	結ドリC	結ドリC	人レベK	結ドリI	結ドリC	結ドリC	結ドリI	人セフH	直パワJ	直パワD	結オウA	結オウG
10	結ドリI	人セフH	結ドリC	結ドリC	結ドリI	人セフH	人セフB	直パワD	結オウA	結オウG	人レベK	人レベE
11	人セフB	直パワD	結ドリI	人セフH	人セフB	直パワD	直パワJ	結オウG	人レベK	人レベE	直ステL	直ステF
12	直パワJ	結オウG	人セフB	直パワD	直パワJ	結オウG	結オウA	人レベE	直ステL	直ステF	直ステL	直ステF
13	結オウA	人レベE	直パワJ	結オウG	結オウA	人レベE	人レベK	直ステF	直ステL	直ステF	人レベK	人レベE
14	人レベK	直ステF	結オウA	人レベE	人レベK	直ステF	直ステL	直ステF	人レベK	人レベE	結オウA	結オウG
15	直ステL	直ステF	人レベK	直ステF	直ステL	直ステF	直ステL	人レベE	結オウA	結オウG	結オウA	結オウG
16	直ステL	人レベE	直ステL	直ステF	直ステL	人レベE	人レベK	結オウG	結オウA	結オウG	人レベK	人レベE
17	人レベK	結オウG	直ステL	人レベE	人レベK	結オウG	結オウA	結オウG	人レベK	人レベE	直ステL	直ステF
18	結オウA	結オウG	人レベK	結オウG	結オウA	結オウG	結オウA	人レベE	直ステL	直ステF	直ステL	直ステF
19	結オウA	人レベE	結オウA	結オウG	結オウA	人レベE	人レベK	直ステF	直ステL	直ステF	人レベK	人レベE
20	人レベK	直ステF	結オウA	人レベE	人レベK	直ステF	直ステL	直ステF	人レベK	人レベE	結オウA	結オウG
21	直ステL	直ステF	人レベK	直ステF	直ステL	直ステF	直ステL	人レベE	結オウA	結オウG	直パワJ	直パワD
22	直ステL	人レベE	直ステL	直ステF	直ステL	人レベE	人レベK	結オウG	直パワJ	直パワD	人セフB	人セフH
23	人レベK	結オウG	直ステL	人レベE	人レベK	結オウG	結オウA	直パワD	人セフB	人セフH	結ドリI	結ドリC
24	結オウA	直パワD	人レベK	結オウG	結オウA	直パワD	直パワJ	人セフH	結ドリI	結ドリC	結ドリC	結ドリI
25	直パワJ	人セフH	結オウA	直パワD	直パワJ	人セフH	人セフB	結ドリC	結ドリC	結ドリI	人レベK	人レベE
26	人セフB	結ドリC	直パワJ	人セフH	人セフB	結ドリC	結ドリI	結ドリI	人レベK	人レベE	結オウA	結オウG
27	結ドリI	結ドリI	人セフB	結ドリC	結ドリI	結ドリI	結ドリC	人レベE	結オウA	結オウG	直パワJ	直パワD
28	結ドリC	人レベE	結ドリI	結ドリI	結ドリC	人レベE	人レベK	結オウG	直パワJ	直パワD	人セフB	人セフH
29	人レベK		結ドリC	人レベE	人レベK	結オウG	結オウA	直パワD	人セフB	人セフH	結ドリI	結ドリC
30	結オウA		人レベK	結オウG	結オウA	直パワD	直パワJ	人セフH	結ドリI	結ドリC	結ドリC	結ドリI
31	直パワJ		結オウA		直パワJ		人セフB	結ドリC		結ドリI		人セフB

2026年

	1月	2月	3月	4月	5月	6月	7月	8月	9月	10月	11月	12月
1	直パワJ	結オウG	人セフB	直パワD	直パワJ	結オウG	結オウA	人レベE	結ドリC	結ドリI	結ドリI	結ドリC
2	結オウA	人レベE	直パワJ	結オウG	結オウA	人レベE	人レベK	結ドリI	結ドリI	結ドリC	人セフB	人セフH
3	人レベK	結ドリI	結オウA	人レベE	人レベK	結ドリI	結ドリC	結ドリC	人セフB	人セフH	直パワJ	直パワD
4	結ドリC	結ドリC	人レベK	結ドリI	結ドリC	結ドリC	結ドリI	人セフH	直パワJ	直パワD	結オウA	結オウG
5	結ドリI	人セフH	結ドリC	結ドリC	結ドリI	人セフH	人セフB	直パワD	結オウA	結オウG	人レベK	人レベE
6	人セフB	直パワD	結ドリI	人セフH	人セフB	直パワD	直パワJ	結オウG	人レベK	人レベE	直ステL	直ステF
7	直パワJ	結オウG	人セフB	直パワD	直パワJ	結オウG	結オウA	人レベE	直ステL	直ステF	直ステL	直ステF
8	結オウA	人レベE	直パワJ	結オウG	結オウA	人レベE	人レベK	直ステF	直ステL	直ステF	人レベK	人レベE
9	人レベK	直ステF	結オウA	人レベE	人レベK	直ステF	直ステL	直ステF	人レベK	人レベE	結オウA	結オウG
10	直ステL	直ステF	人レベK	直ステF	直ステL	直ステF	直ステL	人レベE	結オウA	結オウG	結オウA	結オウG
11	直ステL	人レベE	直ステL	直ステF	直ステL	人レベE	人レベK	結オウG	結オウA	結オウG	人レベK	人レベE
12	人レベK	結オウG	直ステL	人レベE	人レベK	結オウG	結オウA	結オウG	人レベK	人レベE	直ステL	直ステF
13	結オウA	結オウG	人レベK	結オウG	結オウA	結オウG	結オウA	人レベE	直ステL	直ステF	直ステL	直ステF
14	結オウA	人レベE	結オウA	結オウG	結オウA	人レベE	人レベK	直ステF	直ステL	直ステF	人レベK	人レベE
15	人レベK	直ステF	結オウA	人レベE	人レベK	直ステF	直ステL	直ステF	人レベK	人レベE	結オウA	結オウG
16	直ステL	直ステF	人レベK	直ステF	直ステL	直ステF	直ステL	人レベE	結オウA	結オウG	直パワJ	直パワD
17	直ステL	人レベE	直ステL	直ステF	直ステL	人レベE	人レベK	結オウG	直パワJ	直パワD	人セフB	人セフH
18	人レベK	結オウG	直ステL	人レベE	人レベK	結オウG	結オウA	直パワD	人セフB	人セフH	結ドリI	結ドリC
19	結オウA	直パワD	人レベK	結オウG	結オウA	直パワD	直パワJ	人セフH	結ドリI	結ドリC	結ドリC	結ドリI
20	直パワJ	人セフH	結オウA	直パワD	直パワJ	人セフH	人セフB	結ドリC	結ドリC	結ドリI	人レベK	人レベE
21	人セフB	結ドリC	直パワJ	人セフH	人セフB	結ドリC	結ドリI	結ドリI	人レベK	人レベE	結オウA	結オウG
22	結ドリI	結ドリI	人セフB	結ドリC	結ドリI	結ドリI	結ドリC	人レベE	結オウA	結オウG	直パワJ	直パワD
23	結ドリC	人レベE	結ドリI	結ドリI	結ドリC	人レベE	人レベK	結オウG	直パワJ	直パワD	人セフB	人セフH
24	人レベK	結オウG	結ドリC	人レベE	人レベK	結オウG	結オウA	直パワD	人セフB	人セフH	結ドリI	結ドリC
25	結オウA	直パワD	人レベK	結オウG	結オウA	直パワD	直パワJ	人セフH	結ドリI	結ドリC	結ドリC	結ドリI
26	直パワJ	人セフH	結オウA	直パワD	直パワJ	人セフH	人セフB	結ドリC	結ドリC	結ドリI	人セフH	人セフB
27	人セフB	結ドリC	直パワJ	人セフH	人セフB	結ドリC	結ドリI	結ドリI	人セフH	人セフB	直パワD	直パワJ
28	結ドリI	結ドリI	人セフB	結ドリC	結ドリI	結ドリI	結ドリC	人セフB	直パワD	直パワJ	結オウG	結オウA
29	結ドリC		結ドリI	結ドリI	結ドリC	人セフB	人セフH	直パワJ	結オウG	結オウA	人レベE	人レベK
30	人セフH		結ドリC	人セフB	人セフH	直パワJ	直パワD	結オウA	人レベE	人レベK	結ドリI	結ドリC
31	直パワD		人セフH		直パワD		結オウG	人レベK		結ドリC		結ドリI

2027年

	1月	2月	3月	4月	5月	6月	7月	8月	9月	10月	11月	12月
1	人セフB	直パワD	結ドリI	人セフH	人セフB	直パワD	直パワJ	結オウG	人レベK	人レベE	直ステL	直ステF
2	直パワJ	結オウG	人セフB	直パワD	直パワJ	結オウG	結オウA	人レベE	直ステL	直ステF	直ステL	直ステF
3	結オウA	人レベE	直パワJ	結オウG	結オウA	人レベE	人レベK	直ステF	直ステL	直ステF	人レベK	人レベE
4	人レベK	直ステF	結オウA	人レベE	人レベK	直ステF	直ステL	直ステF	人レベK	人レベE	結オウA	結オウG
5	直ステL	直ステF	人レベK	直ステF	直ステL	直ステF	直ステL	人レベE	結オウA	結オウG	結オウA	結オウG
6	直ステL	人レベE	直ステL	直ステF	直ステL	人レベE	人レベK	結オウG	結オウA	結オウG	人レベK	人レベE
7	人レベK	結オウG	直ステL	人レベE	人レベK	結オウG	結オウA	結オウG	人レベK	人レベE	直ステL	直ステF
8	結オウA	結オウG	人レベK	結オウG	結オウA	結オウG	結オウA	人レベE	直ステL	直ステF	直ステL	直ステF
9	結オウA	人レベE	結オウA	結オウG	結オウA	人レベE	人レベK	直ステF	直ステL	直ステF	人レベK	人レベE
10	人レベK	直ステF	結オウA	人レベE	人レベK	直ステF	直ステL	直ステF	人レベK	人レベE	結オウA	結オウG
11	直ステL	直ステF	人レベK	直ステF	直ステL	直ステF	直ステL	人レベE	結オウA	結オウG	直パワJ	直パワD
12	直ステL	人レベE	直ステL	直ステF	直ステL	人レベE	人レベK	結オウG	直パワJ	直パワD	人セフB	人セフH
13	人レベK	結オウG	直ステL	人レベE	人レベK	結オウG	結オウA	直パワD	人セフB	人セフH	結ドリI	結ドリC
14	結オウA	直パワD	人レベK	結オウG	結オウA	直パワD	直パワJ	人セフH	結ドリI	結ドリC	結ドリC	結ドリI
15	直パワJ	人セフH	結オウA	直パワD	直パワJ	人セフH	人セフB	結ドリC	結ドリC	結ドリI	人レベK	人レベE
16	人セフB	結ドリC	直パワJ	人セフH	人セフB	結ドリC	結ドリI	結ドリI	人レベK	人レベE	結オウA	結オウG
17	結ドリI	結ドリI	人セフB	結ドリC	結ドリI	結ドリI	結ドリC	人レベE	結オウA	結オウG	直パワJ	直パワD
18	結ドリC	人レベE	結ドリI	結ドリI	結ドリC	人レベE	人レベK	結オウG	直パワJ	直パワD	人セフB	人セフH
19	人レベK	結オウG	結ドリC	人レベE	人レベK	結オウG	結オウA	直パワD	人セフB	人セフH	結ドリI	結ドリC
20	結オウA	直パワD	人レベK	結オウG	結オウA	直パワD	直パワJ	人セフH	結ドリI	結ドリC	結ドリC	結ドリI
21	直パワJ	人セフH	結オウA	直パワD	直パワJ	人セフH	人セフB	結ドリC	結ドリC	結ドリI	人セフH	人セフB
22	人セフB	結ドリC	直パワJ	人セフH	人セフB	結ドリC	結ドリI	結ドリI	人セフH	人セフB	直パワD	直パワJ
23	結ドリI	結ドリI	人セフB	結ドリC	結ドリI	結ドリI	結ドリC	人セフB	直パワD	直パワJ	結オウG	結オウA
24	結ドリC	人セフB	結ドリI	結ドリI	結ドリC	人セフB	人セフH	直パワJ	結オウG	結オウA	人レベE	人レベK
25	人セフH	直パワJ	結ドリC	人セフB	人セフH	直パワJ	直パワD	結オウA	人レベE	人レベK	結ドリI	結ドリC
26	直パワD	結オウA	人セフH	直パワJ	直パワD	結オウA	結オウG	人レベK	結ドリI	結ドリC	結ドリC	結ドリI
27	結オウG	人レベK	直パワD	結オウA	結オウG	人レベK	人レベE	結ドリC	結ドリC	結ドリI	人セフH	人セフB
28	人レベE	結ドリC	結オウG	人レベK	人レベE	結ドリC	結ドリI	結ドリI	人セフH	人セフB	直パワD	直パワJ
29	結ドリI		人レベE	結ドリC	結ドリI	結ドリI	結ドリC	人セフB	直パワD	直パワJ	結オウG	結オウA
30	結ドリC		結ドリI	結ドリI	結ドリC	人セフB	人セフH	直パワJ	結オウG	結オウA	人レベE	人レベK
31	人セフH		結ドリC		人セフH		直パワD	結オウA		人レベK		直ステL

2028 年

	1月	2月	3月	4月	5月	6月	7月	8月	9月	10月	11月	12月
1	直ステ L	人レベ E	直ステ L	人レベ E	人レベ K	結オウ G	結オウ A	結オウ G	人レベ K	人レベ E	直ステ L	直ステ F
2	人レベ K	結オウ G	人レベ K	結オウ G	結オウ A	結オウ G	結オウ A	人レベ E	直ステ L	直ステ F	直ステ L	直ステ F
3	結オウ A	結オウ G	結オウ A	結オウ G	結オウ A	人レベ E	人レベ K	直ステ F	直ステ L	直ステ F	人レベ K	人レベ E
4	結オウ A	人レベ E	結オウ A	人レベ E	人レベ K	直ステ F	直ステ L	直ステ F	人レベ K	人レベ E	結オウ A	結オウ G
5	人レベ K	直ステ F	人レベ K	直ステ F	直ステ L	直ステ F	直ステ L	人レベ E	結オウ A	結オウ G	直パワ J	直パワ D
6	直ステ L	直ステ F	直ステ L	直ステ F	直ステ L	人レベ E	人レベ K	結オウ G	直パワ J	直パワ D	人セフ B	人セフ H
7	直ステ L	人レベ E	直ステ L	人レベ E	人レベ K	結オウ G	結オウ A	直パワ D	人セフ B	人セフ H	結ドリ I	結ドリ C
8	人レベ K	結オウ G	人レベ K	結オウ G	結オウ A	直パワ D	直パワ J	人セフ H	結ドリ I	結ドリ C	結ドリ C	結ドリ I
9	結オウ A	直パワ D	結オウ A	直パワ D	直パワ J	人セフ H	人セフ B	結ドリ C	結ドリ C	結ドリ I	人レベ K	人レベ E
10	直パワ J	人セフ H	直パワ J	人セフ H	人セフ B	結ドリ C	結ドリ I	結ドリ I	人レベ K	人レベ E	結オウ A	結オウ G
11	人セフ B	結ドリ C	人セフ B	結ドリ C	結ドリ I	結ドリ I	結ドリ C	人レベ E	結オウ A	結オウ G	直パワ J	直パワ D
12	結ドリ I	結ドリ I	結ドリ I	結ドリ I	結ドリ C	人レベ E	人レベ K	結オウ G	直パワ J	直パワ D	人セフ B	人セフ H
13	結ドリ C	人レベ E	結ドリ C	人レベ E	人レベ K	結オウ G	結オウ A	直パワ D	人セフ B	人セフ H	結ドリ I	結ドリ C
14	人レベ K	結オウ G	人レベ K	結オウ G	結オウ A	直パワ D	直パワ J	人セフ H	結ドリ I	結ドリ C	結ドリ C	結ドリ I
15	結オウ A	直パワ D	結オウ A	直パワ D	直パワ J	人セフ H	人セフ B	結ドリ C	結ドリ C	結ドリ I	人セフ H	人セフ B
16	直パワ J	人セフ H	直パワ J	人セフ H	人セフ B	結ドリ C	結ドリ I	結ドリ I	人セフ H	人セフ B	直パワ D	直パワ J
17	人セフ B	結ドリ C	人セフ B	結ドリ C	結ドリ I	結ドリ I	結ドリ C	人セフ B	直パワ D	直パワ J	結オウ G	結オウ A
18	結ドリ I	結ドリ I	結ドリ I	結ドリ I	結ドリ C	人セフ B	人セフ H	直パワ J	結オウ G	結オウ A	人レベ E	人レベ K
19	結ドリ C	人セフ B	結ドリ C	人セフ B	人セフ H	直パワ J	直パワ D	結オウ A	人レベ E	人レベ K	結ドリ I	結ドリ C
20	人セフ H	直パワ J	人セフ H	直パワ J	直パワ D	結オウ A	結オウ G	人レベ K	結ドリ I	結ドリ C	結ドリ C	結ドリ I
21	直パワ D	結オウ A	直パワ D	結オウ A	結オウ G	人レベ K	人レベ E	結ドリ C	結ドリ C	結ドリ I	人セフ H	人セフ R
22	結オウ G	人レベ K	結オウ G	人レベ K	人レベ E	結ドリ C	結ドリ I	結ドリ I	人セフ H	人セフ B	直パワ D	直パワ J
23	人レベ E	結ドリ C	人レベ E	結ドリ C	結ドリ I	結ドリ I	結ドリ C	人セフ B	直パワ D	直パワ J	結オウ G	結オウ A
24	結ドリ I	結ドリ I	結ドリ I	結ドリ I	結ドリ C	人セフ B	人セフ H	直パワ J	結オウ G	結オウ A	人レベ E	人レベ K
25	結ドリ C	人セフ B	結ドリ C	人セフ B	人セフ H	直パワ J	直パワ D	結オウ A	人レベ E	人レベ K	直ステ F	直ステ L
26	人セフ H	直パワ J	人セフ H	直パワ J	直パワ D	結オウ A	結オウ G	人レベ K	直ステ F	直ステ L	直ステ F	直ステ L
27	直パワ D	結オウ A	直パワ D	結オウ A	結オウ G	人レベ K	人レベ E	直ステ L	直ステ F	直ステ L	人レベ E	人レベ K
28	結オウ G	人レベ K	結オウ G	人レベ K	人レベ E	直ステ L	直ステ F	直ステ L	人レベ E	人レベ K	結オウ G	結オウ A
29	人レベ E	直ステ L	人レベ E	直ステ L	直ステ F	直ステ L	直ステ F	人レベ K	結オウ G	結オウ A	結オウ G	結オウ A
30	直ステ F		直ステ F	直ステ L	直ステ F	人レベ K	人レベ E	結オウ A	結オウ G	結オウ A	人レベ E	人レベ K
31	直ステ F		直ステ F		人レベ E		結オウ G	結オウ A		人レベ K		直ステ L

2029 年

	1月	2月	3月	4月	5月	6月	7月	8月	9月	10月	11月	12月
1	直ステL	人レベE	直ステL	直ステF	直ステL	人レベE	人レベK	結オウG	直パワJ	直パワD	人セフB	人セフH
2	人レベK	結オウG	直ステL	人レベE	人レベK	結オウG	結オウA	直パワD	人セフB	人セフH	結ドリI	結ドリC
3	結オウA	直パワD	人レベK	結オウG	結オウA	直パワD	直パワJ	人セフH	結ドリI	結ドリC	結ドリC	結ドリI
4	直パワJ	人セフH	結オウA	直パワD	直パワJ	人セフH	人セフB	結ドリC	結ドリC	結ドリI	人レベK	人レベE
5	人セフB	結ドリC	直パワJ	人セフH	人セフB	結ドリC	結ドリI	結ドリI	人レベK	人レベE	結オウA	結オウG
6	結ドリI	結ドリI	人セフB	結ドリC	結ドリI	結ドリI	結ドリC	人レベE	結オウA	結オウG	直パワJ	直パワD
7	結ドリC	人レベE	結ドリI	結ドリI	結ドリC	人レベE	人レベK	結オウG	直パワJ	直パワD	人セフB	人セフH
8	人レベK	結オウG	結ドリC	人レベE	人レベK	結オウG	結オウA	直パワD	人セフB	人セフH	結ドリI	結ドリC
9	結オウA	直パワD	人レベK	結オウG	結オウA	直パワD	直パワJ	人セフH	結ドリI	結ドリC	結ドリC	結ドリI
10	直パワJ	人セフH	結オウA	直パワD	直パワJ	人セフH	人セフB	結ドリC	結ドリC	結ドリI	人セフH	人セフB
11	人セフB	結ドリC	直パワJ	人セフH	人セフB	結ドリC	結ドリI	結ドリI	人セフH	人セフB	直パワD	直パワJ
12	結ドリI	結ドリI	人セフB	結ドリC	結ドリI	結ドリI	結ドリC	人セフB	直パワD	直パワJ	結オウG	結オウA
13	結ドリC	人セフB	結ドリI	結ドリI	結ドリC	人セフB	人セフH	直パワJ	結オウG	結オウA	人レベE	人レベK
14	人セフH	直パワJ	結ドリC	人セフB	人セフH	直パワJ	直パワD	結オウA	人レベE	人レベK	結ドリI	結ドリC
15	直パワD	結オウA	人セフH	直パワJ	直パワD	結オウA	結オウG	人レベK	結ドリI	結ドリC	結ドリC	結ドリI
16	結オウG	人レベK	直パワD	結オウA	結オウG	人レベK	人レベE	結ドリC	結ドリC	結ドリI	人セフH	人セフB
17	人レベE	結ドリC	結オウG	人レベK	人レベE	結ドリC	結ドリI	結ドリI	人セフH	人セフB	直パワD	直パワJ
18	結ドリI	結ドリI	人レベE	結ドリC	結ドリI	結ドリI	結ドリC	人セフB	直パワD	直パワJ	結オウG	結オウA
19	結ドリC	人セフB	結ドリI	結ドリI	結ドリC	人セフB	人セフH	直パワJ	結オウG	結オウA	人レベE	人レベK
20	人セフH	直パワJ	結ドリC	人セフB	人セフH	直パワJ	直パワD	結オウA	人レベE	人レベK	直ステF	直ステL
21	直パワD	結オウA	人セフH	直パワJ	直パワD	結オウA	結オウG	人レベK	直ステF	直ステL	直ステF	直ステL
22	結オウG	人レベK	直パワD	結オウA	結オウG	人レベK	人レベE	直ステL	直ステF	直ステL	人レベE	人レベK
23	人レベE	直ステL	結オウG	人レベK	人レベE	直ステL	直ステF	直ステL	人レベE	人レベK	結オウG	結オウA
24	直ステF	直ステL	人レベE	直ステL	直ステF	直ステL	直ステF	人レベK	結オウG	結オウA	結オウG	結オウA
25	直ステF	人レベK	直ステF	直ステL	直ステF	人レベK	人レベE	結オウA	結オウG	結オウA	人レベE	人レベK
26	人レベE	結オウA	直ステF	人レベK	人レベE	結オウA	結オウG	結オウA	人レベE	人レベK	直ステF	直ステL
27	結オウG	結オウA	人レベE	結オウA	結オウG	結オウA	結オウG	人レベK	直ステF	直ステL	直ステF	直ステL
28	結オウG	人レベK	結オウG	結オウA	結オウG	人レベK	人レベE	直ステL	直ステF	直ステL	人レベE	人レベK
29	人レベE		結オウG	人レベK	人レベE	直ステL	直ステF	直ステL	人レベE	人レベK	結オウG	結オウA
30	直ステF		人レベE	直ステL	直ステF	直ステL	直ステF	人レベK	結オウG	結オウA	直パワD	直パワJ
31	直ステF		直ステF		直ステF		人レベE	結オウA		直パワJ		人セフB

2030年

	1月	2月	3月	4月	5月	6月	7月	8月	9月	10月	11月	12月
1	結ドリI	結ドリI	人セフB	結ドリC	結ドリI	結ドリI	結ドリC	人レベE	結オウA	結オウG	直パワJ	直パワD
2	結ドリC	人レベE	結ドリI	結ドリI	結ドリC	人レベE	人レベK	結オウG	直パワJ	直パワD	人セフB	人セフH
3	人レベK	結オウG	結ドリC	人レベE	人レベK	結オウG	結オウA	直パワD	人セフB	人セフH	結ドリI	結ドリC
4	結オウA	直パワD	人レベK	結オウG	結オウA	直パワD	直パワJ	人セフH	結ドリI	結ドリC	結ドリC	結ドリI
5	直パワJ	人セフH	結オウA	直パワD	直パワJ	人セフH	人セフB	結ドリC	結ドリC	結ドリI	人セフH	人セフB
6	人セフB	結ドリC	直パワJ	人セフH	人セフB	結ドリC	結ドリI	結ドリI	人セフH	人セフB	直パワD	直パワJ
7	結ドリI	結ドリI	人セフB	結ドリC	結ドリI	結ドリI	結ドリC	人セフB	直パワD	直パワJ	結オウG	結オウA
8	結ドリC	人セフB	結ドリI	結ドリI	結ドリC	人セフB	人セフH	直パワJ	結オウG	結オウA	人レベE	人レベK
9	人セフH	直パワJ	結ドリC	人セフB	人セフH	直パワJ	直パワD	結オウA	人レベE	人レベK	結ドリI	結ドリC
10	直パワD	結オウA	人セフH	直パワJ	直パワD	結オウA	結オウG	人レベK	結ドリI	結ドリC	結ドリC	結ドリI
11	結オウG	人レベK	直パワD	結オウA	結オウG	人レベK	人レベE	結ドリC	結ドリC	結ドリI	人セフH	人セフB
12	人レベE	結ドリC	結オウG	人レベK	人レベE	結ドリC	結ドリI	結ドリI	人セフH	人セフB	直パワD	直パワJ
13	結ドリI	結ドリI	人レベE	結ドリC	結ドリI	結ドリI	結ドリC	人セフB	直パワD	直パワJ	結オウG	結オウA
14	結ドリC	人セフB	結ドリI	結ドリI	結ドリC	人セフB	人セフH	直パワJ	結オウG	結オウA	人レベE	人レベK
15	人セフH	直パワJ	結ドリC	人セフB	人セフH	直パワJ	直パワD	結オウA	人レベE	人レベK	直ステF	直ステL
16	直パワD	結オウA	人セフH	直パワJ	直パワD	結オウA	結オウG	人レベK	直ステF	直ステL	直ステF	直ステL
17	結オウG	人レベK	直パワD	結オウA	結オウG	人レベK	人レベE	直ステL	直ステF	直ステL	人レベE	人レベK
18	人レベE	直ステL	結オウG	人レベK	人レベE	直ステL	直ステF	直ステL	人レベE	人レベK	結オウG	結オウA
19	直ステF	直ステL	人レベE	直ステL	直ステF	直ステL	直ステF	人レベK	結オウG	結オウA	結オウG	結オウA
20	直ステF	人レベK	直ステF	直ステL	直ステF	人レベK	人レベE	結オウA	結オウG	結オウA	人レベE	人レベK
21	人レベE	結オウA	直ステF	人レベK	人レベE	結オウA	結オウG	結オウA	人レベE	人レベK	直ステF	直ステL
22	結オウG	結オウA	人レベE	結オウA	結オウG	結オウA	結オウG	人レベK	直ステF	直ステL	直ステF	直ステL
23	結オウG	人レベK	結オウG	結オウA	結オウG	人レベK	人レベE	直ステL	直ステF	直ステL	人レベE	人レベK
24	人レベE	直ステL	結オウG	人レベK	人レベE	直ステL	直ステF	直ステL	人レベE	人レベK	結オウG	結オウA
25	直ステF	直ステL	人レベE	直ステL	直ステF	直ステL	直ステF	人レベK	結オウG	結オウA	直パワD	直パワJ
26	直ステF	人レベK	直ステF	直ステL	直ステF	人レベK	人レベE	結オウA	直パワD	直パワJ	人セフH	人セフB
27	人レベE	結オウA	直ステF	人レベK	人レベE	結オウA	結オウG	直パワJ	人セフH	人セフB	結ドリC	結ドリI
28	結オウG	直パワJ	人レベE	結オウA	結オウG	直パワJ	直パワD	人セフB	結ドリC	結ドリI	結ドリI	結ドリC
29	直パワD		結オウG	直パワJ	直パワD	人セフB	人セフH	結ドリI	結ドリI	結ドリC	人レベE	人レベK
30	人セフH		直パワD	人セフB	人セフH	結ドリI	結ドリC	結ドリC	人レベE	人レベK	結オウG	結オウA
31	結ドリC		人セフH		結ドリC		結ドリI	人レベK		結オウA		直パワJ

人生の活動源として

いま要求される新しい気運は、最も現実的な生々しい時代に吐息する大衆の活力と活動源である。

文明はすべてを合理化し、自主的精神はますます衰退に瀕し、自由は奪われようとしている今日、プレイブックスに課せられた役割と必要は広く新鮮な願いとなろう。

いわゆる知識人にもとめる書物は数多く窺うまでもない。

本刊行は、在来の観念類型を打破し、謂わば現代生活の機能に即する潤滑油として、逞しい生命を吹込もうとするものである。

われわれの現状は、埃りと騒音に紛れ、雑踏に苛まれ、あくせく追われる仕事に、日々の不安は健全な精神生活を妨げる圧迫感となり、まさに現実はストレス症状を呈している。

プレイブックスは、それらすべてのうっ積を吹きとばし、自由闊達な活動力を培養し、勇気と自信を生みだす最も楽しいシリーズたらんことを、われわれは鋭意貫かんとするものである。

―創始者のことば― 小澤和一

著者紹介
佐奈由紀子〈さな ゆきこ〉
株式会社バースデイサイエンス研究所代表取締役。大学卒業後、大手上場企業、外資系IT企業で秘書を経験し、華々しく活躍する人ほどコミュニケーションが巧みで、人心掌握術に長けていることに驚愕する。以来「人」の研究に興味をもち、性格学、態度類型学に深く傾倒。2000年より、バースデイサイエンスを活用した講座を開催。「何度受けても毎回新たな発見がある」と評判で、7割以上がリピーターとなっている。毎月通う熱心な受講者も多く、個人の人間関係にまつわる相談には、1000人以上を継続的に支援。企業研修、人材コンサルタントとしても活躍中。『生年月日の暗号』『誕生日だけで相手の心理が9割読める』(PHP研究所)、『あなたの才能は誕生日が教えてくれる』(大和書房)など著書多数。

どんな人《ひと》ともうまくいく
誕生日《たんじょうび》の法則《ほうそく》

青春新書 PLAYBOOKS

2018年2月1日　第1刷

著者　佐《さ》奈《な》由《ゆ》紀《き》子《こ》

発行者　小澤源太郎

責任編集　株式会社プライム涌光
電話　編集部　03(3203)2850

発行所　東京都新宿区若松町12番1号 〒162-0056　株式会社青春出版社
電話　営業部　03(3207)1916　振替番号　00190-7-98602

印刷・図書印刷　製本・フォーネット社

ISBN978-4-413-21105-5